Handbuch für Volleyball

Gewidmet der Stadt Rhodos zu ihrem 2400jährigen Bestehen und der Insel, unter deren Sonne und Sternen in zahlreichen Stunden die Idee und Umsetzung des Handbuches verwirklicht wurde.

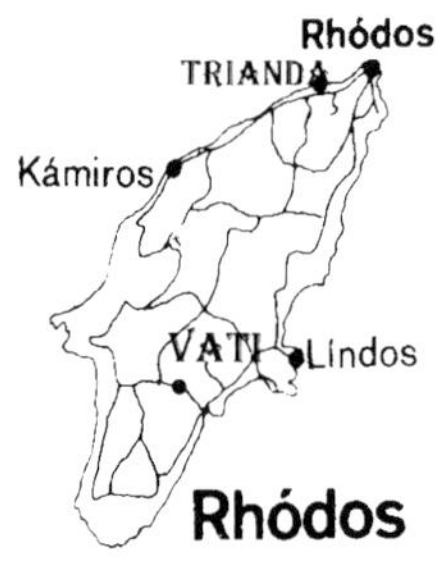

Für die freundliche Unterstützung danken wir dem

INSTITUT FÜR SPORTSPIELE
DEUTSCHE SPORTHOCHSCHULE KÖLN

Leiter: Herr Univ.-Prof. Dr. Karl Weber

Athanasios Papageorgiou
Willy Spitzley
Mitarbeit: Rainer Christ

Handbuch für Volleyball Grundlagenausbildung

Meyer & Meyer Verlag

Die Deutsche Bibiothek – CIP-Einheitsaufnahme

Papageorgiou, Athanasios:
Handbuch für Volleyball: Grundlagenausbildung /
Athanasios Papageorgiou ; Willy Spitzley, Mitarb.: Rainer Christ
- 5., überarb. Aufl. - Aachen: Meyer & Meyer, 2000
ISBN 3-89124-671-4

Olten (CH), Wien, Oxford, Québec, Lansing/Michigan,
Findon/Adelaide, Auckland, Johannesburg, Budapest
5., überarbeitete Neuauflage 2000
Member of the World
Sportpublishers' Association (WSA)
Umschlaggestaltung: Birgit Engelen, Stolberg
Titelfoto und Foto Innenteil: Willi Zeimer, Köln
Zeichnung der Spielszenen: Klaus Bruder
Druck: Burg Verlag Gastinger GmbH, Stolberg
Printed in Germany
ISBN 3-89124-671-4
E-Mail: verlag@meyer-meyer-sports.com

INHALTSVERZEICHNIS

STRUKTURANALYSE DES VOLLEYBALLSPIELS

Für das Erlernen des Sportspiels Volleyball stellen das ***Spielerleben*** und die ***Spielfähigkeit*** die wichtigsten Einflußgrößen dar. Dabei ist als wesentliche Aufgabe anzusehen, Freude am Volleyball zu wecken und zu erhalten. Unabdingbare Voraussetzung eines Spielerlebens ist aber das Spielen-Können. Für die Entwicklung der Spielfähigkeit ist die kognitive und die soziale Dimension von entscheidender Bedeutung.

Diese Grundsätze, die Spielstruktur und die langjährige Erfahrung bei der Vermittlung des Spiels bestimmen sowohl die Methodenkonzeption als auch die Auswahl und Reihung der Lernziele in diesem Band. Ziel dieser Ausbildungsstufe ist es, den Mini-Volleyballspieler zum ***Universalspieler*** auszubilden:

1. Grundlagenstufe:	Hinführung zum Mini-Volleyballer
2. Aufbaustufe:	Hinführung zum Universalisten
3. Leistungsstufe:	Hinführung zum Spezialisten

Dabei sollen die auf der Ebene des Mini-Volleyballspiels erlernten volleyballspezifischen Verhaltensmuster wie Ball-, Raum-, Ziel-, Partner- und Gegnerverhalten durch die aufeinander aufbauenden Lerninhalte des Lehrganges erweitert und verbessert werden. Hierbei wird der Bereich der universellen Ausbildung in der *INDIVIDUAL-, GRUPPEN- UND MANNSCHAFTSTAKTIK* breit angelegt. Gelehrt und erlernt werden sollen einzelne Faktoren der Spielfähigkeit, vor allem das regel- und spielgerechte Anwenden der spielspezifischen Fertigkeiten und taktischen Verhaltensweisen in verschiedenen Spielsituationen.

In der Leistungsstufe wird durch Einführung weiterer technisch-taktischer Bewegungs-/Handlungsstrukturen das Spektrum universeller Spielfähigkeit erweitert und vertieft. Auf dieser Basis erfolgt der kontinuierliche Einstieg in die ***Spezialisierung***, d.h. daß die Spieler entsprechend ihrer technischen, taktischen, athletischen und psychischen Eigenschaften differenziert gefördert werden. Dabei rücken spielertypspezifische Aspekte der Individual-, Gruppen- und Mannschaftstaktik in den Vordergrund.
Das Sportspiel Volleyball weist sowohl Merkmale der Mannschaftsspiele als auch der Rückschlagspiele auf. Es ist somit als Mannschaftsspiel mit Rückschlagspielcharakter und auch als Rückschlagspiel mit Mannschaftsspielcharakter zu deuten. Die Vielfalt und Variabilität der Interaktionen im Spiel las-

sen aber nur die erste Bezeichnung zu und somit eine *ZUORDNUNG ZU DEN MANNSCHAFTSSPIELEN* als begründet erscheinen.

Volleyball wird auf einem kleinen Raum von 9 x 18 m gespielt. Dieser wird durch ein bis 2,43 m hohes Netz in zwei Spielfelder von 9 x 9 m geteilt. Jeder Mannschaft gehören 6 Stammspieler an.
Ziel des Sportspiels Volleyball ist es, mit höchstens drei Ballberührungen den Ball über das Netz auf den gegnerischen Boden zu spielen. Die Spieltaktik ist ferner darauf ausgerichtet, der Gegenmannschaft das Weiterspielen des Balles und damit einen planmäßigen Angriffsaufbau zu erschweren.
Das Volleyballspiel ist für alle Alters- und Leistungsstufen geeignet. Es findet Anwendung im Freizeit-, Breiten-, Alters- und Behindertensport sowie im Bereich der Resozialisation und mit Einschränkungen der Rekonvaleszenz. Volleyball kann nämlich durch geringfügige regeltechnische und/ oder spieltechnische/organisatorische Veränderungen jedem Anspruchsniveau angepaßt werden (vgl. Lösungsvorschläge zu allgemeinen Problemen bei der Vermittlung des Volleyballspiels auf Seite 23).

Im folgenden wird das volleyballtypische Ball-, Raum-, Ziel-, Partner- und Gegnerverhalten sowie der Einfluß der Spielregeln auf das Sportspiel analysiert:

Ein Volleyballspiel dauert mitunter mehrere Stunden und wird in schnellem Tempo geführt. Deshalb erfordert es vom Spieler eine allseitige physische und psychische Vorbereitung. Es bedingt Bewegungen über kurze Entfernungen (3 bis 6 m), die sich durch schnelle Veränderungen des Bewegungscharakters (Sprung nach Lauf, Lauf nach Sprung, Stoppen, Richtungsänderung u.a.) auszeichnen. Deshalb ist es notwendig, beim Volleyballspieler bestimmte motorische Grundeigenschaften zu entwickeln wie ***Schnelligkeit***, hauptsächlich im Bewegungs- und Reaktionsbereich, ***Ausdauer*** (zur physischen und psychischen Belastbarkeit bei wechselnder Intensität und Umfang), ***Gewandtheit*** im Sinne koordinativer Fähigkeiten, Gelenkigkeit u.a., und ***Schnellkraft*** (vor allem bei Schlag- und Sprungbewegungen).

Der Volleyballspieler benötigt eine hochentwickelte ***Antizipations***- und ***Reaktionsfähigkeit***, um Bälle abzuwehren, die aus einer Entfernung von 4 bis 10 m mit Geschwindigkeiten von 80 bis 130 km/Std anfliegen. Das Zusammenspiel als direkte Kombination mit dem Ball erfordert eine hohe Dauerkonzentration von jedem Spieler auf engstem Raum.

Die schnell wechselnden Spielsituationen und die schnelle Informationsaufnahme und -verarbeitung verlangen eine ständige Beobachtung und frühzeitige Einstellung auf Mit- und Gegenspieler. Die ***Spieltechnik***, die wenig Verwandtschaft mit der Alltagsmotorik hat (außer das nach den neuesten Regeländerungen erlaubte Spielen des Balles mit dem Fuß), umfaßt verschiedene Zuspiel- und Schlagelemente, die dem Ball unterschiedliche Geschwindigkeit und Flugrichtung verleihen. Nur die 1. Ballberührung einer Spielphase (Aufschlag) erfolgt aus dem Raum hinter der Grundlinie ohne Behinderung.

Im weiteren Spielverlauf ist der Spieler gezwungen, den Ball während des Spiels aus verschiedenen Stellungen, im Stand, im Fallen, im Sprung und in der Bewegung zu spielen. Ausführung und Anwendung der Technikelemen-te werden zusätzlich dadurch erschwert, daß der Spieler während eines Spielzuges niemals in Ballbesitz, sondern nur zum Ballkontakt kommen darf und die Zeiten zwischen den einzelnen Ballberührungen oft nur wenige Zehntelsekunden betragen.
Die einzelnen Spielphasen umfassen meistens weniger als sechs Ballberührungen und dauern durchschnittlich 8 bis 12 sec. Dies ist auf die Dominanz des Angriffs zurückzuführen. Im Sportspiel Volleyball ist aber ein Gleichgewicht der Grundsituationen Angriff und Abwehr erstrebenswert. Darauf zielten Regeländerungen der letzten Jahre ab. Die Entwicklung neuer Angriffstaktiken hat das Erreichen dieser Zielsetzung allerdings bis jetzt verhindert.

Die Regeländerungen des Jahres 1994 (die Erweiterung der Aufschlagzone von 3 auf 9 Meter, das Spielen des Balles mit jedem Teil des Körpers, das Erlauben des Doppelschlags bei Verteidigungs- bzw. Ballrettungsaktionen und das Erlauben einer zufälligen Netzberührung bei einer Spielhandlung ohne Ball) stellen einen weiteren Schritt dar, die Abwehr zu verstärken. Diese auf der Analyse des Hochleistungssports abgeleiteten Regeländerungen können zu einer Veränderung der Struktur des Volleyballspiels führen, so daß diese erstmalig Überlegungen über deren Auswirkungen bei der Ein- und Weiterführung notwendig machen. (Siehe hierzu Kapitel "Lösungsvorschläge zu allgemeinen Problemen bei der Vermittlung des Volleyballspiels", Punkt 8 auf Seite 28)

Der Übergang von der Abwehr zum Angriff und umgekehrt erfolgt im Vergleich zu anderen Mannschaftsspielen regelmäßiger, schneller und häufiger. Dabei haben selten alle Spieler gleichzeitig Angriffs- bzw. Abwehrfunktionen. Während z.B. der eigene Angreifer schmettert, führen die Mitspieler die Angriffssicherung durch.

Im Volleyball werden *PUNKTE* erzielt: Ziel ist die gegnerische Spielfläche, die im Vergleich zu Zieleinrichtungen anderer Sportspiele ein großes Ziel darstellt. Punkte kann nur die aufgebende Mannschaft machen. Die nicht aufschlagende Mannschaft kämpft um das Aufschlagrecht. Dies gilt allerdings nicht für den 5. Satz, da durch die Einführung des ***Tie-Breaks*** sowohl Spielverlauf als auch Spielerverhalten starken Veränderungen unterliegen. Im Tie-Break, der das Volleyballspiel angeblich medienfreundlicher machen soll, führt jeder Fehler zu einem Punktgewinn. Dies erzwingt die Entscheidung eines Spiels in einer volleyballuntypischen Durchschnittszeit von nur ca. 12 min. Es ist anzunehmen, daß die psychische Belastungsstruktur ganz anders ist, da einerseits die Zeiten, in denen der Spieler Erfolg und Mißerfolg verarbeiten muß, kürzer sind und andererseits der Erfolgsdruck und die Angst vor Mißerfolg zu jeder Zeit wirksam sind.

Das Netz verhindert einen direkten Körperkontakt zwischen den Gegenspielern. Deshalb wird im Volleyball weniger von einer Behinderung des Gegners, als von einer Beeinflussung bzw. Einschränkung seines Handlungsfreiraumes gesprochen.

Gespielt wird nicht nach Zeit, sondern nach Sätzen. Ein Spiel kann also nicht unentschieden ausgehen. Sieger ist die Mannschaft, die 3 Sätze gewonnen hat. Hier ist ersichtlich, daß Volleyball ein offensives Spiel ist und daß eine defensiv spielende Mannschaft wenig Chancen hat, zu gewinnen. Defensivhandlungen treten aber nicht in den Hintergrund, da jeder Angriffshandlung eine Verteidigungshandlung vorgeschaltet ist und diese in ihrer Qualität beeinflußt. Je schlechter die Qualität der Abwehrhandlung, desto schlechter ist in der Regel die der Angriffshandlung!

Die ***Regeln*** des Volleyballspiels beeinflussen direkt sowohl die taktischen Überegungen als auch die Ausführung der Techniken. Die Spielfeldhälften sind in eine Vorderzone (Angriffsraum) und eine Hinterzone (Hinterfeld) unterteilt. Entsprechend unterscheidet man zwischen Vorder- (Netzspieler) und Hinterspieler (Grundspieler). Hinterspieler dürfen z.B. aus der Vorderzone keine Bälle über Netzkantenhöhe ins gegnerische Feld spielen, weder als Angreifer noch als Blockspieler. Das bewirkt eine Einschränkung der Positionswechsel, da dadurch spieltaktisch nur Positionswechsel unter den Vorder- und unter den Hinterspielern sinnvoll sind.

Die Regel zur ***Rotation*** besagt, daß jede Mannschaft bei Aufschlaggewinn um eine Position im Uhrzeigersinn zu drehen hat; sie erzwingt damit neben der Spezialisierung ein Höchstmaß an universeller Ausbildung des Spielers, da jeder Spieler als Vorder- und Hinterspieler zu agieren hat und somit alle technisch-taktischen Handlungen in Angriff und Abwehr beherrschen sollte. Zudem führt jede Rotation zu einer veränderten Konstellation der Mannschaften. Dies zwingt zu neuen taktischen Überlegungen und Handlungen, um Stärken und Schwächen der eigenen und gegnerischen Mannschaft auszunutzen.

Die Anzahl der aufeinander folgenden Ballberührungen für eine Mannschaft ist auf drei begrenzt, wobei der einzelne Spieler (mit Ausnahme des Blockspielers) nicht zweimal hintereinander den Ball spielen darf.
Die Ausführung der technischen Fertigkeiten unterliegt der Bewertung durch den Schiedsrichter. So entstehen z.B. Fehler aus einer Ballbehandlung, bei der der Ball gehoben oder geführt wird, da jeder Ballkontakt nicht länger als den Bruchteil einer Sekunde dauern darf. Diese Anforderungen werden dadurch noch gesteigert, daß jeder Spielhandlung ein Höchstmaß an Ziel- und Bewegungsgenauigkeit abverlangt wird.
Die Einschränkungen der Ballkontakte und der Kontaktdauer erfordern, daß alle taktischen Überlegungen und Entscheidungen vor Ballberührung bereits getroffen werden müssen.

Die Spielsituationen des Volleyballs lassen sich unter Berücksichtigung des Angriffsaufbaus in zwei ***Grundsituationen*** unterscheiden:

1. Grundsituation: Abwehr/Annahme und Weitergabe (1. Ballberührung).

2. Grundsituation: Zuspiel und Angriff (2. und 3. Ballberührung).

Dies soll auf der Grundlage der Ausführungen zur ***Analyse des Sportspiels*** Volleyball im folgenden begründet werden:

Im Volleyball stehen jeder Mannschaft höchstens drei Ballberührungen zu. Ziel ist es, den Ball so über das Netz zu spielen, daß er den Boden des gegnerischen Feldes berührt, bzw. daß der Gegner keinen konstruktiven Angriffsaufbau einleiten kann. Diese Zielsetzung verlangt, daß die 1. Ballberührung bzw. der 1. Paß bereits den Übergang von der Abwehr zum Angriff darstellt. Dementsprechend könnte man behaupten, daß dem Volleyballspiel nur eine einzige Grundsituation (nämlich die des Angriffs) zuzuordnen ist und nicht von einer zweiten (nämlich der der Abwehr) gesprochen werden kann. Dies aber widerspricht der Spielstruktur, denn alle Handlungen der sich nicht im Ballbesitz befindlichen Mannschaft zielen darauf ab, den Ball erfolgreich abzuwehren, um dadurch mit der Zielhandlung Angriff ebenso erfolgreich abschließen zu können.

Hauptintention der 1. Ballberührung ist die Abwehr/Annahme des vom Gegner anfliegenden Balles mit der gleichzeitigen Einleitung des Angriffsaufbaus. Unter Berücksichtigung der beiden Aspekte wird diese Grundsituation ***Ab-***

wehr/Annahme und Weitergabe genannt: Abwehr/Annahme steht als das grundlegende Merkmal an erster Stelle; Weitergabe drückt die Intention der Abwehr/Annahme aus, den Angriffsaufbau einzuleiten.
Die Grundsituation "*ABWEHR/ANNAHME UND WEITERGABE*" betrifft die erste Ballberührung nach gegnerischem Angriff, wobei allerdings zwischen Annahme- und Abwehrsituation unterschieden wird: Eine Annahmesituation ist dann gegeben, wenn der vom Gegner gespielte Ball eine relativ hohe Flugkurve und eine relativ geringe Geschwindigkeit aufweist und dem Spieler entsprechend viel Zeit für seine Handlung bleibt. Dies ist in der Regel beim gegnerischen Aufschlag der Fall, aber auch bei Bällen, die im oberen oder unteren Zuspiel oder als Schlag aus dem Stand über das Netz gespielt werden. Jede Annahme impliziert eine planmäßige Einleitung des Angriffsaufbaus und stellt somit bereits den Übergang zum Angriff dar.

Demgegenüber wird von einer Abwehrsituation gesprochen, wenn dem Abwehrspieler sehr wenig Zeit zum Handeln bleibt, sei es, weil der Angreifer hart schmettert, sei es, weil er eine Angriffsfinte ausführt. Abwehrsituatio-nen ergeben sich auch in der Angriffssicherung, insbesondere bei aktivem gegnerischen Block und bei schnell anfliegenden bzw. schwierig zu berechnenden Aufschlägen. In solchen Fällen von Abwehr zu sprechen, bedeutet in erster Linie den Ball zu retten bzw. zu erlaufen und erst in zweiter Linie den Ball gezielt weiterzugeben.

Da die 2. und 3. Ballberührung alle Handlungen umfaßt, die sich unmittelbar auf den Angriff beziehen, fassen wir diese in einer 2. Grundsituation ***Zuspiel und Angriff*** zusammen.
In diesem Zusammenhang wird auf die Verwendung des Begriffes ***Angriffsaufbau*** für die Kennzeichnung einer Grundsituation des Volleyballspiels bewußt verzichtet, weil wir diesen als Spielphase auffassen, in der mit mehr als einer Ballberührung, sprich mehr als einem Spieler, agiert wird. Der Angriffsaufbau erfaßt die 1. und 2. Ballberührung und ist somit als Bestandteil der 1. und 2. Grundsituation anzusehen. In diesem Sinne wird der Begriff auch im folgenden verwendet.

Die 3. Ballberührung stellt im Volleyball die Umsetzung (Abschluß) der Zielhandlung dar. Diese entspricht der Situation des Angriffs. Jedem über das Netz gespielten Ball liegt die Absicht zugrunde, direkten Punkt- oder Aufschlaggewinn zu erlangen oder einen planmäßigen Angriffsaufbau des Gegners zu verhindern, wenigstens aber zu erschweren.
Beachtet werden muß, daß in der 1. Grundsituation Merkmale der 2. Grundsituation und umgekehrt vorhanden sein können. So kann z.B. die 1. Ballberüh-

rung durchaus schon Zuspiel (bei Angriff über 1. Paß) als auch schon Angriff (bei Block oder gezieltem Zurückspielen des 1. Passes auf ungedeckte Zonen) sein. Weiterhin kann die 2. Ballberührung statt Zuspiel als Angriff (bei Angriff über 1. Paß) erfolgen aber auch noch Abwehr (bei Sicherung des Abwehrspielers) sein. Letzteres gilt auch für die 3. Ballberührung, wenn ein Zuspiel mit der 2. Ballberührung nicht möglich ist oder ungenau durchgeführt wird.

Die Handlungsstrukturen bzw. -muster des Volleyballspiels lassen sich in individual-, gruppen- und mannschaftstaktische ***Lernbereiche*** gliedern. Diese drei Lernbereiche sind sowohl in der ersten als auch in der zweiten Grundsituation anzutreffen (vgl. Abb. 1).

Individualtaktik ist die zielgerichtete und zweckmäßige Anwendung technischer Fertigkeiten nur eines Spielers unter Berücksichtigung innerer und äußerer Einflußgrößen.

Gruppentaktik ist das Zusammenspiel von mindestens zwei und höchstens fünf Spielern, das auf die Erfüllung von Teilaufgaben der Mannschaftstaktik abzielt.

Mannschaftstaktik ist das Zusammenwirken aller Spieler zur Umsetzung von mannschaftstaktischen Handlungen in und zwischen den beiden Grundsituationen.

Die ***physisch-psychische*** volleyballspezifische *AUSBILDUNG* ist im Modell des Lerngebiets Volleyball nicht gesondert als Lernbereich ausgewiesen, weil diese Voraussetzung und Bestandteil aller drei genannten Lernbereiche ist.

Aus der Definition der Individualtaktik geht hervor, daß die technischen Fertigkeiten die wichtigste Voraussetzung für individualtaktisches Verhalten darstellen, dementsprechend nimmt die ***Spieltechnik*** einen breiten Raum in diesem Bereich ein. Gleichzeitig ist sie aber auch Bestandteil für die gruppen- und mannschaftstaktischen Handlungen. Aufgrund der Struktur des Volleyballspiels wird ersichtlich, daß die Bedeutung und der Stellenwert der Technik (auschlaggebend sowohl für das Zustandekommen des Spiels als auch für die Entwicklung der Spielfähigkeit) höher einzuschätzen ist als bei den anderen Mannschaftsspielen.

Abschließend soll die enge Verknüpfung aller Lernbereiche miteinander deutlich gemacht werden:

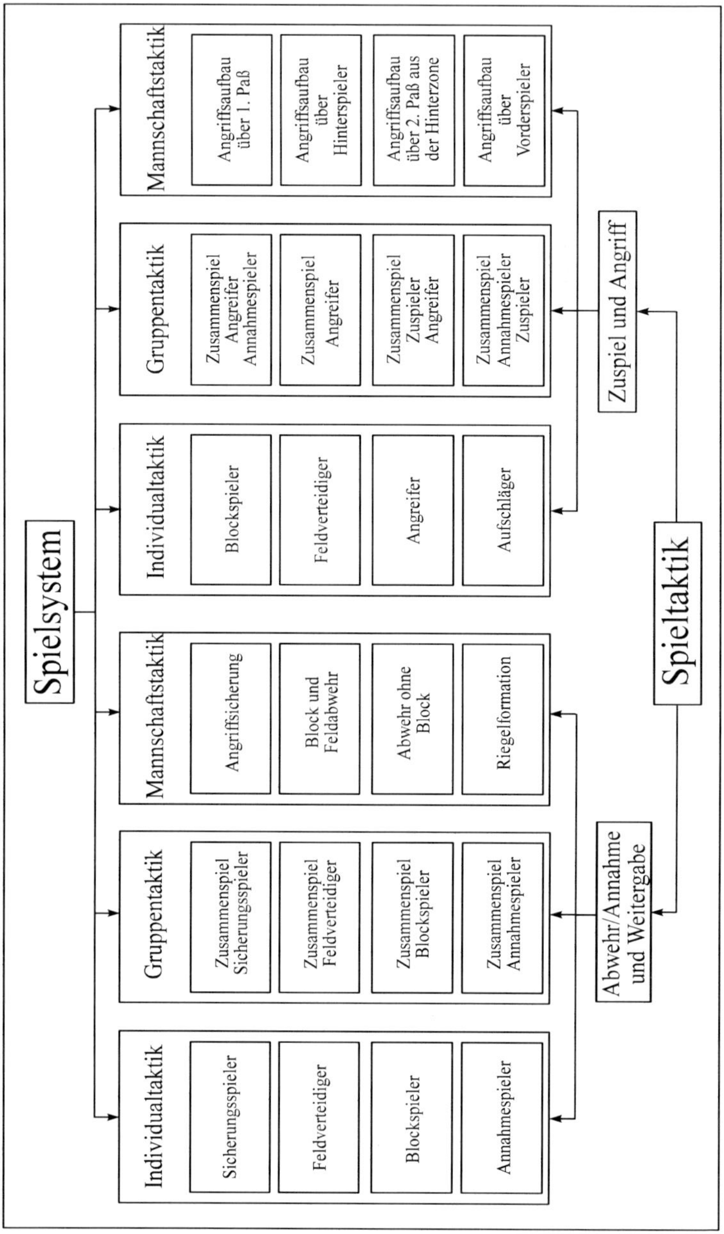
Spielsystem
Individualtaktik
Sicherungsspieler
Feldverteidiger
Blockspieler
Annahmespieler
Gruppentaktik
Zusammenspiel Sicherungsspieler
Zusammenspiel Feldverteidiger
Zusammenspiel Blockspieler
Zusammenspiel Annahmespieler
Mannschaftstaktik
Angriffsicherung
Block und Feldabwehr
Abwehr ohne Block
Riegelformation
Individualtaktik
Blockspieler
Feldverteidiger
Angreifer
Aufschläger
Gruppentaktik
Zusammenspiel Angreifer Annahmespieler
Zusammenspiel Angreifer
Zusammenspiel Zuspieler Angreifer
Zusammenspiel Annahmespieler Zuspieler
Mannschaftstaktik
Angriffsaufbau über 1. Paß
Angriffsaufbau über Hinterspieler
Angriffsaufbau über 2. Paß aus der Hinterzone
Angriffsaufbau über Vorderspieler
Abwehr/Annahme und Weitergabe
Spieltaktik
Zuspiel und Angriff

Abb. 1

Grundsätzlich steckt die Mannschaftstaktik den Rahmen für die individual- und die gruppentaktischen Handlungen ab, d.h. der Handlungsrahmen des einzelnen Spielers und auch einer Spielergruppe ist der Mannschaftstaktik untergeordnet. Die einzelnen Lernbereiche haben fließende Übergänge und bedingen einander. Voraussetzung und Gradmesser für die Qualität und Effektivität einer taktischen Handlung sind die Ziel- und Bewegungsgenauigkeit der technischen Ausführungen (siehe Anhang, S. 313).

VERMITTLUNGSKONZEPT

Ziel des Lehrganges ist es, den ***Universalspieler*** heranzubilden: Dieser soll sich ein möglichst breites Spektrum individual-, gruppen- und mannschaftstaktischer Handlungsmuster aneignen und befähigt werden, diese spiel- und situationsgerecht anzuwenden. Das bedingt, daß die Spielstruktur und die grundlegenden Interaktionsmöglichkeiten in Angriff und Abwehr erfaßt und umgesetzt werden können. Dazu muß der Spieler frühzeitig im kognitiven Bereich gefordert, zur Bewegungsantizipation angeregt und handlungsflexibel ausgebildet werden. Um die Entwicklung des Spielers nicht einzuengen und um ein Höchstmaß an Flexibilität und infolge dessen an Kreativität zu erreichen, sollte in diesem Ausbildungsstadium jede Art von ***Spezialisierung*** vermieden werden.
Der Spieler soll von Anfang an in "offene Handlungssituationen" gebracht werden, d.h. in Spielsituationen, die mindestens 2 Lösungsmöglichkeiten zulassen und somit Entscheidungsprozesse initiieren. So erklärt sich, daß das Üben und Festigen bestimmter techno-motorischer Fertigkeiten und deren Anwendung in Spielen mit- und gegeneinander erfolgen müssen, da sich hier solche wichtigen Entscheidungssituationen stellen.

Die Forderung nach einer vertieften universellen Ausbildung läßt sich auch aus der Rotationsregel ableiten: diese verhindert einseitiges, allzu spezielles Handeln eines Spielers nur im Angriff oder nur in der Abwehr. Jeder Volleyballspieler ist Aufschlag-, Annahme-, Aufbau-, Angriffs-, Block-, Abwehr- und Sicherungsspieler.

Für die Entwicklung der Antizipationsfähigkeit und des Rollenverständnisses des Spielers stellt nicht nur die Kenntnis der Handlungsstrukturen eine wichtige Voraussetzung dar, sondern insbesondere deren Erprobung und Anwendung im Spiel. Nur so ist gewährleistet, daß der Spieler den Rollenpart von Mit- und Gegenspieler in allen Situationen erfassen und vorwegnehmen kann.

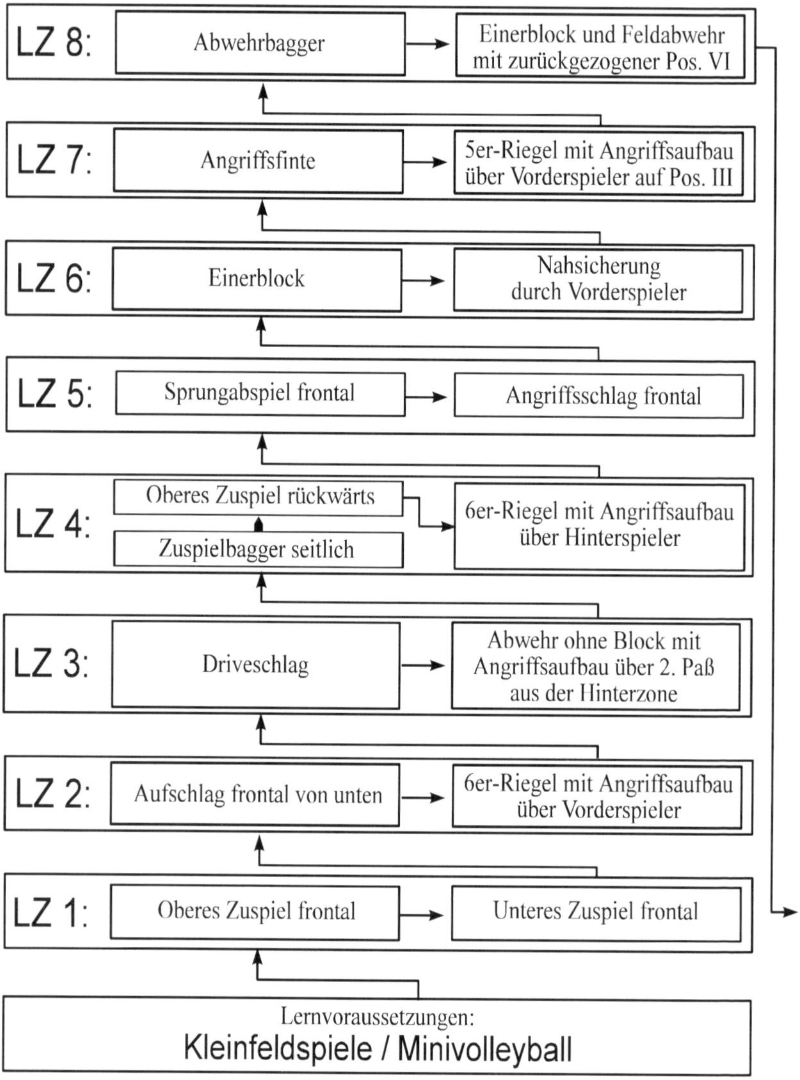
LZ 8:
Abwehrbagger
Einerblock und Feldabwehr mit zurückgezogener Pos. VI
LZ 7:
Angriffsfinte
5er-Riegel mit Angriffsaufbau über Vorderspieler auf Pos. III
LZ 6:
Einerblock
Nahsicherung durch Vorderspieler
LZ 5:
Sprungabspiel frontal
Angriffsschlag frontal
LZ 4:
Oberes Zuspiel rückwärts
Zuspielbagger seitlich
6er-Riegel mit Angriffsaufbau über Hinterspieler
LZ 3:
Driveschlag
Abwehr ohne Block mit Angriffsaufbau über 2. Paß aus der Hinterzone
LZ 2:
Aufschlag frontal von unten
6er-Riegel mit Angriffsaufbau über Vorderspieler
LZ 1:
Oberes Zuspiel frontal
Unteres Zuspiel frontal
Lernvoraussetzungen:
Kleinfeldspiele / Minivolleyball

Abb. 2

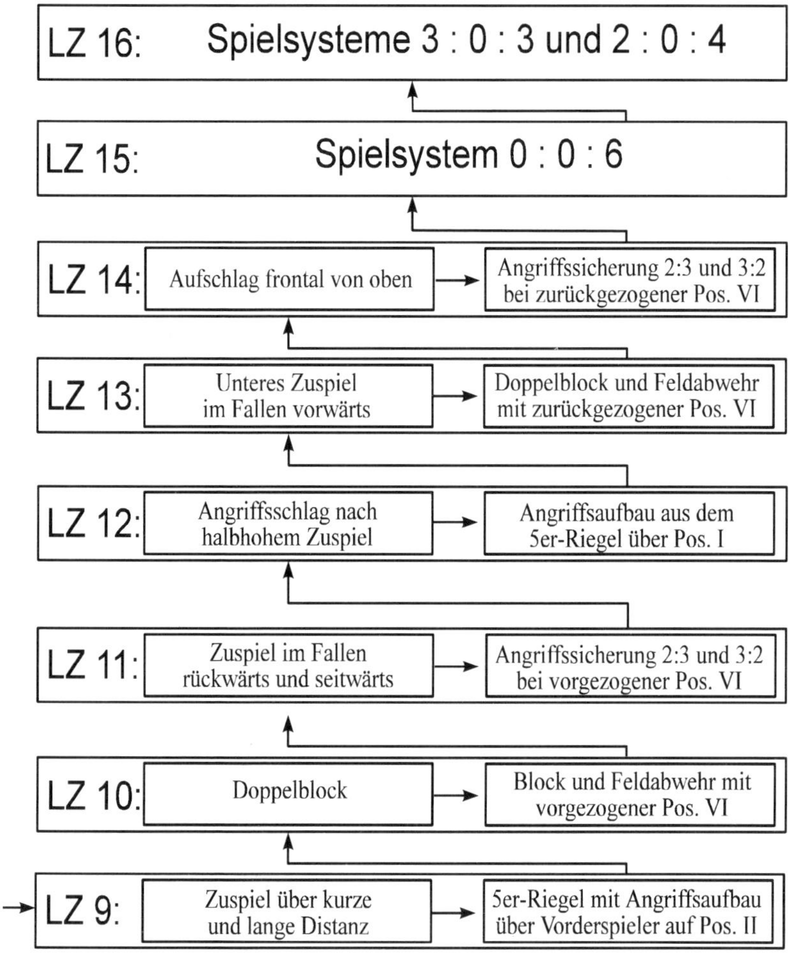
LZ 16: Spielsysteme 3 : 0 : 3 und 2 : 0 : 4
LZ 15: Spielsystem 0 : 0 : 6
LZ 14:
Aufschlag frontal von oben
Angriffssicherung 2:3 und 3:2 bei zurückgezogener Pos. VI
LZ 13:
Unteres Zuspiel im Fallen vorwärts
Doppelblock und Feldabwehr mit zurückgezogener Pos. VI
LZ 12:
Angriffsschlag nach halbhohem Zuspiel
Angriffsaufbau aus dem 5er-Riegel über Pos. I
LZ 11:
Zuspiel im Fallen rückwärts und seitwärts
Angriffssicherung 2:3 und 3:2 bei vorgezogener Pos. VI
LZ 10:
Doppelblock
Block und Feldabwehr mit vorgezogener Pos. VI
LZ 9:
Zuspiel über kurze und lange Distanz
5er-Riegel mit Angriffsaufbau über Vorderspieler auf Pos. II

Eine vielseitige Ausbildung des Volleyballspielers schafft die Grundlagen, die später für die Ausbildung zum Spezialisten und zum Spitzenspieler als unabdingbare Voraussetzung anzusehen sind. Die Entscheidung für eine universelle Ausbildung beruht auch auf der Zielsetzung, lange Spielzüge und somit Spielfluß zu ermöglichen, beides Voraussetzungen, um die Freude am Sportspiel zu erhalten bzw. zu fördern.

Bei der Vermittlung des Sportspiels Volleyball ist die *REIHENFOLGE* der Darbietung der ***Lernziele*** (vgl. Abb. 2) als eine ebenso wichtige Vermittlungsvariable anzusehen wie die Methodenkonzeption, die Medienwahl und das Lehrerverhalten. Diese Variable gewinnt deshalb an Bedeutung, weil die meisten Volleyball-Lehrbücher hinsichtlich der zeitlichen Reihenfolge des Stoffangebotes kaum Aussagen machen. Die großen Bereiche Technik, Taktik und Athletik werden gesondert als ganzes behandelt, ohne daß auf Reihenfolge und Zeitpunkt der Ein- und Weiterführung der Handlungen bzw. Lernziele eingegangen wird. Somit ist der Leser auf sich gestellt.

In diesem Handbuch wird der Versuch unternommen, die Lernziele so darzustellen, daß einerseits der kognitiv-motorische Aspekt ***Spielfähigkeit*** und andererseits der affektiv-soziale Aspekt ***Spielfreude*** und ***Gemeinsamkeit*** verwirklicht werden können. Die Reihenfolge und Abhängigkeit der Lernziele untereinander werden im folgenden, wie auch in den entsprechenden Lernzielen, erläutert und begründet: Hierbei nimmt die Grundsituation "Abwehr/ Annahme und Weitergabe" den breitesten Raum ein. Von den insgesamt 16 Lernzielen sind der ersten Grundsituation sechs, der zweiten Grundsituation eine und beiden gemeinsam neun Lernziele zuzuordnen (vgl. Abb. 2).

DIE ÜBERGEWICHTUNG DER ERSTEN GEGENÜBER DER ZWEITEN GRUNDSITUATION IN DEN LERNZIELEN ZIELT DARAUF AB, LANGE SPIELZÜGE MIT MEHREREN NETZÜBERQUERUNGEN UND BALLKONTAKTEN ZU ERMÖGLICHEN UND DAMIT INTENSIVERES SPIELERLEBEN UND SPIELFREUDE ZU ERREICHEN. Dieser Ansatz ist notwendig, um der sowohl in der Aufbau- als auch Leistungsstufe bestehenden Dominanz der Grundsituation Zuspiel und Angriff entgegenzuwirken. Hinzu kommt, daß jeder Angriffshandlung eine Abwehrhandlung vorausgeht, mit Ausnahme der Aufschlagsituation. Daraus folgt: *DIE QUALITÄT DER ABWEHRHANDLUNG BESTIMMT DIE DER ANGRIFFSHANDLUNG!*

Die ***Spielfähigkeit***, die bereits im Anfängervolleyball Voraussetzung für das Spielerleben und die Spielfreude ist, kann nur erreicht werden, wenn dem Erlernen des Abwehrverhaltens deutlich Priorität vor dem des Angriffsverhaltens eingeräumt wird. *ALS SPIELFÄHIG WIRD DAHER DERJENIGE ANFÄNGER*

ANGESEHEN, DER IN DER LAGE IST, DURCH SEIN ABWEHRVERHALTEN DEN BALL IN DER LUFT, D.H. IM SPIEL ZU HALTEN. Infolge dessen ist diejenige Anfängermannschaft als spielfähig zu bezeichnen, deren Abwehrleistung besser, mindestens aber genauso gut wie ihre Angriffsleistung ist.

Bei der Entscheidung, von Anfang an individual-, gruppen- und mannschaftstaktische Aspekte zu berücksichtigen, und bei der Bestimmung der zeitlichen Reihenfolge spielen folgende Faktoren eine wesentliche Rolle:

- *FÖRDERUNG DES VOLLEYBALLSPIELS ALS BEWEGUNGSSPIEL (LAUF- UND SPRUNGSPIEL)*
- *FÖRDERUNG DER HANDLUNGS- UND ENTSCHEIDUNGSFÄHIGKEIT*
- *FÖRDERUNG DER ANTIZIPATIONSFÄHIGKEIT*
- *FÖRDERUNG DER VERSTÄNDIGUNGSFÄHIGKEIT*

Dies soll am Beispiel der Einführung des Angriffsaufbaus verdeutlicht werden: Bezüglich des Angriffsaufbaus wird zwischen personen-, positions- und situationsgebundenem Angriffsaufbau unterschieden:

Der ***personenbezogene Angriffsaufbau*** setzt eine Spezialisierung der Spieler voraus. Daher stellt er thematisch erst einen Schwerpunkt der Leistungsstufe dar.
Bei ***positionsgebundenem Angriffsaufbau*** sind Zuspielposition und Zuspieler von vorne herein festgelegt, bei situationsgebundenem Angriffsaufbau dagegen nicht. Bei ***situationsgebundenem Angriffsaufbau*** entscheidet der Spieler in Abhängigkeit von der jeweiligen Spielsituation, über welchen Spieler das Zuspiel erfolgen soll, d.h. daß jeder Spieler stets damit rechnen muß und bereit sein muß, die erste, zweite oder dritte Ballberührung durchzuführen. Dabei wird der Spieler von Anfang an vor unterschiedliche Spielsituationen gestellt und hat zwischen verschiedenen Lösungsmöglichkeiten zu wählen. Dies sind Gründe, den situationsgebundenen Angriffsaufbau dem positionsgebundenen voranzustellen.

Das Zurückstellen des positionsgebundenen Angriffsaufbaus ist auch deshalb berechtigt, weil es von allen Spielern eine zielgenaue Abwehr/Annahme und Weitergabe verlangt, die gerade für Anfänger sehr schwierig ist und oft zu Spielunterbrechungen führt. Hinzu kommt, daß bis auf den Zuspieler sich die anderen Spieler meistens nicht spielbereit für die 2. Ballberührung verhalten und ungenaue 1. Pässe in ihre Nähe nicht annehmen, weil sie aufgrund der Festlegung des Handlungsablaufes mit genauen Pässen rechnen und nicht vorbereitet sind, sich auf andere Spielsituationen einzustellen.

Erst mit der Zunahme der Handlungsgenauigkeit werden auch speziellere Formationen eingeführt, die gezielte und geplante Interaktionen voraussetzen. Daher werden relativ spät (LZ 7) solche Spielsequenzen bzw. Kombinationen eingeführt und geschult, bei denen das Ziel der 1. Ballberührung (Position/ Spieler) von Anfang an vorgeschrieben ist. Dies ist berechtigt, weil zu diesem Zeitpunkt die Spieler bereits gelernt haben, unvorhergesehene Situationen zu antizipieren und befähigt sind, entspechend zu handeln.

VOLLEYBALL ALS LAUF- UND SPRUNGSPIEL ZU LEHREN, DIE SPIELER ZUR SPIEL- UND SITUATIONSGERECHTEN ENTSCHEIDUNGSFÄHIGKEIT VON ANFANG AN HERANZUBILDEN, DIE ANTIZIPATIONSFÄHIGKEIT UND VERSTÄNDIGUNG MITEINANDER FRÜHZEITIG ZU ENTWICKELN, STELLEN DIE WICHTIGSTEN DETERMINANTEN EINER UNIVERSELL AUSGERICHTETEN AUSBILDUNG DAR.

Aus diesem Grund kommt als geeignetes Spielsystem das ***0:0:6-Spielsystem*** zur Anwendung, da hier alle Spieler gleichermaßen in allen Grundsituationen alles erfahren und umsetzen können. Das 0:0:6-Spielsystem bedeutet, daß eine Mannschaft aus 6 Universalisten besteht, die sowohl Abwehr- als auch Zuspiel- und Angriffsfunktionen übernehmen können.

Das Spielerleben und die Erhaltung der Spielfreude, wie auch die Wechselwirkung der affektiven Dimension mit der motorischen, kognitiven und sozialen, stellen ebenso wichtige Vermittlungsvariablen dar. Daraus folgert, daß ***Spielenlernen durch Spielen*** realisiert werden soll. Der Spielmethode, d.h. Lernen über ***Spielreihen***, wird der Vorrang gegeben, ohne das Lernen über Übungsreihen außer acht zu lassen. Auf die Übungsmethode wird bei schwierigen Bewegungsabläufen, insbesondere wenn Verletzungsgefahr besteht, zurückgegriffen.

Deshalb liegt eine *SYNTHESE DER VERFAHRENSWEISEN* vor, insbesondere, wenn die Bedeutung und der Stellenwert, die dem Bereich der ***Fehleranalyse* und *Fehlerkorrektur*** zukommt, beachtet werden: Dieser Bereich bezieht sich bei der Vermittlung eines Lernziels sowohl auf die Grundlagen, die als Lernvoraussetzungen anzusehen sind, als auch auf die Schwierigkeiten, die während der Vermittlung entstehen können.

Die angebotenen Lösungsmöglichkeiten entsprechen größtenteils kurzen Übungsreihen, in die situationsgebundene Komplexübungen mit Partner und/ oder Mitspieler und wettkampfnahe Spielformen einbezogen werden.

Die Erarbeitung eines ***Lernziels*** erfolgt überwiegend in zwei Lerneinheiten; die erste ***Lerneinheit*** bildet stets die Grundlage der zweiten. Handelt es sich um ein technisches und ein taktisches Element, die sich gegenseitig bedingen und in direktem Spielzusammenhang zueinander stehen, so wird der individual- und gruppentaktische Aspekt sowohl in der ersten als auch in der zweiten Lerneinheit angesprochen.

Generell jedoch werden die Individualtaktik stärker in Verbindung mit der Technikschulung und die Gruppentaktik stärker in Verbindung mit der Schulung der Mannschaftstaktik erarbeitet.

Während in der Aufbaustufe für individual- und gruppentaktische Inhalte keine eigenständigen Lerneinheiten angeboten werden, wird dies in der Leistungsstufe der Fall sein.

In den Lerneinheiten nehmen die Kleinfeldspiele den größten Raum ein. Die ***Kleinfeldspiele miteinander*** schulen die Ziel- und Bewegungsgenauigkeit (techno-motorischen Fertigkeiten) und unter vereinfachten Bedingungen Aspekte der Gruppentaktik (Zusammenspiel).

Das Erlernen von sozialem Verhalten in den Spielen miteinander wird zusätzlich dadurch unterstützt, daß z.B. beim Spiel 3 mit 3 mehrere 6er-Gruppen gegeneinander spielen. Sieger ist hier die Mannschaft, die bei vorgegebener Spieldauer die meisten Ballberührungen, den längsten Spielzug oder die wenigsten Fehler aufzuweisen hat. Beim "Miteinander Spielen" werden die Spieler auf der gleichen Netzseite als Partner, auf der anderen Seite als Mitspieler bezeichnet.

Bei ***Kleinfeldspielen gegeneinander*** haben wir Partner auf der gleichen Netzseite und Gegenspieler auf der anderen Seite. Beim Gegeneinanderspielen wird die spielgerechte Anwendung der technischen und taktischen Fertigkeiten in den beiden Grundsituationen erlernt und das wettkampforientierte Verhalten im Sinne des Agierens und des Reagierens entwickelt.

Bei den Kleinfeldspielen mit- und gegeneinander, wie auch in den Spiel- und Übungsformen, sollen die Spieler möglichst oft mit bzw. gegen verschiedene Spieler und Gruppen spielen, da andere Partner/Mitspieler/Gegenspieler und andere Gruppen für den Spieler neue Spielsituationen, sprich Lernsituationen schaffen: Jeder Spielpartner bringt unterschiedliche Handlungsabläufe ein, fordert und gibt unterschiedliche Hilfen.

Neben dem Aspekt hoher Intensität haben die Kleinfeldspiele eine wichtige "Kontrollfunktion" für den Übergang zum Spiel 6 gegen 6: Erfolgreiche Gruppenhandlungen in Kleinfeldspielen lassen im allgemeinen auch erfolgreiche Mannschaftshandlungen erwarten, während geringe Interaktionen in den Kleinfeldspielen mit Sicherheit noch geringere im Mannschaftsspiel erwarten lassen.

Die ***Spielfeldmaße*** sind nicht als Normen anzusehen; vielmehr sollen diese auf das unterschiedliche Spielniveau hin ständig überprüft und gegebenenfalls verändert werden. Bei der Wahl der Spielfeldmaße spielt eine wesentliche Rolle, welche jeweilige technische/taktische Handlung verstärkt zur Anwendung kommen soll, bzw. wie diese "erzwungen" werden kann. So fördert ein breites und kurzes Spielfeld die Seit- und Drehbewegungen eines Spielers, ein tiefes und schmales Feld die Vor- und Rückwärtsbewegungen.

Weitere Regeländerungen (Erhöhung des Netzes, Verkleinerung des Spielfeldes u.a.) können den Spielfluß wiederherstellen oder steigern; so fördert z.B. die Sonderregel, daß 3 Ballberührungen in jeder Gruppe vorgeschrieben sind, den Interaktionsprozeß.

Dem ***Dreieckspiel*** wird als Grundform des Volleyballspiels gegenüber Partnerübungen der Vorrang gegeben, weil hierbei sowohl das Spielen mit diagonalem und parallelem Paß wie auch das periphere Sehen als wichtige Komponenten der Spielfähigkeit erlernt und entwickelt werden können. Dies sollte möglichst unter Einbezug des Netzes als Orientierungshilfe erfolgen, wobei vor allem die spielgerechte Ausführung des ersten Passes zum Netz beachtet werden muß.

Aufbau, Durchführung und Umsetzung der Lernziele und deren Lerneinheiten erfolgen weitestgehend gleich:
Die am Anfang jedes Lernziels als Sachanalyse gegebene didaktisch-methodische Begründung der Lerneinheiten und die ***Erläuterung der Spielform*** zu Beginn der Lerneinheiten dienen der kognitiven Ebene. Die ***Bewegungs- und Handlungsabläufe*** werden anhand von ***Abbildungen, Kinegrammen*** und ***Zyklogrammen*** verdeutlicht. Diese, sowie ***Handlungshinweise*** und **Handlungsziele** sprechen in erster Linie motorische und kognitive Aspekte an. Die Beobachtungshilfen zielen sowohl auf die soziale als auch auf die kognitive und motorische Dimension ab.
Die ***Lernkontrollen*** überprüfen die techno-motorischen Fertigkeiten und die Spielfähigkeit.

Die exakte Kenntnis der Bewegungs- und Handlungsabläufe ermöglicht ein vorzeitiges Erfassen der Handlungsabsichten von Mit- und Gegenspieler. Folglich kommt der Entwicklung der Antizipationsfähigkeit, z.B. durch gezielten Einsatz von Fehleranalyse und -korrektur und Unterrichtsgesprächen gefördert, eine wesentliche Rolle zu. Letztere Maßnahmen sind geeignet, neben kognitiven, auch sozial-affektive Prozesse zu entwickeln und zu erfassen (vgl. Stundenbeispiel). Am Ende der Lerneinheiten werden sehr ausführlich typische Fehler in den Bewegungs- bzw. Handlungsabläufen und entsprechende Korrekturmaßnahmen aufgezeigt.

LÖSUNGSVORSCHLÄGE ZU ALLGEMEINEN PROBLEMEN BEI DER VERMITTLUNG DES VOLLEYBALL -SPIELS

Analog dem Abschnitt Fehleranalyse/-korrektur sollen zu den einzelnen Lerneinheiten hier volleyballspezifische Unterrichtsprobleme genannt und Lösungsmöglichkeiten angeboten werden. Dabei werden Probleme und Schwierigkeiten angegangen, die im Laufe des Lernprozesses sowohl bei der Einführung als auch Weiterführung des Volleyballspiels auftreten können und somit mehr allgemeiner bzw. übergreifender Art sind:

1. Leistungsunterschiede im Spielverhalten der Spieler

Lösungsmöglichkeiten

- Gruppen bzw. Mannschaften gleichmäßig mit leistungsstarken und -schwachen Spielern besetzen
- Übernahme von Schlüsselfunktionen (z.B. Zuspiel) durch leistungsstärkere Spieler oder Lehrer
- Einschränkung des Handlungsrahmens der leistungsstärkeren Spieler durch Sonderregeln (z.B. Angriff nur mit der schwächeren Hand, keine Finten)
- Kleinfeldspiele mit ungleicher Spielerzahl durchführen (1:2/ 2:3/ 2:4/ 2:6/ 3:6 usw.)
- Differenzierung in Leistungsgruppen mit evtl. Anpassung der Netzhöhe (siehe weiter unten die Lösungsmöglichkeiten zu 6.)

2. Zu kurze Spielzüge und Sequenzen

Lösungsmöglichkeiten

- Spielfeld verkleinern
- Spielfeld verkleinern und Netz erhöhen
- Das Angriffsspiel durch Sonderregeln entschärfen (z.B. leichter Aufschlag von unten aus kurzer Entfernung, nur Driveschläge als 3. Ballberührung).
- Doppelspiel, eventuell sogar Fangen erlauben
- Siehe weiter die Lösungsmöglichkeiten zu 1.

3. Abnahme der Intensität im Unterricht

Lösungsmöglichkeiten

- Einbeziehen von spielspezifischen Zusatzaufgaben, insbesondere in den Kleinfeldspielen "miteinander" (z.B. nach Netzüberquerung des Balles rollen die Spieler 1x ab, laufen zur Grund- oder Seitenlinie, führen einen Hocksprung durch oder rotieren um eine Position usw.)
- Überprüfen der Gruppenzusammensetzung hinsichtlich einer ausgeglichenen Spielleistung; gegebenenfalls Neueinteilung vornehmen.
- Organisation von Kleinfeldturnieren
- Siehe weiter Lösungsmöglichkeiten zu 2.

4. Abnahme des Interesses am Volleyballspiel

Lösungsmöglichkeiten

- Organisation von Wettspielen im schulischen wie außerschulischen Bereich
- Besuch von Spielen höherer Leistungsklassen (evtl. mit Beobachtungsaufgaben)
- Analyse von Videoaufzeichnungen eigener wie fremder Spiele
- Einsatz von Medien oder sonstigen Hilfen (z.B. Videorecorder oder Musikuntermalung)
- Alternative Volleyball-Varianten (z.B. Volleyball-Tennis, Volley-Basketball, Mixed-Volleyball u.a.)
- Zwischenschaltung anderer Sportdisziplinen
- Siehe weiter die Lösungsmöglichkeiten zu 3.

5. Ungenügende organisationstechnische Voraussetzungen

(z.B. fehlendes Netzkreuz (Abb. 7), unzureichende Geräteausstattung)

Lösungsmöglichkeiten

- Verwendung von Zauberschnüren/Leinen u.a. zur Schaffung von zusätzlichen Spielfeldern (vgl. Organisation und Symbolik, Seite 28)
- Verwendung anderer Bälle, z.B. Gymnastik-, Faust- und Fußbälle sowie Plastik-, Schaumstoffbälle
- Spiel- und Übungsformen mit Funktionswechsel der Spieler durch Nachlaufen, z.B. Dreieckspiel mit 4 oder 5 Spielern
- Kleinfeld- und Mannschaftsspiele mit- und gegeneinander mit Auswechslungen

a) Austausch der Gruppe/Mannschaft bei Fehler: Hierbei stehen 2 oder 3 Spielgruppen gleicher Zahl auf jeder Spielfeldseite, wobei sich jeweils eine Gruppe im Spiel befindet (Abb. 3). Bei Fehler einer Gruppe verläßt diese das Spielfeld und wird durch die nächste, hinter der Grundlinie bereitstehende Spielergruppe ersetzt. Diese bringt den Ball durch Aufschlag oder Einwurf ins Spiel. Die Funktionen der Spieler in der Dreiergruppe werden dadurch gewechselt, daß jedesmal ein anderer Spieler den Aufschlag durchführt. Sieger ist die Gruppe, die als erste einen Satzgewinn oder eine bestimmte Punktzahl erreicht hat. Punkt ist jeder Fehler der Gegengruppe.

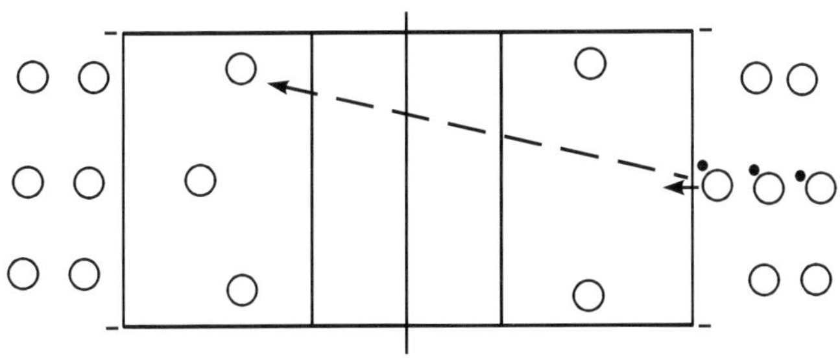

Abb. 3

b) Austausch der Gruppe/Mannschaft bei Netzüberquerung des Balles (fliegender Wechsel), wobei 3 Ballberührungen vorgeschrieben sind: Mannschaftsspiel 6 gegen 6 mit- oder gegeneinander mit 9 oder 12 Spielern (Abb. 4). Wechsel und Zählweise erfolgen wie bei Beispiel a, jedoch wird bei jedem Wechsel die Gruppe der Vorderspieler (A) durch die Gruppe der Hinterspieler (B) und diese wiederum durch die Gruppe der Wechselspieler (C) ersetzt.

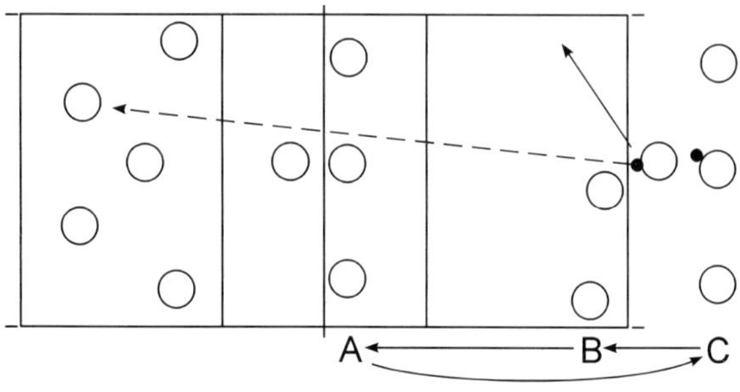

Abb. 4

- Unterteilung in 2 Unterrichtsgruppen, die parallel in unterschiedlichen Sportdisziplinen unterrichtet werden.

6. Probleme beim koedukativen Volleyballunterricht

Lösungsmöglichkeiten

Durchführung von Spielformen, Kleinfeldspielen und Wettspielen am schrägen Netz. Hierbei ist darauf zu achten, daß die Mädchen/Frauen am tieferen Netz agieren (Abb. 5). Die Frauen (f) besetzen z.B. auf der linken Feldhälfte immer die Positionen IV/III und V, auf der rechten die Positionen II/I und VI. Die Männer besetzen entsprechend die restlichen Positionen. Wichtig ist a) die Veränderung des Seitenwechsels, indem nur die Frauen und nur die Männer untereinander rotieren und die Seiten wechseln, so daß jeder Spieler auf jeder Position möglichst gleichmäßig zum Einsatz kommt.

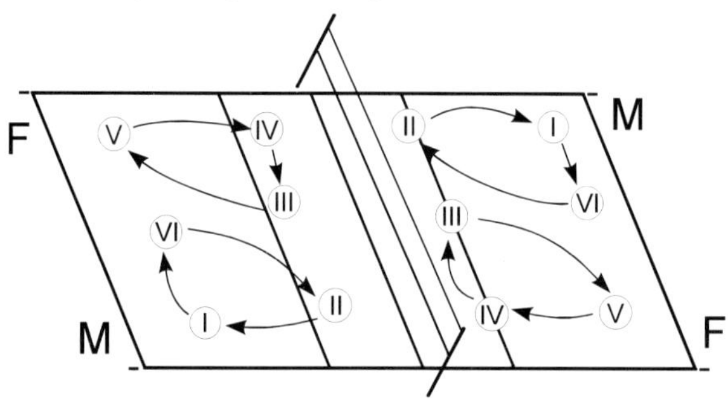

Abb. 5

- Spiele wie vorher am schrägen Netz, nur mit dem Unterschied, daß die Position III auf beiden Seiten entweder mit Männern oder Frauen besetzt ist.
- Spiele: a) am Männernetz, wobei die Männer die Vorderspielerpositionen besetzen und untereinander rotieren und die Frauen die Grundspielerposi-

tionen besetzen und untereinander rotieren; und b) am Frauennetz, wobei entsprechend die Frauen als Vorderspieler und die Männer als Hinterspieler agieren.
- Spiele am Männernetz, wobei die Frauen die Zuspielfunktion übernehmen und anschließend Spiele am Frauennetz, wobei die Männer die Zuspielfunktion übernehmen.
- Spielformen und Kleinfeldspiele koedukativ, Wettspiele differenziert durchführen.
- Spiele am Frauennetz, wobei die Männer im Angriff nur mit der schwächeren Schlaghand agieren oder nur Driveschläge durchführen dürfen.
- Siehe weiter die Lösungsmöglichkeiten zu 1.

Spiele am Männernetz oder am Frauennetz erweisen sich ohne Funktionseinschränkungen auf die Dauer als nachteilig, da beim hohen Netz die Frauen in der Regel überfordert werden und vor allem beim Angriffsschlag und Block sich Fehlverhalten in den Bewegungs- und Handlungsabläufen aneignen. Umgekehrt stellt das Frauennetz für die Männer eine Unterforderung dar und kann ebenso zu "Fehlverhalten" führen. Davon abgesehen ist aufgrund der Überlegenheit der Männer im Angriff das letztere Spiel mit erhöhtem Verletzungsrisiko verbunden.

7. **Vermeidung von Verletzungsgefahren** durch unkontrolliert rollende Bälle, insbesondere bei Spielhandlungen am Netz

Lösungsmöglichkeiten

- Spieler/Spielergruppe auf die Sicherung des genutzten Balles hinweisen.
- in erster Linie ist der Spieler für die Sicherung des Balles verantwortlich, der zuletzt gespielt hat, in zweiter Linie die gesamte Gruppe.
- Mitspieler bei Verletzungsgefahr warnen (Zuruf: "Stop"-"Halt"-"Ball" u.ä.)
- Warnungen ernst nehmen und nicht weiterspielen, vor allem nicht springen.
- den Spielern bei Übungs- und Spielformen mit erhöhtem Verletzungsrisiko (z.B. bei Aktionen am Netz) die Verletzungsgefahren und deren Vermeidung deutlich machen.
- Ein oder mehrere Spieler für die Sicherung unkontrolliert rollender Bälle abstellen, insbesondere bei Übungs- und Spielformen mit mehreren Bällen.
- Anbringung einer Schutzplane am Netz, auch um Verletzungen durch Übertreten vorzubeugen.

8. Auswirkungen der Regeländerungen

Im folgenden werden Überlegungen zur Einbeziehung bzw. Berücksichtigung der neuen Regeln bei der Vermittlung des Spiels diskutiert.

1. Erweiterung des Aufschlagzone auf 9 Meter

Diese Regeländerung wird vor allem im Hochleistungsbereich zu neuen Aufschlag- und Annahmestrategien führen. Für den Anfängerbereich stellt diese Änderung eine Erleichterung der Aufschlagsituation dar, die zu einer Senkung der Aufschlagfehlerquote führen wird. Hinsichtlich der zeitlichen Einführung der Aufschlagarten ergeben sich keine Veränderungen in der Vermittlungskonzeption.

Lösungsmöglichkeiten

- Bei der Einführung des Aufschlags soll zunächst aus der Mitte der Aufschlagzone (Pos. VI) aufgeschlagen werden, um die Fehlerquote zu minimieren.
- Bei den Spielen miteinander soll ebenfalls aus der Mitte der Aufschlagzone aufgeschlagen werden.
- Bei den Spielen gegeneinander soll in kritischen Situationen (Sicherheitsaufschlag) aus dem gleichen Aufschlagbereich aufgeschlagen werden.
  Erst bei guter Beherrschung der Aufschlagtechnik soll allmählich der gesamte Aufschlagbereich ausgenutzt werden.

2. Spielen des Balles mit jedem Teil des Körpers

Diese Regeländerung stellt den Lehrenden vor die Situation, ob, wann und in welchem Umfang er das Spielen des Balles mit dem Fuß ein- und weiterführt. Aus den bisherigen Erfahrungen mit der Abwehr abwärts bis zum Knie bzw. mit den Hilfsabwehrtechniken einschließlich Köpfen, läßt sich ableiten, daß eine systematische Schulung dieser Techniken abzulehnen ist.
Gründe hierfür sind:

- Ein zielgenaues Spielen des leichteren und kleineren Volleyballes mit dem Fuß ist annähernd unmöglich.
- Die systematische Schulung und Anwendung der Fußabwehr führt zu einer Einschränkung der Anwendung der sehr viel genaueren Spieltechniken.

- Das Spielen des Balles mit dem Fuß soll ausschließlich bei fast ausweglosen Ballrettungshandlungen erlaubt werden und stets nur unter Beachtung des Prinzips, *OBERES ZUSPIEL HAT VORRANG VOR DEM UNTEREN ZUSPIEL, BEIDARMIGES UNTERES ZUSPIEL VOR DEM EINARMIGEN UND EINARMIGE ABWEHR VOR DER FUßABWEHR*, toleriert werden.
- Der zeitliche Aufwand einer systematischen Schulung der Fußtechniken steht in keinem Verhältnis zur Effektivität der Anwendung und somit zur Steigerung des Spielflusses.
- Ein systematisches Lehren der Abwehr mit dem Fuß ist "auch" deshalb abzulehnen, weil es zu einer veränderten Abwehrhaltung führt (Körpergewicht mehr auf den Fersen als auf den Fußballen), die den Einsatz der bisherigen Abwehrtechniken sehr stark einschränkt bzw. erschwert.
- Es ist anzunehmen, daß die Anwendung der Fußtechniken zu Verletzungen beim Spieler selbst oder der Mitspieler führen kann.
- Im Freizeit-/Breitensportbereich, in dem die Spielfreude bzw. das Spielen Vorrang vor dem systematischen Erlernen des Spiels hat, ist das Spielen mit jedem Körperteil durchaus angezeigt.

3. Bedingtes Erlauben des Doppelschlags und der Netzberührung

Um längere Spielzüge und spektakuläre Aktionen zu fördern, besagt die erste Regeländerung, daß der Schiedsrichter selbst bei einem Doppelschlag nicht zu kleinlich entscheiden soll, wenn sich der Spieler in einer ungünstigen Position befindet und den Ball nur mit größtem Einsatz erreicht.
Die zweite Änderung besagt, daß die Netzberührung kein Fehler ist, wenn der Spieler zufällig das Netz berührt, ohne am Ball zu sein.

Diese Regeländerungen erweisen sich für die Ein- und Weiterführung des Spiels sehr sinnvoll und entsprechen der Intention des sogenannten "pädagogischen Pfeifens". Dies besagt, daß bestimmte und/oder kleine Regelverstöße beim Anfänger nicht geahndet werden, um den Spielfluß und damit die Spielfreude zu fördern.

ORGANISATION UND SYMBOLIK

Spieler (Universal)	Ballweg gespielt
Spieler am bzw. mit Ball	Ballweg geworfen
Ballkasten	Ballweg geschlagen
Einerblock	Laufweg
Zweierblock	Laufweg des Angreifer
	Angriffsschlag

GS = Grundsituation
LZ = Lernziel
FF. = Fehleranalyse / Fehlerkorrektur
LE = Lerneinheit
Pos. = Position

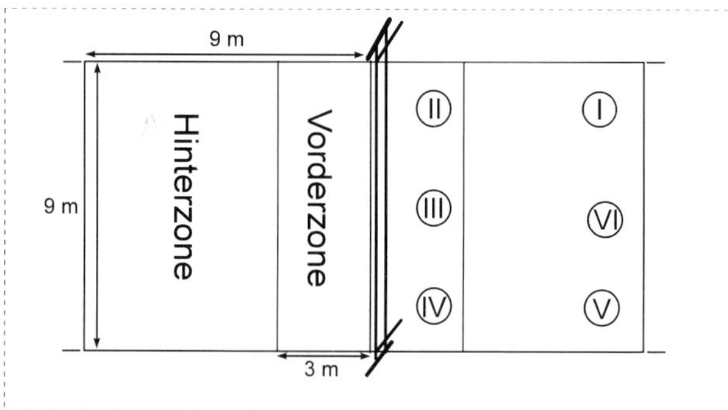

Abb. 6
Volleyball-
feld

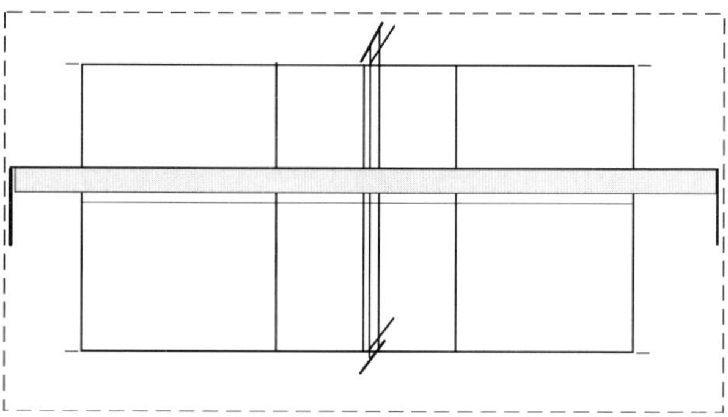

Abb. 7
Netzkreuz

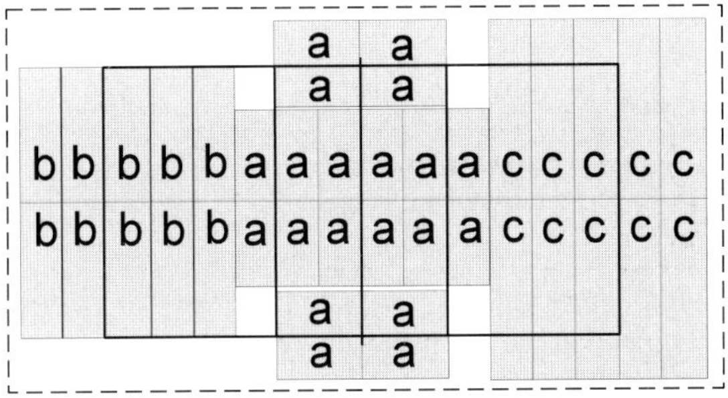

Abb. 8
a = 1,5 x 3 m;
b = 1,5 x 4,5m;
c= 1,5 x 6m

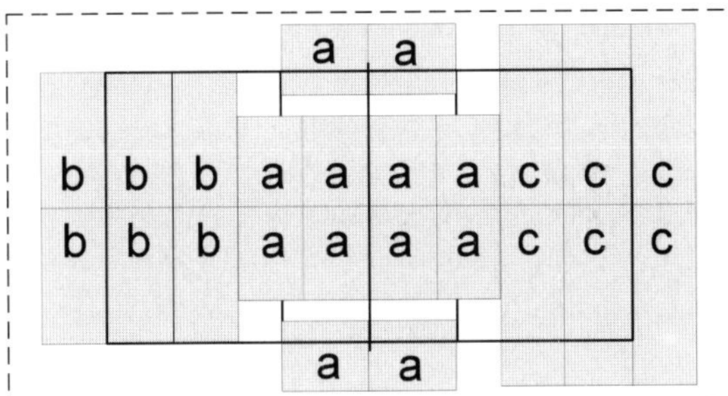

Abb. 9
a = 2,25 x 3 m;
b = 2,25 x 4,5m;
c = 2,25 x 6 m

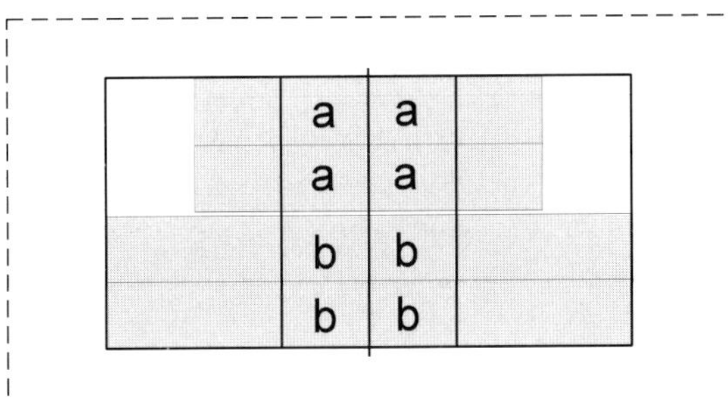

Abb. 10
a = 2,25 x 6m;
b = 2,25 x 9m.

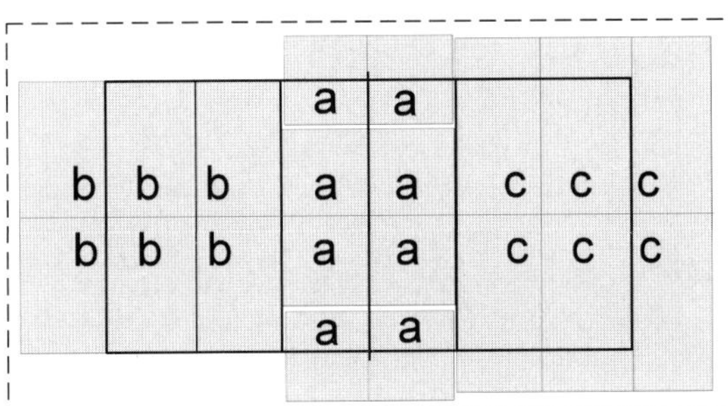

Abb. 11
a = 3 x 3m;
b = 3 x 4,5m;
c = 3 x 6m.

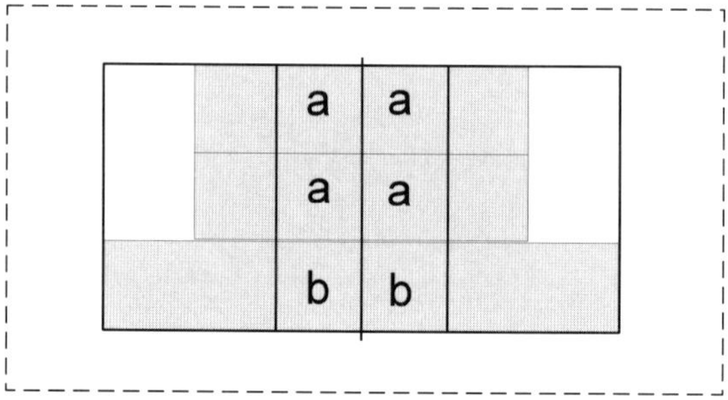

Abb. 12
a = 3 x 6m;
b = 3 x 9m.

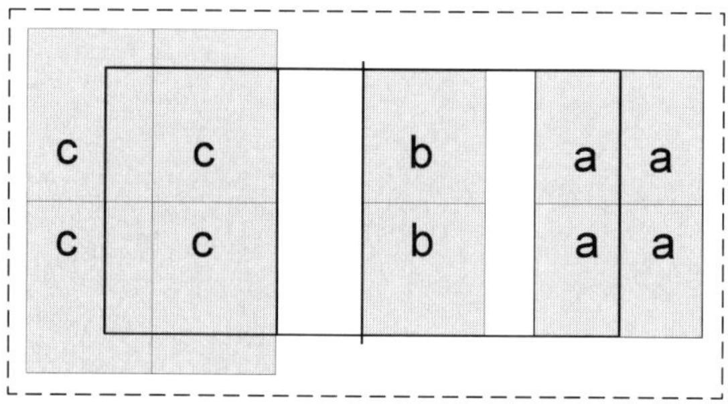

Abb. 13
a = 4,5 x 3m;
b = 4,5 x 4,5m;
c = 4,5 x 6m.

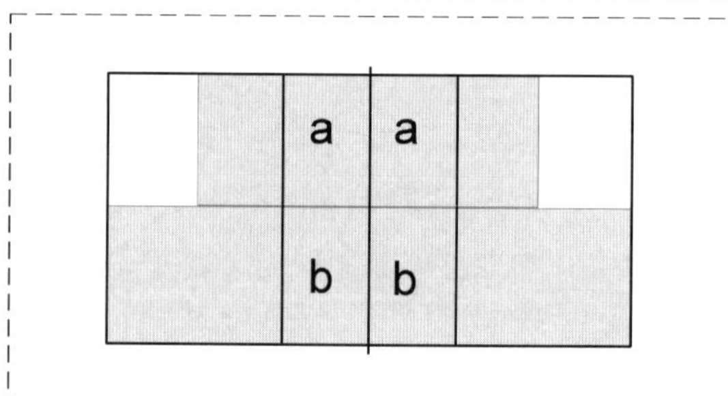

Abb. 14
a = 4,5 x 6m;
b = 4,5 x 9m.

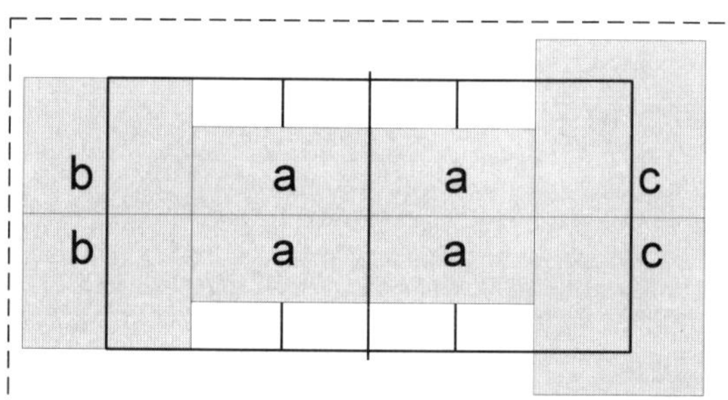

Abb. 15
a = 6 x 3m;
b = 6 x 4,5m;
c = 6 x 6m.

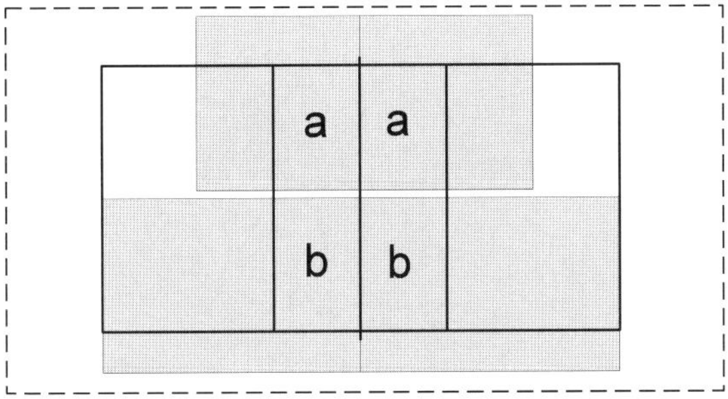

Abb. 16
a = 6 x 6m;
b = 6 x 9m

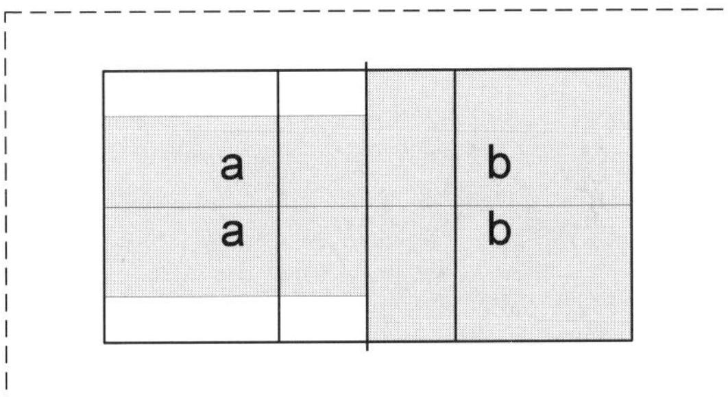

Abb. 17
a = 9 x 3m;
b = 9 x 4,5m

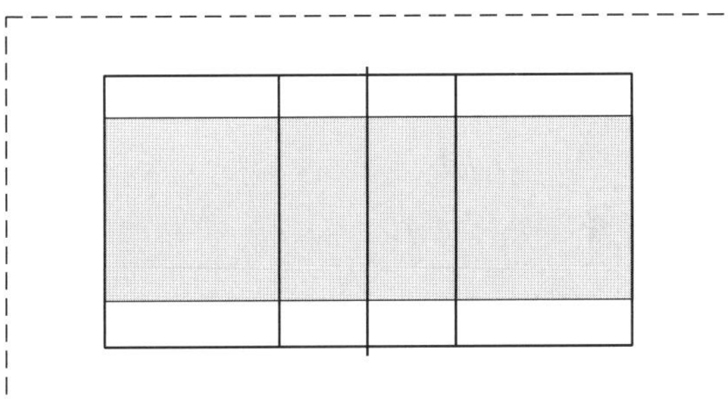

Abb. 18
9 x 6m.

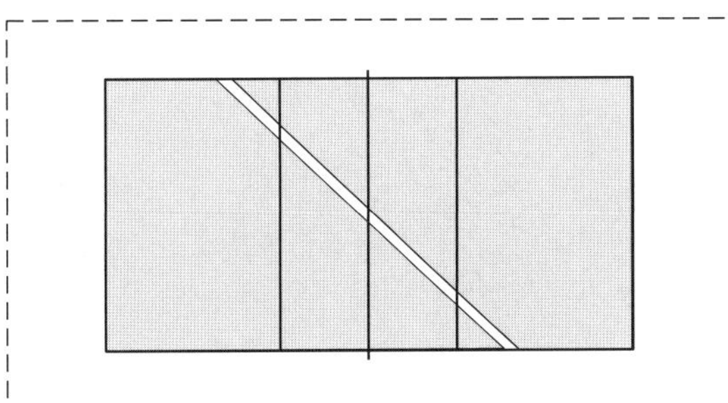

Abb. 19
Diagonalfeld

DIDAKTISCH-METHODISCHE ÜBERLEGUNGEN ZUM KLEINFELD - UND MINI-VOLLEYBALLSPIEL

Dieser Abschnitt zielt darauf ab, die Lernvoraussetzungen für das Handbuch darzustellen und zu erläutern, indem aus theoretischer Sicht ein Einblick in die Ausbildung des Mini-Volleyballspielers gegeben wird. Die verkürzte Darbietung der Lernziele soll mit Hilfe der didaktisch-methodischen Hinweise den Lehrenden in die Lage versetzen, die Einführung des Volleyballspiels, je nach Leistungsniveau der Lernenden, selbständig entwickeln zu können.
Das Mini-Volleyballspiel und die Kleinfeldspiele schaffen die *LERNVORAUSSETZUNGEN FÜR DEN UNIVERSALSPIELER.* Die in diesen Spielen erlernten grundlegenden Verhaltensweisen hinsichtlich eines volleyballtypischen Ball-, Raum-, Ziel-, Partner- und Gegnerverhaltens sollen so verbessert und erweitert werden, daß der Übergang vom Kleinfeldspiel zum Sportspiel Volleyball leicht vollzogen werden kann.
Vorausgesetzt werden im einzelnen die spiel- und kindgemäß erarbeiteten Bewegungsabläufe der technischen Grundelemente des oberen und unteren Zuspiels, des Driveschlages und der Aufschlag von unten und im taktischen Bereich spielgerechtes Verhalten im Rahmen der Grundsituationen, d.h. grundlegendes gruppen- und individualtaktisches Verhalten.

Unter besonderer Berücksichtigung der Struktur des Volleyballspiels ist es sinnvoll, erst ab dem 10. Lebensjahr mit dem Erlernen des Spiels zu beginnen. Der im Gegensatz zu anderen Autoren späte Einstieg erscheint deshalb sehr sinnvoll, weil im Primarstufenbereich eine vielseitige, allgemeine und breite Ausbildung in allen Sportarten durchgeführt werden soll. Vorerfahrungen in kleinen Spielen, insbesondere mit Ball, wie Wurf-, Fang-, Prell-, Schlag- und Rollspiele, sind wichtige Voraussetzungen für die Erlernung jedes Sportspiels.

Die Spiele "*BALL INS ANDERE LAND*" und "*BALL ÜBER DIE SCHNUR*" mit deren Modifikationen und Variationen sind die ***vorbereitenden Spiele für die Volleyball-Ausbildung.***
Der späte Einstieg in die Volleyball-Ausbildung in Verbindung mit der allgemeinen und vertieften Ausbildung im Primarstufenbereich ermöglichen es, die Ausbildung des Mini-Volleyballspielers in 2 bis 3 Jahren durchzuführen.

Am Anfang der ***Vermittlung der Grundtechniken*** stehen die Zuspieltechniken. Das obere und untere Zuspiel soll relativ zeitgleich eingeführt werden, um von Anfang an Alternativhandlungen zu fördern und Entscheidungsspielraum zu gewähren. Durch das untere Zuspiel ist zudem der Aktionsradius des Spielers vergrößert und der Spielfluß gefördert. Letzteres wird durch Hinzu-

nahme von Einhandhandlungen im Sinne des oberen und unteren Zuspiels unterstützt. Dabei soll folgender Grundsatz stets beachtet werden: "*BEIDHANDAKTIONEN HABEN VORRANG VOR EINHANDAKTIONEN UND PRITSCHEN HAT VORRANG VOR BAGGERN*".
Die Einführung des Aufschlages, von vielen Autoren im Anschluß empfohlen, hat sich als ungünstig herausgestellt, da sie zu vielen Fehlern bzw. frühen Spielunterbrechungen führt. Sie ist auch deshalb nicht zwingend, da sich der Aufschlag durch Einwerfen, Einpritschen oder -baggern ersetzen läßt.
Statt dessen sollen Handlungen im Sprung, d.h. beid- oder einhändiges Pritschen und Schlagen, eingeführt werden. Die Sprunghandlungen sollen in Verbindung mit dem Schlagen aus dem Stand zum Driveschlag hinführen. Dabei ist zu beachten, daß beidbeiniger Absprung Vorrang vor einbeinigem hat.
Am Ende des Lehrganges steht der Aufschlag von unten.
Die ***taktische Ausbildung*** und das Spielverhalten werden gleichgewichtig und parallel zur technischen Ausbildung entwickelt. Hinsichtlich der Annahme- und Abwehrformationen sollen der 1er-/2er-Riegel vor dem 3er-/4er-Riegel vermittelt werden. Der Angriffsaufbau wird zunächst situationsgebunden, später positionsgebunden durchgeführt. Agiert wird nach dem Grundsatz: "*LIEBER HOCH ALS FLACH SPIELEN, LIEBER WEITER WEG ALS ZU NAH ANS BZW. AM NETZ SPIELEN*".
Dem Spiel 1:1, sowohl mit- als auch gegeneinander, kommt aus technischer wie auch aus individualtaktischer Sicht, eine zentrale Bedeutung zu; die Spiele 2:2, vor allem aber 3:3 und 4:4 fördern zusätzlich das gruppentaktische Verhalten in Angriff und Abwehr.
Die Verständigung der Spieler ist ein weiterer wichtiger Aspekt der taktischen Ausbildung. Hier gilt: "*WER SICH ZUERST BEWEGT ODER ZUERST RUFT, SPIELT DEN BALL*".

Ergänzend zu den Lösungsvorschlägen zu allgemeinen Problemen bei der Vermittlung (vgl. Seite 23) gilt für die Durchführung der ***Kleinfeldspiele*** der Anfänger, daß je nach Leistungsstand bzw. Zielsetzung, folgende Veränderungen besonders sinnvoll sind:
- Fangen und Bodenberührung des Balles sowie Doppelspiel und/oder mehr als 3 Ballberührungen erlauben, um den Spielfluß zu verlängern
- Netzhöhe, Spielfeldmaße und Regeln stets so wählen, bzw. verändern, daß ein mit-/gegeneinander spielen mit mehreren Ballberührungen zustande kommt.

- Ab dem Spielen 2:2 mindestens 2 Ballberührungen auf jeder Seite durchführen (fordern). Bei der Einführung neuer Techniken viele Einzelwettkämpfe mit Ball durchführen, vor allem als Wettkämpfe auf/mit Ziel. Als Ziele bieten sich Geräte, Räume, vor allem aber der Partner an.
- Bei den Zielgenauigkeitswettkämpfen stets Zielgröße und/oder Entfernung variieren
- Bei Einzelwettkämpfen ohne Ziel (z.B. Wiederholungen in Serie) auch die Behelfstechniken berücksichtigen.
- Die Spiele miteinander sollen grundsätzlich vor den Spielen gegeneinander durchgeführt werden. Die Beherrschung z.B. des Spiels 3 mit 3 ist als Voraussetzung für den Übergang zum Spiel 3 gegen 3 anzusehen.
- Bei der Entwicklung der Kleinfeldspiele bis zum Spiel 4:4 ist es nicht nur aus organisatorischen Gründen sinnvoll, Spiele mit ungleicher Spielerzahl zwischenzuschalten, z.B. 1:2, 2:3, 2:4 usw.
- Spiele miteinander sollten zugleich als Spiele gegeneinander organisiert werden. Hierbei kämpft z.B. eine 4er-Gruppe im Spiel 2 mit 2 gegen andere 4er-Gruppen, die ebenso 2 mit 2 spielen. Gewertet werden z.B. die längsten Spielsequenzen oder die wenigsten Fehler in einer Zeiteinheit.
- Als Zwischenstufe vom Spiel mit- zum Spiel gegeneinander ist das Mit-/Gegeneinander-Spiel sinnvoll: Dabei wird bis zur 3. oder 4. Netzüberquerung miteinander und danach gegeneinander gespielt.
- Annahme- und Abwehrformation der Kleinfeldspiele sind weitestgehend identisch, da ohne Block agiert wird. (Abb. 20 a-f und 21a-f)

Abb. 20 a -c

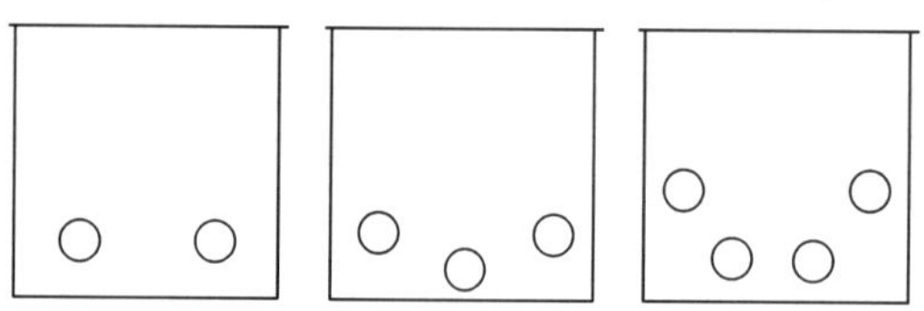

Abb. 20 d - f

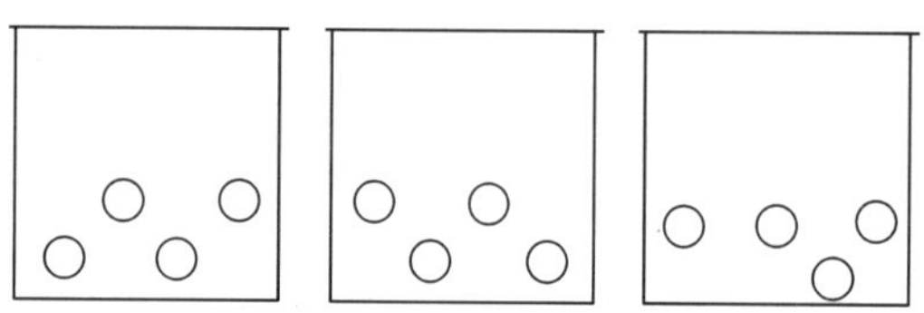

Abb. 21 a - c

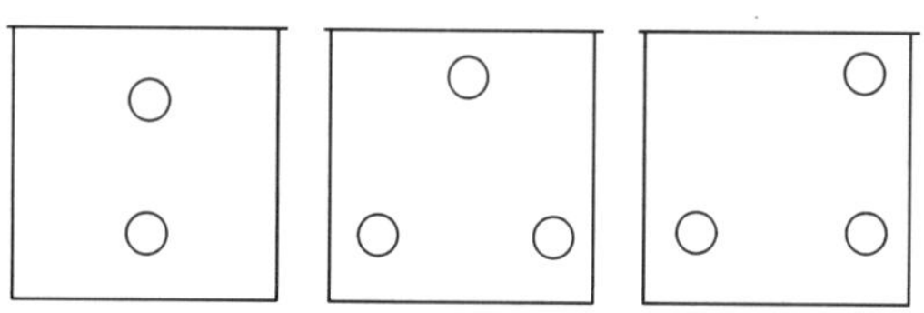

Abb. 21 d - f

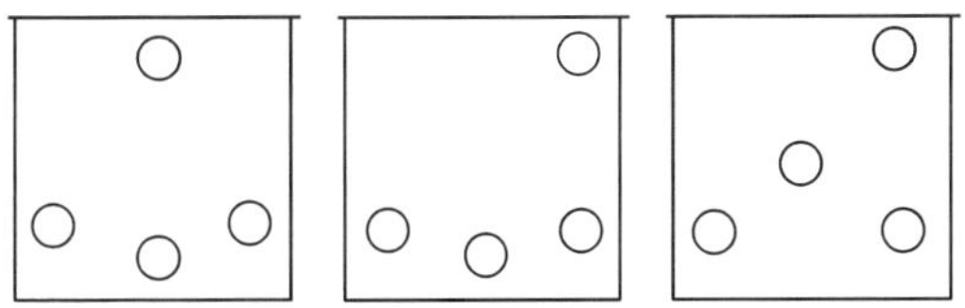

Die Abbildungen 20 a-f zeigen Annahme/Abwehrformationen mit situationsgebundenem Angriffsaufbau, die Abbildungen 21a-f die Formationen mit positionsgebundenem Angriffsaufbau.

- Voraussetzung für den Übergang vom situationsgebundenen zum positionsgebundenen Angriffsaufbau ist die Ziel- und Bewegungsgenauigkeit der Techniken, insbesondere die des 1. Passes. Der Angriffsaufbau soll zunächst über Vorderspieler, später über Hinterspieler erfolgen (vgl. hierzu Lernziele 1 - 4).
- Je nach Ausbildungsziel ist eine Veränderung der Reihenfolge der Kleinfeldspiele sinnvoll: So ist z.B. bei Erarbeitung taktischer Inhalte das Spiel 3:3 dem Spiel 2:2 vorzuziehen, während bei der Erarbeitung technischer Fertigkeiten das Spiel 2:2 Vorrang vor dem Spiel 3:3 hat.
- Ziel der Vermittlung der ***Grundtechniken*** und ***-taktiken*** ist die spiel- und kindgemäße Erarbeitung der Grobform der Bewegungs- und Handlungsabläufe. Hierbei sollen nicht mehr als drei wichtige Merkmale angesprochen werden, um ganzheitlich vermitteln zu können.

Zur Technik:

1. Oberes Zuspiel

- Körper-Ball-Verhältnis: "Spieler unter/hinter Ball"
- Trefffläche: "Ball mit allen Fingern spielen"
- Impulsgebung: "Ganzkörperstreckung"

2. Unteres Zuspiel

- Körper-Ball-Verhältnis: "Spieler hinter Ball"
- Trefffläche: "Ball mit Unterarmen spielen bei gestreckten Armen und ineinander gelegten Händen"
- Impulsgebung: "Ganzkörperstreckung"

3. Driveschlag

- Spielstellung: "beidbeinig unter dem Ball abspringen"
- Impulsgebung: "Armstreckung"
- Trefffläche: "Ball mit der Hand schlagen"

4. Aufschlag von unten

- Impulsgebung: "Pendelarmschwung parallel zum Körper"
- Trefffläche/Körper-Ball-Verhältnis: "flach angeworfenen Ball mit der Hand von hinten/unten schlagen"

Zur Taktik:

1. Spiel 1:1

- Annahme- bzw. Abwehrstellung so wählen, daß 2/3 des Feldes nach Vorwärtsbewegung verteidigt werden kann
- möglichst aus dem Stand spielen
- beim Spiel miteinander gezielt zum Partner, beim Spiel gegeneinander weg vom Gegner spielen

2. Spiel 2:2

- sich frühzeitige mit dem Partner verständigen
- mindestens 2 Ballberührungen durchführen
- ersten Paß hoch, diagonal und nicht zu dicht ans Netz spielen; zweiten Paß hoch, parallel und nicht zu dicht zum Netz spielen
- beim Spiel gegeneinander die letzte Ballberührung möglichst im Sprung und weg von oder zwischen die Gegenspieler ausführen

3. Spiel 3:3

- stets sich für die 1., 2. und 3. Ballberührung bereithalten
- 3 Ballberührungen nutzen, um die 3. Ballberührung als Angriffshandlung durchzuführen
- nach Netzüberquerung des Balles schnell die Abwehrposition einnehmen

4. Spiel 4:4

- Beobachtung und Vorwegnahme der Handlungen der gegnerischen und eigenen Spieler
- schnelles Erfassen der Spielsituation und spielgerechte Anwendung der Technik
- schnelles Erfassen und Umsetzen der spielgerechten gruppentaktischen Maßnahmen in Annahme/Abwehr, Zuspiel und Angriff

Der sinnvolle *EINSTIEG VON DER MINI-VOLLEYBALLER- ZUR UNIVERSALISTEN-AUSBILDUNG* ist vorrangig an die folgenden zwei Voraussetzungen gebunden:

1. Ziel- und bewegungsgenaue Ausführung der Grundtechniken, insbesondere die des Driveschlages.
2. Spielgerechtes taktisches Verhalten, insbesondere hinsichtlich des situationsgebundenen Angriffsaufbaus aus dem 3er- und 4er-Riegel.

LERNZIEL 1:
OBERES UND UNTERES ZUSPIEL FRONTAL

Abb. 22

Sachanalyse

Aufbauend auf den im Mini-Volleyball in der Grobform erlernten Bewegungsabläufen des oberen und unteren Zuspiels (pritschen/baggern) werden in diesem Lernziel einerseits ***Anwendung und Bedeutung des oberen Zuspiels*** für die Annahme und Weitergabe und insbesondere für das Zuspiel im Sinne des Angriffsaufbaus, andererseits ***Bedeutung und Anwendung des unteren Zuspiels*** für die Annahme und Weitergabe *(ZUSPIELBAGGER)* und für die Abwehr und Weitergabe *(ABWEHRBAGGER)* und somit für die Einleitung des Angriffsaufbaus erarbeitet. Im Rahmen der Lerneinheiten steht die Verbesserung der Ausführung des Pritschens und des Zuspielbaggerns im Vordergrund; der Zuspielbagger vor allem, da in diesem Ausbildungsstadium die Angriffshandlungen in der Regel noch keinen Abwehrbagger erforderlich machen. Ebenso werden durch Schulung der Beobachtungs- und Entscheidungsfähigkeit erste Voraussetzungen für individualtaktisches Handeln geschaffen. Dies soll zunächst in Kleinfeldspielen miteinander und schließlich gegeneinander zur Erprobung und Anwendung kommen. Dabei werden die Bewegungs- und Handlungsgenauigkeit des oberen und unteren Zuspiels frontal sowohl nach Bewegung zum Ball als auch nach Körperdrehung vor Abspiel verbessert (Abb. 22).

1. LERNEINHEIT: OBERES ZUSPIEL FRONTAL

Abb. 23

Bewegungsablauf (Abb. 23)

Abb. 24

Der Spieler bewegt sich aus einer mittelhohen Spielbereitschaftsstellung mit schnellen kurzen Schritten zum Zuspielort. Jede Bewegung zum Ball einschließlich der Körperdrehung (laufen drehen-> stehen -> spielen) soll vor Ballberührung abgeschlossen sein (Abb. 24). Der Spieler befindet sich bei Ballberührung ***unter/hinter dem Ball in Grätschstellung***, die Füße sind etwa hüftbreit auseinander und einen halben bis ganzen Fuß nach vorne versetzt.

Das Gewicht ruht mehr auf den Fußballen, Arme und Beine sind bei aufgerichtetem Rumpf gebeugt. Kurz vor Ballberührung setzt eine ***Ganzkörperstreckung*** ein. Der Ball wird bei schalenförmiger Hand- und gespreizter Fingerhaltung (Daumen nach unten/hinten) während der Streckbewegung mit den oberen Fingergliedern ***federnd*** (Vorspannung der Finger) ***in Stirnhöhe*** gespielt (Abb. 25).

Abb. 25

Die Ganzkörperstreckung wird mehr oder weniger schnell beendet, und der Spieler geht sofort in die Spielbereitschaftsstellung zurück. Die Ganzkörperstreckung ist umso ausgeprägter und zügiger, je weiter der Paß gespielt werden muß.

Erläuterung

Die zielgenaue Ausführung der 1. und 2. Ballberührung erfordert die Anwendung des oberen Zuspiels frontal. Dies gilt besonders bei langsam und hoch anfliegenden Bällen für den Annahmespieler und für den Zuspieler. Zunächst wird hoch und frontal zum Mitspieler auf der anderen Netzseite gespielt, später hoch und diagonal zum Partner am Netz. Dieser spielt nun hoch und parallel zum Netz so zum Partner, daß dieser aus günstiger Position über das Netz spielen kann.

Spielform: Spiel 1 mit 1

Spielfeld: 1,5 x 3 m (Abb. 8a)

Zwei Spieler pritschen sich den Ball über das Netz zu (Abb. 26). Sieger ist das Paar mit der längsten Serie von Netzüberquerungen bzw. den wenigsten Unterbrechungen in einer bestimmten Zeiteinheit (2 oder 3 min). Fehler sind Verstöße gegen die Regel sowie der Einsatz anderer Techniken.

Handlungsziel

Der Spieler soll das obere Zuspiel frontal als die günstigste Technik erfahren, leicht anfliegende Bälle zielgenau weiterzuspielen.

Abb. 26

Handlungshinweise

- Spiele den Ball nach Abschluß von Lauf- und Drehbewegung frontal aus sicherem Stand hoch!
- Versuche frühzeitig durch Beobachten des Mitspielers die Abspielrichtung und die Flugbahn des Balles zu erkennen!
- Bewege dich schnell unter/hinter den Ball!
- Spiele den Ball im Stand nach Ganzkörperstreckung!
- Spiele den Ball frontal, hoch und genau zum Mitspieler/Partner!
- Kontrolliere nach Abspiel Finger- und Handhaltung!
- Nimm schnell die Spielbereitschaftsstellung wieder ein!

Beobachtungshilfen

- Muß auf Fehleranalyse/Fehlerkorrektur (FF) zurückgegriffen werden, weil sich grobe Mängel in der Ausführung des oberen Zuspiels zeigen?
- Ist Ungenauigkeit im Zuspiel darauf zurückzuführen, daß die Aktion in der Bewegung statt aus dem Stand erfolgt?
- Ist die Koordination von Bein- und Armeinsatz bei der Ganzkörperstrekkung vorhanden?
- Wird der Ball mit allen Fingern federnd vor der Stirn gespielt?

1. Variation zur Spielform

(1) Spiel 1 mit 1 mit 4 Spielern
Spielfeld: 1,5 x 4,5 m (Abb. 8b)
Jeweils zwei Spieler stehen auf jeder Feldhälfte hintereinander und wechseln nach jeder Ballberührung die Plätze (Abb. 27a).

(2) wie (1), jedoch mit der Zusatzaufgabe, daß zunächst nach jeder Ballberührung die Grundlinie des Spielfeldes einhändig, später beidhändig berührt werden muß.

(3) wie (2), jedoch muß sich der Spieler nach jeder Ballberührung auf die Grundlinie setzen, später legen.

(4) Die Spielform, jedoch mit den Zusatzaufgaben der Variation (2) und (3).

(5) wie (1), jedoch folgt jeder Spieler seinem Zuspiel und wechselt auf die andere Spielseite (Abb. 27 b).

(6) wie (5), jedoch mit 3 Spielern, wobei das 1. Zuspiel stets von der Seite der zwei Spieler erfolgt (Abb. 27 c).

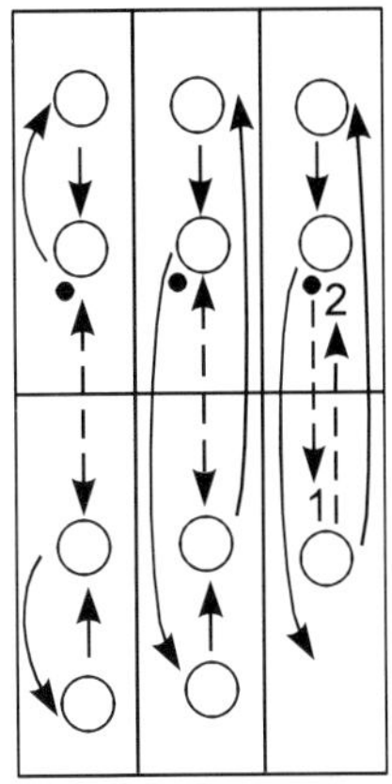

Abb. 27 a-c

2. Dreieckspiel

Spielfeld: 4,5 x 4,5 m (Abb. 13 b)
Drei Spieler stehen in Dreieckaufstellung (2 Spieler am Netz, ein Spieler im Mittelfeld) und pritschen sich den Ball zu (Abb. 28a).
Sieger ist die Gruppe mit der längsten Serie von Ballberührungen bzw. mit den wenigsten Unterbrechungen in einer bestimmten Zeiteinheit (2 oder 3 min).

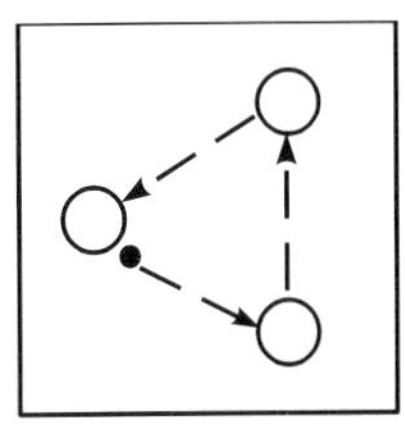
Abb. 28 a

Handlungshinweise

- Vor Ballberührung in die Abspielrichtung drehen (drehen > stehen > spielen)!
- Spiele nicht zu nah ans Netz!
- Beachte: Je höher das Zuspiel, desto mehr Zeit hat dein Partner, den Ball zu spielen!

Beobachtungshilfen

- Steht der Spieler im Moment der Ballberührung unter und hinter dem Ball?
- Erfolgt die Bewegung zum Ball bzw. die Drehung in Abspielrichtung so rechtzeitig, daß der Ball frontal aus dem Stand gespielt werden kann?

- Kommt ein Doppelschlag aufgrund von Fehlern in der Grundstellung oder in der Arm- und Handhaltung zustande?
- Haben die Spieler erkannt, daß ein hohes Zuspiel eine Erleichterung der Folgehandlung darstellt?
- Ist erkannt, daß ein genaues Zuspiel aus unmittelbarer Netznähe schwieriger und riskanter ist als aus der Mitte des Angriffsraumes?
- Können sich die Spieler selbst bzw. gegenseitig beobachten und Fehler erkennen?

(1) Dreieckspiel mit 4 Spielern (Abb. 28 b), wobei jeder Spieler seinem Zuspiel folgt.
(2) wie (1) mit Zusatzaufgaben nach Zuspiel, d.h. während des Wechselvorganges müssen die Spieler
a) eine ganze Drehung, b) einen Hockstrecksprung,
c) eine Rolle vorwärts u.ä. durchführen.

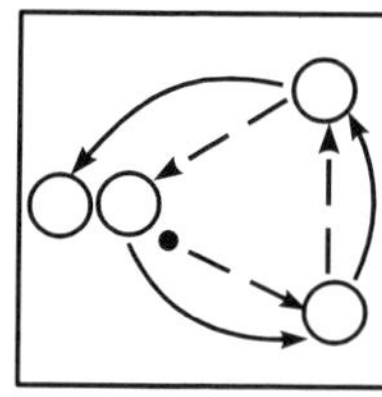
Abb. 28 b

(3) Dreieckspiel im Viereck mit 4 Spielern (Abb. 29 a)
(4) wie (3) mit 5 Spielern, wobei jeder Spieler seinem Zuspiel folgt (Abb. 29 b).
(5) wie (4) mit Zusatzaufgaben nach Zuspiel wie (2).
(6) wie (3), (4) und (5), jedoch mit beliebiger Anspielrichtung.
(5) wie (4) mit Zusatzaufgaben nach Zuspiel wie (2).
(6) wie (3), (4) und (5), jedoch mit beliebiger Anspielrichtung.
(7) wie (3), jedoch wechseln die am Zuspiel nicht beteiligten Spieler ihre Plätze (Abb. 30).
8) Dreieckspiel zu dritt mit 2 Bällen (Abb. 31 a/b)

Abb. 29 a,b

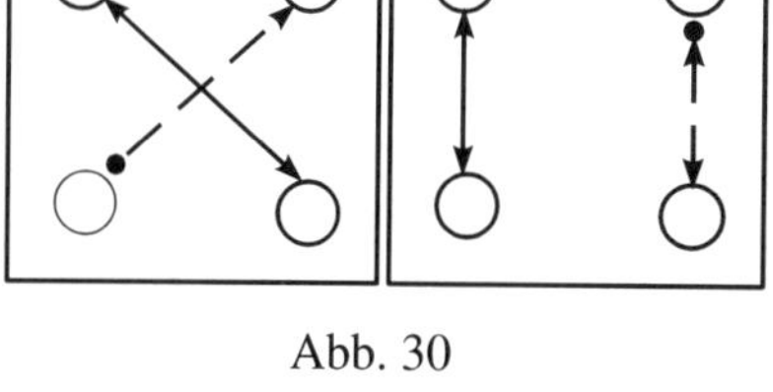
Abb. 30

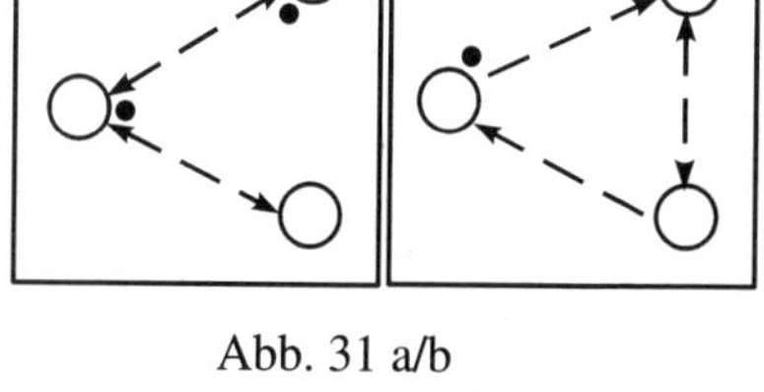
Abb. 31 a/b

3. Spiel 3 mit 3

Spielfeld: 4,5 x 4,5 m (Abb. 13 b).

Zwei Dreiergruppen pritschen sich den Ball zu, wobei drei Ballberührungen auf jeder Spielfeldseite vorgeschrieben sind. Nach Unterbrechung rotieren die Gruppen um eine Position. Sieger ist die 6er-Gruppe mit der längsten Serie von Netzüberquerungen bzw. mit den wenigsten Unterbrechungen in einer bestimmten Zeiteinheit (2 oder 3 min).

(1) wie Spielform 3, jedoch rotiert jede 3er-Gruppe nach der 3 Ballberührung um eine Position (Abb. 32)

(2) wie (1), jedoch müssen während der Rotation Zusatzaufgaben erfüllt werden: a) Sprung am Netz, b) Imitation eines Angriffsschlages am Netz u.ä.

(3) Spiel 2 mit 2 (Abb. 33), ansonsten wie die Spielform 3 und Variationen (1) und (2).

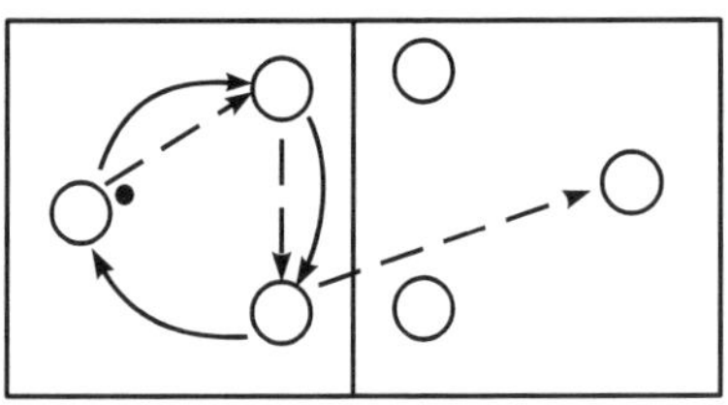

Abb. 32

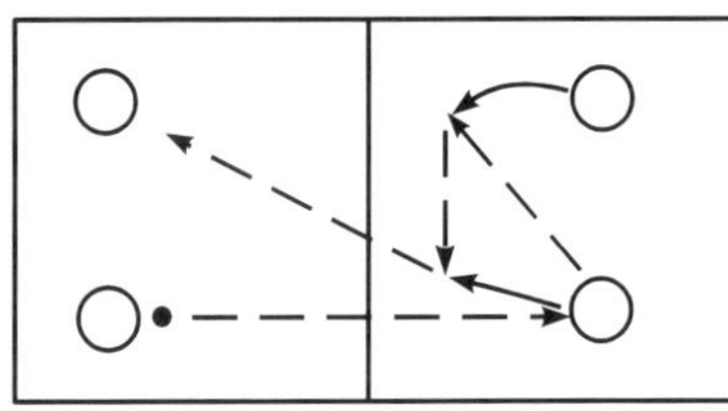

Abb. 33

4. Spiel 1 gegen 1

Spielfeld: 1,5 x 4,5 m (Abb. 8b).

Der Ball darf nur gepritscht werden. Anstatt mit Aufschlag wird der Ball mit oberem Zuspiel ins Spiel gebracht. Fehler sind Verstöße gegen die Regeln sowie der Einsatz anderer Techniken. Zählweise wie im normalen Spiel. Gespielt wird nach Zeit (3 oder 5 min) bzw. nach Sätzen.

(1) wie Spielform 4, jedoch auf Spielfeld 2,25 x 4,5 m (Abb. 9b), anschließend 1,5 x 6 m (Abb. 8c) und 2,25 x 6 m (Abb. 9c/10a).

(2) Spiel 1 gegen 1 mit vier Spielern. Auf jeder Seite steht ein Spieler im Feld, der andere hinter der Grundlinie. Nach jeder Ballberührung erfolgt ein fliegender Wechsel zwischen den Partnern (Abb. 34).

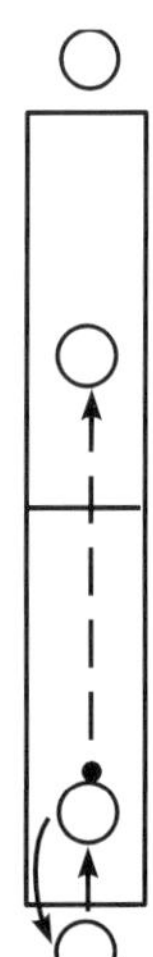

Abb. 34

Beobachtungshilfen

- Versucht der Spieler, den Ball und den Gegenspieler stets im Blickfeld zu halten?
- Wird in schwierigen Spielsituationen der Ball hoch und weit ins Gegenfeld gespielt, um Zeit zu gewinnen?
- Wird der Gegenspieler vor dessen Ballberührung gezielt beobachtet, um frühzeitig Abspielrichtung zu antizipieren?
- Wird der Gegenspieler vor eigener Ballberührung gezielt beobachtet, um das eigene Abspiel möglichst weit entfernt von ihm durchzuführen?

5. Spiel 3 gegen 3

Spielfeld: 4,5 x 4,5 m (Abb. 13b), später 4,5 x 6 m (Abb. 13c/14a).
Der Ball wird durch Werfen oder Pritschen ins Spiel gebracht. Die 1. Ballberührung kann im unteren oder oberen Zuspiel, die 2. und 3. muß im oberen Zuspiel erfolgen. Gespielt wird nach Zeit (5-8 min) oder Sätzen. Ansonsten gelten die Spielregeln (Abb. 32).

Handlungshinweise

- Spiele die erste Ballberührung stets *DIAGONAL* nach vorne ans Netz und die zweite *PARALLEL* zum Netz!

(1) wie Spielform 5, jedoch sind drei Ballberührungen vorgeschrieben.
(2) wie Spielform 5 und (1), jedoch ist nur oberes Zuspiel erlaubt.

Beobachtungshilfen

- Wählt der Spieler bei zwei Zuspielmöglichkeiten diejenige, die er ohne Fehler und mit hoher Genauigkeit ausführen kann?
- Ist nach Durchführung des Zuspiels eine Angriffshandlung möglich?
- Haben die Spieler erkannt, daß ein hohes Zuspiel eine Erleichterung der Angriffshandlung darstellt?

6. Spiel 2 gegen 2

Spielfeld: 4,5 x 4,5 m (Abb. 13b), später 4,5 x 6 m (Abb. 13c/14a).
Durchführung wie bei der Spielform 5 und den Variationen (Abb. 33)

Lernkontrolle

- Kann jeder Spieler eine halbe Minute lang ohne Unterbrechung den Ball auf ein Zielfeld an der Wand pritschen, das über 3 m hoch angebracht ist und 1,5 m breit ist?

- Kann jeder Spieler mehr als 10 mal ohne Unterbrechung den Ball auf ein Ziefeld an der Wand pritschen , das über 3 m hoch angebracht ist und einen Durchmesser von 0,5 m hat?

Fehleranalyse / Fehlerkorrektur zum oberen Zuspiel

Fehler in der Grundstellung

- Spielen in der Bewegung statt aus dem sicheren Stand.
- Ausfallschritt oder Grätschstellung statt Schrittgrätschstellung.
- Gewicht auf den Fersen statt auf den Ballen.
- Gewicht einseitig verlagert statt gleichmäßig auf beide Beine verteilt.

Lösungsmöglichkeiten

- Übungsformen ohne Ball bzw. mit selbst gehaltenem Ball: Laufen und auf akustisches Signal stoppen, die Spielstellung einnehmen und spielen.
- Übungsformen mit angeworfenem, später zugeworfenem und zugespieltem Ball; die Spieler beobachten und korrigieren einander.
- Spielen von unterschiedlich oder ungenau aber hoch zugeworfenen/ zugespielten Bällen mit Partner, später in Dreiergruppen, z.B:
  a) wirft/spielt den Ball hoch vor, später hoch neben B, der gezielt zurückpritschen soll,
  b) wie vorher, jedoch im Dreieckspiel, wobei anfangs der Abspielwinkel klein gehalten werden soll (evtl. zuerst mit Doppelspiel).

Fehler in der Impulsgebung und/oder der Koordination

- Fehlender Arm- oder Beineinsatz statt Ganzkörperstreckung.
- Hände werden vor Abspiel in Verlängerung der Arme gehalten statt nach hinten abgewinkelt.
- Zu frühes bzw. zu spätes Einsetzen der Ganzkörperstreckung statt kurz vor Ballberührung.
- Nachklappen der Hände durch Handgelenkeinsatz nach vorne statt nach oben.
- Ellenbogen zeigen zur Seite statt nach vorne außen.

Lösungsmöglichkeiten

- Vor-/Hochwerfen von Medizinbällen aus tiefer Spielstellung entsprechend der Pritschbewegung.
- Hochpritschen des Balles, dabei im Wechsel niedriger und höher spielen.
- Pritschen auf hohe Ziele aus tiefer Spielstellung oder aus dem Sitz auf einer Bank oder einem Kasten.

- Ball aufprellen lassen und hochpritschen, später auf hohe und unterschiedlich weit entfernte Ziele spielen.

Fehler in der Trefffläche
- Daumen zeigen nach vorne statt nach unten hinten zueinander.
- Finger werden zu eng und gestreckt zueinander gehalten statt schalenförmig gewölbt und etwa eine halbe Ballbreite auseinander.
- Ball wird mit der Handfläche statt federnd mit den Fingerkuppen gespielt.
- Hände werden asymmetrisch gehalten bzw. geführt statt parallel und gleichzeitig.

Lösungsmöglichkeiten
- Ball anwerfen und in Pritschhaltung auffangen, anschließend Arm-/Handhaltung kontrollieren.
- Hochpritschen des Balles unter ständiger Beobachtung der eigenen Arm-/Handhaltung erst im Sitzen, später aus dem Stand.
- Hochpritschen des Balles mit der Aufforderung, den anfliegenden Ball durch die Hände hindurch zu beobachten.
- Hochpritschen mit leichteren Bällen (Plastik-, Schaumstoff-, Zeitlupenball) und später mit schwereren Bällen (Basketball, Fußball, Gewichtsball).
- *KONTROLLÜBUNG:* Pritschen mit Volleybällen, die mit Kreide/Magnesium bemalt sind oder mit bereits verschmutzten Bällen, z.B. Basketbällen. Anhand der angeschmutzten Handflächen wird die Trefffläche überprüft.

Fehler im Körper-Ball-Verhältnis
- Spieler steht unter oder hinter/neben dem Ball statt unter und hinter dem Ball.
- Falsche Berechnung des anfliegenden Balles.

Lösungsmöglichkeiten
Alle Lösungsmöglichkeiten zu Fehlern bezüglich der Grundstellung und der Trefffläche unter Berücksichtigung des Körper-Ball-Verhältnisses.

Regelfehler
- Führen bzw. Halten des Balles, bedingt durch Fehler in der Koordination und Impulsgebung.
- Doppelschlag bedingt durch Fehler in der Grundstellung, im Körper-Ball-Verhältnis und in der Trefffläche.

Lösungsmöglichkeiten
- Ballkontakt so kurz wie möglich halten unter Verwendung von akustischen Hilfen im Moment der Ballberührung, wie z.B. "weg".
- Alle Lösungsmöglichkeiten zu den oben angeführten Fehlerquellen.

Mängel in den athletischen Voraussetzungen
- Fehlende Finger-/Armkraft.

Lösungsmöglichkeiten
- Armbeugen und -strecken auf Fingerspitzen schräg gegen die Wand, später Liegestütz am Boden.
- Pritschen mit schweren Bällen (evtl. auch mit 1kg-Medizinball).
- Spezielle Fingerkräftigung durch Kneten von Tennisbällen oder mit Federgriffhanteln.

2. LERNEINHEIT: ZUSPIELBAGGER FRONTAL

Bewegungsablauf (Abb. 35)

Beim Zuspielbagger frontal bewegt sich der Spieler wie beim Pritschen mit schnellen, kurzen Schritten zum Annahmeort; er soll jede Bewegung/ Drehung vor Ausführung der Annahme abgeschlossen haben. Bei der Annahme befindet sich der Spieler ***hinter dem Ball in Schritt-Grätschstellung***, wobei das Gewicht mehr auf den Fußballen ruht, die Füße etwas über hüftbreit auseinander und einen halben bis ganzen Fuß nach vorne versetzt sind. Die Beine sind gebeugt, der Oberkörper ist leicht nach vorne geneigt, die Arme sind gestreckt und die Hände ineinander gelegt.

Durch Abknicken der Handgelenke und Vorbringen der Schultern wird eine ***Überstreckung*** der Arme erreicht, wobei die aneinander geführten Unterarme mit ihrer breiten Innenfläche die Trefffläche bilden (Abb. 36).
Kurz vor der Ballberührung setzt eine ***Ganzkörperstreckung*** ein und der Ball wird mit den ***Unterarmen in Hüfthöhe*** gespielt. Der Spieler beendet die Körperstreckung nach Abspiel so, daß die Arme nicht über Schulterhöhe geführt werden und er sofort wieder die Spielbereitschaftsstellung einnehmen kann.

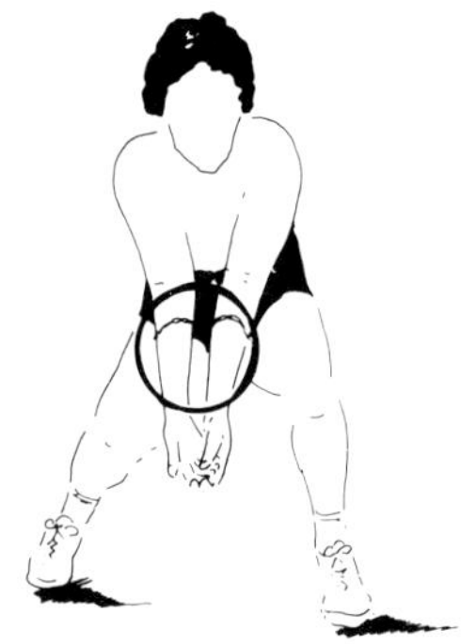

Abb. 36

JE FLACHER DER BALL ANFLIEGT, UMSO TIEFER IST DIE SPIELSTELLUNG; JE SCHNELLER DER BALL ANFLIEGT, UMSO GERINGER IST DER ARM- UND BEINEINSATZ. Dies führt letztlich zum Abwehrbagger, wobei der Übergang von Zuspiel- zu Abwehrbagger als fließend anzusehen ist.

Erläuterung

Die Zielhandlung des Gegners, den Ball auf direktem Weg zum Boden, in ungedeckte Zonen oder auf Lücken zu spielen, macht für diese Abwehrsituationen das untere Zuspiel unentbehrlich. Da in diesem Ausbildungsstadium die Angriffshandlung technisch und taktisch noch nicht so ausgeprägt ist, sollen grundsätzlich hoch anfliegende Bälle im Zuspielbagger angenommen und weitergegeben werden. Hierbei sollte der Spieler immer versuchen, hinter den Ball zu kommen und frontal abzuspielen. Kontrolle für die Qualität der ersten Ballberührung ist die Anwendungsmöglichkeit des oberen Zuspiels in der zweiten Ballberührung.

Spielform: Spiel 2 mit 2 (Abb. 37)

Spielfeld: 4,5 x 4,5 m (Abb. 13b)
Die Partner spielen sich den Ball im oberen und unteren Zuspiel zu. Der Paß über das Netz soll so zum Mitspieler gespielt werden, daß dieser in der Annahmesituation den Zuspielbagger anwenden muß. Drei Ballberührungen auf jeder Spielfeldseite sind vorgeschrieben. Die erste Ballberührung erfolgt im

Zuspielbagger, die zweite und dritte Ballberührung im oberen Zuspiel. Nach jeder Spielunterbrechung wechseln die Spieler ihre Plätze.
Sieger ist die 4er-Gruppe mit der längsten Serie von Netzüberquerungen bzw. mit den wenigsten Unterbrechungen in einer bestimmten Zeiteinheit (3 oder 5 min). Fehler sind Verstöße gegen die Regeln bzw. der Einsatz anderer Techniken.

Abb. 37

Handlungsziel

Der Spieler soll den beidarmigen Zuspielbagger als die günstigste Technik erfahren, langsam aber flach anfliegende Bälle anzunehmen, hoch und zielgenau in die Vorderzone weiterzugeben, um ein Stellspiel im oberen Zuspiel zu ermöglichen!

Handlungshinweise

- Spiele den Ball aus sicherem Stand frontal mit den Innenflächen der Unterarme!
- Bewege dich schnell hinter den Ball!
- Betone die Streckung der Arme durch Vorschieben der Schultern und Überstrecken der ineinandergelegten Hände!
- Der Impuls kommt mehr aus den Beinen als aus den Armen!
- Spiele leicht anzunehmende Bälle diagonal hoch und genau zum Partner ans Netz!
- Vermeide Folgefehler deines Partners, indem du schwierig anzunehmende Bälle hoch und nicht zu nah an das Netz spielst!
- Sei als annehmender Spieler bereit, auch die dritte Ballberührung durchzuführen!
- Sei als nicht annehmender Spieler bereit für die zweite oder dritte Ballberührung!

Beobachtungshilfen

- Muß auf FF zurückgegriffen werden, weil sich Mängel in der Ausführung des unteren Zuspiels zeigen?

- Muß die Aufschlagsituation verändert werden, oder sollte das Netz höher gemacht werden bzw. das Spielfeld verkleinert werden, weil Angriffshandlungen zu häufigen Spielunterbrechungen führen? (vgl. hierzu Seite 24 ff)
- Sind im Moment der Ballberührung die Arme gestreckt und parallel zu den Oberschenkeln (bei gebeugten Beinen)?
- Wird der Ball etwa in Hüfthöhe mit den Unterarmen angenommen?

1. Variationen zur Spielform

(1) die Spielform mit Zusatzaufgaben: Nach jeder Netzüberquerung müssen die Spieler zunächst die Grundlinie, später die hinteren Feldecken berühren, anschließend tauschen die Partner nach jeder Netzüberquerung die Plätze.

(2) Spiel 3 mit 3
Spielfeld: 4,5 x 6 m (Abb. 13c/14a)

(3) wie (2) mit Zusatzaufgaben:
a) der Paß übers Netz soll auf den Grundspieler gespielt werden (Abb. 38a),
b) wie a), jedoch rotieren die Spieler im Uhrzeigersinn nach jeder Netzüberquerung des Balles um eine Position,

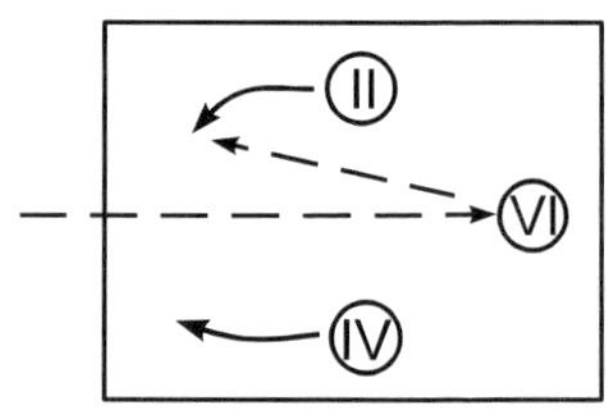

Abb. 38 a

c) der Paß übers Netz soll auf einen Vorderspieler gespielt werden, hierbei übernimmt der Hinterspieler das Zuspiel im Angriffsraum (Läuferspiel/ Abb. 38b),

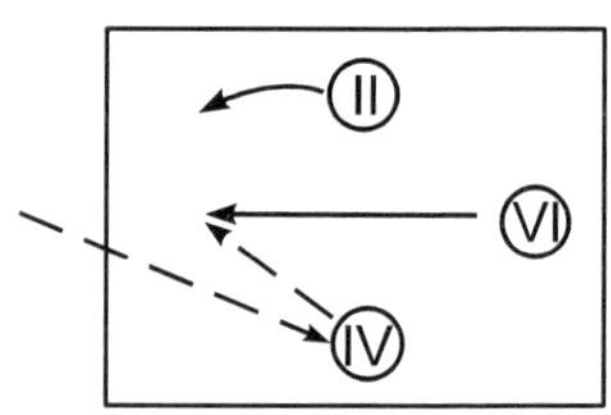

Abb. 38b

d) wie c), jedoch mit Rotation der Spieler nach Netzüberquerung des Balles,
e) der Paß übers Netz kann sowohl auf die Vorder- als auch auf den Hinterspieler gespielt werden; der Grundspieler übernimmt immer dann das Zuspiel, wenn er den Ball nicht annehmen muß,
f) wie e), jedoch Rotation der Spieler nach Netzüberquerung des Balles.

Beobachtungshilfen

- Ist die Ungenauigkeit des unteren Zuspiels auf Fehler in der Beinarbeit oder in der Armführung zurückzuführen?

- Wird zu dicht an das Netz bzw. über den Zuspielort hinaus gespielt, weil der annehmende Spieler seine Bewegung bei Ballberührung noch nicht beendet hat?
- Hat der annehmende Spieler erkannt, daß er sich in der Annahmesituation besser und schneller vor- als rückwärts bewegen kann?
- Steht der Spieler im Moment der Ballberührung hinter dem Ball?
- Zeigen die Spieler erste Anzeichen von Antizipationsverhalten?
- Verständigen sich die Spieler untereinander?

2. Spiel 3 gegen 3 (Abb. 39)

Spielfeld: 4,5 x 4,5 m (Abb.13b), später 4,5 x 6 m (Abb. 13c/14a)

Es gelten die Spielregeln mit Sonderregeln: Auf jeder Spielfeldseite müssen wenigstens zwei Ballberührungen ausgeführt werden; der Ball muß mit einem Aufschlag von unten oder durch oberes Zuspiel ins Spiel gebracht werden.

(1) wie Spielform 2, jedoch sind drei Ballberührungen vorgeschrieben.

(2) wie (1), jedoch mit Zusatzaufgaben: Nach Netzüberquerung des Balles muß die Seiten-, später die Grundlinie berührt werden. Der Angriffsaufbau erfolgt zunächst über Vorder-, später über Vorder- oder Hinterspieler.

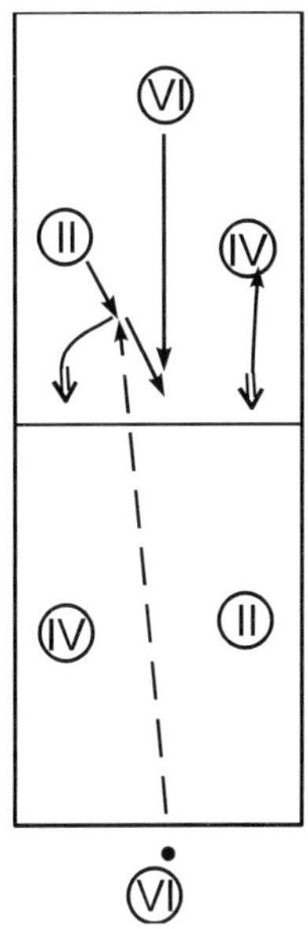

Abb. 39

Handlungshinweise

- Versuche Ball und Gegner stets im Blick zu halten!
- Versuche, die Handlungsabsicht der Gegenspieler aus deren Stellung zum Ball vorwegzunehmen.
- Beachte, daß du dich schneller vorwärts als rückwärts bewegen kannst und wähle daher deine Ausgangsposition so, daß du den größten Teil deines Abwehrraumes vor dir hast (2/3 nach vorne und 1/3 nach hinten)!
- Wer sich zuerst zum Ball bewegt, soll ihn auch spielen!
- Mache durch Zuruf (z.B. "ich" oder "zu mir") deine Handlungsabsicht deutlich!

3. Spiel 2 gegen 2

Spielfeld: 3 x 4,5 m (Abb. 11b), später 4,5 x 4,5 m (Abb. 13b)
Ausführung und Regeln wie bei der Spielform 2 und deren Variationen (vgl. Abb. 33 und 37).

4. Spiel 1 gegen 1

Spielfeld: 2,25 x 4,5 m (Abb. 9b), später 3 x 4,5 m (Abb. 11b) und 3 x 6 m (Abb. 11c/12a)
Drei Ballberührungen hintereinander sind erlaubt. Ansonsten gelten die Spielregeln.

5. Mini-Volleyballspiel (vgl. Abb. 39)

Spielfeld: 4,5 x 6 m (Abb. 13c/14a).
(1) wie Spielform 5, jedoch als Spiel 2 gegen 2

Beobachtungshilfen

- Ist der Anwendungsbereich für oberes und unteres Zuspiel verstanden oder wird z.B. gebaggert, obwohl das obere Zuspiel möglich ist?
- Ist die Bedeutung des Dreieckspiels als Grundform des Volleyballspiels erkannt worden?

Lernkontrolle

- Kann jeder Spieler eine halbe Minute lang ohne Unterbrechung den Ball über eine 3 m hohe Markierung an der Wand baggern?
- Kann jeder Spieler mehr als 10 mal ohne Unterbrechung den Ball auf ein Zielfeld an der Wand baggern, das über 3 m hoch angebracht ist und einen Durchmesser von 1 m hat?
- Kann jeder Spieler in einem Kreis (3 m Durchmesser) den Ball mehr als 20 mal hintereinander abwechselnd im oberen und unteren Zuspiel spielen?

Fehleranalyse/Fehlerkorrektur zum Zuspielbagger frontal

Fehler in der Grundstellung

- Spielen des Balles in der Bewegung statt im Stand.
- Ausfallschritt oder Grätschstellung statt Schrittgrätschstellung.
- Gewicht auf den Fersen statt auf den Ballen.
- Beine sind gestreckt statt gebeugt.

Lösungsmöglichkeiten

Die Lösungsmöglichkeiten bzgl. der Fehler in der Grundstellung beim oberen Zuspiel in der 1. Lerneinheit können hier entsprechend angewendet werden.

Fehler in der Impulsgebung und/oder der Koordination

- Impuls erfolgt nur aus den Armen statt überwiegend aus den Beinen.
- Spielen des Balles mit gebeugten statt mit gestreckten Armen.
- Ganzkörperstreckung setzt erst im Moment der Ballberührung oder nach der Ballberührung statt kurz davor ein.
- Ganzkörperstreckung setzt zeitlich zu früh ein, so daß der Ball in Schulterhöhe statt in Hüfthöhe gebaggert wird.

Lösungsmöglichkeiten

- Übungsformen, in denen der Spieler den ruhenden, an- oder zugeworfenen Ball aus der tiefen Spielstellung hochbaggert, z.B. aus dem Sitz auf einer Bank (Kasten/Medizinball) den Ball mit langen, aber möglichst passiven Armen durch Beineinsatz hochbaggern.
- Übungsformen, in denen ein zweiter Ball zwischen den Oberarmen und der Brust festgeklemmt wird. Während des Baggerns soll dieser Ball festgehalten werden.
- Übungsformen, in denen vor jeder Annahmesituation der Boden mit den Händen berührt werden soll.
- Übungsformen, in denen ein Partner eine nicht über Schulterhöhe führende Armbewegung kontrolliert bzw. erzwingt, indem er während der Ausführung des Baggers seinen gestreckten Arm seitlich über die Arme des Partners hält. Dabei dürfen sich die Arme nicht berühren.
- Übungsformen, in denen akustische Hilfen für die Einleitung der Streckbewegung gegeben werden, z.B. "streck"!

Fehler in der Trefffläche

- Der Ball wird mit den Händen statt mit den Unterarmen gespielt.
- Die Hände sind nebeneinander statt ineinander gelegt.
- Fehlendes Abknicken im Handgelenk, so daß der Ball mit den Außenseiten statt mit den Innenseiten der Arme gespielt wird.

Lösungsmöglichkeiten

- Übungsformen, die eine Armüberstreckung durch Vorschieben der Schultern und Abknicken der Handgelenke nach unten erzwingen (vgl. auch Impulsgebung):
  aus dem Grätschsitz den etwa auf Höhe der Füße fallengelassenen/zugeworfenen Ball hochbaggern,
  den vor einer Markierung (Linie) flach zugeworfenen Ball hochbaggern, ohne die Markierung zu überschreiten.
- Übungsformen mit Baggern auf hohe Ziele, die kurz vor dem Spieler angebracht sind, z.B. Ziele an der Wand/Basketballbrett/Zielring.
- Baggern auf Ziele (s.o.), indem der in Brusthöhe fallengelassene Ball nach dem Aufprellen gespielt wird.

Fehler im Körper-Ball-Verhältnis

- Spieler steht seitlich zum Ball statt hinter dem Ball.
- Spieler ist im Moment der Ballberührung zu nah oder zu weit statt auf Armlänge vom Ball entfernt.
- Falsche Berechnung des anfliegenden Balles.

Lösungsmöglichkeiten

Alle Lösungsmöglichkeiten zu den Fehlern in der Grundstellung und Trefffläche sind unter Berücksichtigung des Körper-Ball-Verhältnisses geeignet.

Regelfehler

- Führen bzw. Halten des Balles bedingt durch Fehler in der Trefffläche (vor allem beim Baggern mit den Händen) und Fehler in der Koordination/ Impulsgebung.
- Doppelschlag bedingt durch Fehler in der Grundstellung und in der Arm-/ Handhaltung (Trefffläche).

Lösungsmöglichkeiten

Alle Lösungsmöglichkeiten zu den oben aufgeführten Fehlerquellen.

LERNZIEL 2:
AUFSCHLAG FRONTAL VON UNTEN - 6ER-RIEGEL MIT ANGRIFFSAUFBAU ÜBER VORDERSPIELER

Abb. 40

Sachanalyse

Die Schulung des Aufschlags soll grundsätzlich mit der Schulung der Aufschlagannahme verbunden werden. Deshalb wird in diesem Lernziel der Aufschlag frontal von unten in Verbindung mit dem 6er-Riegel, der eine Formation zur Annahme des Aufschlags darstellt, erarbeitet. Der ***Aufschlag von unten*** wird vorangestellt, weil hierfür bereits Lernvoraussetzungen aus dem Mini-Volleyball vorliegen und die Ausführung und Anwendung relativ einfach zu erlernen sind. Ebenso bereitet er dem Annahmespieler keine allzu großen Schwierigkeiten, da der langsame Ballflug genügend Zeit läßt, sich auf den anfliegenden Ball einzustellen. Weiterhin ermöglicht der Aufschlag von unten aufgrund der hohen Zielgenauigkeit die Einführung erster Aspekte für individualtaktisches Handeln des Aufschlägers und Annahmespielers sowie für gruppentaktisches Verhalten, vor allem im Zusammenspiel des Annahmespielers mit dem Zuspieler. Aufschlag und Aufschlagannahme sind daher Schwerpunkte der 1.LE. Um Aufschlagfehler zu vermeiden und um eine höhere Zielgenauigkeit zu erreichen, soll der Aufschlag zunächst nur aus dem mittleren Bereich der Aufschlagzone (Pos. VI.) ausgeführt werden. Der ***6er-Riegel***, d.h. die Annahme des Aufschlags mit allen sechs Spielern, bildet den Schwerpunkt der 2.LE. Dieser wird deshalb als erster eingeführt, weil er die beste "Abdeckung" des Feldes gewährleistet und einen variablen Angriffsaufbau, hier zunächst über die Vorderspieler, ermöglicht. Die Beteiligung aller Spieler an der Annahme, wie die Variabilität des Angriffsaufbaus, fordern und fördern eine universelle Ausbildung, indem ***jeder*** Spieler sich zu ***jeder*** Spielaufgabe bereit halten muß, und erst in der jeweiligen Spielsituation entschieden wird, wer welche Funktion übernimmt. Der situationsgebundene Angriffsaufbau fördert somit vor allem auch die kognitive Kompetenz der Spieler (vgl. S. 15 Vermittlungskonzept).

1. LERNEINHEIT: FRONTALAUFSCHLAG VON UNTEN

Abb. 41

Bewegungsablauf (Abb. 41)

Der Aufschlag von unten wird aus einer schulterbreiten *SCHRITTSTELLUNG* frontal zum Netz ausgeführt. Die Beine sind leicht gebeugt, der linke Fuß steht beim Rechtshänder vorne. Während der Ball mit der linken Hand hüfthoch vor dem Körper gehalten wird, wird der *SCHLAGARM LANG* nach hinten zurückgeführt; dabei findet eine Gewichtsverlagerung auf den hinteren Fuß statt. Aushol- und Schlagbewegung entsprechen einem *PENDELARMSCHWUNG*. Der Ball wird während der Schlagbewegung *KURZ ANGEWORFEN* oder unmittelbar vor dem Schlag *FALLEN GELASSEN* und mit dem *HANDTELLER VON HINTEN/UNTEN* in Hüfthöhe und Armlänge vor dem Körper getroffen. Die Hand ist dabei angespannt und der Ballrundung angepaßt. Die mit der Schlagbewegung einhergehende *BEINSTRECKUNG* führt zu einer Gewichtsverlagerung auf den vorderen Fuß.

Erläuterung

Mit dem Aufschlag wird der Ball ins Spiel gebracht. Ziel dieser Angriffshandlung ist es, zu direktem Punkterfolg zu kommen oder den gegnerischen Angriffsaufbau zu erschweren. Hierfür ist eine zielgenaue und sichere Ausführung des Aufschlags eine unabdingbare Voraussetzung, da entweder schlecht gedeckte Zonen, annahmeschwache Spieler oder Räume zwischen den Annahmespielern getroffen werden sollen. Der Aufschlag frontal von unten erfüllt in starkem Maße diese Anforderungen.

Für die Annahmespieler gilt wiederum, Ballflug und -richtung des Aufschlags frühzeitig einzuschätzen und den Annahmeort zu erkennen, um entweder anzunehmen oder zuzuspielen bzw. anzugreifen. Dabei gibt die Qualität der Annahme und Weitergabe des Aufschlags Aufschluß über ihr Angriffswirksamkeit.

Spielform: Spiel 1 gegen 2 (Abb. 42)

Spielfeld: 4,5 x 6 m (Abb. 13c/14a).

Der aufgebende Spieler erhält 5x (10x) Aufschlagrecht. Die beiden Annahmespieler nehmen im 2er-Riegel an und spielen mit 3 Ballberührungen den Ball so ins Gegenfeld zurück, daß der Aufschläger den Ball nicht regelrecht annehmen kann. Danach wechseln die drei Spieler ihre Positionen und Funktionen. Punkte kann nur der Aufschläger erzielen: a) bei direktem Aufschlagerfolg, b) wenn die Zweiergruppe die geforderten 3 Ballberührungen nicht regelrecht durchführen kann und c) wenn er den zurückgespielten Ball im oberen oder unteren Zuspiel annehmen kann. Sieger ist der Aufschläger mit den meisten Punkten in 1,2 oder 3 Durchgängen.

Abb. 42

Handlungsziel

Der Spieler soll erfahren, daß der Aufschlag frontal von unten sehr zielgenau geschlagen werden kann, und er dadurch sehr angriffswirksam handeln kann.

Handlungshinweise

- Vermeide Fehler bei der Ausführung des Aufschlags (Sicherheit vor Risiko), indem Du aus dem mittleren Aufschlagbereich aufschlägst!
- Stehe in Schrittstellung frontal zum Netz!
- Führe Aushol- und Schlagbewegung mit langem Arm durch!
- Wirf den Ball möglichst niedrig und kurz vor dem Schlag an!
- Schlage den Ball mit dem Handteller von hinten/unten!
- Triff den Ball in Hüfthöhe und Armlänge vor dem Körper!

1. Variationen zur Spielform

(1) Spiel 1 gegen 2; Spielfeld: 3 x 6 m (Abb. 11c/12a).

(2) Spiel 1 gegen 3; Spielfeld: 6 x 6 m (Abb. 15c/16a), später 4,5 x 6 m (Abb. 13c/14a).
Die Aufschlagnannahme erfolgt im Dreierriegel (Abb. 43a/b).

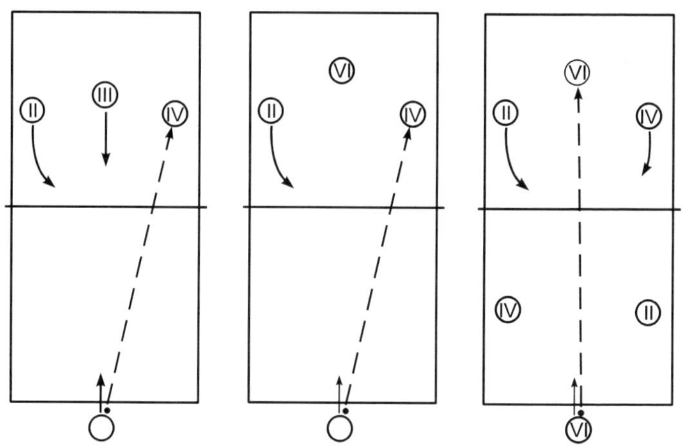

Abb. 43 a-c

Handlungshinweise

- Schlage den Ball auf ungedeckte Zonen oder zwischen die Annahmespieler!
- Schlage auf den annahmeschwächsten Spieler!
- Variiere den Aufschlag bezüglich Richtung und Flugbahn!

- Berücksichtige stets die Aufstellung und die Annahmequalitäten der Gegenspieler!

2. Spiel 2 gegen 2

Spielfeld: 4,5 x 6 m (Abb. 13c/14a).

Zwei Ballberührungen, später drei Ballberührungen sind vorgeschrieben. Die Annahme erfolgt im 2er-Riegel (Abb. 44a)

(1) wie Spielform 2, jedoch Spiel 3 gegen 3; Spielfeld: 6 x 6 m (Abb. 15c/16a). Annahme erfolgt im 3er-Riegel (Abb. 44a)

(2) wie (1), jedoch auf Spielfeld: 4,5 x 9 m (Abb. 14b)

(3) Spiel 4 gegen 4 Spielfeld: 6 x 9 m (Abb. 16b).
Annahme erfolgt im 4er-Riegel, Angriffsaufbau über Vorderspieler IV oder II (Abb. 44b/c)

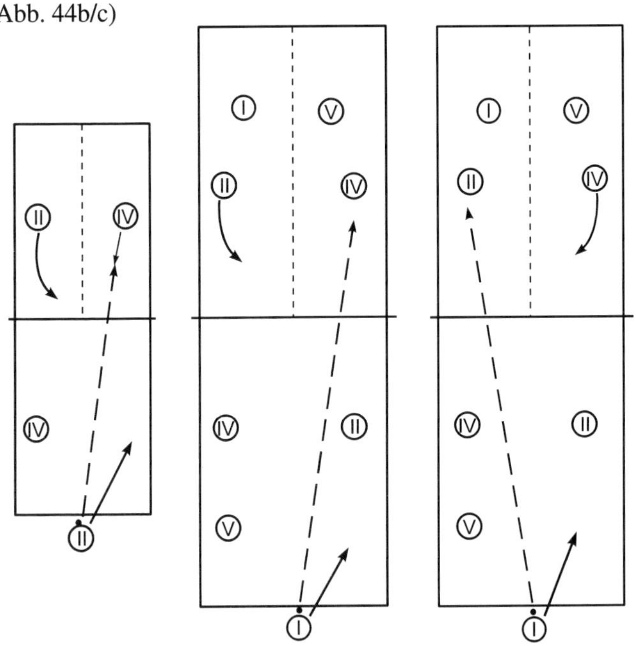

Abb. 44 a-c

(4) Spiel 3 gegen 3 (Abb. 43c); Spielfeld: 6 x 9 m (Abb. 16b).

(5) Spiel 2 gegen 2 (Abb. 44a); Spielfeld: 4,5 x 9 m (Abb. 14b).

(6) Spiel 1 gegen 1; Spielfeld: 3 x 9 m (Abb. 12b). Der Ball darf 3x hintereinander gespielt werden.

Beobachtungshilfen

- Muß auf FF zurückgegriffen werden, weil sich Mängel in der Ziel- und Bewegungsgenauigkeit des Aufschlags zeigen?
- Ist die Ungenauigkeit des Aufschlags auf mangelnde Koordination von Anwerfen und Schlagen des Balles zurückzuführen?
- Sind Aufschlagfehler auf die Veränderund der Aufschlagorte zurückzuführen?
- Sind Fußstellung wie Schlagbewegung frontal nach vorne (oben) ausgerichtet?
- Treten aufgrund der Einführung des Aufschlags als Angriffselement häufiger Spielunterbrechungen auf?
- Wird überhastet und unüberlegt aufgeschlagen?

Lernkontrollen

- Kann jeder Spieler 10 Aufschläge aus dem Aufschlagraum übers Netz abwechselnd in die rechte und linke Spielhälfte fehlerlos schlagen?
- Kann jeder Spieler auf vier verschiedene Zielfelder (Abb. 45) in vorgeschriebener Reihenfolge die Aufschläge fehlerlos schlagen?

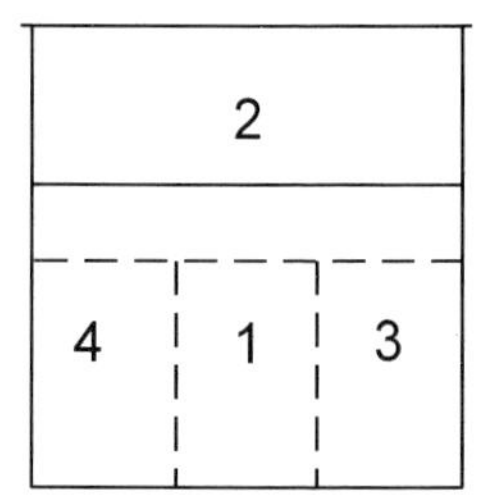

Abb. 45

Fehleranalyse/-korrektur zum Aufschlag von unten

Fehler in der Grundstellung

- Grätschstellung statt Schrittstellung
- Falsche Schrittstellung, d.h. bei Rechtshändern rechter anstelle des linken Fußes vorgestellt.
- Spieler steht seitlich statt frontal zum Netz.
- Spieler steht im Moment der Ballberührung auf einem statt auf beiden Beinen.

Lösungsmöglichkeiten

- Erörterung der Bedeutung der Grundstellung für die Ausführung und Zielgenauigkeit des Aufschlags.
- Die nachfolgend genannten Lösungsmöglichkeiten unter Beachtung der Grundstellung (gegebenenfalls mit Einsatz von Bodenmarkierungen).

Fehler in der Koordination und Impulsgebung

- Ball wird seitlich oder zu hoch oder zu weit nach vorne oder zu nahe zum Körper angeworfen statt in Armlänge vor dem Körper auf Schlagarmseite kurz angeworfen bzw. fallengelassen.
- Ball wird zu früh (bei Ausholbewegung des Schlagarmes) oder zu spät (Schlagen aus der Hand) statt während der Schlagbewegung bzw. kurz vor dem Schlag angeworfen bzw. fallengelassen.
- Aushol- und Schlagbewegung erfolgt mit gebeugtem statt mit langem Arm.
- Aushol- und Schlagbewegung erfolgen nicht als Pendelarmschwung in sagitaler Ebene.
- Keine Gewichtsverlagerung statt bei der Ausholphase das Gewicht mehr auf den hinteren Fuß und bei der Schlagphase mehr auf den vorderen Fuß zu verlagern.
- Zu geringer Armschwung und/oder fehlende Beinbeugung/-streckung.

Lösungsmöglichkeiten

- Üben des Anwerfens ohne Schlagausführung. Hierbei soll der Ball auf Höhe des vorderen Fußes auf der Schlagarmseite den Boden bzw. eine Markierung auf dem Boden treffen.
- Kegel- und Schwungwürfe auf Ziele am Boden, an der Wand und im Gegenfeld (u.U. mit größeren oder schwereren Bällen).
- Zielaufschläge aus kurzer Entfernung an die Wand, später übers Netz unter Berücksichtigung a) einer weiten Ausholbewegung des Schlagarmes vor dem Anwerfen des Balles und b) des Anwerfens bzw. Fallenlassens des Balles während der Schlagbewegung. Allmähliche Vergrößerung der Entfernung unter Beibehaltung der Ziele und anschließend Verkleinerung sowie Variierung der Ziele.
- Einnahme der Ausholbewegung bereits in der Grundstellung und betontes Vorschwingen des langen Schlagarmes dicht am Oberschenkel vorbei mit gleichzeitiger Beinstreckung und Gewichtsverlagerung nach vorne.
- Kleinfeldspiele miteinander (1 mit 1, 1 mit 2, 1 mit 3, 2 mit 2 usw.) und Einzelwettkämpfe insbesondere zur Schulung der Zielgenauigkeit).

Fehler in der Trefffläche

- Ball wird von hinten oder von unten oder von der Seite statt von hinten/unten getroffen.
- Ball wird mit Fingern oder Faust oder Handrücken oder Unterarm statt mit dem Handteller geschlagen.

Lösungsmöglichkeiten

- Die oben angegebenen Lösungsmöglichkeiten möglichst mit Aufschlägen auf hohe Ziele und/oder über das Netz/die Leine durchführen.
- Schlagen des ruhenden Balles (Pendelball), ggf. des selbst gehaltenen Balles aus der Hand als Überkorrektur (Regelfehler!).

Regelfehler

- Schlagen des Balles aus der Hand.

Lösungsmöglichkeiten

Alle Lösungsmöglichkeiten zur Koordination/Impulsgebung unter Berücksichtigung des Anwerfens bzw. Fallenlassens des Balles vor dem Schlag.

2. LERNEINHEIT: 6 ER-RIEGEL MIT ANGRIFFSAUFBAU ÜBER VORDERSPIELER

Handlungsablauf (vgl. Abb. 40)

Der 6er-Riegel dient wie alle Riegelformationen der Annahme und Weitergabe des Aufschlags. Dabei stehen die Spieler in einer Art *W-FORM* (Abb. 46), wobei die *VORDERSPIELER IV/III UND II* das gesamte Vorder- und Mittelfeld abdecken und in gleicher Entfernung zum Aufgeber ca. 1 - 2 m hinter der Angriffslinie stehen. Die *HINTERSPIELER I UND V* decken das Hinterfeld ab und stehen etwa 2 - 2,5 m von der Grundlinie entfernt auf Lücke zu den Vorderspielern. Der *SPIELER VI* steht entweder zwischen Spieler III und I (Abb. 46a) oder zwischen III und V (Abb. 46b) und übernimmt die Abdeckung eines Teiles des Mittelfeldes.

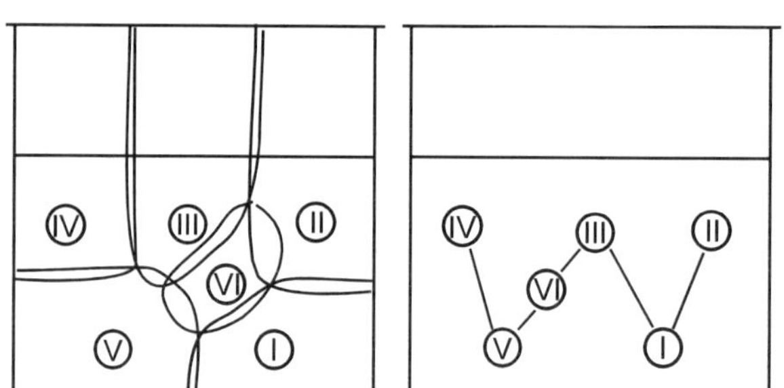

Abb. 46 a/b

Da alle Spieler bei der Annahme des Aufschlags beteiligt sind, erfolgt der ***Angriffsaufbau aus dem 6er-Riegel situationsgebunden im Sinne des offenen Laufens.*** Unter offenem Läuferspiel versteht man, daß der/die Zuspieler im Riegel integriert sind und primär Annahmefunktion haben. Das entscheidende Kriterium dafür, wer auf welcher Position das Zuspiel durchführt, stellt die Richtung des Aufschlags dar: ***Beim Angriffsaufbau über die Vorderspieler*** laufen z.B. bei Aufschlag auf Position IV/V die Vorderspieler III und II ans Netz, um das Zuspiel zu übernehmen, beim Aufschlag auf Position II/I entsprechend die Vorderspieler III und IV. Grundlage des situationsgebundenen Angriffsaufbaus mit offenem Läufer ist das ***Spielen mit diagonalem (1.) und parallelem (2.) Paß***. Folgende Maßgabe stellt hierbei eine wichtige Entscheidungshilfe für den ersten Paß dar: Das Feld wird durch eine gedachte Linie in zwei Annahmehälften A und B unterteilt, die jeweils mit drei Spielern besetzt sind. Zielt der gegnerische Aufschlag auf Feld A (Abb. 47a), so erfolgt der Angriffsaufbau über den Vorderspieler des Feldes B (hier: II), zielt der Aufschlag auf Feld B (Abb. 47b), so übernehmen die Vorderspieler (III/IV) aus Feld A das Zuspiel.

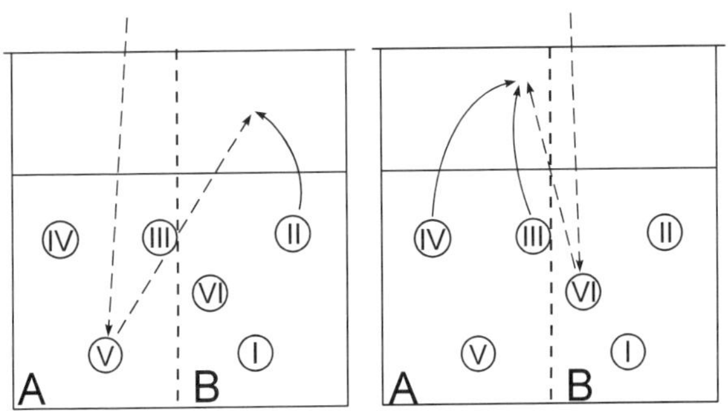

Abb. 47a/b

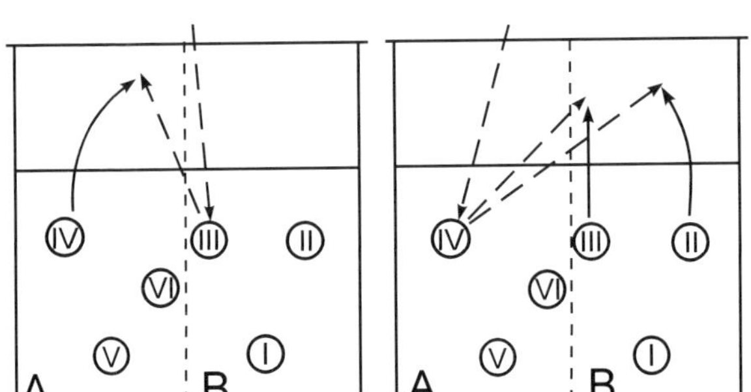

Abb. 48 a/b

Entsprechend gestaltet sich der Angriffsaufbau aus dem 6er-Riegel nach Abb. 48. Soll der Angriffsaufbau vorrangig über Pos. II bzw. II/III erfolgen (günstig bei rechtshändigen Angreifern), so empfiehlt sich die Aufstellung nach Abb. 47, wobei der Spieler auf Pos. VI zwischen Pos. III und I steht. Soll über Pos. IV bzw. IV/III aufgebaut werden (günstig bei linkshändigen Angreifern), empfiehlt sich die Aufstellung nach Abb. 48. Weitere Möglichkeiten des offenen Läuferspiels aus dem 6er-Riegel werden in den folgenden Lernzielen, insbesondere im LZ 4, angesprochen.

Erläuterung

Dem Bestreben des Aufschlägers, seine Handlung angriffswirksam durchzuführen, wird der 6er-Riegel entgegengestellt, der eine optimale Abdeckung des Feldes gewährleistet, da alle sechs Spieler an der Annahme des Aufschlags beteiligt sind. Der Angriffsaufbau über Vorderspieler erfolgt situativ in Abhängigkeit des Aufschlags, d.h. daß der/die Vorderspieler erst dann als Zuspieler ans Netz laufen, wenn sie den Aufschlag nicht annehmen. Das erfordert, daß die Spieler im Riegel die Annahmesituation schnell erfassen und sich schnell für die Weitergabe des 1. Passes (diagonal in die Vorderzone) entscheiden. Insbesondere die Vorderspieler müssen jederzeit bereit sein, entweder die 1. und auch die 3. oder die 2. Ballberührung auszuführen.

Spielform: Spiel 1 gegen 6; Spielfeld: 9 x 9 m (Abb. 6)

Der aufgebende Spieler erhält 5x das Aufschlagrecht. Die Annahmespieler nehmen im 6er-Riegel an, bauen einen Angriff unter Ausnutzung der drei Ballberührungen über Vorderspieler auf (vgl. Abb. 47a und 49) und spielen den Ball so ins Gegenfeld zurück, daß der Aufschläger den Ball nicht fangen (spielen) kann. Danach wechseln die 7 Spieler ihre Positionen (Aufschläger wird Pos. III, Pos. IV wird Aufschläger usw.).

Abb. 49

Danach wechseln die 7 Spieler ihre Positionen (Aufschläger wird Pos. III, Pos. IV wird Aufschläger usw.).
Punkte kann nur der Aufschläger erzielen: a) bei direktem Aufschlagerfolg, b) wenn die annehmende Mannschaft die geforderten drei Ballberührungen nicht regelrecht durchführt oder c) wenn er den zurückgespielten Ball fängt. Sieger ist der Spieler mit den meisten Punkten in 1,2 oder 3 Durchgängen.

Handlungsziel

Die Spieler sollen den 6er-Riegel als die beste Formation zur Aufschlagannahme erfahren und am Beispiel des Angriffsaufbaus über Vorderspieler die Grundform des Spiels (das Spielen mit diagonalem und parallelem Paß) kennen und anwenden lernen.

Handlungshinweise

- Spiele den Ball als Annahmespieler *DIAGONAL* in die Vorderzone, als Zuspieler *PARALLEL* zum Netz.
- Entscheide als Annahmespieler rechtzeitig, ob du den Ball annimmst oder dich als Zuspieler ans Netz bewegst!
- Entscheide dich als Annahmespieler bei einem hoch und langsam anfliegenden Ball für eine Annahme im oberen Zuspiel, da in dieser Situation der Doppelschlag erlaubt ist.
- Verständige dich gegebenenfalls akustisch mit deinem Nebenspieler!
- Nimm nach Spielunterbrechung frühzeitig deine Annahmeposition im Riegel ein und koordiniere diese mit deinen Nebenspielern!
- Beobachte Stellung und Bewegung des Aufgebers vor Ausführung der Aufgabe, um die Flugrichtung vorwegzunehmen!
- Beobachte Flugbahn und Geschwindigkeit des Balles, um den Annahmeort zu erkennen!
- Beobachte als Aufgeber die Aufstellung der Spieler im 6er-Riegel und nutze mögliche Fehler aus!

1. Variationen zur Spielform

(1) Spiel 2 gegen 6 (Abb. 50)

nach C) erhält die aufgebende Zweiergruppe nur dann einen Punkt, wenn sie den zurückgespielten Ball so im unteren oder oberen Zuspiel annimmt, daß der Partner den Ball anschließend fangen/spielen kann.

(2) Spiel 3 gegen 6 (vgl. Abb. 50) Ausführung und Regeln wie (1)

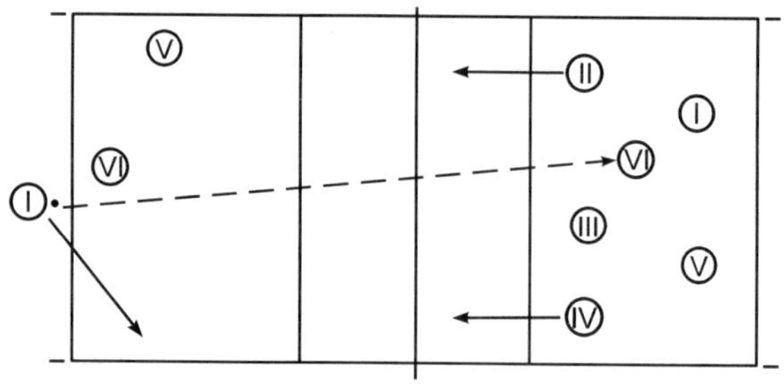

Abb. 50

Handlungshinweise

- Vermeide Fehler in der Annahmesituation, indem du schwierig anzunehmende Aufschläge hoch und weiter weg vom Netz spielst!
- Mache als Annahmespieler durch deine Bewegung/Drehung deutlich, wohin der 1. Paß gespielt wird!
- Laufe als Vorderspieler in die Vorderzone, sobald erkennbar ist, daß du den Aufschlag nicht annehmen mußt!
- Verdeutliche deine Spielbereitschaft und Handlungsabsicht durch Zuruf, sowohl in der Annahme- als auch in der Zuspiel-/Angriffssituation!

2. Spiel 3 gegen 6 (Abb. 6)

Es spielt eine Dreiergruppe (A) gegen eine Mannschaft, die wiederum aus zwei Dreiergruppen besteht, aus der Gruppe der Vorderspieler (B) und der der Hinterspieler (C). Jeder Spieler erhält 5x das Aufschlagrecht, anschließend rotieren die Spieler in den Dreiergruppen. Nach 15 Angaben wechseln die Dreiergruppen ihre Funktionen, wobei Gruppe A zu C, C zu B und B zu A wird (Abb. 51). Nur die aufgebende Gruppe kann Punkte erzielen nach den Regeln der Variation (2) der Spielform. Sieger ist die Dreiergruppe mit den meisten Punkten in 1,2 oder 3 Durchgängen.

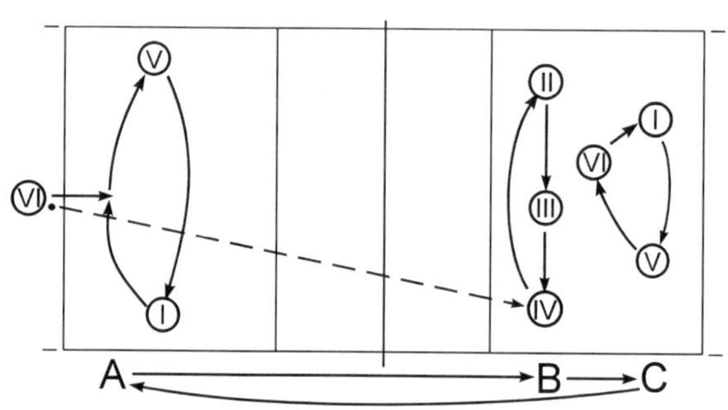

Abb. 51

(1) Spiel 3 gegen 6 nach Spielregeln, wobei die 3 Ballberührungen für die Sechsergruppe vorgeschrieben bleiben. Organisation und Durchführung entsprechend der Spielform 2.

Beobachtungshilfen

- Muß auf FF zurückgegriffen werden, weil sich Mängel in der Aufstellung des 6er-Riegels und/oder im Angriffsaufbau über Vorderspieler zeigen?
- Muß auf FF zurückgegriffen werden, weil sich noch Mängel in der Annahme und Weitergabe zeigen?
- Erfolgt der Übergang vom Mini-Volleyball (hier: 3er-Riegel) zum Sportspiel (hier: 6er-Riegel) ohne größere Schwierigkeiten?
- Hat das Spielen auf dem Normalfeld mit der gesamten Mannschaft zu einer Steigerung der Motivation und der Leistung geführt?
- Ist erkennbar, daß die Annahme des Aufschlags Vorrang vor dem Zuspiel hat?
- Ist eine Verständigung sowohl im Zusammenspiel der Annahmespieler untereinander als auch mit dem Zuspieler erkennbar?

3. Spiel 6 gegen 6

Spielfeld: 9 x 9 m (Abb. 6)

Beide Mannschaften spielen sowohl bei Annahme des Aufschlags als auch bei der Abwehr des Angriffs im 6er-Riegel mit Angriffsaufbau über Vorderspieler. Zunächst hat nur eine Mannschaft das Aufschlagrecht. Jeder Spieler führt 5 Aufschläge aus, anschließend rotieren beide Mannschaften um eine Position. Nach insgesamt 30 Aufschlägen wechselt das Aufschlagrecht. Vorgeschrieben sind drei Ballberührungen. Punkte kann nur die aufschlagende Mannschaft erzielen. Sieger ist die Mannschaft mit den meisten Punkten in 1 oder 2 Durchgängen.

(1) Spiel 6 gegen 6 nach Spielregeln
Aufschlag und Angriff werden im 6er-Riegel angenommen/abgewehrt. Der Angriffsaufbau erfolgt über die Vorderspieler.

Handlungshinweise

- Sei auch als Hinterspieler bereit, die 2. und notfalls auch die 3. Ballberührung auszuführen!
- Wer sich zuerst zum Ball bewegt, soll annehmen!
- Wer zuerst ruft, soll annehmen!

- Wer zur stärkeren Abwehrseite annehmen kann, soll spielen (Rechtshänder nach rechts)!
- Spiele als Zuspieler hoch, nicht zu dicht und parallel zum Netz!

Beobachtungshilfen

- Verhalten sich die Vorderspieler als Nichtzuspieler so, daß sie den Angriff durchführen können?
- Bereiten die schnell wechselnden Positionen den Vorderspielern Schwierigkeiten?
- Verständigen sich die Spieler sowohl in der Annahmesituation als auch in der Zuspielsituation?
- Ist das Spielen mit diagonalem und parallelem Paß verstanden und die Umsetzung erkennbar?

4. Spielform, Spiele und Variationen in veränderter Formation des 6er-Riegels (Abb. 52 a-c)

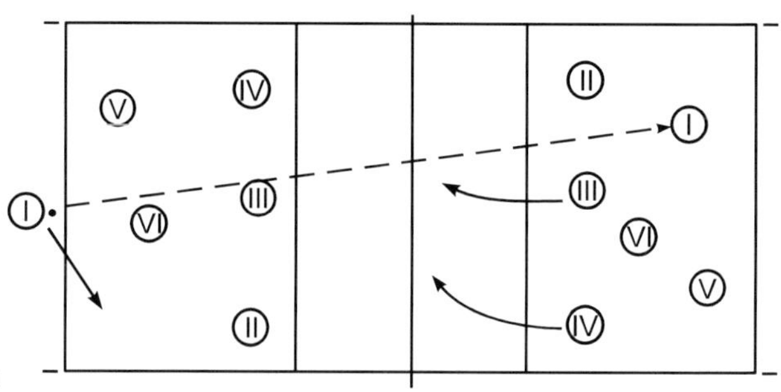

Abb. 52 a

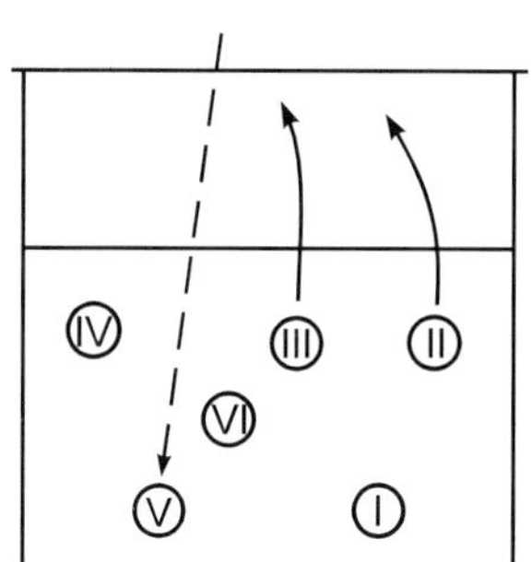

Abb. 52 b

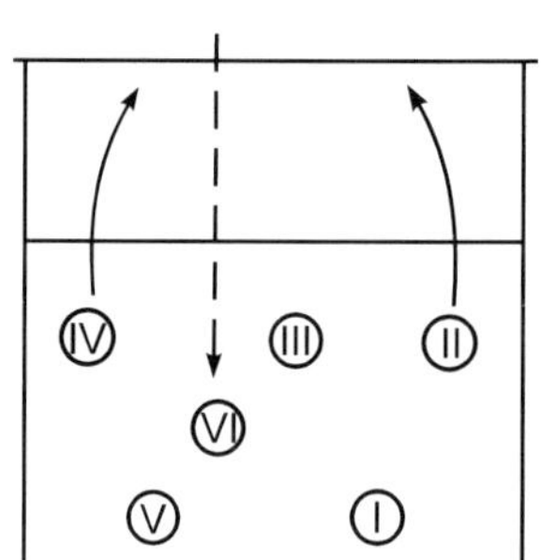

Abb. 52 c

Beobachtungshilfen

- Muß auf FF der 1. LE/LZ 1 zurückgegriffen werden, weil Fehler im Zuspiel zu beobachten sind?
- Ist erkennbar, daß der Aufschläger den Aufschlag unter Berücksichtigung der gegnerischen Stärken und Schwächen ausführt?
- Stellt die Annahme des Aufschlags die Spieler vor große Schwierigkeiten?
- Verhalten sich die Vorderspieler situationsgerecht, indem sie sich bei Nichtannahme des Aufschlags zum Zuspielort ans Netz bewegen?
- Ist festzustellen, daß der Aufschläger weniger Eigenfehler macht, wenn er von der Mitte des Aufschlagraumes aufschlägt?

Lernkontrollen

- Beantwortung von Testfragen (u.U. mit Hilfe von Skizzen) zu:
  a) den beiden Aufstellungsmöglichkeiten und den Anwendungsbereichen des 6er-Riegels
  b) den Abwehrbereichen und Funktionen der Spieler, insbesondere der Vorderspieler
- Freie Spielbeobachtung des 6er-Riegels.

Fehleranalyse/-korrektur zum 6er-Riegel

Fehler in der Aufstellung des 6er-Riegels

- Spieler stehen hintereinander statt auf Lücke mit Blickverbindung zum Aufschläger.
- Annahmebereiche sind unklar aufgrund falscher Handlungsvorstellung.
- Die Vorderspieler stehen zu weit vorne statt 1-2 m hinter der Angriffslinie und sind vorrangig bereit, die Funktion des Zuspielers statt der des Annahmespielers wahrzunehmen.
- Spieler auf Position III steht in der Feldmitte statt sich je nach Aufstellungsart (vgl. Abb. 47 und 48) nach rechts oder links zu orientieren.

Lösungsmöglichkeiten

- Erneute theoretische Erarbeitung der Aufstellungen und der Funktionen der Annahmespieler anhand von Medien (Skizzen, Tafelbilder, Arbeitsstreifen, Videoaufzeichnungen, Markierungen im Feld als Orientierungshilfe u.a.).
- Schulung des Riegels ohne Ball, indem auf Kommando rotiert wird und die Aufstellung schnell eingenommen und auf ihre Richtigkeit überprüft und korrigiert wird.

Fehler im Angriffsaufbau über die Vorderspieler

- Die Vorderspieler starten als Zuspieler zu früh oder zu spät ans Netz statt in dem Moment, in dem die Richtung und Plazierung des Aufschlags klar erkennbar ist.
- Die Zuspieler bewegen sich ohne Blickverbindung zum Ball in die Vorderzone.
- Die Annahmespieler entscheiden sich nicht rechtzeitig, wohin sie den Ball weiterspielen.
- Annahme und Weitergabe erfolgt senkrecht statt diagonal zum Netz.

Lösungsmöglichkeiten

- Übungsformen, in denen der zunächst zugeworfene/zugespielte, später aufgeschlagene Ball im 6er-Riegel angenommen wird. Zunächst ist die Richtung des Aufschlags und die Art des Angriffsaufbaus festgelegt, wobei die verschiedenen Möglichkeiten des Angriffsaufbaus über Vorderspieler wiederholt geübt werden. Die Rotation der Spieler erfolgt erst dann, wenn erkennbar ist, daß der Handlungsablauf erfaßt und umgesetzt wird. Später werden Richtung und Art des Aufschlags beliebig variiert.
- Sind die o.g. Lösungsmöglichkeiten immer noch schwer durchführbar, sollten die Übungsformen auf kleinerem Feld und mit einem Teil der Mannschaft (2, 3 bzw. 4 Spieler) durchgeführt werden.

Fehler im Zusammenspiel

- Annahmespieler behindern sich gegenseitig.
- Zuspieler behindern sich am Netz.
- Spieler agieren über den zugeteilten Aktionsbereich hinaus und "stehlen" Partnern die Bälle.

Lösungsmöglichkeiten

- Alle o.g. Lösungsmöglichkeiten mit der Aufforderung, sich in den entsprechenden Spielphasen per Zuruf zu verständigen (z.B. "ich", "meiner", "weg", "hab ich", "laß"). Hierbei werden die Bälle bewußt in die Überschneidungszonen gespielt, so daß eine Verständigung der Spieler notwendig wird.

LERNZIEL 3: DRIVESCHLAG - ABWEHR OHNE BLOCK MIT ANGRIFFSAUFBAU ÜBER 2. PAß AUS DER HINTERZONE

Abb. 53

Sachanalyse

Aufbauend auf dem bereits in der Grobform erlernten Bewegungsablauf des Angriffsschlages im Minivolleyball, sollen in diesem Lernziel die Anwendung und Bedeutung des Driveschlages (Drive) als Zielhandlung erarbeitet werden. Der Drive ist eine Variante des Angriffsschlages, bei der der Ball in einem Bogen über den Block in die Hinterzone geschlagen wird (Abb. 54).

Abb. 54 Finte Schlag Drive

Im Vergleich zu den anderen Arten stellt der Drive die abwehrenden Spieler vor eine leichtere Abwehrsituation und ermöglicht so noch am ehesten einen planmäßigen Übergang von der Abwehr zum Angriff.

Um diesen Übergang sicherer zu machen, wird in der 2. LE der Angriffsaufbau aus der Abwehr ohne Block über 2. Paß aus der Hinterzone eingeführt und als Alternativlösung zum Angriffsaufbau über 2. Paß aus der Vorderzone (LZ 2) gestellt. Hierbei sollen erste Aspekte gruppentaktischen Handelns zwischen Annahme- bzw. Abwehrspieler und Zuspieler sowie zwischen Zuspieler und Angreifer angesprochen werden. Außerdem sollen erste Voraussetzungen für individualtaktisches Handeln des Angreifers und des Abwehrspielers geschaffen werden.

1. LERNEINHEIT: DRIVESCHLAG

Abb. 55

Bewegungsablauf (Abb. 55)

Beim Drive nach hohem Zuspiel bewegt sich der Spieler aus einer mittelhohen Bereitschaftsstellung hinter der Angriffslinie mit 1-2 Auftaktschritten in die Vorderzone. Um den Anlauf in Höhe umsetzen zu können, führt der Spieler danach einen *LANGEN STEMMSCHRITT* zum Absprungort unter dem Ball durch; dabei werden betont die Fersen aufgesetzt und die *ARME PARALLEL NACH HINTEN OBEN* geschwungen, somit wird der *KÖRPERSCHWERPUNKT* überholt und *RÜCKVERLAGERT*. Der letzte Schritt ist ein Beistellschritt neben oder leicht vor bzw. hinter den Stemmfuß, in Abhängigkeit davon, ob mit rechts oder links gestemmt wird (Abb. 56). Gleichzeitig wird durch *TIEFVERLAGERUNG DES KÖRPERSCHWERPUNKTES* die notwendige Vorspannung der Sprungmuskulatur erreicht. Der beidbeinige Absprung wird durch ein *HOCHSCHWINGEN BEIDER ARME NACH VORNE OBEN* unterstützt.

Während der Schlagarm gebeugt hinter den Kopf geführt wird, verharrt der andere Arm zur Stabilisierung etwa in Schulterhöhe. Der Rumpf ist mehr oder weniger verwrungen und in einer leichten *BOGENSPANNUNG.* Die Schulter des Schlagarmes wird unmittelbar vor Ballberührung nach vorne gebracht, der Schlagarm-Ellbogen (über Schulterhöhe) wird peitschenartig zum Ball gestreckt und *TRIFFT IHN BEI LANGEM ARM MIT DEM HANDTELLER VON HINTEN UNTEN.*

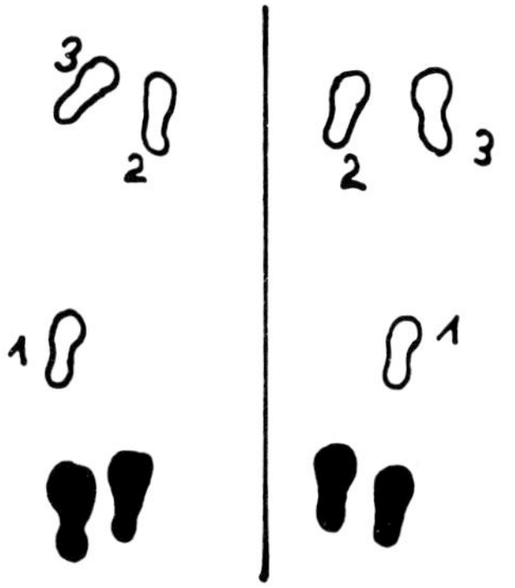

Abb. 56

Dabei paßt der Spieler seine Bewegung zeitlich so an, daß er im Kulminationspunkt seines Sprunges den Schlag ausführt (*TIMING*). Durch einen *AKTIVEN HANDGELENKEINSATZ* erhält der Ball den letzten Impuls. In der Schlagbewegung wird das Vorbringen des Oberkörpers durch entsprechendes Vorbringen der Beine ausgeglichen. Danach erfolgt eine beidbeinige, *ELASTISCHE LANDUNG* in der Nähe des Absprungortes. Der Spieler kehrt schnell in die Spielbereitschaftsstellung zurück.

Im ***Vergleich zum frontalen Angriffsschlag*** unterscheidet sich der Drive nur hinsichtlich des Körper-Ball-Verhältnisses. Der Spieler springt beim Drive unter dem Ball ab, schlägt ihn in Verlängerung der Körperlängsachse und trifft ihn dadurch mehr von hinten unten bzw. hinten. Dies führt dazu, daß der Ball nicht gradlinig, sondern bogenförmig (parabelartig) abwärts fliegt.

Erläuterung

Ziel des Angreifers ist es, mit dem Driveschlag einen Punkt-/Aufschlaggewinn zu erzielen, mindestens aber so auf ungedeckte Zonen zu spielen, daß dem Gegner die Abwehr und Weitergabe des Balles erschwert wird und infolgedessen der Gegenangriff wirkungslos bleibt. Der Drive (ein Schlag im Sprung) ermöglicht dem Angreifer den Ballflug schneller und kürzer zu gestalten und somit den Handlungszeitraum der Gegenspieler zu verkürzen. Der Angreifer berücksichtigt sowohl die eigenen Fähigkeiten als auch die Art des Zuspiels und die Aufstellung des Gegners.

Spielform: Spiel 3 mit 3

Spielfeld: 4,5 x 9 m (Abb. 14b)

Dreiergruppen spielen miteinander. Es sind drei Ballberührungen, die letzte davon als Drive, vorgeschrieben. Das Spiel beginnt anstatt mit einem Aufschlag mit Angriffsaufbau im eigenen Feld (Abb. 57). Sieger ist die 6er-Gruppe, die die längste Serie von Netzüberquerungen in 5 (10) min. erreicht. Bei Unterbrechung wechselt das Angriffs-(Aufschlag-)recht verbunden mit Rotation der Mannschaft. Im übrigen gelten die Spielregeln.

Abb. 57

Handlungsziel

Der Spieler soll den Drive als eine geeignete Technik erfahren, aus einer günstigen Angriffssituation zielgenau auf die gegnerische Hinterzone schlagen zu können.

Handlungshinweise

- Den Ball im höchsten Punkt des Sprunges mit langem Arm schlagen!
- Nimm als Angreifer rechtzeitig die Ausgangsstellung vor der Vorderzone ein!
- Halte als Angreifer ständig Ball und Spieler am Ball im Blickfeld!
- Beobachte den 1. Paß und das Verhalten des Zuspielers, um frühzeitig die Qualität des Zuspiels erkennen zu können!
- Vermeide Fehler: Spiele ungenau zugespielte Bälle sicher über das Netz, indem du den Ball aus dem sicheren Stand schlägst oder im Sprung pritschst!
- Springe und lande beidbeinig möglichst auf der gleichen Stelle!

1. Variation zur Spielform

(1) Spiel 3 mit 3; Spielfeld: 3 x 9 m (Abb. 12b)

(2) Spiel 2 mit 2 (Abb. 58); Spielfeld: 3 x 9 m (Abb. 17b)

(3) Spiel 1 mit 1; Spielfeld: 3 x 9 m (Abb. 12b)

(4) Spielform undVariationen, jedoch wird der Ball mit Aufschlag ins Spiel gebracht.

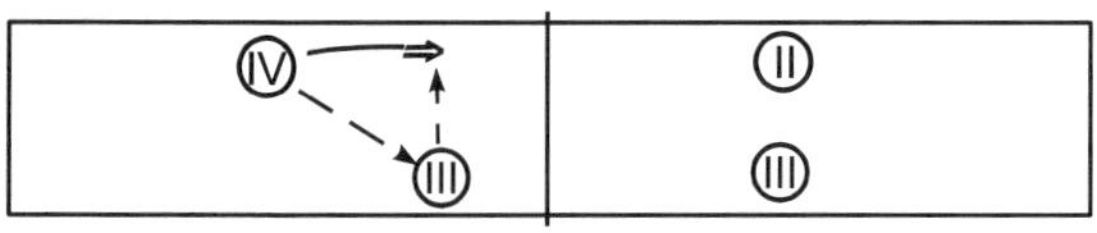

Abb. 58

Beobachtungshilfen

- Ist die Koordination von Arm-/Beineinsatz in der Stemmphase vorhanden?
- Ist vor dem Schlag eine deutliche Rückführung des Schlagarms und Verwringung des Körpers erkennbar?

2. Spiel 3 gegen 3 (Abb. 59)

Spielfeld: 3 x 9 m (Abb. 12b).

Es gelten die Spielregeln, wobei alle bisher erlernten Techniken angewendet werden dürfen.

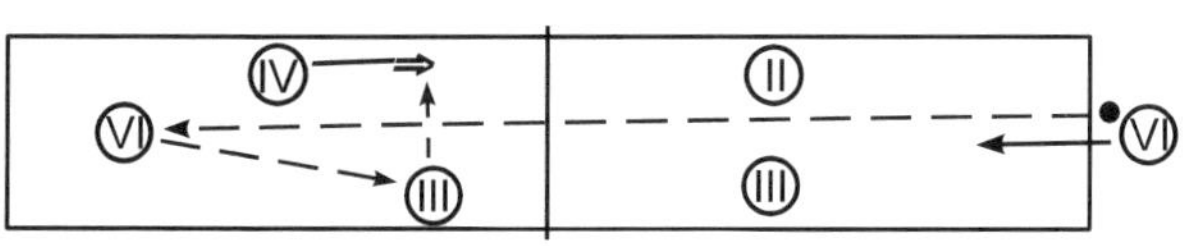

Abb. 59

Handlungsziel

Der Spieler soll den Drive unter Berücksichtigung der Angriffssituation und der eigenen Fähigkeit als effektives Angriffsmittel beherrschen und einsetzen lernen.

Handlungshinweise

- Beobachte als Angreifer vor Anlaufbeginn die Aufstellung der Gegenspieler!
- Schlage auf ungedeckte Räume oder schlecht abwehrende Spieler!
- Entscheide aufgrund des Zuspiels und deiner Spielbereitschaft, ob du einen Drive oder ein oberes Zuspiel im Sprung oder im Stand durchführen sollst!

- Spiele in schwierigen Situationen den Ball möglichst in die Hinterzone des Gegners!
- Beobachte als Abwehrspieler den Angreifer, um Ort, Art und Richtung des gegnerischen Angriffs zu erkennen!

Beobachtungshilfen

- Muß auf FF erneut bzw. intensiver eingegangen werden, weil sich Mängel in der Durchführung des Drives zeigen?
- Wird beim Spiel gegeneinander der Spielfluß durch die Anwendung des Drives oft unterbrochen?

(1) Spiel 4 gegen 4 (Abb. 60); Spielfeld: 4,5 x 9 m (Abb. 14b)
(2) Spiel 3 gegen 3; Spielfeld: 4,5 x 9 m (Abb. 14b)
(3) Spiel 2 gegen 2; Spielfeld: 3 x 9 m (Abb. 12b), später 4,5 x 9 m (Abb. 14b)

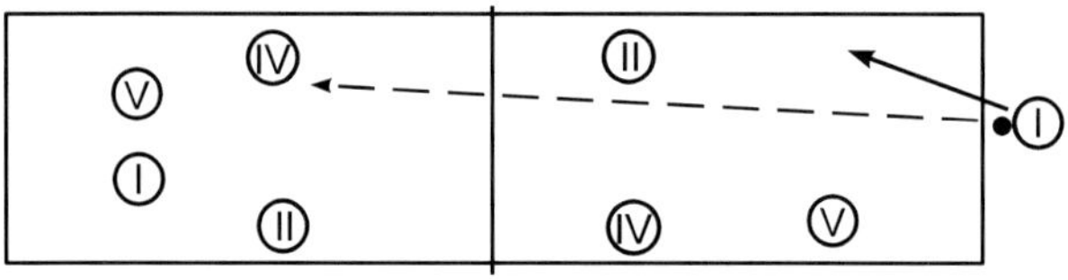

Abb. 60

(4) Spiel 5 gegen 5 (Abb. 61); Spielfeld: 9 x 9 m (Abb. 6)
(5) Spiel 1 gegen 1; Spielfeld: 3 x 9 m (Abb. 12b);
wie die 2. Spielform, wobei 3 Ballberührungen nacheinander erlaubt sind.
(6) Die 2. Spielform und deren Variationen mit der Sonderregel, daß für jeden Driveschlag, der zum direkten Erfolg führt, die Mannschaft einen Zusatzpunkt erhält.

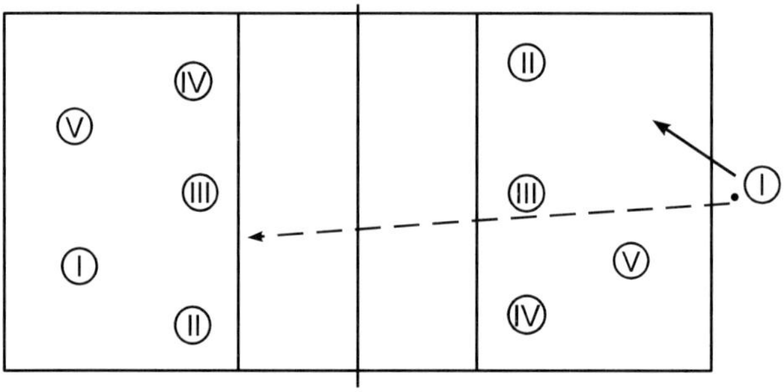

Abb. 61

Beobachtungshilfen

- Kommt beim Spiel gegeneinander der Drive selten zur Anwendung, weil die Annahme/Abwehr des Aufschlags Schwierigkeiten bereitet; muß deshalb auf den Aufschlag verzichtet werden und der Ball mit Drive nach Zuspiel ins Spiel gebracht werden?
- Wird der Drive situationsgerecht angewendet?

Lernkontrollen

Kann jeder Spieler bei 10 Versuchen mindestens 3x den zugeworfenen/zugespielten Ball von Pos.IV (Pos.II für Linkshänder) auf ein Ziel im Gegenfeld schlagen?

Das Ziel (3 x 4,5 m) befindet sich zuerst auf Pos.V (A), dann auf Pos.VI (B) und auf Pos.I (C) (Abb. 62).

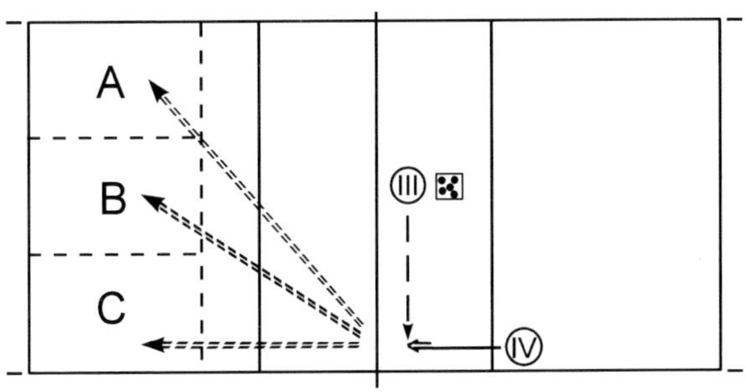

Abb. 62

Fehleranalyse/-korrektur zum Driveschlag

Fehler in der Anlauf- und Absprungphase

- Zu hohe Bereitschaftsstellung und/oder Grätschstellung statt der mittelhohen Bereitschaftsstellung und Schrittstellung.
- Ausgangsposition ist zu nah oder zu weit vom Netz statt ca. 1 m hinter der Angriffslinie.
- Stemmschritt ist zu kurz im Verhältnis zu den Anlaufschritten.

Lösungsmöglichkeiten

- Übungsformen, in denen durch Bodenmarkierungen Anlaufort, Schrittfolge und Absprungort vorgegeben werden. Anfangs ohne Ball, dann mit ruhendem Ball (Hilfsgeräte wie z.B. Ballhalter, Spieler auf Kasten einsetzen), später mit genau angeworfenem und schließlich zugeworfenem Ball üben.

- Spielformen (Spiele miteinander), in denen der Übergang von der Abwehr zum Angriff und damit rechtzeitiges Lösen vom Netz und Einnehmen der Anlaufposition im Vordergrund stehen (z.B. Spiel 3 mit 3).

Fehler in der Armführung

- Arme werden beim Stemmschritt nicht ausreichend weit nach hinten oben zurückgeführt.
- Nur der Schlagarm wird hochgeführt statt beide Arme.
- Kreisarm- statt Pendelarmschwung
- Armschwung mit gebeugten statt mit langen Armen.

Lösungsmöglichkeiten

- Übungsform, in der der Spieler im Sprung statt des Balles seine mithochgeführte linke Hand (ab-)schlagen soll.
- Übungsformen, in denen der Spieler den Ball im Sprung beidhändig fangen soll.
- Übungsformen mit verkürztem Anlauf (nur Stemmphase), in denen unter Beachtung des Armschwunges ruhende, angeworfene und zugespielte Bälle gespielt/geschlagen werden.
- Weiterhin siehe Lösungsmöglichkeiten zu Fehlern in der Anlauf-/Absprungphase

Fehler abzgl. der Zeit-Raum-Anpassung (Timing)

- Aufgrund falscher Berechnung des Ballfluges oder fehlender Bereitschaftsstellung vor Anlauf oder fehlerhafter Absprung- bzw. Schlagtechnik wird der Ball vor bzw. nach statt im Kulminationspunkt geschlagen.

Lösungsmöglichkeiten

- Übungsformen, in denen im höchsten Punkt des Sprunges Bälle zunächst gefangen, später gespielt bzw. geschlagen werden. Der Ball soll zunächst vom Übenden selbst, dann vom Partner an-(zu-)geworfen werden, später zugespielt werden. Ebenso geeignet sind Übungsformen, in denen der Ball indirekt zum Übenden gelangt (z.B. vor Sprungaktion den Ball gegen die Wand werfen/spielen oder auf den Boden prellen).

Fehler im Körper-Ball-Verhältnis und in der Impulsgebung

- Spieler befindet sich im Moment der Ballberührung vor oder neben bzw. zu weit hinter dem Ball statt unter dem Ball.

- Fehlende bzw. zu geringe statt betonte Beugung und Rückführung des Schlagarmes bei der Ausholbewegung.
- Fehlender Handgelenkeinsatz.

Lösungsmöglichkeiten

- Übungsformen, in denen der selbst angeworfene Ball zunächst aus dem Stand, dann im Sprung aus dem Stand auf nahe, später weite Ziele geschlagen wird (z.B. auf ein 3-4 m hohes Ziel an der Wand oder auf den Partner übers Netz).
- Übungsformen, wie vorher, in denen vom Partner gehaltene, angeworfene, zugeworfene und zugespielte Bälle geschlagen werden.
- Spielformen (Spiele miteinander), in denen der Übergang von der Abwehr zum Angriff im Vordergrund steht (z.B. Spiel 1 mit 1 bei 3 erlaubten Ballberührungen, wobei die letzte Ballberührung als Drive erfolgen muß).

Regelfehler

- Berühren des Netzes
- Übertreten der Mittellinie
- Führen des Balles

Lösungsmöglichkeiten

- Ausführung der Anlauf-/Sprungbewegung vor der Wand und vor dem Netz, unter Beachtung der Ausführung eines langen Stemmschrittes und der Landung am Absprungort (Markierung); ansonsten siehe Lösungsmöglichkeiten zu Fehlern in der Anlauf-/Absprungphase.
- Isoliertes Üben der Schlagbewegung vor allem mit ruhendem Ball, unter Berücksichtigung einer ausgeprägten Beugung des Schlagarmes vor dem Schlag und einer schnellen Streckung beim Schlag ("Peitsch-Bewegung").
- ansonsten siehe Lösungsmöglichkeiten zu Fehlern im Körper-Ball-Verhältnis, in der Impulsgebung und im Timing.

2. LERNEINHEIT:
ABWEHR OHNE BLOCK MIT ANGRIFFSAUFBAU ÜBER 2. PAß AUS DER HINTERZONE

Handlungsablauf

Ziel jeder Annahme- bzw. Abwehrsituation ist es, den Ball möglichst zielgenau in die Vorderzone zum Zuspieler weiterzugeben, damit das Zuspiel parallel zum Netz durchgeführt werden kann und für den Angreifer sich eine günstige Angriffssituation ergibt.

Erkennt der Spieler vor Ausführung des 1. Passes, daß ein zielgenaues Abspiel in die Vorderzone mit dem Risiko eines Fehlers/einer Ungenauigkeit verbunden ist, dann soll er *PLANMÄßIG* einen Angriffsaufbau aus dem Mittel- bzw. Hinterfeld einleiten. Dadurch, daß der Ball vom Spieler *BEWUßT* nur *HOCH ZUR FELDMITTE* in einen größeren und näheren Zielraum gespielt wird, können Fehler vermieden werden. In der Regel wird dann der 2. Paß von einem Hinterspieler übernommen, der den Ball möglichst *HOCH UND DIAGONAL, NICHT ZU DICHT ANS NETZ* zum Angreifer in die Vorderzone spielt (Abb. 63 a/b).

JE HÖHER DAS RISIKO IN DER ABWEHRSITUATION IST, DESTO EHER SOLL DER ANGRIFFSAUFBAU ÜBER DEN 2. PAß AUS DER HINTERZONE BEVORZUGT WERDEN.

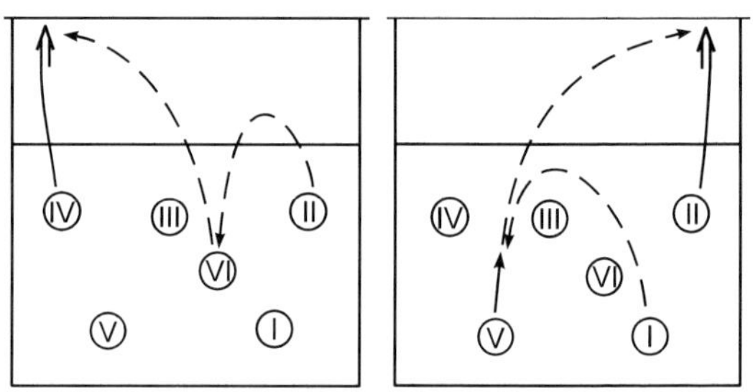

Abb. 63a/b

Dieser kann sich sowohl aus der Abwehr von Angriffen als auch aus der Annahme der Aufschlags planmäßig entwickeln. Hierbei muß zwischen Abwehrsituation mit und ohne Block unterschieden werden. Letztere Situation bildet den Schwerpunkt der 2. LE, wobei die Spieleraufstellung der des 6er-Riegels nahe kommt (Abb. 64 a/b).

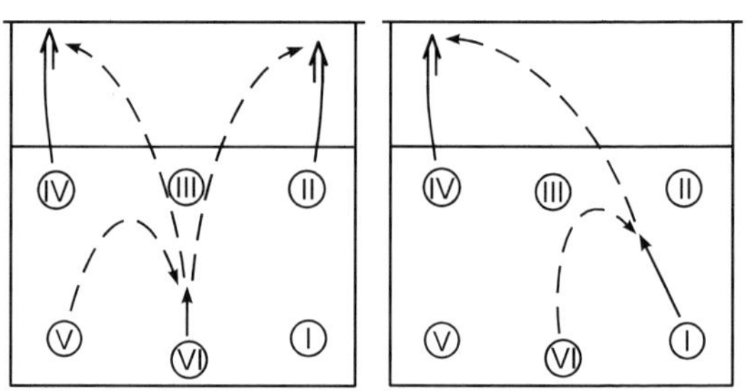

Abb. 64 a/b

Erläuterung

Bei Driveschlägen und in Angriffssituationen, in denen kein harter Angriffsschlag zu erwarten ist, verzichtet die abwehrende Mannschaft auf Blockbildung und zieht sich (in Art eines 6er-Riegels) mit allen Spielern zur Abwehr ins Mittel- und Hinterfeld zurück.

Dabei nehmen die Spieler vor Ausführung der Angriffshandlung die Abwehrpositionen ein und treffen in Abhängigkeit dazu schnell die Entscheidung für die Art des Überganges von Abwehr/Annahme zu Angriff. Bei schwierig abzuwehrenden Bällen leitet grundsätzlich der Spieler den Angriffsaufbau über den 2. Paß aus der Hinterzone ein, indem er die Abwehr und Weitergabe des Balles hoch zur Feldmitte ausführt. Ein Nebenspieler stellt den Ball hoch, diagonal und nicht zu dicht ans Netz zum Angriff heraus (Abb. 65).

Abb. 65

Spielform: Angriffsspiel 4 gegen 4

Spielfeld: 9 x 9 m (Abb. 6); eventuell auch 6 x 9 m (Abb. 16b).

4er-Gruppen stehen einander gegenüber. Auf der einen Seite wird von Pos. IV nach Zuspiel von Pos. III mit Drive angegriffen. Die Gegenspieler nehmen in einem Halbkreis eine Abwehraufstellung ohne Block ein (Abb. 66a). Die abwehrende Mannschaft erhält einen Punkt, wenn sie den Angriff abwehren, einen planmäßigen Angriffsaufbau über 2. Paß/Vorderspieler oder 2. Paß/ Hinterspieler einleiten und mit einem Driveschlag abschließen kann, außerdem bei Fehlern der angreifenden Mannschaft. Fehler sowie kein Drive als Zielhandlung bei der abwehrenden Mannschaft bedeuten Punkte für die angreifende Mannschaft. Nach 6 Driveschlägen rotieren beide

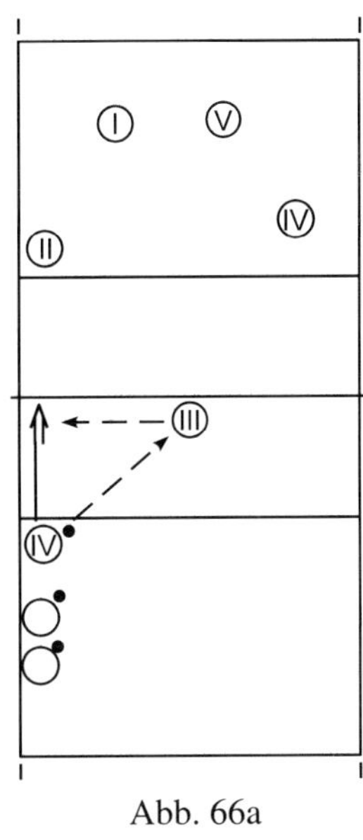

Abb. 66a

Gruppen. Nach 24 Drives wechseln die 4er-Gruppen ihre Funktionen. Sieger ist die 4er-Gruppe mit den meisten Punkten in 1 oder 2 Durchgängen.

Handlungsziel

Die Spieler sollen in schwierigen Situationen den Angriffsaufbau über den 2. Paß aus der Hinterzone als Alternative zum Angriffsaufbau über Vorderspieler begreifen und anwenden lernen.

Handlungshinweise

- Bei hoch und langsam anfliegenden Bällen wird der Angriffsaufbau über Vorderspieler aus der Vorderzone, bei flach und schnell anfliegenden Bällen den Angriffsaufbau über Hinterspieler mit 2. Paß aus der Hinterzone einleiten.
- Spiele leicht abzuwehrende Driveschläge diagonal in die Vorderzone, schwierig abzuwehrende Bälle hoch zur Feldmitte!
- Wehre hoch und langsam anfliegende Bälle im oberen Zuspiel ab, um genauer zu spielen (Doppelschlag ist hierbei kein Regelfehler!).
- Sei auch als Hinterspieler bei der Abwehr des Partners immer bereit, das Zuspiel aus der Hinterzone zu übernehmen!

1. Variationen zur Spielform

(1) Driveschlag von Pos.II

(2) Driveschlag im Wechsel von Pos.II und IV (Abb. 66 b).

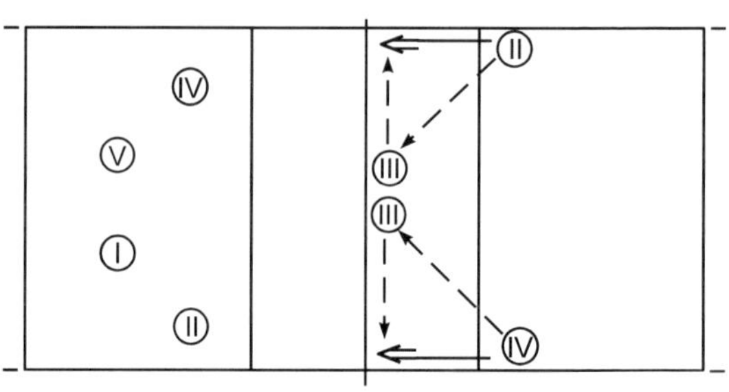

Abb. 66b

2. Spiel 4 gegen 4

Spielfeld: 6 x 9 m (Abb. 16b)

Nach Spielregeln mit der Sonderregel, daß jeder Ball übers Netz in die Hinterzone gespielt oder geschlagen werden muß. Die Abwehr ohne Block erfolgt in einer Art 4er-Riegel (vgl. Abb. 60).

(1) Spiel 5 gegen 5
Die Abwehr ohne Block erfolgt in einer Art 5er-Riegel (vgl. Abb. 61).

(2) Die 2. Spielform und Variation (1), jedoch auf Spielfeld 9 x 9 m (Abb. 6).

(3) wie (2), jedoch kann der Angriff auch in die Vorderzone gespielt werden.

Handlungshinweise

- Beobachte Zuspieler und Angreifer, um Ballrichtung und Abwehrort frühzeitig zu erkennen!
- Mache deinen Mitspielern deine Handlungsabsicht rechtzeitig deutlich (Zuruf)!
- Spiele bei Angriffsaufbau aus der Hinterzone den 1. Paß so hoch, daß der 2. Paß im oberen Zuspiel durchgeführt werden kann!
- Spiele den 2. Paß aus der Hinterzone diagonal hoch und nicht zu dicht ans Netz!
- Richte deine Ausgangsposition als Angreifer nach der jeweiligen Art des Angriffsaufbaus, indem du bei Zuspiel aus der Hinterzone schräg von außen zum Netz anläufst!

3. Spiel 6 gegen 6

Spielfeld: 9 x 9 m (Abb. 6)
Nach den Spielregeln mit der Sonderregel, daß für jeden erfolgreichen Drive nach Abwehr ohne Block die Mannschaft einen Zusatzpunkt erhält (vgl. Abb. 63/64).

Beobachtungshilfen

- Muß auf FF der 2. LE zurückgegriffen werden, weil sich bereits bei der Spielform Schwierigkeiten beim Übergang von der Abwehr zum Angriff zeigen?
- Trägt die Erarbeitung des Angriffsaufbaus über 2. Paß aus der Hinterzone zur Steigerung der Effektivität des Spielflusses bei?
- Ist erkennbar, daß die Spieler beide Möglichkeiten für die Einleitung des Angriffsaufbaus aus der Abwehr verstanden haben und situationsgerecht anwenden?
- Treten Spielunterbrechungen auf, weil die Spieler die Abwehrsituation falsch einschätzen?
- Muß der Diagonalpaß gesondert geschult werden?
- Muß auf die 1. LE zurückgegriffen werden, weil sich grobe Mängel in der Ausführung des Drive zeigen?

Lernkontrolle

1. Beantwortung von Testfragen (u.U. mit Hilfe von Skizzen) zu:
   a) den Aufstellungsmöglichkeiten der Abwehr ohne Block,
   b) den Kriterien für die Einleitung der beiden Arten des Angriffsaufbaus,
   c) der Druchführung des Angriffsaufbaus über den 2. Paß aus der Hinterzone,
   d) den verschiedenen Verständigungsprinzipien der Spieler.
2. Freie Spielbeobachtung des Angriffsaufbaus über Vorderspieler und 2. Paß aus der Hinterzone.

Fehleranalyse/-korrektur zur Abwehr ohne Block

Fehler in der Aufstellung der Abwehr ohne Block

siehe dazu FF der 2. LE des LZ 2 unter Berücksichtigung der Aufstellung der Mannschaft nach Abb. 64.

Fehler im Angriffsaufbau über 2. Paß aus der Hinterzone

- Die Spieler haben Schwierigkeiten, sich für die situativ richtige Art des Angriffsaufbaus zu entscheiden.
- Das Zuspiel aus der Hinterzone erfolgt frontal statt diagonal, flach statt hoch und zu nah statt weit entfernt vom Netz.
- Der 2. Paß aus der Hinterzone erfolgt aufgrund mangelnder Spielbereitschaft der Hinterspieler im unteren Zuspiel statt im oberen Zuspiel.

Lösungsmöglichkeiten

Übungsformen im Dreieck mit Diagonalpässen aus der Hinterzone in die Vorderzone (Abb. 67 a-e).

Zunächst werden Pässe zum Hinterspieler, der das diagonale Zuspiel durchführt, genau, später ungenau gegeben, aber stets so, daß er das obere Zuspiel anwenden kann.

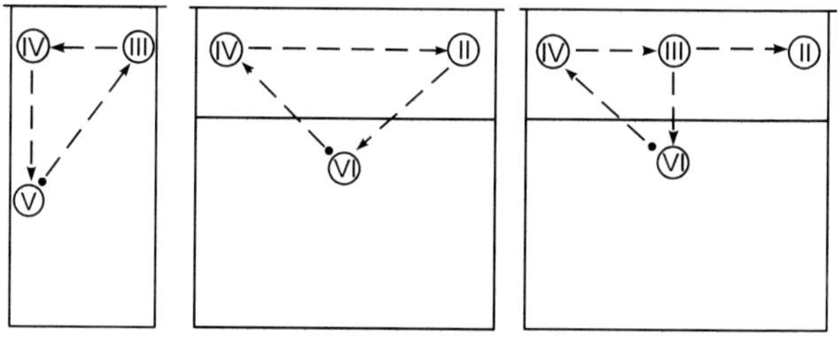

Abb. 67 a-c

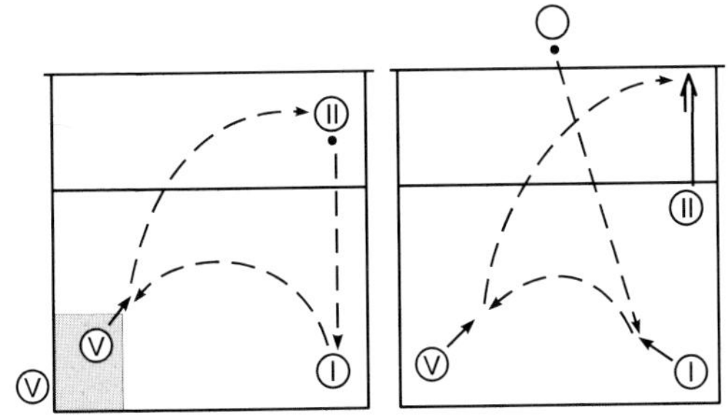

Abb. 67 d-e

- Übungen, in denen die Art des Angriffsaufbaus und auch die anzuwendenden Techniken zunächst festgelegt sind. Hierzu wird der Ball anfangs genau, später ungenau zugeworfen/zugespielt/zugeschlagen. Bei leicht anzunehmenden/abzuwehrenden Bällen wird über den Vorderspieler, bei schwierigen Bällen über den Hinterspieler mit 2. Paß aus der Hinterzone aufgebaut (Abb. 68-70).

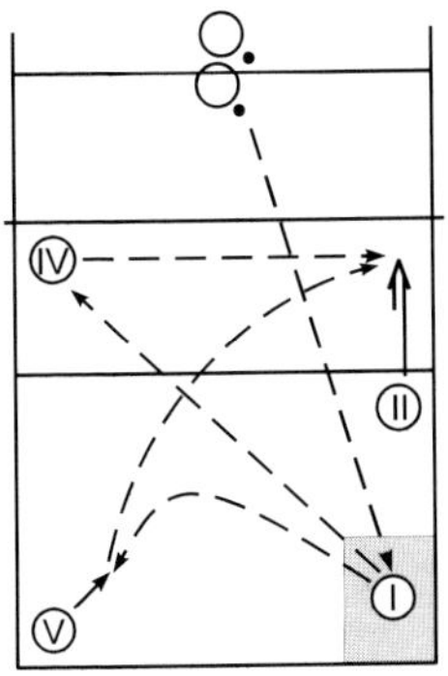

Abb. 68 a

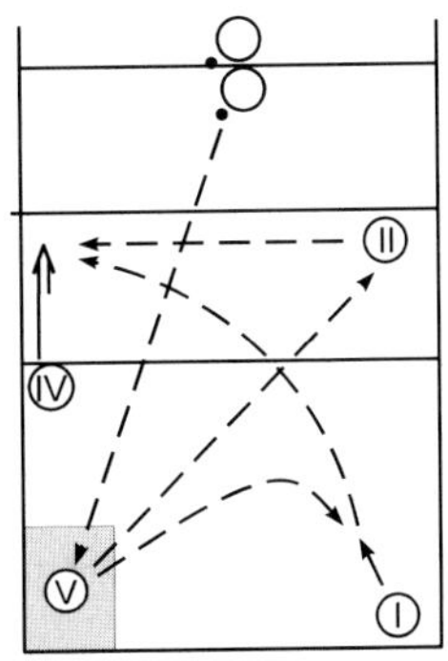

Abb. 68 b

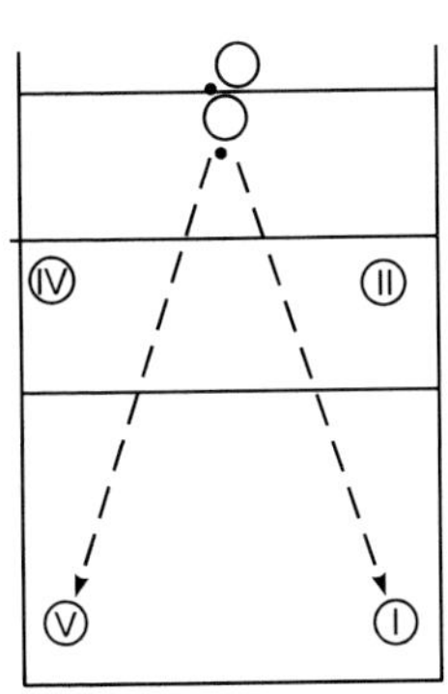

Abb. 69

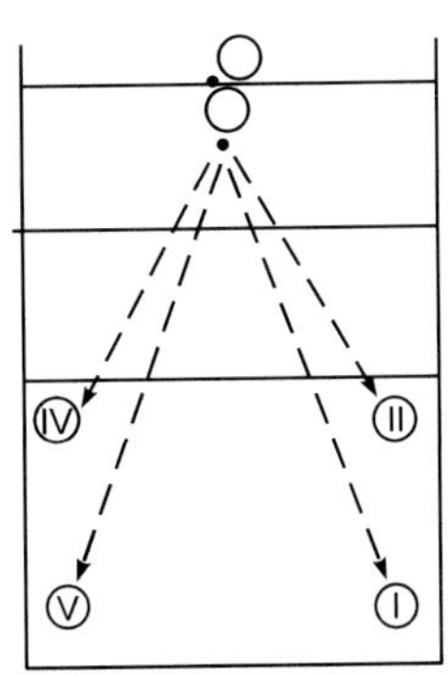

Abb. 70

Fehler im Zusammenspiel der Abwehr-/Annahmespieler untereinander, der Zuspieler untereinander und der Annahmespieler /Zuspieler und Angreifer

Behinderungen und Mißverständnisse unter den Spielern aufgrund mangelnder Spielbereitschaft und ungenügender Verständigung.

- Fehlende Bereitschaft, die erste, zweite oder dritte Ballberührung durchzuführen.
- Beim Paß aus der Hinterzone wählt der Angreifer Anlaufort und -richtung nicht im rechten Winkel zum Ballflug.

Lösungsmöglichkeiten

- Erneute Erörterung der Arten des Angriffsaufbaus unter Berücksichtigung der verschiedenen Verständigungsprinzipien (vgl. 2. LE des LZ 2).

Weitere Verhaltensregeln:

- Wer sich als Annahme-, Zuspieler oder Angreifer vorwärts zum Ball bewegt, hat Vorrang vor dem Spieler, der sich rückwärts zum Ball bewegt.
- Beim Zuspiel zwischen die Angreifer soll derjenige schlagen, der die Schlaghand zum Ball hat.
- Bei Pässen zwischen die Zuspieler soll derjenige spielen, der die geringere Körperdrehung für den Diagonalpaß durchführen muß.
- Weiterhin siehe die o.g. Lösungsmöglichkeiten zum Angriffsaufbau, wobei die Pässe bewußt in die Überschneidungsbereiche der Annahmespieler, Zuspieler oder Angreifer gespielt werden.
- Für die situativ richtige Wahl der Ausgangsposition des Angreifers sind Übungsformen geeignet, in denen zunächst aus gleichen, später wechselnden Zuspielpositionen in der Hinterzone zugespielt wird. Weiterhin Übungen, in denen Situationen des Angriffsaufbaus über Vorderspieler mit denen über Hinterspieler wechseln. Anfangs mit nur einem Angreifer, später mit zwei (drei) Angreifern.

LERNZIEL 4: ZUSPIELBAGGER SEITLICH - OBERES ZUSPIEL RÜCKWÄRTS - 6ER-RIEGEL MIT ANGRIFFSAUFBAU ÜBER HINTERSPIELER

Abb. 71

Sachanalyse

Der ***Angriffsaufbau über Hinterspieler*** besagt, daß einer der Hinterspieler in die Vorderzone läuft, um die Funktion des Zuspielers zu übernehmen. Er wird hier zunächst als ***offenes Laufen aus dem 6er-Riegel*** aufgezeigt und erarbeitet. Der Angriffsaufbau über Hinterspieler stellt eine Erweiterung der bisherigen Arten des Angriffsaufbaus (über Vorderspieler und den 2. Paß aus der Hinterzone) und des taktischen Verhaltens der Hinterspieler dar. Eine wesentliche Voraussetzung für die Umsetzung und Anwendung des offenen Läuferspiels über Hinterspieler aus dem 6er-Riegel (Inhalt der 3. LE) ist die Fähigkeit der Spieler, das obere und untere Zuspiel variabel und zielgenau durchzuführen. Daher befaßt sich die 1. und 2. LE mit der Verbesserung des oberen und unteren Zuspiels.

Das ***untere Zuspiel seitlich*** (Seitbagger), Inhalt der 1. LE, kommt in den Spielsituationen zur Anwendung, in denen die Einnahme einer frontalen Stel-

lung des Spielers zum Ball nicht möglich ist. Vor allem die Anwendung des Drives und die auf Erfolg ausgerichtete Ausführung der Aufgabe schaffen solche Situationen. Der Seitbagger, sowohl bei der Einleitung des Angriffsaufbaus aus der Annahme (Zuspielbagger) als auch aus der Abwehr (Abwehrbagger) angewendet, ist daher in direktem Zusammenhang mit der 3. LE zu sehen.
Während der Zuspieler bisher nur die vor ihm angreifenden Spieler einsetzen konnte, ermöglicht ihm das ***obere Zuspiel rückwärts***, auch hinter ihm befindliche Angreifer anzuspielen. Somit kann die ganze Netzbreite für den Angriffsaufbau ausgenutzt und das Zuspiel variabler gestaltet werden. Im Zusammenhang mit dem Läuferspiel aus dem 6er-Riegel (LE 3) wird der Hinterspieler in die Lage versetzt, durch Einbeziehung des oberen Zuspiels rückwärts alle drei Vorderspieler einzusetzen.

1. LERNEINHEIT: ZUSPIELBAGGER SEITLICH

Bewegungsablauf (Abb. 72)

Der entscheidende Unterschied zwischen dem Zuspielbagger frontal (vgl. LZ 1) und dem Zuspielbagger seitlich ist im Körper-Ball-Verhältnis zu sehen. Da der Spieler hierbei nicht die gewünschte Stellung hinter dem Ball einnehmen kann, richtet er seine Bewegung zum Ball so ein, daß er durch einen *AUSFALLSCHRITT MIT DEM BALLNAHEN BEIN* zum Stand kommt und den Ball seitlich mit gestreckten Armen spielt.

Um ein Abspringen des Balles nach hinten zu verhindern, werden die *ARME*, verbunden mit einem Hochziehen der ballnahen Schulter, *AUFGEDREHT*, so daß der Ball mit den Unterarmen von hinten unten getroffen und hoch nach vorne gespielt wird.

Abb. 72

Grundsätzlich muß die Intention des Spielers sein, sich möglichst hinter den Ball zu bewegen und frontal abzuspielen; d.h. daß der *SEITBAGGER NUR DANN ANGEWENDET WERDEN DARF, WENN SITUATIV KEIN ZUSPIELBAGGER FRONTAL MÖGLICH IST.*

Erläuterung

Der Spieler wendet den Zuspielbagger seitlich zur Annahme und Weitergabe von flach und/oder relativ schnell anfliegenden Bällen an, z.B. von Aufschlägen und Drives. Dies gilt für alle Annahmesituationen, in denen er nicht die Zeit hat, den Ball frontal aus dem Stand weiterzuspielen. Um ein Spielen aus der Bewegung und damit Ungenauigkeiten und Fehler zu vermeiden, stoppt er in Armlänge vom Ball entfernt ab und spielt den Ball aus sicherem Stand im Zuspielbagger seitlich weiter.

Spielform: Spiel 3 gegen 3

Spielfeld: 6 x 4,5 m

Nach Spielregeln mit der Sonderregel, daß zwei Ballberührungen vorgeschrieben sind. Der Ball kann anstatt mit Aufschlag mit oberem Zuspiel ins Spiel gebracht werden. Die Annahme erfolgt im 3er-Riegel, der Angriffsaufbau über Vorderspieler (Abb. 73/74b).

Abb. 73

Handlungsziel

Der Spieler soll den Zuspielbagger seitlich als eine weitere Technik erfahren, aus der Annahme/Abwehr heraus den Angriff einzuleiten. Er soll diesen situations- und spielgerecht einsetzen lernen und dabei berücksichtigen, daß der Zuspielbagger frontal aufgrund der höheren Zielgenauigkeit vorrangig Anwendung finden soll.

Handlungshinweise

- Nach Abstoppen der Bewegung im Ausfallschritt den Ball seitlich und beidarmig spielen!
- Spiele langsam anfliegende Bälle aus frontaler Stellung hoch und diagonal zum Partner; spiele schnell und weit entfernt anfliegende Bälle im Seitbagger hoch und diagonal zum Partner!
- Nimm hoch und langsam anfliegende Bälle im oberen Zuspiel an!

- Beachte, daß mit dem Zuspielbagger frontal genauer gespielt werden kann als mit dem Zuspielbagger seitlich!
- Führe den Seitbagger mit langen und aufgedrehten Armen aus!
- Spiele als Angreifer den Ball auf ungedeckte Räume oder zwischen Spieler!

Beobachtungshilfen

- Muß auf FF zurückgegriffen werden, weil sich große Mängel in der Ausführung des unteren Zuspiels seitlich zeigen?
- Wird aus Bequemlichkeit der seitliche Zuspielbagger vor dem frontalen bevorzugt angewendet und muß erneut auf den Anwendungsbereich hingewiesen werden?

1. Variationen zur Spielform

(1) Spiel 2 gegen 2 (Abb. 74a); Spielfeld: 6 x 4,5 m

(2) Spiel 3 gegen 3 (Abb. 73/74b); Spielfeld: 9 x 4,5 m

(3) Spielform und Variation mit der Sonderregel, daß drei Ballberührungen vorgeschrieben sind.

(4) Spiel 4 gegen 4; Spielfeld: 9 x 6 m.
Nach Spielregeln. Die Annahme erfolgt im 4er-Riegel, der Angriffsaufbau über Vorderspieler oder 2. Paß aus der Hinterzone (Abb. 74c).

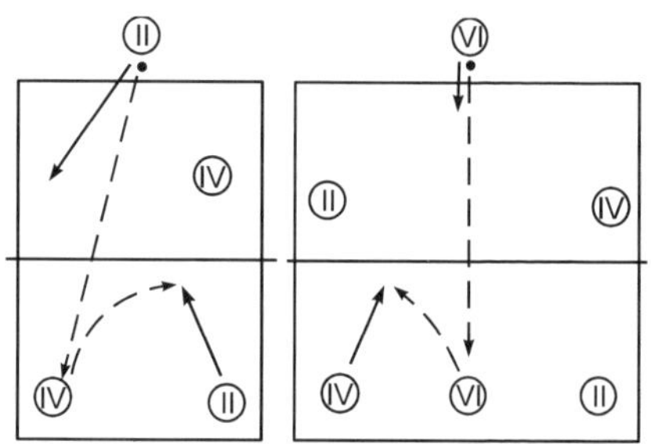

Abb. 74 a/b

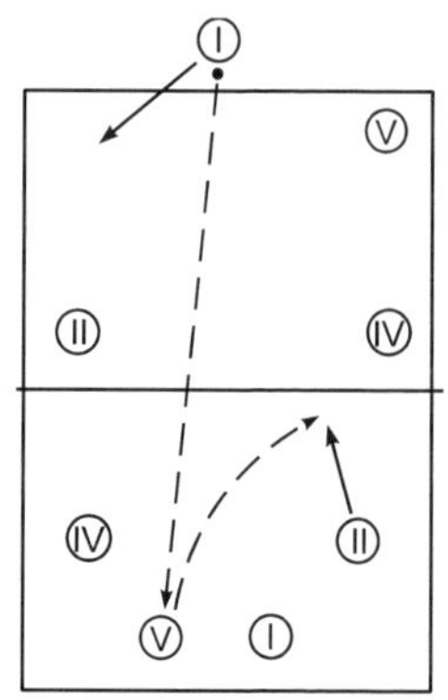

Abb. 74 c

Handlungshinweise

- Verständige dich mit deinen Partnern nach den erlernten Prinzipien in der Annahme-, Abwehr- und Zuspielsituation!
- Sei auch als Hinterspieler stets bereit, das Zupiel zu übernehmen!
- Entscheide dich für den Angriffsaufbau über 2. Paß aus der Hinterzone bei schwierigen Abwehr-/Annahmesituationen!

- Wähle die Ausgangsposition zur Annahme/Abwehr so, daß du dich nach vorne und von außen zur Feldmitte hin bewegen mußt.

2. Spiel 1 gegen 1

Spielfeld: 4,5 x 3 m, später 4,5 x 4,5 m

Nach Spielregeln, wobei bis zu drei Ballberührungen hintereinander erlaubt sind.

Beobachtungshilfe

- Ist erkennbar, daß der Zuspielbagger seitlich in der Abwehr von Drives häufiger angewendet wird als in der Annahme des Aufschlags, da hier der Spieler mehr Zeit hat, hinter den Ball zu kommen?

3. Spiel 6 gegen 6

Spielfeld: 9 x 9 m

Nach Spielregeln mit der Sonderregel, daß der Ball nicht direkt übers Netz gespielt werden darf. Die Annahme des Aufschlags erfolgt im 6er-Riegel, der Angriffsaufbau über Vorderspieler oder 2. Paß aus der Hinterzone, die Abwehr von Angriffen erfolgt ohne Block (vgl. LZ 2 und LZ 3).

Beobachtungshilfen

- Hat sich durch Einführung des seitlichen Zuspielbaggers die Grundsituation Annahme/Abwehr und Weitergabe verbessert?
- Ist nach Anwendung des Zuspielbaggers seitlich ein Weiterspielen des Balles im oberen Zuspiel möglich?
- Sind Ungenauigkeiten beim 1. Paß auf Mängel in der Grundstellung oder Armhaltung zurückzuführen?

Lernkontrolle

siehe Lernkontrolle zum Zuspielbagger frontal (LZ 1/2. LE)

Fehleranalyse/-korrektur zum Seitbagger

Fehler in der Grundstellung

- Spielen des Balles aus der Bewegung statt aus dem Stand.
- Fehlender Ausfallschritt bzw. Ausfallschritt mit dem ballfernen statt ballnahen Bein.

Lösungsmöglichkeiten

- Partnerübungen, in denen der Ball zunächst genau seitlich zum Übenden geworfen/gespielt und später leicht geschlagen wird. Anfangs sind Richtung und Ballflug bekannt und konstant; später wird beides variiert. Wichtig ist, daß die Bälle hüfthoch anfliegen und der Abstand Spieler/Ball und auch Partner/Ball allmählich vergrößert wird (Abb. 75a/b).
- Kleinfeldspiele gegeneinander auf möglichst breiten anstelle eines tiefen Spielfeldes, damit die Anwendung des Seitbaggers erzwungen wird.

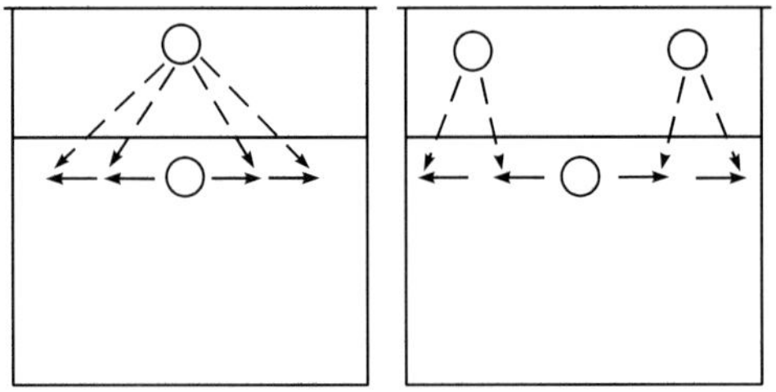

Abb. 75 a/b

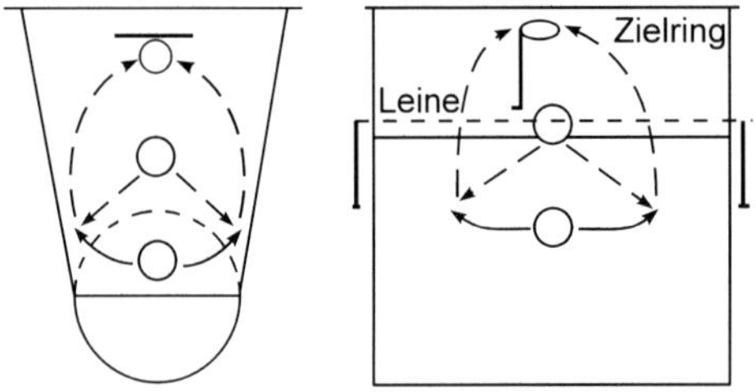

Abb. 76 a/b

Fehler im Körper-Ball-Verhältnis

- Der Ball wird in Schulterhöhe ohne statt in Hüfthöhe mit aufgedrehten Armen gespielt.
- Der Ball wird nur von unten oder nur von hinten statt von hinten unten gespielt.

Lösungsmöglichkeiten

- Alle o.g. Lösungsmöglichkeiten unter Berücksichtigung der Höhe und Richtung des Ballfluges. Dabei wird über eine Leine auf Ziele (Basketballkorb/-brett, Ziele an der Wand, Zielringe u.ä.) gespielt, wobei die Abspielrichtung der Bewegungsrichtung entgegengesetzt sein sollte (Abb. 76 a/b).
- Ansonsten siehe FF der 2. LE/LZ 1

2. LERNEINHEIT: OBERES ZUSPIEL RÜCKWÄRTS

Abb. 77

Bewegungsablauf (Abb. 77)
Der Bewegungsablauf des oberen Zuspiels rückwärts ist in großen Teilen identisch mit dem des oberen Zuspiels frontal. Der wesentliche Unterschied besteht im Körper-Ball-Verhältnis und im Treffpunkt des Balles.

Beim oberen Zuspiel rückwärts befindet sich der *SPIELER IM MOMENT DER BALLBERÜHRUNG UNTER DEM BALL* und spielt den Ball von unten in Verlängerung der Körperlängsachse. Hierbei geht die ***Ganzkörperstreckung mehr nach oben*** anstatt wie im oberen Zuspiel frontal nach oben vorne.
Die Handflächen zeigen mehr nach oben, d.h. die Handgelenke sind stark nach hinten gebeugt, und die Armstreckung wird leicht nach oben hinten ausgeführt. Alle anderen Bewegungsmerkmale gleichen denen des oberen Zuspiels frontal (vgl. LZ 1/1. LE).

Abb. 78

Erläuterung

Der Spieler bewegt sich so zum Ball, daß er vor Ballberührung sicher zum Stand unter dem Ball kommt. Er führt eine Ganzkörperstreckung nach oben bzw. oben hinten aus und pritscht dem hinter ihm befindlichen Angreifer den Ball zu (Abb. 78).

Spielform: Pritschwettkampf in Dreiergruppen

Spielfeld: 3 x 9 m

Es spielen Dreiergruppen in Reihenaufstellung gegeneinander. Der Ball wird von A zu B, von B zu C, C zu A, usw. gespielt. Spieler B soll den Ball im oberen Zuspiel rückwärts spielen, während für Spieler A und C die Zuspieltechnik freigestellt ist (Abb. 79a). Fehler ist, wenn die Paßfolge nicht eingehalten und/oder der Ball außerhalb des Spielfeldes gespielt wird. Nach einem Fehler tauschen die Spieler ihre Plätze. Sieger ist die 3er-Gruppe mit der längsten Serie von Überkopfpässen oder mit den wenigsten Fehlern in einer bestimmten Zeiteinheit (3 oder 5 min).

Abb.79a

Handlungsziel

Der Spieler soll den Anwendungsbereich des oberen Zuspiels rückwärts erfahren und das Pritschen rückwärts situationsgerecht anwenden lernen. Er soll das obere Zuspiel rückwärts als geeignete Technik beherrschen lernen, um dem im Rücken befindlichen Angreifer zielgenau zuspielen und ein variables Stellspiel über die gesamte Netzbreite ausführen zu können.

Handlungshinweise

- Im Moment der Ballberührung unter dem Ball stehen und ihn in Verlängerung der Körperlängsachse spielen.
- Spiele dem Partner den Ball hoch und möglichst genau zu!
- Strecke beim oberen Zuspiel rückwärts die Arme nach oben hinten!
- Beobachte ständig den Ball, besonders im Moment der Ballberührung!
- Kontrolliere deine Spielstellung in Bezug zu deinem Partner im Rücken!
- Beachte, daß ungenaue, aber hohe Pässe besser durch den Partner/Mitspieler weitergespielt werden können als flache und ungenaue Pässe!
- Wähle als Zuspieler die Spielstellung so, daß der Partner vor dir frontal und hinter dir rückwärts angespielt werden kann!

Beobachtungshilfe

- Muß auf FF zuückgegriffen werden, da sich elementare Fehler im Bewegungsablauf zeigen?

1. Variationen zur Spielform

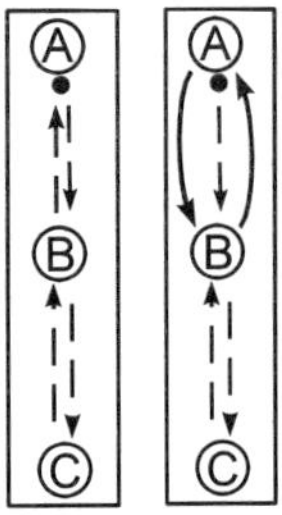

Abb. 79b/c

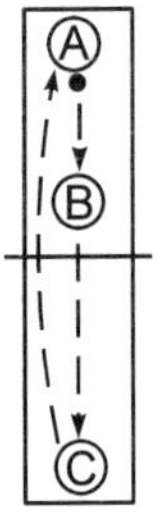

Abb. 80

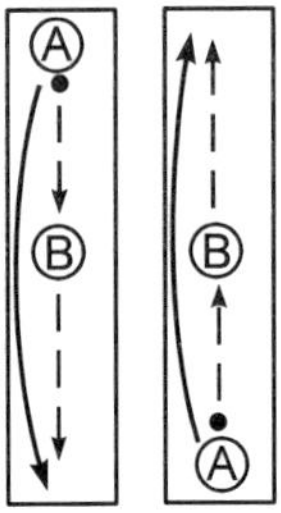

Abb. 81

(1) Jede 2. Ballberührung wird vom Mittelspieler durchgeführt (A zu B, B zu C, C zu B usw.), (siehe Abb. 79b).

(2) wie (1), jedoch erfolgt nach jedem Rückwärtspaß des Mittelspielers ein Positionswechsel zwischen Außen- und Mittelspieler (Abb. 79c).

(3) die Spielform, jedoch muß der Mittelspieler den Ball übers Netz zum Partner C pritschen (Abb. 80).

(4) Pritschwettkampf in Zweiergruppen: A übernimmt auch die Funktion von C (Abb. 81).

Beobachtungshilfe

- Gelingt Variation 1.(4) nicht, weil das Zuspiel rückwärts zu flach ausgeführt wird?

2. Spiel 3 mit 3

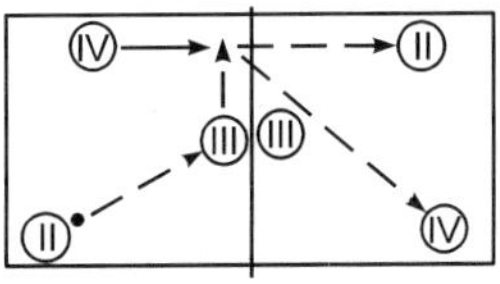

Abb. 82

Spielfeld: 4,5 x 4,5 m, später 6 x 4,5 m).

Drei Ballberührungen sind vorgeschrieben, wobei die 2. Ballberührung vom Spieler auf Pos.III ein oberes Zuspiel rückwärts sein muß (Abb. 82). Die Gruppen rotieren nach jeder Unterbrechung (Fehler). Der Ball wird durch oberes Zuspiel ins Spiel gebracht. Sieger ist die 6er-Gruppe mit der längsten Serie an Netzüberquerungen.

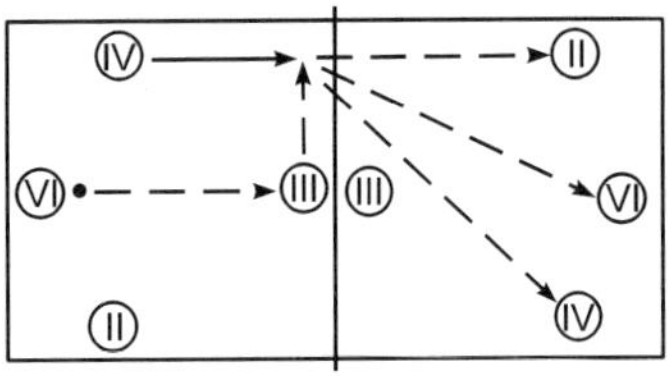

Abb. 83

(1) Spiel 4 mit 4 (Abb. 83); Spielfeld: 6 x 6 m

(2) Spielform 2 und Variation (1) mit der Zusatzaufgabe, daß nach jeder Netzüberquerung die Spieler ihre Positionen im Uhrzeigersinn wechseln.

Handlungshinweise
- Erwarte den Ball als Zuspieler nicht zu dicht am Netz (1-1,5 m entfernt)!
- Beachte, daß zu dicht ans Netz gespielte erste und zweite Pässe die darauffolgende Handlung des Mitspielers erschweren!

3. Driveschläge auf Ziele von Pos.IV nach Zuspiel rückwärts von Pos. III

Spielfeld: 9 x 9 m

Fünfergruppen spielen gegeneinander und schlagen nach Zuspiel rückwärts auf ein Ziel auf Pos.V (Abb. 84). Der Ball wird dem Zuspieler zugeworfen/zugespielt. Nach jedem Treffer wechseln die Spieler ihre Funktionen: Sieger ist die Gruppe, die die meisten Treffer innerhalb einer bestimmten Zeit erzielt hat.

(1) Das Ziel befindet sich auf Pos.VI.

(2) Spielform 3 und Variation (1) mit Angriff von Pos.II; die Ziele befinden sich entsprechend auf Pos.I und VI.

Handlungshinweis
- Spiele dem rechtshändigen Angreifer auf Pos.II hoch und weit nach außen zu, da das Zuspiel den Körper des Angreifers passieren muß!

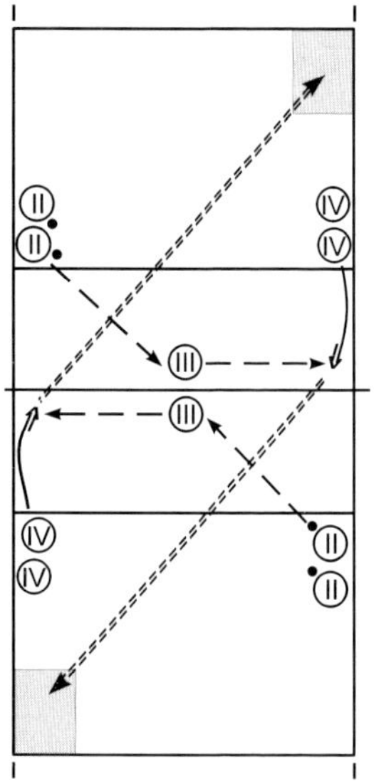

Abb. 84

4. Spiel 4 gegen 4

Spielfeld: 6 x 6 m, später 9 x 6 m

Besetzt werden die Pos.II/III/IV und VI. Pos.III fungiert als Zuspieler, die Annahme erfolgt im 3er-Riegel (Abb. 85). Spielregeln mit Sonderregel: Für jeden erfolgreichen Driveschlag nach Zuspiel rückwärts wird ein Zusatzpunkt gegeben.

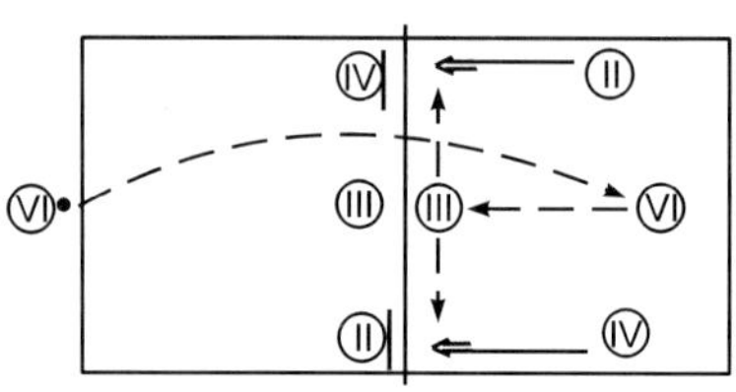

Abb. 85

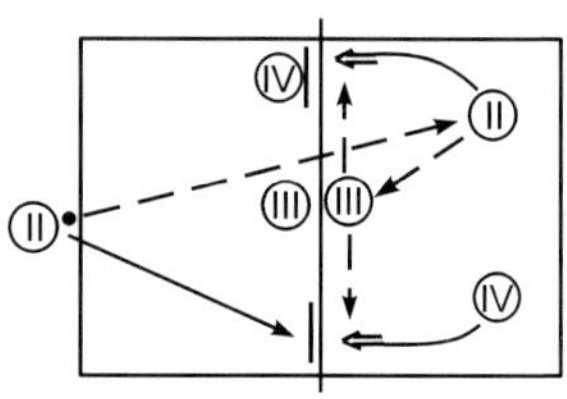

Abb. 86

(1) Spiel 3 gegen 3
Spielfeld: 6 x 4,5 m, später 9 x 4,5 m.
Besetzt werden die Pos.II/III/IV; Annahme erfolgt im 2er-Riegel (Abb. 86).

Beobachtungshilfen

- Stehen die Spieler beim oberen Zuspiel vorwärts unter und hinter dem Ball und beim oberen Zuspiel rückwärts unter dem Ball?
- Verlaufen Bein- und Armstreckung in gleicher Richtung?
- Bringt die Anwendung des oberen Zuspiels rückwärts Mißverständnisse bzw. Schwierigkeiten im Zusammenspiel Zuspieler/Angreifer?
- Muß der Zuspielbagger weiter verbessert werden, um sicher und genau den Zuspieler anspielen zu können?
- Bereitet der Angriffsaufbau über eine festgelegte Position Schwierigkeiten?

Lernkontrolle

- Kann jeder Spieler bei 10 Versuchen wenigstens 3mal in einen 3 m entfernten Zielring (Reifen) rückwärts pritschen?
- Der Zielring befindet sich auf Pos.II, ist in 3 m Höhe waagerecht aufgestellt und hat einen Durchmesser bis zu 1 m. Der Spieler steht auf Pos.III und wirft sich den Ball selbst zum Pritschen an (Abb. 87).

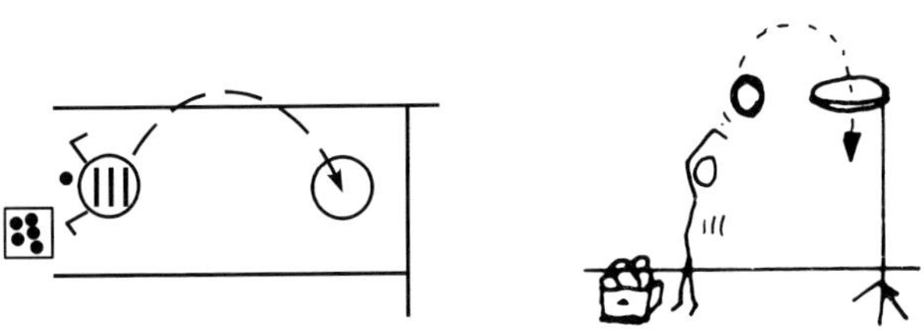

Abb. 87

Fehleranalyse/-korrektur zum Oberen Zuspiel rückwärts

Aufgrund der Bewegungsverwandtschaft von oberem Zuspiel rückwärts und frontal können die im LZ 1/1. LE gemachten Ausführungen zum o.g. Bereich übernommen werden; allerdings muß das veränderte Körper-Ball-Verhältnis im Moment der Ballberührung berücksichtigt werden.

Fehler im Körper-Ball-Verhältnis

- Der Spieler steht im Moment der Ballberührung hinter/unter statt unter dem Ball.
- Der Spieler streckt sich nach oben vorne statt in Körperlängsachse nach oben bzw. nach oben hinten.
- Die Streckung der Arme erfolgt nach hinten bei übertriebener Bogenspannung statt nach hinten oben bei aufrechter Oberkörperhaltung.
- Der Spieler steht vor statt unter dem Ball.
- Der Spieler beobachtet den Ball im Moment der Ballberührung nicht mehr statt ihn so lange wie möglich im Blick zu halten.

Lösungsmöglichkeiten

- Übungen mit Hochpritschen des Balles.
- Wie vorher, mit leichtem Rückwärtsgehen.
- Übungsformen, in denen der selbst angeworfene, später genau zugeworfene Ball rückwärts gespielt wird.
- Übungsformen, in denen hoch, aber ungenau zugeworfene/zugespielte Bälle rückwärts zum Partner, später auf Ziele (z.B. Ziele an der Wand, Basketballkorb, Zielring) gespielt werden.
- Übungsformen, in denen der Spieler aus dem Sitz den selbst angeworfenen über eine hohe Leine kurz hinter sich spielen muß.
- Übungsformen, in denen - wie oben - aus dem Stand, später nach vorangegangener Bewegung das obere Zuspiel rückwärts durchgeführt wird.

Fehler in der Zuspielgenauigkeit

- Der Ball wird abweichend von der Sagittalebene gespielt.
- Der Spieler pritscht in der Bewegung oder Drehung statt im sicheren Stand.
- Der Spieler pritscht im Ausfallschritt statt in Grätsch-Schritt-Stellung.

Lösungsmöglichkeiten

- Übungsformen in 3er-Gruppen mit Paßfolgen über den Mittelspieler. Die 3er-Gruppen stehen parallel zum Netz/zur Wand/zur Linie (Orientierungshilfen), (vgl. Abb. 79)
- Ansonsten siehe die o.g. Lösungsmöglichkeiten, besonders die Übungsformen auf Ziele.

3. LERNEINHEIT: 6 ER-RIEGEL MIT ANGRIFFSAUFBAU ÜBER HINTERSPIELER

Handlungsablauf

Aufstellungsmöglichkeiten, Abwehrbereiche und Funktionen der Spieler bei Annahme des Aufschlags im 6er-Riegel entsprechen denen des LZ2/2. LE (vgl. Abb. 46/47/48). Dies gilt auch für die ***Prinzipien des offenen Laufens***, so daß a) die Richtung des Aufschlags den Zuspielort und damit den Zuspieler bestimmt und daß b) mit diagonalem 1. Paß und parallelem 2. Paß gespielt wird. Beim ***Angriff über Hinterspieler aus dem 6er-Riegel*** sind wiederum alle Spieler an der Annahme und Weitergabe des Aufschlags beteiligt. Als Zuspieler fungieren hierbei zunächst die Hinterspieler, die in der Aufstellung am weitesten voneinander entfernt stehen (Abb. 88 a/b).

Bei Annahme des Aufschlags durch einen der Spieler in Feld A läuft unmittelbar nach Ausführung des Aufschlags und Erkennen der Aufschlagrichtung der Hinterspieler I als Zuspieler in die Vorderzone zwischen die Positionen II und III. Entsprechend bewegt sich der Hinterspieler V als Zuspieler zwischen Position III und IV, wenn der Ball in Feld B aufgeschlagen wird.

Der Zuspieler (***Läufer***) versucht, trotz des im Vergleich zum Angriffsaufbau über Vorderspieler längeren Laufweges, möglichst vor Annahme des Aufschlags am Zuspielort zu sein, um Art und Ort des geplanten Angriffsaufbaus deutlich zu machen. Der diagonale 1. Paß erleichtert dem Läufer das Zuspiel parallel zum Netz. Die Hauptintention des Läuferspiels ist, alle drei Netzspieler als Angreifer einzusetzen.

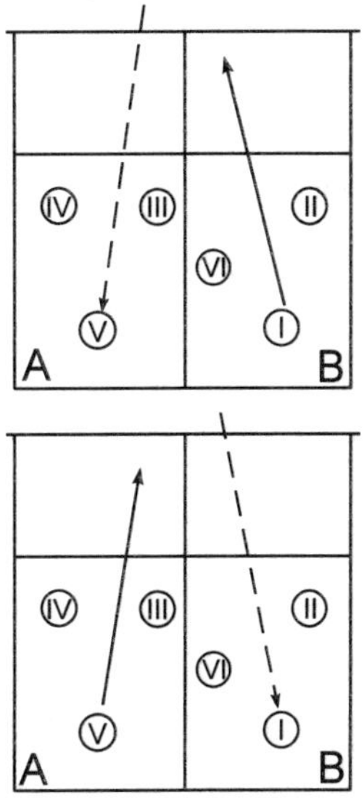

Abb. 88 a/b

Erläuterung

Beim 6er-Riegel sind alle Spieler an der Annahme des Aufschlags beteiligt. Je nach Aufstellung übernehmen paarweise die Hinterspieler I und V, I und VI oder V und VI das Zuspiel in der Vorderzone (offenes Läuferspiel). Bei Angriffsaufbau über Hinterspieler I und V fungiert Spieler I als Läufer, wenn die Spieler auf den Positionen IV/V und III annehmen müssen (Abb. 89). Vor bzw. bei Annahme des Aufschlags muß der Läufer I seine Zuspielposition am Netz zwischen Position II und III eingenommen haben. Der 1. Paß erfolgt hoch und diagonal dorthin, so daß der Läufer mit parallelem Zuspiel die Vorderspieler als Angreifer einsetzen kann. Danach nimmt der Läufer seine Position in der Hinterzone wieder ein. Analog verhält sich der Läufer V bei der Aufschlagannahme durch Pos. I/II und VI, wobei die Zuspielposition zwischen III und IV ist.

Abb. 89

Spielform: Spiel 4 mit 4

Spielfeld: 6 x 6 m

Besetzt werden die Positionen I, V, -IV und II. Die Annahme erfolgt im 4er-Riegel, der Angriffsaufbau über Hinterspieler I oder V. Läufer I wird eingesetzt, wenn Pos. IV und V annehmen. Nehmen Pos. II und I an, wird der Angriff über Läufer V aufgebaut (Abb. 90 a/b). Alle bisher erlernten Techniken können angewendet werden, wobei 3 Ballberührungen vorgeschrieben sind. Bei Spielunterbrechung rotieren die Gruppen um eine Position. Sieger ist die 8er-Gruppe mit der längsten Serie von Netzüberquerungen in 3 (5) min.

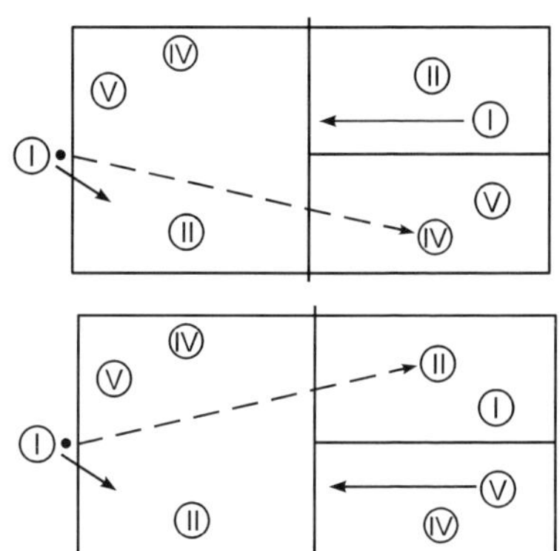

Abb. 90 a/b

Handlungsziel

Die Spieler sollen den Angriffsaufbau über Hinterspieler als günstige Möglichkeit erfahren, alle Vorderspieler zum Angriff einzusetzen und das Angriffsspiel variabel zu gestalten.

Handlungshinweise

- Den 1. Paß hoch und diagonal zum Läufer zwischen die Positionen III und II bzw. III und IV spielen!
- Beachte als Läufer: Annahme hat Vorrang vor Zuspiel!
- Bewege dich als Läufer zur Zuspielposition, sobald erkennbar ist, daß der Ball nicht in deine Spielfeldhälfte fliegt!
- Verdeutliche als Läufer deine Handlungsabsicht durch Zuruf/Zeichen!
- Laufe auf dem kürzesten Weg zum Zuspielort:
- Hohe Pässe lassen dem Partner/Mitspieler mehr Zeit und erleichtern seine Handlungen!

Beobachtungshilfe

Muß auf FF zurückgegriffen werden, weil sich Mängel im Zusammenspiel der Annahmespieler, Zuspieler und Angreifer zeigen?

1. Variationen zur Spielform

(1) Spiel 5 mit 5,
Spielfeld: 9 x 6 m, später 9 x9 m.
Die Annahme erfolgt im 5er-Riegel, die Positionen IV, III, II, I und V werden besetzt (Abb. 91 a/b).

(2) Spiel 6 mit 6
Spielfeld: 9 x 9 m,
Die Annahme erfolgt im 6er-Riegel. Als Läufer fungieren I und V (vgl. Abb. 88 und 92 a/b); später V und VI (Abb. 93 a/b) sowie VI und I (Abb. 94 a/b).

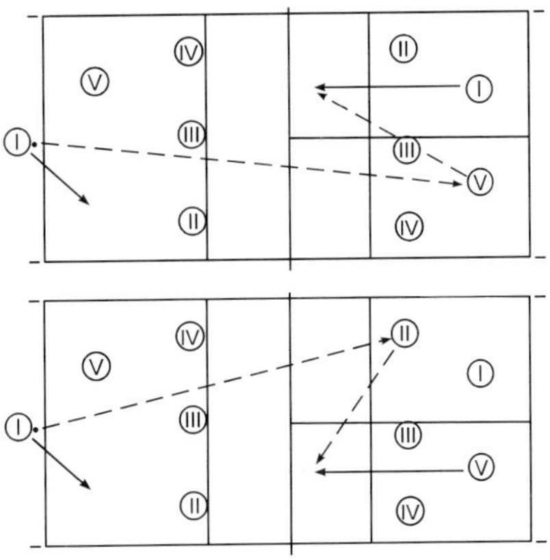

Abb. 91 a/b

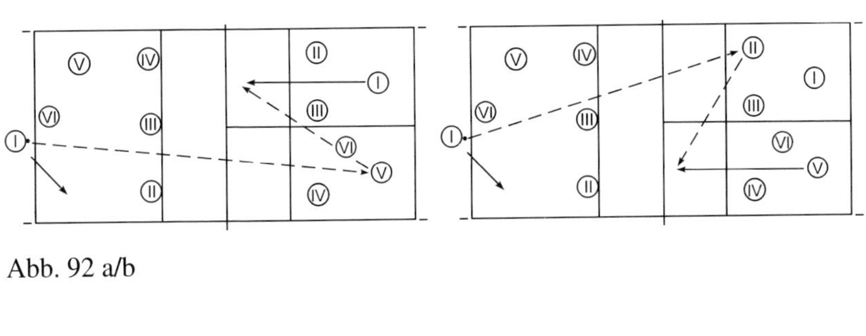

Abb. 92 a/b

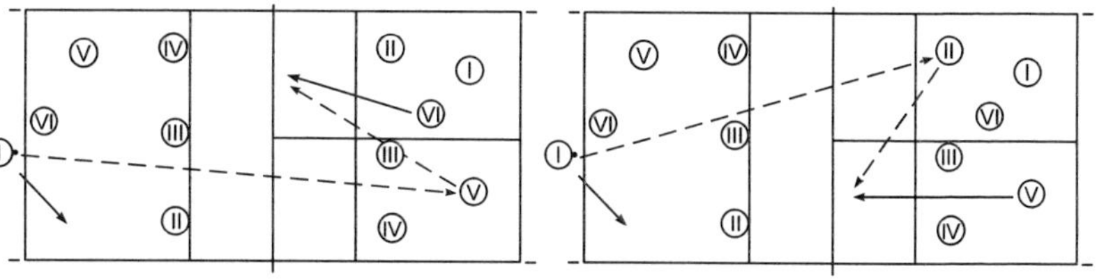

Abb. 93 a/b

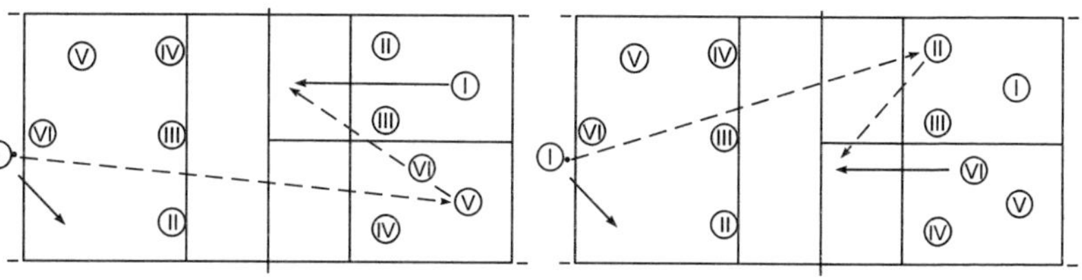

Abb. 94 a/b

2. Spiel 5 gegen 5

Spielfeld: 9 x 6 m, anschließend 9 x 9.

Nach Spielregeln, wobei für jeden erfolgreichen Angriff nach Zuspiel über offenen Läufer (I oder V) ein Zusatzpunkt gegeben wird (vgl. Abb. 91 a/b).

(1) Spiel 5 gegen 5,
jedoch soll der Hinterspieler I grundsätzlich als Läufer fungieren, es sei denn, daß er selbst annehmen muß. In diesem Fall übernimmt Läufer V das Zuspiel (Abb. 95 a/b).

(2) Spiel 5 gegen 5,
jedoch soll der Hinterspieler V als Läufer fungieren; muß er selbst annehmen, so läuft Pos.I (Abb. 95c).

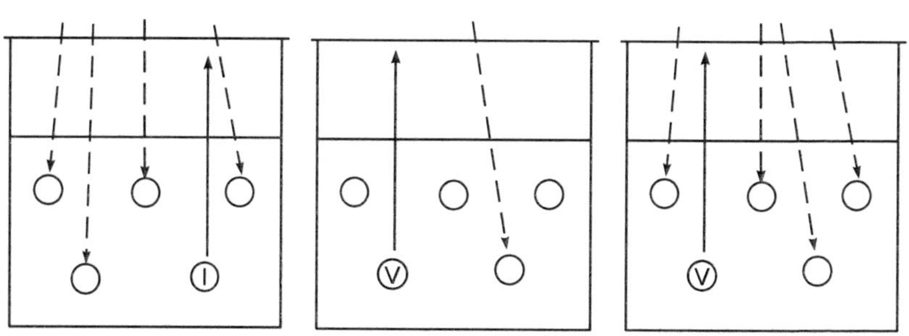

Abb. 95 a - c,

Handlungshinweise

- Antizipiere frühzeitig als Hinterspieler, ob das Läuferspiel von dir ausgeführt werden soll!
- Setze bei genauem und hohem 1. Paß variabel die Angreifer zum Schlag ein!
- Vermeide bei ungenau oder schwierig anfliegendem 1. Paß Fehler, und setze den für dich am leichtesten anzuspielenden Angreifer mit hohem Paß ein!
- Verlasse als Läufer sofort die Vorderzone, wenn der 1. Paß so ungenau ist, daß du das Zuspiel nicht durchführen kannst!
- Entscheide dich rechtzeitig für die Einleitung des Angriffsaufbaus über Läufer oder 2. Paß aus der Hinterzone!
- Sei als Hinter-, aber auch als Vorderspieler bereit, bei ungenauen 1. Pässen das Zuspiel zu übernehmen!
- Bei der Annahme hat der Spieler Vorrang, der sich nach vorne oder zum Zuspielort hin bewegt (rufen)!

3. Spiel 6 gegen 6

Spielfeld: 9 x 9 m.

Regeln wie Spielform 2, Aufstellung und Angriffsaufbau wie beim Spiel 6 mit 6 (vgl. Variation (2) der Spielform).

(1) Spiel 6 gegen 6, jedoch entspricht der Annahmeriegel einer Zick-Zack-Aufstellung (Abb. 96). Zuerst fungieren Hinterspieler I und V als Läufer, dann VI und V, dann I und VI.

(2) Wie Spielform 3 und Variation (1), jedoch soll der Angriffsaufbau überwiegend über Läufer I, später über Läufer VI und V erfolgen (vgl. die Variationen (1) und (2) der 2. Spielform).

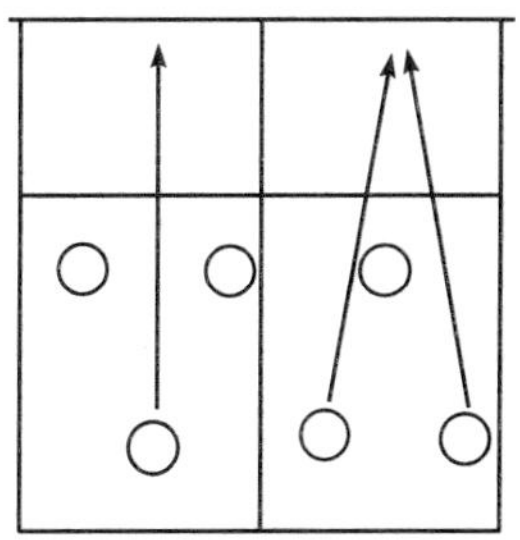

Abb. 96

Beobachtungshilfen

- Ist die Effektivität des Angriffs über die Mitte (Pos.III) erkannt?
- Ist eine Steigerung der Spieldynamik und der Spielfreude erkennbar?
- Muß auf FF der 2. LE/LZ 4 zurückgegriffen werden, weil sich Mängel bei der Ausführung des 2. Passes zeigen?
- Stellt der Angriffsaufbau über Hinterspieler die Übenden vor größere Schwierigkeiten als der Aufbau über Vorderspieler?

- Wenden die Spieler in schwierigen Situationen weiterhin den Angriffsaufbau über 2. Paß aus der Hinterzone an?
- Ist erkennbar, daß auch für Läufer die Annahme des Aufschlags Vorrang vor dem Zuspiel hat?
- Bewegen sich die Läufer situationsgerecht zum Zuspielort ans Netz?
- Verläßt der Zuspieler rechtzeitig nach dem Zuspiel den Angriffsraum und nimmt seine Position in der Hinterzone wieder ein?

Lernkontrolle

1. Beantwortung von Testfragen (u.U. mit Hilfe von Skizzen) zu:
   a) den Aufstellungsmöglichkeiten im 6er-Riegel
   b) den Abwehrbereichen und Funktionen der Spieler, insbesondere der Hinterspieler
   c) den verschiedenen Möglichkeiten des offenen Läuferspiels über Hinterspieler
   d) dem Verhalten des Läufers vor, bei und nach Zuspiel
2. Freie Spielbeobachtung des Angriffsaufbaus über Hinterspieler aus dem 6er-Riegel.

Fehleranalyse/-korrektur zum 6er-Riegel

Fehler in der Aufstellung im 6er-Riegel

siehe hierzu FF der 2. LE (LZ 2)

Fehler im Angriffsaufbau über Hinterspieler aus dem 6er-Riegel

- Der Hinterspieler startet als Läufer zu früh oder zu spät statt bei Erkennen der Richtung des Aufschlags, spätestens jedoch bei Netzüberquerung des Balles.
- Der Hinterspieler entscheidet sich falsch, indem er beim Aufschlag in seinen Annahmebereich zum Zuspiel ans Netz läuft statt zur Annahme im Riegel zu bleiben.
- Der Laufweg des Hinterspielers zum Zuspielort erfolgt auf einem Umweg statt auf direktem, gradlinigen Weg.
- Der Läufer bewegt sich ohne Blickverbindung zum Ball an den Zuspielort statt in jeder Phase seiner Bewegung Ball und Annahmespieler zu beobachten.
- Der Läufer I bzw. VI nimmt seine Zuspielposition in der Vorderzone auf Position II bzw. III statt *ZWISCHEN* II und III ein.

- Der Läufer V (VI) nimmt seine Zuspielposition in der Vorderzone auf Position IV bzw. III statt *ZWISCHEN* IV und III ein.
- Der 1. Paß erfolgt senkrecht statt diagonal zum Netz.
- Die Vorderspieler bewegen sich zu früh, d.h. mit Ausführung des 1. Passes, in die Vorderzone und behindern den Läufer beim Zuspiel.

Lösungsmöglichkeiten

- Theoretische Erarbeitung der Aufstellung im Riegel und der Möglichkeiten des Angriffsaufbaus über Hinterspieler anhand von Medien.
- Übungsformen, in denen der Ball zugeworfen/zugespielt und später aufgeschlagen wird und im 6er-Riegel angenommen wird. Zunächst ist die Richtung des Aufschlags und damit auch der Übergang zum Angriff festgelegt. Hierbei wird der Aufschlag 5 bis 10 mal auf die rechte und danach auf die linke Spielfeldhälfte gespielt. Entsprechend kommen Läufer I/VI bzw. V zum Einsatz. Erst wenn erkennbar ist, daß der Handlungsablauf erfaßt ist und umgesetzt wird, rotieren die Spieler um eine Position. Anschließend soll die Richtung des Aufschlags variiert werden.
- Zeigen sich bei der Umsetzung der o.g. mannschaftstaktischen Übungen Schwierigkeiten, sollten dieselben Übungen mit einem Teil der Mannschaft - evtl. auf kleinerem Spielfeld - durchgeführt werden, z.B. 1 mit 2, 1 mit 3, 1 mit 4 (Abb. 97 - 99).

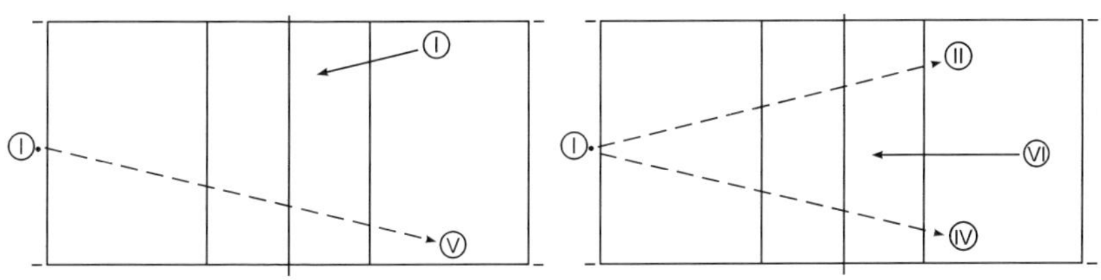

Abb. 97 a/b

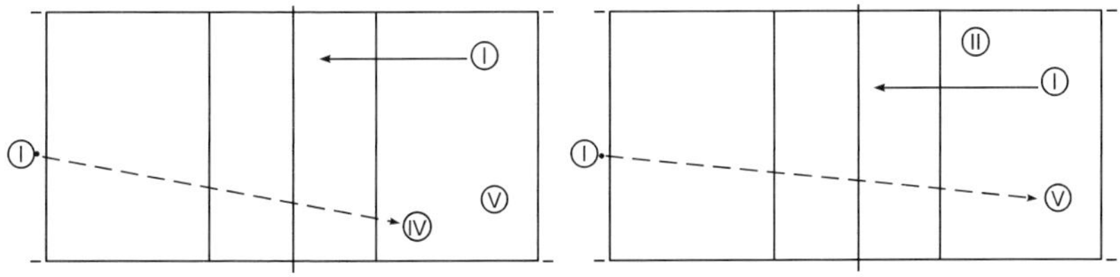

Abb. 98 a/b

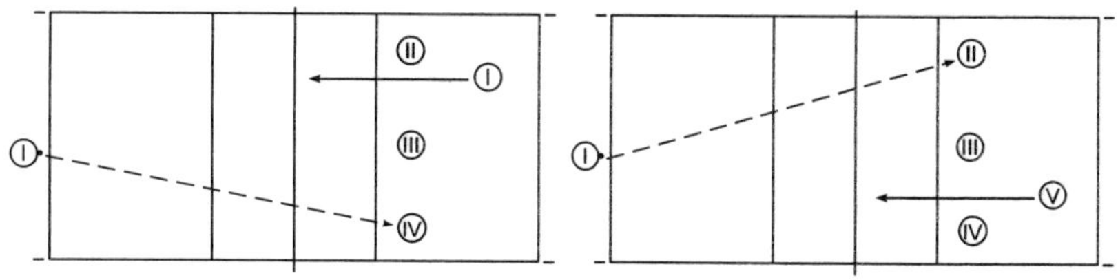

Abb. 99a/b

Fehler im Zusammenspiel Zuspieler/Angreifer

- Der Zuspieler (Läufer) erwartet zu dicht am Netz den 1. Paß statt in der Mitte der Vorderzone zwischen den Positionen II und III bzw. IV und III.
- Der Läufer bleibt nach Abspiel in der Vorderzone, statt seine ursprüngliche Position als Hinterspieler wieder einzunehmen.
- Die Vorderspieler nehmen als Angreifer eine falsche Ausgangsposition ein, statt außerhalb der Vorderzone in Nähe der Angriffslinie startbereit zu sein.
- Der Angreifer auf Pos.III verhält sich passiv, statt sich als erster der drei Angreifer für den Angriff anzubieten.
- Die Angreifer bewegen sich zu früh an das Netz, d.h. vor oder bei Zuspiel statt nach Zuspiel!
- Der Zuspieler spielt seine Pässe immer auf denselben Spieler bzw. die gleiche Angriffsposition, statt alle Angreifer/Positionen gleichmäßig einzusetzen.
- Die Angreifer behindern sich bzw. machen Fehler, weil das Zuspiel zwischen statt auf die Angriffspositionen ausgeführt wird.
- Die Angreifer beobachten nicht Flug und Richtung des 1. Passes und sind somit nicht bereit bzw. nicht in der Lage, bei ungenauen Pässen als Zuspieler einzuspringen bzw. sich der veränderten Zuspielsituation anzupassen.
- Der Zuspieler spielt aus dem Lauf oder dreht sich nur teilweise bzw. gar nicht in die Abspielrichtung.

Lösungsmöglichkeiten

- Theoretische Erarbeitung des Überganges von der Annahme/Abwehr zum Angriff anhand von Medien unter Berücksichtigung der Bereitschaftsstellung, des Zeitpunktes des Anlaufes und des Laufweges der Angreifer in Abhängigkeit zum Zuspielort.

- Übungsformen mit einem Teil der Mannschaft:
    1. Läufer I (VI) steht bereits in der Vorderzone zwischen Pos.II und III und stellt den Angreifern auf Pos.IV und III. Der 1. Paß wird von Pos.III auf den Läufer geworfen/gespielt.
    2. wie 1., jedoch mit Läufer V (VI) am Netz zwischen Pos.IV und III und stellt den Angreifern auf Pos.II und III.
    3. wie 1. und 2., allerdings steht der Läufer nicht am Netz, sondern muß in seine Stellposition laufen (Abb. 100 a/b); zunächst von außerhalb des Feldes über die Seitenlinie in die Vorderzone (1), dann aus der Hinterzone (2).

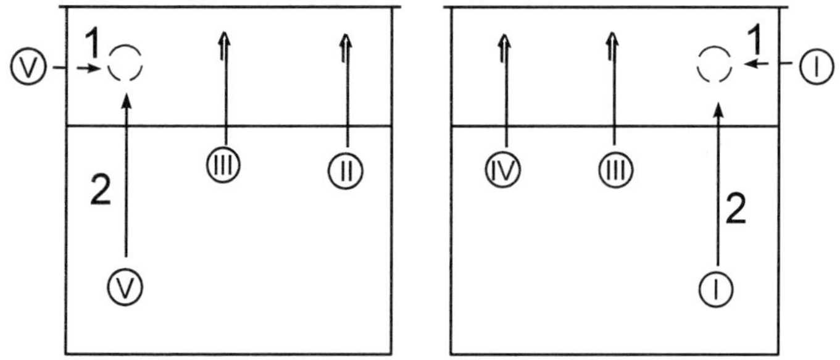

Abb. 100 a/b

4. Übung 1 mit 4 (vgl. Abb. 99 a/b)
Die drei Vorderspieler nehmen die zunächst geworfenen, später zugespielten und aufgeschlagenen Bälle an. Der freie Hinterspieler I/VI oder V fungiert als Läufer.
5. Übung 1 mit 5
Die Spieler stehen im 5er-Riegel und sind alle an der Annahme beteiligt. Der Aufschlag erfolgt zunächst auf Pos.IV/V, so daß Hinterspieler I zum Läufereinsatz kommt, danach auf Pos.II/I, so daß V läuft, anschließend beliebig auf Pos.IV/II/I oder V (vgl. Abb. 91).

LERNZIEL 5: SPRUNGABSPIEL FRONTAL - ANGRIFFSSCHLAG FRONTAL

Abb. 101

Sachanalyse

Mit der Einführung des Sprungabspiels, vor allem aber des Angriffsschlages frontal, soll das Gleichgewicht der beiden Grundsituationen wieder hergestellt werden; in den vorangegangenen Lernzielen wurde der ersten Grundsituation der Vorrang gegeben. Das ***Sprungabspiel*** ist ein oberes Zuspiel im Sprung, das im Volleyball überwiegend bei der 2. Ballberührung angewendet wird. Die frühe Einführung des Sprungabspiels zielt aber hier nicht auf die Erweiterung der Fertigkeiten des Zuspielers ab, sondern auf die des Angreifers: Der Handlungsspielraum des Angreifers wird dadurch vergrößert, daß er mit Sprungabspiel gezielt auf ungedeckte Zonen spielen, den Gegner täuschen (***Angriffsfinte***), eigenes Fehlverhalten ausgleichen und ungenaue zweite Pässe unter Vermeidung von Fehlern sicher über das Netz spielen kann. Das Sprungabspiel frontal (Inhalt der 1. LE) hat zudem ähnliche Bewegungsmerkmale wie der frontale Angriffsschlag (Inhalt der 2. LE), insbesondere hinsichtlich des Absprungs- und Ballberührungszeitpunktes (Timing).

Der ***Angriffsschlag frontal***, auch Schmetterschlag genannt, ist die effektivste Angriffshandlung, weil der Ball im Sprung vom Spieler mit hoher Geschwindigkeit und auf gradlinigem Weg abwärts ins gegnerische Feld geschlagen wird (vgl. Abb. 54). Um dem Angreifer die Anpassung an den anfliegenden Ball zu erleichtern, wird in erster Linie der Angriffsschlag nach hohem Zuspiel geschult.

Auf die Einbeziehung des Blocks wird in diesem LZ verzichtet, weil der Bewegungsablauf des Angriffsschlages sehr komplex ist, und weil der Block häufig die Beobachtung und damit Kontrollierbarkeit der Angriffshandlung verhindert.

1. LERNEINHEIT: SPRUNGABSPIEL FRONTAL

Bewegungsablauf (Abb. 102)

Die Ausführung des Sprungabspiels frontal entspricht in wesentlichen Teilen der des oberen Zuspiels frontal aus dem Stand (vgl. Abb. 23/25 bzgl. Trefffläche, Körper-Ball-Verhältnis). Unterschiedlich ist die Impulsgebung, da der Beineinsatz entfällt. Letzterer wird durch eine *BETONTERE BEUGUNG UND INTENSIVERE STRECKUNG DER ARME* ausgeglichen.

Abb. 102

Der Absprung erfolgt nach Anlauf beidbeinig hinter/unter dem Ball und kann durch einen beidarmigen Armschwung unterstützt werden. Das *ABSPIEL DES BALLES* wird *IM KULMINATIONSPUNKT DES SPRUNGES* ausgeführt. Die Landung erfolgt elastisch auf beiden Beinen.

Erläuterung

Der Angreifer läuft an und springt wie zur Ausführung eines Drives ab, führt aber im höchsten Punkt seines Sprunges keinen Schlag, sondern ein Sprungabspiel durch (Abb. 103). Dieses wendet er an, um die Angriffswirksamkeit zu erhöhen, indem er unter Beobachtung der Aufstellung der Gegenspieler zielgenau in eine ungedeckte Zone spielt.

Je ausgeprägter die Bewegungsausführung dem Driveschlag entspricht, desto größer wird der Überraschungseffekt für den Gegner.

Abb. 103

Spielform: Spiel 1 mit 1

Spielfeld: 2,25 x 3 m

Mitspieler A pritscht den Ball aus dem Stand über das Netz in die Vorderzone so zu Mitspieler B, daß dieser mit Sprungabspiel zurückspielen kann. Bei Spielunterbrechung wechseln die Funktionen. Sieger ist die Zweiergruppe mit der längsten Serie von Sprungabspielen.

Handlungsziel

Der Spieler soll das Sprungabspiel als alternative Angriffshandlung zum Drive erfahren und es in Abhängigkeit von der Angriffssituation und dem Verhalten der Gegenspieler spielgerecht anwenden lernen.

Handlungshinweise

- Den Ball im höchsten Punkt des Sprunges aus betonter Armbeugung zielgenau pritschen.
- Springe beidbeinig hinter und unter dem Ball ab!
- Bringe nach Absprung die parallel hochgeführten Arme in eine ausgeprägte Beugehaltung!
- Beginne mit der Armstreckung unmittelbar vor Erreichen des Kulminationspunktes des Sprunges!
- Beobachte die Qualität des Zuspiels, bevor du dich zum Sprungabspiel entscheidest!
- Verzichte auf Sprungabspiel zugunsten des oberen Zuspiels im Stand, wenn du durch das Zuspiel überrascht wirst bzw. unvorbereitet bist oder dich in einer ungünstigen Angriffssituation befindest!
- Springe so ab, daß du dich im Moment der Ballberührung hinter und unter dem Ball befindest und frontal abspielen kannst!

Beobachtungshilfe
Muß auf FF zurückgegriffen werden, weil sich vor allem Fehler im Timing und in der Impulsgebung zeigen?

1. Variationen zur Spielform

(1) Beide Spieler führen ein Sprungabspiel durch.
(2) wie (1), jedoch auf Spielfeld: 2,25 x 4,5 m mit 4 Spielern (Abb. 104 a/ b). Die Spieler wechseln sich im Sprungabspiel ab.

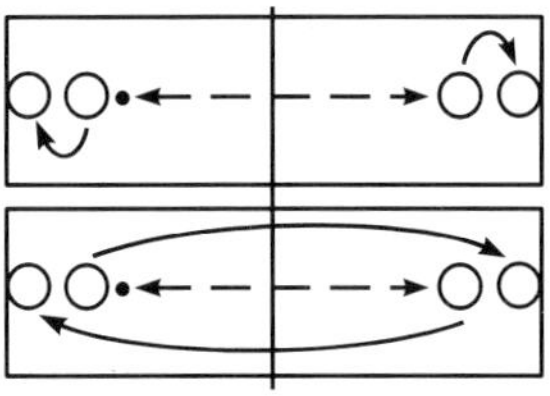

Abb. 104 a/b

2. Spiel 3 mit 3

Spielfeld: 4,5 x 4,5 m
Erlaubt sind oberes und unteres Zuspiel, wobei jeweils die dritte Ballberührung als Sprungabspiel zum Hinterspieler auf der Gegenseite erfolgen muß (Abb. 105a).
(1) wie Spielform 3, jedoch als Spiel 2 mit 2, wobei 3 Ballberührungen weiterhin vorgeschrieben sind (Abb. 105b).

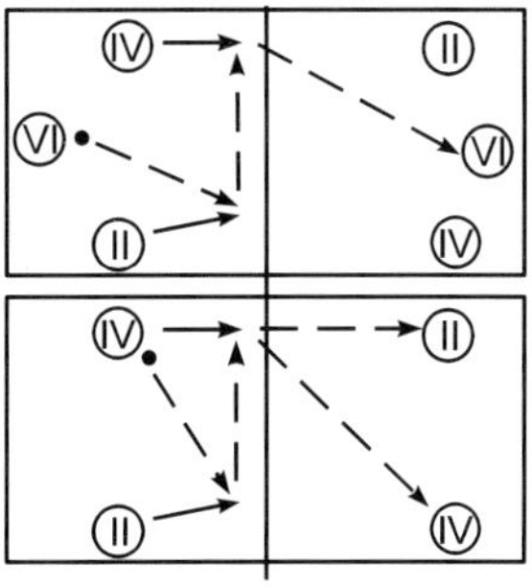

Abb. 105 a/b

3. Spiel 3 gegen 3

Spielfeld: 4,5 x 4,5 m, später 4,5 x 6 m
Nach Spielregeln mit folgender Sonderregel: Für jede erfolgreiche Angriffshandlung im Sprungabspiel wird ein Zusatzpunkt gegeben (Abb. 107 a).
(1) Spiel 4 gegen 4 (Abb. 106 a); Spielfeld: 6 x 6 m; Regeln und Ausführung wie Spielform 3.
(2) Spiel 2 gegen 2 (Abb. 106 b); Spiel feld: 4,5 x 6 m; Regeln und Ausführung wie Spielform 3.

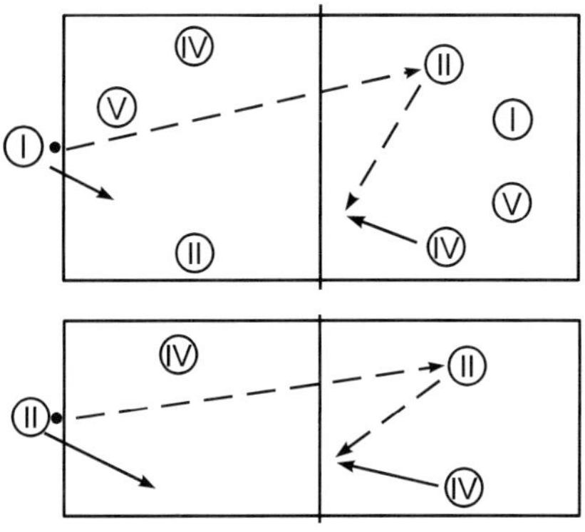

Abb. 106 a/b

Beobachtungshilfen

- Wird das Sprungabspiel situationsgerecht kurz oder weit ins Gegenfeld ausgeführt?
- Trägt das Sprungabspiel zu einer Steigerung des Angriffs bei?
- Führt die Einführung des Sprungabspiels zu einer Vernachlässigung des Drives?

4. Spiel 3 gegen 3

Spielfeld: 4,5 x 9 m

Nach den Spielregeln mit der Sonderregel, daß für jeden erfolgreichen Angriff mit Sprungabspiel oder Drive ein Zusatzpunkt gegeben wird. Der Angriffsaufbau erfolgt aus dem 3er-Riegel über Vorderspieler und/oder Hinterspieler (Abb. 107 a).

(1) Spiel 4 gegen 4; Spielfeld: 6 x 9 m, später 9 x 9 m
Der Angriffsaufbau erfolgt über Vorder- oder Hinterspieler aus dem 4er-Riegel (vgl. Abb. 106a).

(2) Spiel 5 gegen 5; Spielfeld: 9 x 9 m
Der Angriffsaufbau erfolgt über Vorder- oder Hinterspieler aus dem 5er-Riegel (vgl. Abb. 107b).

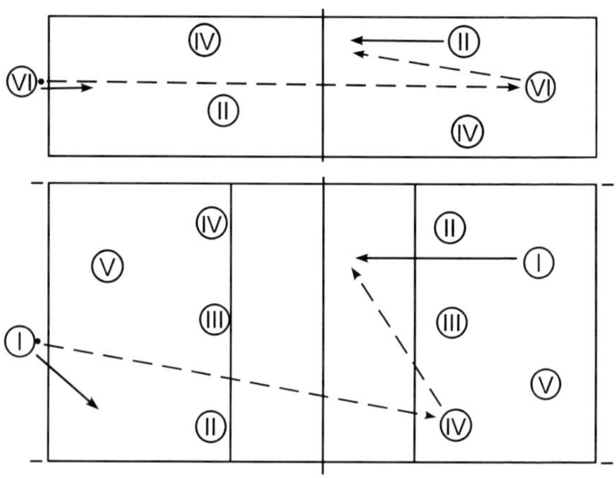

Abb. 107 a/b

(3) Spiel 6 gegen 6
Der Angriffsaufbau erfolgt aus dem 6er-Riegel über Vorder- (1) oder Hinterspieler (2) (Abb. 108).

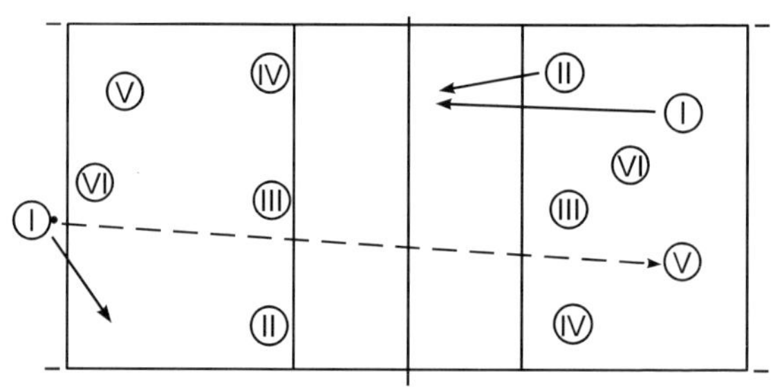

Abb. 108

Beobachtungshilfen

- Ist erkennbar, daß das Sprungabspiel zielgenauer durchgeführt werden kann als der Driveschlag?
- Wird für Angriffe ins gegnerische Hinterfeld weiterhin der Drive als geeignetste Handlung gesehen?

Lernkontrolle

1. Kann jeder Spieler jeweils 5x hintereinander den selbst angeworfenen Ball im Sprungabspiel übers Netz auf Ziele (Matte von 2 x 2 m) an der Angriffslinie und an der Grundlinie fehlerlos spielen (Abb. 109)?
2. Kann jeder Spieler 5x das Sprungabspiel hintereinander gegen die Wand oder das Basketballbrett fehlerlos durchführen?

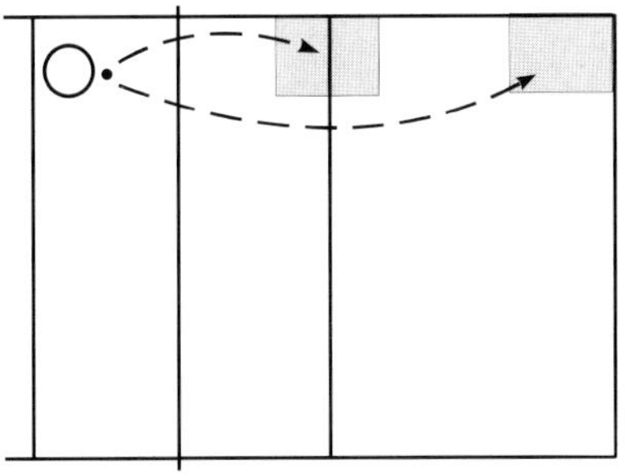

Abb. 109

Fehleranalyse/-korrektur zum Sprungabspiel

Fehler bzgl. Zeit-/Raumanpassung (Timing)

- Fehler und Lösungsmöglichkeiten sind der 1. LE (Driveschlag) des LZ 3 und der 2. LE (Angriffsschlag) des LZ 5 zu entnehmen.

Fehler in der Trefffläche und im Körper-Ball-Verhältnis

- Fehler und Lösungsmöglichkeiten sind der 1. LE (oberes Zuspiel frontal) des LZ 1 zu entnehmen.

Fehler in der Impulsgebung

- Fehlende Armbeugung/-streckung vor Abspiel statt ausgeprägter Armbeugung und zügiger Armstreckung.

Lösungsmöglichkeiten

- Im Sitzen Würfe mit schwereren Bällen auf hohe Ziele aus der Pritschhaltung durchführen.
- Im Sitzen selbst angeworfene Bälle oder genau zugeworfene Bälle auf hohe Ziele, später über eine Leine/das Netz auf Ziele pritschen.

2. LERNEINHEIT: ANGRIFFSSCHLAG FRONTAL

Abb. 110

Bewegungsablauf (Abb. 110)

Der Bewegungsablauf des Angriffsschlages frontal ist in großen Teilen identisch mit dem des Drives. Der wesentliche Unterschied besteht im Körper-Ball-Verhältnis und im Treffpunkt des Balles. Beim Drive ist der ***Absprungort*** unter dem Ball, beim Angriffsschlag dagegen *HINTER DEM BALL*. Hinsichtlich des ***Körper-Ball-Verhältnisses*** befindet sich der Spieler beim Drive im Moment der Ballberührung unter dem Ball, beim Angriffsschlag wiederum *HINTER UND UNTER DEM BALL*. Dadurch wird erreicht, daß der *BALL BEIM ANGRIFFSSCHLAG VON HINTEN OBEN GETROFFEN UND ÜBERDACHT* und mit betontem ***Handgelenkeinsatz*** gradlinig abwärts geschlagen werden kann. Da alle anderen Bewegungsmerkmale des Angriffsschlages denen des Driveschlages gleichen, wird hier auf eine detaillierte Darlegung des Angriffsschlages verzichtet und auf LZ 3 verwiesen.

Von einem frontalen Angriffsschlag sprechen wir, wenn der Spieler den Ball in Verlängerung seiner Anlaufrichtung schlägt. Dabei kann je nach Anlaufrichtung des Angreifers ***longline*** (1) oder ***diagonal*** (2) geschlagen werden (Abb. 111).

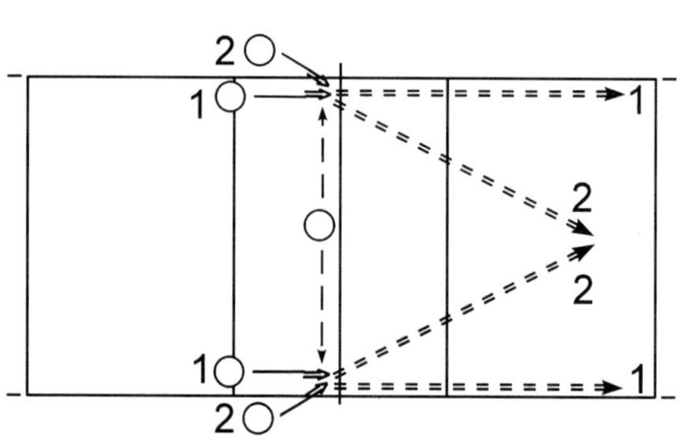

Abb. 111

Erläuterung

Abb. 112

Der Angreifer läuft in Abhängigkeit zum Zuspiel an, springt ab und schmettert mit einer Hand den Ball gradlinig abwärts ins gegnerische Feld, um das Aufgaberecht oder einen Punktgewinn zu erzielen (Abb. 112).

Spielform: Zielschmettern

Spielfeld: 9 x 9 m - Diagonalfeld.
Es spielen 4er- (5er- oder 6er-) Gruppen gegeneinander. Ein Spieler steht zwischen Pos.IV und III und wirft den Ball beidarmig von unten möglichst gleichmäßig ca. 3 m über Netzoberkante zu. Die anderen Spieler befinden sich auf Pos.IV in Reihe, wobei der erste Spieler den angeworfenen Ball übers Netz auf ein Ziel (Tor/Matte) auf Pos.V schmettert. Danach erfolgt ein Wechsel: Der Angreifer wird Werfer, der Werfer holt den Ball und schließt sich als Angreifer der Reihe an (Abb. 113). Alle Gruppen haben die gleiche Anzahl von Bällen; Sieger ist die 4er-Gruppe, die als erste 10 mal das Ziel getroffen hat oder in einer best. Zeit (5 bzw. 8 min) die höchste Trefferquote hat.

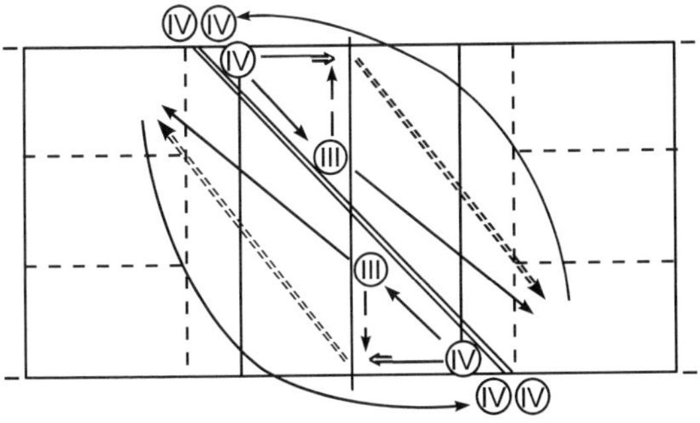

Abb. 113

Handlungsziel

Der Spieler soll den Angriffsschlag als die effektivste Zielhandlung erfahren und diesen zielgenau als Linien- und Diagonalschlag anwenden können.

Handlungshinweise

- Den Ball im höchsten Punkt des Sprunges mit langem Arm abwärts schlagen.
- Erwarte startbereit hinter der Angriffslinie den Zuwurf (das Zuspiel) und laufe erst nach Zuwurf an!
- Wähle die Anlaufrichtung so, daß das Angriffsziel in der Verlängerung des Anlaufs liegt!
- Führe den Stemmschritt länger aus als den (die) Auftaktschritte!
- Setze beim Stemmen betont die Ferse auf und springe beidbeinig ab!
- Springe hinter dem Ball ab, damit du ihn von oben/hinten überdachen kannst!
- Führe die Arme vor Absprung weit nach hinten-oben zurück und reiße sie dynamisch beim Absprung nach vorne oben über Schulterhöhe hoch!
- Beachte, daß nach Rumpf-/Schulter- und Armeinsatz der Handgelenkeinsatz dem Ball den letzten Impuls gibt!

Beobachtungshilfen

- Zeigen sich in der 1. Spielform elementare Fehler im Bewegungsablauf, so daß auf FF zurückgegriffen werden muß?
- Muß das Netz tiefer oder schräg gespannt werden, weil die Spieler unterschiedliche körperliche oder athletische Voraussetzungen haben?

1. Variation zur Spielform

(1) Ziel auf Pos. VI, später I

(2) Spielform und Variation (1); der Angriffsschlag erfolgt von Pos.II; erst auf das Ziel auf Pos.I, dann auf Pos.VI und danach auf Pos.V.

(3) Spielform und Variationen; der Angriffsschlag erfolgt nach Zuwurf von Pos.III.

(4) wie (3); der Angriffsschlag erfolgt nach hohem Zuspiel von Pos.III. Der Angreifer wirft oder spielt den Ball hoch und genau dem Zuspieler zum Stellspiel zu.

(5) wie (4), jedoch stellt ein Spieler der Gruppe das Ziel dar. Ein Punkt wird dann gegeben, wenn so auf den Spieler geschlagen wird, daß er den Ball abwehren, mindestens aber berühren kann.

(6) Variationen (4) und (5) mit Zielwechsel jeweils nach Treffer, später nach jeder Angriffsaktion.

(7) Spielform und Variationen, mit vorverlegten Zielen (Abb. 114).

(8) Variationen (4) bis (7); die Wertung und Durchführung erfolgt als Einzelwettkampf, d.h. jeder Spieler kämpf gegen jeden. Sieger ist derjenige Spieler, der in einer vorgegebenen Zeit die meisten Treffer erzielt hat oder als erster 10 mal erfolgreich angegriffen hat.

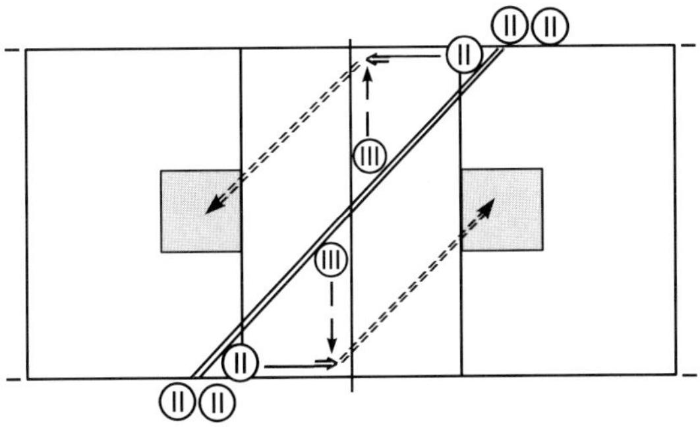

Abb. 114

(9) Variation (8) auf Spielfeld 9 x 6 m; das Zuspiel erfolgt von Pos.II (IV) zunächst auf Pos.III, später auf Pos.IV (II) (Abb. 115).

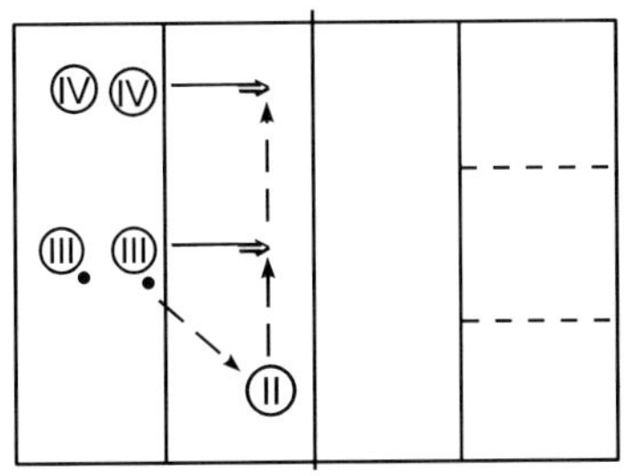

Abb. 115

Beobachtungshilfen

- Treten bei den Spielformen mit Angriffsschlag nach Zuspiel erheblich mehr Mängel in der Ausführung auf, so daß erneut auf erleichterte Formen (z.B. Angriffsschlag nach zu-/angeworfenem Ball bzw. nach gehaltenem Ball) zurückgegriffen werden muß?
- Zeigen sich in der Zeit-Raum-Anpassung (Timing) beim Angriffsschlag nach Zuspiel Fehler, so daß eine gesonderte Schulung des Timings notwendig erscheint?

2. Spiel 1 mit 3

Spielfeld: 4,5 x 9 m

Vierergruppen spielen gegeneinander. Spieler 1 führt Zielaufgaben aus, Spieler 2 nimmt an, Spieler 3 stellt heraus und Spieler 4 greift an (Abb. 116). Die Funktionen werden nach 5 (10) Aufgaben getauscht. Ein Punkt wird für jeden Handlungsablauf gegeben, der mit einem erfolgreichen Angriffsschlag abschließt. Sieger ist die Gruppe mit den meisten Punkten.

1) Der Angriffsschlag muß auf ein bestimmtes Ziel erst im Hinterfeld, dann im Mittelfeld ausgeführt werden (Abb. 117).

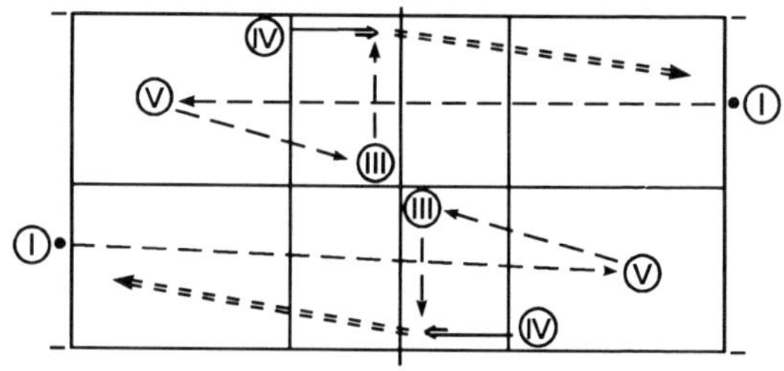

Abb. 116

Beobachtungshilfen

- Sind Fehler in der Ausführung darauf zurückzuführen, daß die Netzhöhe nicht im entsprechenden Verhältnis zur Sprunghöhe der Spieler steht?
- Wird eine Rück- und Tiefverlagerung des Körperschwerpunktes vor dem Absprung erreicht?

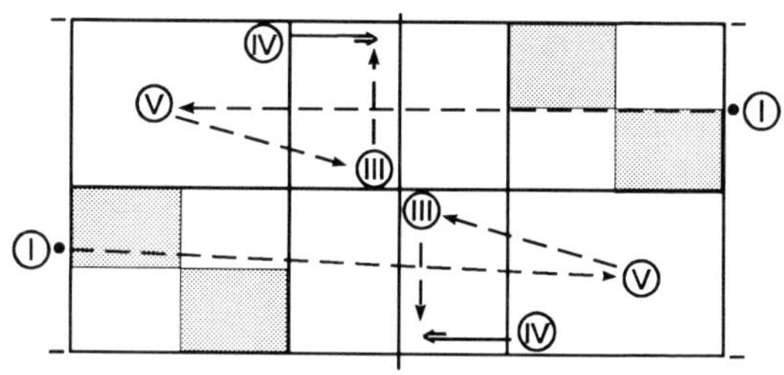

Abb. 117

- Müssen bestimmte Phasen des Angriffsschlages (z.B. die Stemmphase oder die Schlagphase) gesondert geschult werden?
- Muß der Handgelenkeinsatz gesondert geschult werden?

(2) wie (1), jedoch wird der Aufgeber als Abwehrspieler und somit als Ziel eingesetzt. Einen Punkt erhält die Gruppe nur dann, wenn dieser Spieler den Angriffsschlag abwehren, mindestens aber berühren kann.

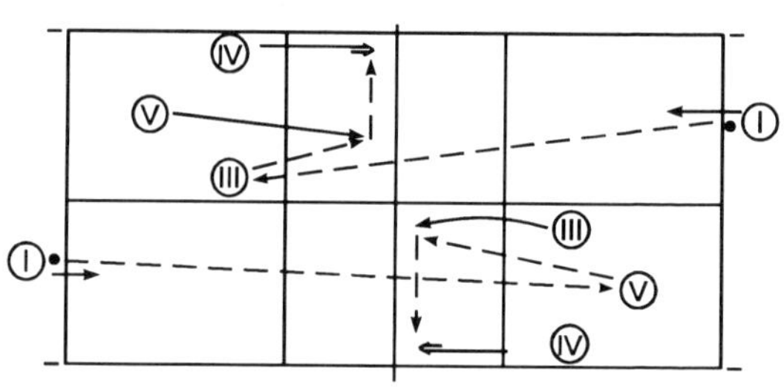

Abb. 118

(3) Spielform und Variationen, jedoch erfolgt der Angriffsaufbau aus dem 3er-Riegel über Vorder-/Hinterspieler (Abb. 118).

(4) Spiel 1 mit 5, später 1 mit 6 auf Spielfeld 9 x 9 m.
Der Angriffsaufbau erfolgt aus dem 5er-Riegel (vgl. Abb. 107b) bzw. aus dem 6er-Riegel (vgl. Abb. 108) über Vorder-/Hinterspieler.

3. Spiel 3 gegen 3

Spielfeld: 4,5 x 9 m

Nach Spielregeln mit Sonderregel: Für jeden erfolgreichen Schmetterschlag wird ein Zusatzpunkt gegeben. Die Annahme/Abwehr erfolgt im 3er-Riegel (vgl. Abb. 107a).

(1) wie die 3. Spielform als Spiel 2 gegen 2 auf Spielfeld: 4,5 x 9 m, später 3 x 9 m. Die Abwehr/Annahme erfolgt im 2er-Riegel (vgl. Abb. 106b).

(2) wie Spielform 3 als Spiel 4 gegen 4
Spielfeld: 9 x 9 m. Die Annahme erfolgt im 4er-Riegel (vgl. Abb. 106 a). Der Angriffsaufbau erfolgt zunächst über die Vorderspieler, danach über die Hinterspieler.

(3) wie (2), jedoch Spiel 6 gegen 6, die Annahme erfolgt im 6er-Riegel (vgl. Abb. 108).

(4) Spielform und Variationen auf verkürztem Spielfeld, z.B. 9 x 6 m.

Beobachtungshilfen

- Bereitet die Ausführung des Angriffsschlages mit Zuspiel von der dem Schlagarm entgegengesetzten Seite (z.B. Zuspiel von Pos.III auf Pos.II beim Rechtshänder) erheblich mehr Schwierigkeiten?
- Ist erkennbar, daß die Angreifer überlegt und gezielt (z.B. nach dem Prinzip "Zielgenauigkeit vor Härte") handeln?
- Ist erkennbar, daß der Spieler situationsgerecht seine Angriffshandlung ausführt und dabei zwischen Sprungabspiel, Drive und Angriffsschlag variiert?
- Zeigt sich der Angriffsschlag als so effektiv, daß die Einführung des Blocks als nächstes Lernziel erfolgen muß?

Lernkontrolle

Kann jeder Spieler bei 10 Versuchen mindestens 3x den zugeworfenen/zugespielten Ball von Pos. IV (Pos.II für Linkshänder) auf ein Ziel im Gegenfeld schmettern?

Zunächst wird auf ein Ziel von 3 x 4,5 m auf Pos. V (A), dann auf Pos.VI (B) und auf Pos.I (C) geschmettert (Abb. 119).

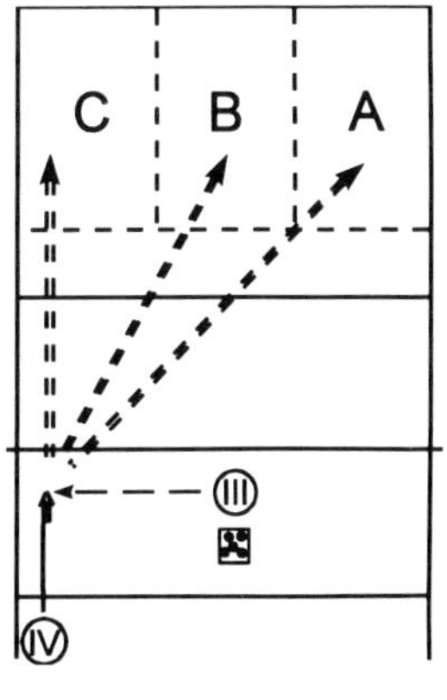

Abb. 119

Fehleranalyse/-korrektur zum Angriffschlag

Aufgrund der Bewegungsverwandtschaft von Angriffsschlag und Drive können die im LZ 3/1. LE gemachten Ausführungen zum o.g. Bereich vollständig übernommen werden; allerdings unter Berücksichtigung des veränderten Körper-Ball-Verhältnisses und des Absprungortes beim Angriffsschlag.

Fehler in der Anlauf- und Absprungphase

- Der Angreifer steht vor Zuspiel am Netz statt außerhalb der Vorderzone kurz hinter der Angriffslinie in Startstellung.
- Langer anstelle kurzen Auftaktschrittes und kurzer anstelle langen Stemmschrittes.
- Stemmsprung statt Stemmschrittes mit Beistellschritt.
- Der Stemmfuß wird mit dem ganzen Fuß statt betont mit der Ferse aufgesetzt.
- Der Spieler führt nach dem Stemmschritt noch einen Sprung am Ort (Hopser) durch statt nur das Nachstellbein zum Absprung heranzusetzen.
- Einbeiniger statt beidbeinigen Absprunges.

Lösungsmöglichkeiten

- Bedeutung und Stellenwert des Anlaufs und Absprungs anhand von Beispielen erörtern.
- Erproben einer veränderten Schrittfolge im Anlauf (z.B. rechts - links - rechts statt links - rechts - links).
- Übungsformen am Netz oder vor der Wand mit verkürztem, später vollem Anlauf, bei denen Bodenmarkierungen als Orientierungshilfe für die Schrittfolge gegeben werden. Zunächst wird Anlauf und Absprung ohne Ball geübt, später wird der ruhende Ball geschlagen.
- Spieler gibt sich selbst akustische Hilfen (z.B. eins - zweiiii... - drei!, kurz - laaaanggg... - hoch!).

Fehler in der Armführung

siehe unter FF zum Driveschlag (1. LE/LZ 3).

Lösungsmöglichkeiten

- Zwei Spieler nehmen den Übenden in die Mitte und führen ihm bei gleicher Schrittfolge die Arme bis zum Absprung.
- Die Spieler sollen beim Zurückschwingen und beim Hochvorschwingen der Arme die Hände zusammenführen (Klatschen).

- Der Spieler erhält akustische Hilfe bzw. taktile Hilfe (z.B. Abschlagen der Hände für den Beginn der Rückführung der Arme beim Stemmen).

Fehler im Körper-Ball-Verhältnis und in der Impulsgebung

- Der Spieler trifft den Ball von hinten bzw. seitlich statt von oben/hinten (Überdachen des Balles).
- Der Spieler springt unter statt hinter dem Ball ab.
- Fehlender bzw. minimaler statt aktiven Handgelenkeinsatzes.
- Der Schlagarm ist im Moment der Ballberührung gebeugt statt gestreckt.
- Fehlende Bogenspannung/Verwringung vor Schlagausführung.

Lösungsmöglichkeiten

- Der Spieler schlägt aus dem Stand den Ball als Aufsetzer vor die Wand (Abstand ca. 3 m). Zunächst den selbst gehaltenen, dann den beidhändig selbst angeworfenen Ball, dann den vom Partner an- bzw. zugeworfenen Ball schlagen.
- Spieler schmettert wie o.a. am niedrigen und schrägen Netz. Hierbei sucht sich jeder Spieler je nach Reichhöhe den passenden Angriffsort; dabei soll er nicht im Stand über das Netz sehen können.
- Übungsformen an der Wand und am Netz, in denen der Spieler zunächst nur aus dem Sprung, später aus Anlauf und Sprung schlägt:

  a) ruhende Bälle, z.B. am Smashtrainer oder vom Partner gehalten. Der Partner steht später erhöht auf einer Bank/Kasten (Abb. 120 /b),

  b) senkrecht vom Partner angeworfene Bälle, später von vorn und dann von der Seite zugeworfene Bälle,

Abb. 120 a/b

  c) zugespielte Bälle, zunächst aus kurzer, später mittlerer und weiter Entfernung,

  d) selbst beidhändig angeworfene Bälle,

  e) Aufsetzer gegen die Wand aus dem Stand, dann aus dem Sprung in unterbrochener Folge.

Zusatzübungen zur Schulung des Handgelenkeinsatzes:

- Tennis- bzw. Schlagbälle bei Ausführung der Bewegung des Angriffsschlages übers Netz möglichst kurz auf den Boden werfen.
- Beidhändiges Werfen des Balles übers Netz (evtl. tiefes/schräges Netz) mit langen Armen in die Vorderzone (Dunking).
- Tippen/Dribbeln/Schlagen des Balles in Hüfthöhe ausschließlich mit Handgelenkeinsatz.
- Aufsetzer aus kurzer Entfernung (1m) vor die Wand schlagen. Hierbei soll bewußt aus gestrecktem Arm ausschließlich mit Handgelenkeinsatz geschlagen werden. Schlagarm zur Kontrolle in Vorhalte verharren lassen.

Fehler im Timing

- Der Ball wird nicht im Kulminationspunkt des Sprunges mit gestrecktem Arm getroffen.

Lösungsmöglichkeiten

- Den Ball im Sprung fangen und zum Partner zurückwerfen (Sprungpässe).
- Wie vorher gegen die Wand
- Sprungball-Wettkampf zu dritt:
  Ein Spieler wirft den Ball zwischen den beiden anderen Spielern hoch, die den Ball entweder fangen oder wegtippen müssen. Derjenige Spieler, der den Ball fängt oder wegtippt, erhält einen Punkt und wirft in der nächsten Situation an. Sieger ist, wer zuerst 10 Punkte erreicht hat.

Fehler in der Trefffläche

- Der Spieler schlägt den Ball mit der Faust oder den Fingern oder dem Handballen oder dem Unterarm statt mit dem Handteller.

Lösungsmöglichkeiten

siehe hierzu Lösungsmöglichkeiten zu Fehlern im Körper-Ball-Verhältnis und in der Impulsgebung unter Berücksichtigung der Trefffläche.

Mängel in den athletischen Voraussetzungen

- geringe Sprungkraft
- geringe Schlagkraft

Zur Sprungkraft:

Sprünge hintereinander mit und ohne Anlauf sowohl einbeinig als auch beidbeinig: z.B.

- Gewandtheitssprünge (Hocken, Grätschen, Spreizen der Beine usw.)
- Hockstrecksprünge
- Sprünge nach hohen Zielen
- Sprünge über Hindernisse (Hürden, Kästen, Bänke) als Einzelsprünge oder auch als Sprungserien im Sinne von Mehrfachsprüngen (Hop- und Stepsprünge des Sprint- und Sprung-ABC)
- Tief- Hochsprünge (Niedersprünge) Absprung-(Fall)-höhe bei Anfängern nicht mehr als 30 cm. Die mechanischen Beanspruchungen des aktiven und passiven Bewegungsapparates liegen z.T. deutlich über denen einer 1/2 Kniebeuge!

Zur Schlagkraft:

Würfe hintereinander aus dem Liegen, Sitzen, Knien oder dem Stand beid- und einhändig mit schweren Bällen (Basket-, Medizin-, Schleuder-, Gewichtsbälle), zunächst Würfe mit, später ohne Rumpfeinsatz.

Regelfehler

a) Berühren des Netzes
b) Übertreten der Mittellinie
c) Führen des Balles

Lösungsmöglichkeiten

zu a/b Ausführung der Anlauf-/Sprungbewegung vor der Wand und vor dem Netz, unter Beachtung der Ausführung eines langen Stemmschrittes und der Landung am Absprungort (Markierung!); ansonsten siehe Lösungsmöglichkeiten zu Fehlern in der Anlauf-/Absprungphase.

zu c: isoliertes Üben der Schlagbewegung vor allem am ruhenden Ball, unter Berücksichtigung einer ausgeprägten Beugung des Schlagarmes vor dem Schlag und einer schnellen Streckung beim Schlag ("Peitsch Bewegung"); ansonsten siehe Lösungsmöglichkeiten zu Fehlern im Körper-Ball-Verhältnis, in der Impulsgebung und im Timing.

LERNZIEL 6: EINERBLOCK - NAHSICHERUNG DURCH VORDERSPIELER

Abb. 121

Sachanalyse

Der ***Block*** ist eine Spielhandlung am Netz, bei der ein oder mehrere Spieler im Sprung versuchen, den vom Gegner geschlagenen Ball mit beiden Händen direkt über dem Netz abzuwehren. Die ***Nahsicherung*** ist eine Spielhandlung bei der ein oder mehrere Spieler den Bereich des im Sprung am Netz agierenden Spielers (Angreifer/Blockspieler) absichern (Abb. 121).

Der ***Block*** erfüllt im Volleyball zwei wesentliche Aufgaben: a) Er stellt das wirksamste ***Abwehrelement*** gegen den Angriffsschlag dar und erweist sich gleichzeitig als wirksames ***Angriffselement***. Dies gilt im besonderen für den ***aktiven Block***. b) Er gibt eine wichtige *ENTSCHEIDUNGS- UND ORIENTIERUNGSHILFE FÜR DAS VERHALTEN DER FELDABWEHRSPIELER*.

Dabei ist entscheidend, daß Blockart und infolgedessen ***Blockschatten*** (d.h. der vom Block abgedeckte Teil des Feldes) deutlich und möglichst frühzeitig erkennbar sind. Dies ermöglicht den Feldabwehrspielern ein rechtzeitiges Erkennen der ungedeckten Feldzonen und somit ein rechtzeitiges Einnehmen der

situationsgerechten Abwehrpositionen. In der 1. LE soll der erstgenannte Aspekt vorrangig erarbeitet werden, wobei bei der Einführung des Einerblocks dessen Anwendung und Bedeutung als Abwehrelement (passiver/ aktiver Block) angesprochen werden sollen.
Die Schulung des Blocks erweist sich als notwendig, wenn die Spieler den frontalen Angriffsschlag sicher und zielgenau anwenden und dadurch das Gleichgewicht der Grundsituationen verändern können. Die *BLOCKSCHULUNG* ist ohne Angriffsschulung nur bedingt möglich. Somit impliziert die Blockschulung eine Verbesserung des Angriffsschlages.
Um zu vermeiden, daß vom Block abprallende Bälle (Blockabpraller) und über den Block gespielte Bälle (Angriffsfinten) zu Spielunterbrechungen führen, wird zu diesem Zeitpunkt die *SICHERUNG DES ANGREIFERS UND DES BLOCKSPIELERS* als grundlegende taktische Verhaltensweise eingeführt. Dabei wird nicht so sehr der mannschaftstaktische, sondern mehr der gruppentaktische Aspekt angesprochen, d.h. es wird zunächst nur ein Teil der Sicherung, nämlich die ***Nahsicherung*** des Angreifers und des Blockspielers durch den oder die Nebenspieler, erarbeitet. Die Nahsicherung und das Verhalten der Netzspieler als allgemein-taktische Maßnahme sind Inhalt der 2. LE.

1. LERNEINHEIT: EINERBLOCK

Abb. 122

Bewegungsablauf (Abb. 122)

Der Blockspieler befindet sich *IN UNMITTELBARER NÄHE DES NETZES* (ca. 50 cm) und erwartet in mittlerer Spielstellung mit leicht vor der Brust erhobenen Händen den Angriffsaufbau des Gegners. Unter Beachtung und Berücksichtigung des Zuspiels und der Anlaufrichtung des Angreifers bewegt er sich frühzeitig und schnell zum Absprungort. Dies kann in der Regel mit seitlichen Anstellschritten erfolgen, da das hohe Zuspiel genügend Zeit für den Standortwechsel gibt und meist nur eine kurze Seitbewegung nötig ist.

Der ***Absprung*** erfolgt ***beidbeinig*** aus einer tiefen Spielstellung ***mit oder ohne Armeinsatz***. Beim aktiven Armeinsatz werden die Arme durch einen seitlichen Kreisarmschwung (ähnlich dem Armzug beim Brustschwimmen) dicht am Körper hochgeführt (Abb. 123), um Netzberührungen zu vermeiden.

Abb. 123

Beim ***aktiven Block*** werden die Hände im Abstand etwa einer halben Ballbreite mit gespreizten Fingern gegen den Ball geführt. Dabei sind die *ARME IN VORHOCHHALTE* so weit wie möglich ins gegnerische Feld gestreckt. Um ein Vorfallen bzw. Berühren des Netzes in der Ballberührungs- und Fallphase zu vermeiden, werden die Beine durch ein *ABKNICKEN IN DER HÜFTE* ausgleichend leicht nach vorne gebracht (Hüftknick).

Im Moment der Ballberührung wird der Ball durch *AKTIVEN HANDGELENKEINSATZ* nach unten ins gegnerische Feld gedrückt. Hierin liegt der entscheidende Unterschied zum ***passiven Block***. Bei diesem entfällt, bedingt durch geringere athletische und körperliche Voraussetzungen und somit geringe Reichhöhe im Sprung, sowohl das Übergreifen als auch der Handgelenkeinsatz. Deshalb versucht der Spieler lediglich, die Hände über die Netzoberkante zu bringen und die Schlagrichtung abzudecken. Die Handflächen werden in Verlängerung des Netzes passiv gegen den Ball gehalten (Abb. 124). Ein schnelles Zurückreißen der Arme, verbunden mit der *AUFLÖSUNG DER WINKELSTELLUNG IN DER HÜFTE*, verhindert ein Berühren des Netzes in der *LANDEPHASE*.

Abb. 124

Die ***Landung*** erfolgt elastisch auf beiden Beinen am Absprungort und soll eine sofortige Spielbereitschaft ermöglichen.
Bezüglich der zeitlichräumlichen Anpassung, ***Timing***, des Blockspielers gilt, daß der *BLOCKSPIELER SPÄTER ALS DER ANGREIFER* abspringt.

Das hängt von folgenden Faktoren ab:

1) der Angreifer hat - bei gleichen athletischen Voraussetzungen - einen höheren Kulminationspunkt im Sprung als der Blockspieler, da er aus dem Anlauf abspringt.
2) Aufgrund der Spielregeln darf der Blockspieler bei Übergreifen nicht gleichzeitig mit, sondern nach dem Angreifer den Ball spielen, so daß ein Ballweg vom Angreifer zum Blockspieler gegeben ist.

JE GRÖßER DER UNTERSCHIED IN DER SPRUNGHÖHE VON ANGREIFER UND BLOCKSPIELER IST, UND JE WEITER DER BALL VOM NETZ GESCHLAGEN WIRD (LANGER BALLWEG), DESTO MEHR IST EIN ZEITLICHES AUSGLEICHEN DURCH EINEN SPÄTEREN ABSPRUNGZEITPUNKT NOTWENDIG.

Weiterhin bedingen Technikarten wie Hakenschlag, Angriffsfinte und Drehschlag einen späteren Absprungzeitpunkt.

Erläuterung

Der Blockspieler bewegt sich unter Beachtung des Zuspiels und der Anlaufrichtung des gegnerischen Angreifers zum Absprungort, springt kurz nach dem Angreifer beidbeinig ab und versucht, mit beiden Händen den gegnerischen Angriffsschlag über dem Netz abzuwehren und den Ball ins Gegenfeld zurückzuspielen (Abb. 125).

Abb. 125

Spielform: Spiel 1 gegen 1

Spielfeld: 1,5 x 3 m

Die Spieler stehen sich am Netz gegenüber. Der Ball wird durch Anwurf über die Netzoberkante ins Spiel gebracht. Beide Spieler versuchen mit möglichst aktivem Block den Ball ins Gegenfeld zu drücken (1 Pkt.). Jeder Spieler erhält den Ball 10 mal zum Anwurf; Sieger ist der Spieler mit den meisten Punkten. Netzberührung und Übertreten sind Fehler und Punkt für den Gegenspieler.

Handlungsziel

Der Spieler soll den Einerblock als wirksames Abwehr- und Angriffselement gegen den Angriffsschlag kennen und ihn situationsgerecht als passiven oder aktiven Block anwenden lernen!

Handlungshinweise

- Der Blockspieler springt unmittelbar nach dem Angreifer zum Block ab!
- Wähle als Blockspieler deine Bereitschaftsposition dicht am Netz!
- Beobachte als Blockspieler den Ballflug und passe den Absprungzeitpunkt so an, daß die Ballberührung im Kulminationspunkt des Sprunges erfolgt!
- Vermeide Netzberührung durch Hüftknick beim Blockieren und durch Rückführung der Arme nach hinten oben vor der Landung!
- Halte die Hände mit gespreizten Fingern etwa eine halbe Ballbreite auseinander, um einen großen Raum abzudecken!
- Blockiere bei geringer Sprung-/Reichhöhe passiv und halte die Hände in Verlängerung der Netzoberkante!
- Blockiere bei ausreichender Sprung-/Reichhöhe aktiv, indem du mit langen Armen ins gegnerische Feld übergreifst und den Ball durch aktiven Handgelenkeinsatz zu Boden drückst!
- Springe und lande beidbeinig!

Beobachtungshilfen

- Muß auf FF zurückgegriffen werden, weil die Ausführung des Blocks grobe Mängel aufweist oder ungenügende athletische Voraussetzungen vorhanden sind?
- Ist die Ursache für Netzberührungen in der fehlenden Winkelstellung oder in der falschen Armführung zu sehen?

1. Variationen zur Spielform

(1) Der Ball wird im Sprung mit einem beidhändigen und gradlinigen Über-Kopf-Wurf ins gegnerische Feld geworfen mit der Absicht, dieses zu treffen. Täuschungen, d.h. Unterbrechungen in der Wurfbewegung, sind nicht erlaubt. Der Gegenspieler versucht, den Wurf abzublocken. Für jedes erfolgreiche Werfen bzw. Blockieren wird 1 Punkt gegeben.

Beobachtungshilfen

- Steht der Blockspieler vor Ausführung seiner Handlung dicht am Netz?
- Ist der Unterschied in der Anwendung und Ausführung zwischen aktivem und passivem Block verstanden?

(2) Spielfeld: 1,5 x 6 m. Der selbst angeworfene Ball wird im Sprung aus dem Stand geschlagen (vgl. Abb. 125). Spielfeld: 1,5 x 6 m.

(3) wie (2), jedoch wird der Ball unter dem Netz dem Gegenspieler zum Angriffsschlag angeworfen und vom Werfer blokkiert (Abb. 126).

(4) Der Ball wird durch einen dritten Spieler dem Angreifer senkrecht angeworfen. Der Angreifer soll zunächst aus verkürztem, später aus vollem Anlauf angreifen (Abb. 127a).
Spielfeld: 2,25 x 6 m.

(5) Der Ball wird von der Schlaghandseite zugeworfen und danach zugespielt (Abb. 127b). Der Zuwerfer/Zuspieler sichert den Angreifer nah (vgl. Abb. 125). Spielfeld: 3 x 6 m.

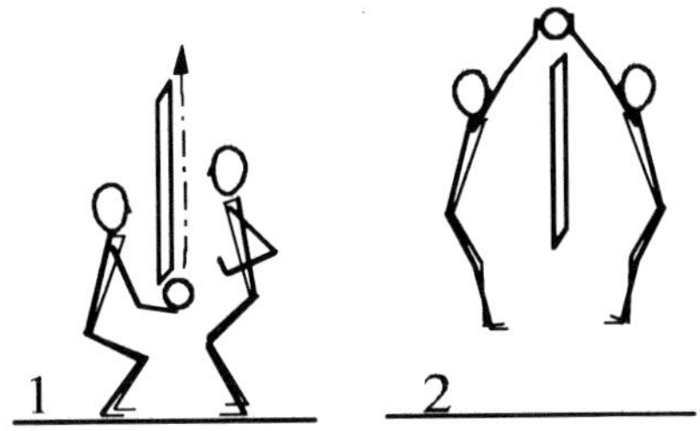

Abb. 126

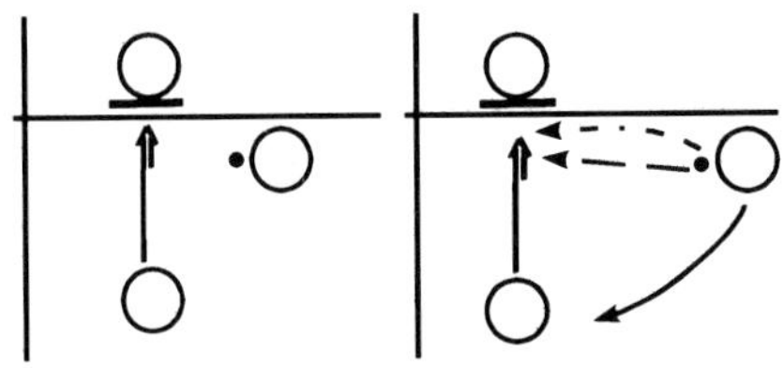
Abb. 127 a/b

Handlungsanweisung

Beobachte neben dem Ballflug auch die Anlaufrichtung des Angreifers!

2. Spiel 3 gegen 3; Spielfeld: 3 x 6 m.

Eine 3er-Gruppe erhält 15 mal hintereinander das Angriffsrecht nach Zuspiel. Die andere 3er-Gruppe versucht, den Angriff mit Einerblock und 2 Feldverteidigern abzuwehren. Nach 5 Angriffsaktionen rotieren beide Gruppen um eine Position und nach 15 Aktionen wechselt das Aufschlagecht (Abb. 128). Punkt erhält die angreifende Gruppe für jeden erfolgreichen Schmetterschlag, die abwehrende Gruppe für jeden erfolgreichen Block bzw. jede erfolgreiche Abwehr im Feld.

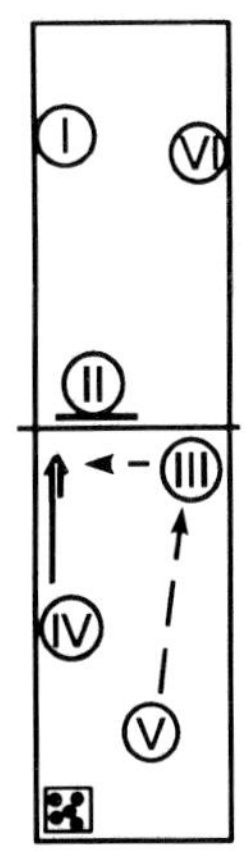

Abb. 128

Beobachtungshilfen

- Kommt der aktive Block häufiger zur Anwendung?
- Muß der Angriffsschlag verbessert werden, um ein situationsgerechtes Blockieren zu ermöglichen?
- Beobachtet der Blockspieler auch nach seiner Handlung den Ball und ist sofort wieder spielbereit?

(1) Die angreifende Gruppe kann nach erfolgreichem Block der Gegengruppe erneut angreifen, wenn sie den Blockabpraller weiterspielen kann. Ebenso kann die abwehrende Gruppe bei erfolgreicher Abwehr einen Gegenangriff durchführen. Jeder Fehler einer Gruppe bedeutet Punktgewinn für die andere Gruppe.

(2) Spielform 2 und Variation (1), jedoch wird der Ball mit einem Aufschlag ins Spiel gebracht und im 3er-Riegel angenommen (Abb. 129).

(3) Spiel 3 gegen 3 nach Spielregeln
Spielfeld: 3 x 6 m, später 3 x 9 m bzw. 4,5 x 9 m. Sonderregel: Für jeden erfolgreichen Einerblock wird ein Zusatzpunkt gegeben!

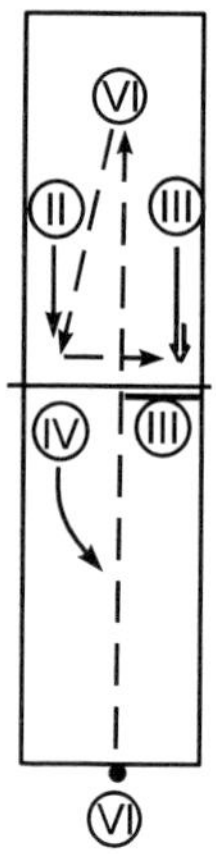

Abb. 129

Beobachtungshilfen

- Hat die Einführung des Blocks zu einer Stärkung der Abwehr beigetragen?
- Hat die Einführung von Angriffsschlag und Block motivationsfördernd gewirkt?

Handlungshinweis

- Blockiere oder löse dich vom Netz!

Lernkontrolle

Kann jeder Spieler bei 10 Versuchen wenigstens sechsmal den Angriffsschlag erfolgreich blockieren? Der Angreifer steht erhöht auf einem Kasten auf Pos.IV und schmettert den selbst angeworfenen Ball frontal auf ein vorgeschriebenes Ziel (2 x 2 m) auf Pos.I (Abb. 130).

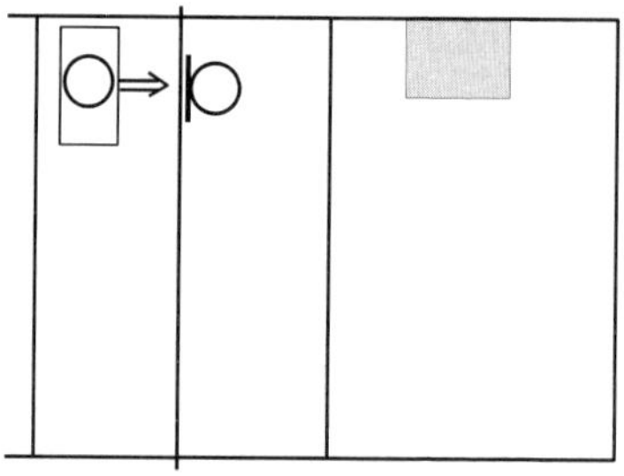

Abb. 130

Fehleranalyse/-korrektur zum Einerblock

Fehler in der Bereitschaftsstellung und in der Absprungphase

- Der Spieler steht in Erwartung des gegnerischen Angriffs weit entfernt statt dicht am Netz.
- Der Spieler steht in Bereitschaftsstellung am Absprungort zu aufrecht statt in mittelhoher bzw. tiefer Stellung.

- Der Spieler vollzieht vor Absprung einen Zwischensprung (Hopser) oder springt einbeinig statt von beiden Beinen ab.

Lösungsmöglichkeiten

- Partner stehen sich am Netz gegenüber:
  a) Partner berühren sich im Sprung mit den Handflächen über der Netzoberkante.
  b) Partner übergeben einander den Ball im Sprung über der Netzoberkante.
- Ruhende, d.h. über Netzoberkante gehaltene Bälle im Abstand von 1 m nacheinander blockieren.
- Partner A bewegt sich auf kleinem Raum parallel und dicht am Netz mit Ball, Partner B versucht schnell zu folgen. A springt beliebig oft ab und hält den Ball über die Netzoberkante. Später wirft A den Ball beidhändig über das Netz abwärts in die Vorderzone. B blockiert aktiv oder passiv.

Fehler im Timing

- Zu später oder zu früher Absprung, d.h. vor bzw. mit dem Angreifer statt unmittelbar nach dem Angreifer:
  a) aufgrund falscher Berechnung des Ballfluges,
  b) aufgrund falscher Einschätzung des Angreifers bzgl. seiner maximalen Reichhöhe und seines Schlagzeitpunktes,
  c) aufgrund von Fehlern in der Bereitschaftsstellung bzw. in der Absprungtechnik.

Lösungsmöglichkeiten

- Übungsformen, in denen im höchsten Punkt des Sprunges Bälle zunächst gefangen, später getippt oder gedrückt oder gespielt werden sollen. Hierbei soll der Ball erst selbst angeworfen werden, dann vom Partner zugeworfen, zugespielt und später geschlagen werden. Beispiel: 1 mit 1, Partner A wirft den Ball mit Schockwurf und danach mit Sprungwurf auf die Netzkante, Partner B blockiert aktiv oder passiv.
- ansonsten siehe Lösungsmöglichkeiten zu fehlerhaftem Timing beim Angriffsschlag (FF/2. LE des LZ 5).

Fehler in der Armführung/Handhaltung

- Die Arme werden lang nach vorne oben geschwungen (Netzberührung) statt gebeugt und dicht am Körper hochgeführt.
- Die Arme werden vor dem Blockieren hinter den Kopf geführt (Schlagbewegung zum Block) statt direkt zum Ball nach oben vorne.

- Die Finger-/Handhaltung ist zu eng statt die Finger gespreizt und die Hände eine halbe Ballbreite auseinander zu halten.
- Die Hände sind bei Ballberührung zu weit auseinander bzw. die Arme gebeugt statt gestreckt.
- Der aktive Handgelenkeinsatz kommt vor statt mit der Ballberührung.
- Schließen der Augen bei Ballberührung (aus Angst oder Unsicherheit) statt den Ball und den Angreifer während der gesamten Handlung zu beobachten.

Lösungsmöglichkeiten

- Übungsformen am tiefen/schrägen Netz
  a) Die Hände in Blockhaltung im Stand gegen die Hände des Partners halten und drücken.
  b) Den Ball gegen die Hände des Blockspielers drücken.
  c) Den leicht, später hart zugeworfenen bzw. zugespielten Ball blockieren.
  d) Den variabel bzw. ungenau zugeworfenen/geschlagenen Ball blockieren.
  e) a)-d) zunächst mit passivem, später mit aktivem Block üben.
  f) a)-d) im Sprung üben, zunächst am tiefen bzw. schräg gespannten Netz, später am hohen Netz.
- Siehe auch Lösungsmöglichkeiten zur Absprungphase unter Berücksichtigung der Arm-/Fingerhaltung.

Fehler in der Körperhaltung im Sprung

- Der Spieler springt vorwärts (Netzberührung, Übertreten) statt senkrecht.
- Der Spieler hält vor Ballberührung die Arme in Hochhalte bzw. nimmt eine leichte Bogenspannung statt einer Winkelstellung mit entsprechendem Hüftknick ein.
- Der Spieler führt die Arme nach vorne oben und läßt die Beine passiv hängen statt sie ausgleichend vorzubringen.

Lösungsmöglichkeiten

- Sprünge an der Wand, wobei Hände und Füße die Wand berühren sollen.
- Schulung der Klappbewegung (Rumpf-Beine) im Sprung.
- Übungen ohne bzw. mit ruhendem Ball (Ballhalter, Partner auf Bank/Kasten) unter Betonung der Winkelstellung.
- Beidhändiges Dunking, d.h. beidhändiges Abwerfen des Balles im Sprung in den gegnerischen Angriffsraum mit aktivem Handgelenkeinsatz bei langer Armführung.

- Ansonsten siehe o.g. Lösungsmöglichkeiten unter Berücksichtigung der Winkelstellung.

Fehler in der Landung und der sich anschließenden Spielbereitschaftsstellung

- Der Spieler landet einbeinig.
- Der Spieler landet mit gestreckten Beinen statt elastisch federnd.
- Der Spieler verliert bei Passierschlägen die Blickverbindung zum Ball statt den Ballflug zu beobachten.
- Bei der Landung berührt der Spieler mit den Händen das Netz, da er nach dem Block die Arme nach unten zum Körper statt nach hinten oben führt.

Lösungsmöglichkeiten

- Blocksprünge hintereinander (ohne Zwischensprung)
- Den vom Partner über Netzoberkante gehaltenen Ball im Sprung übernehmen und während der Landung hinter den Kopf führen.
- Übungsformen, in denen der Blockspieler nach Block eine weitere Handlung ausführen muß, wobei ein zweiter Ball aus dem eigenen Feld zum Blockspieler geworfen/gespielt wird. Der Ball wird vom Blockspieler gefangen oder weitergespielt oder gerettet.
- Übungsformen, in denen der Blockspieler Angriffsfinten in unmittelbarer Nähe des Blocks selbst retten soll (Eigensicherung).

Mängel in den athletischen Voraussetzungen

- geringe Sprungkraft
  Siehe hierzu Lösungsmöglichkeiten zu Mängeln in den athletischen Voraussetzungen beim Angriffsschlag (LZ 5/2. LE).

Regelfehler

- Berühren des Netzes
- Übertreten der Mittellinie
- Übergreifen und Blockieren des Balles vor bzw. mit der Ausführung des gegnerischen Angriffs.

Lösungsmöglichkeiten

- Siehe hierzu Lösungsmöglichkeiten zu Fehlern in der Armführung und Landung, vor allem in der Körperhaltung beim Sprung.

2. LERNEINHEIT: NAHSICHERUNG DURCH VORDERSPIELER

Handlungsablauf

Der oder die Nebenspieler des im Sprung befindlichen Spielers, gleich ob Blockspieler oder Angreifer, bewegt/bewegen sich mit schnellen Schritten seitlich hinter den im Sprung befindlichen Spieler. Dabei wird in einem Abstand von ca. 2-3 m in mittlerer Spielstellung der Raum um den springenden Spieler abgedeckt. Der ***Verteidigungsort*** wird so gewählt, daß Ball und Spieler im Sprung genau beobachtet werden können und der zu sichernde Raum größtenteils vor den Verteidigungsspielern liegt. Der ***Nahsicherungsspieler*** nimmt seine Abwehrposition vor der Ballberührung des Angreifers ein und ist startbereit und offen für Vorwärts- und Seitwärtsbewegungen. Bälle, die in den Nahsicherungsbereich fallen, werden so weitergespielt, daß sie immer im eigenen Feld bleiben: *LEICHT ANZUNEHMENDE BÄLLE* werden gezielt zum freien Vorderspieler gespielt, so daß ein planmäßiger Angriffsaufbau über Vorderspieler ermöglicht wird; *SCHWIERIG ANZUNEHMENDE BÄLLE* werden hoch zur Feldmitte gespielt bzw. gerettet, so daß ein Angriffsaufbau über 2. Paß aus der Hinterzone ermöglicht wird.

Es gibt zwei Spielsituationen, in denen die Nahsicherung zur *ANWENDUNG* kommt:

(a) Als ***Angriffs-Nahsicherung*** in der Situation des Angriffs zur Sicherung des eigenen Angreifers gegen Blockabpraller (Abb. 131).

(b) Als ***Block-Nahsicherung*** in der Situation der Abwehr zur Sicherung des eigenen Blockspielers gegen Angriffsfinten und Blockabpraller (Abb. 132).

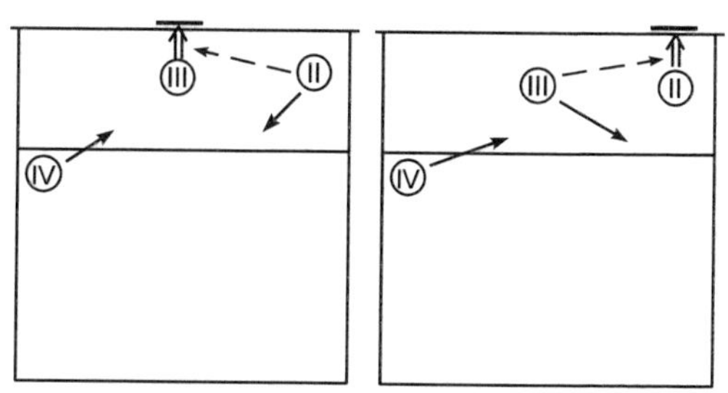

Abb. 131 a/b

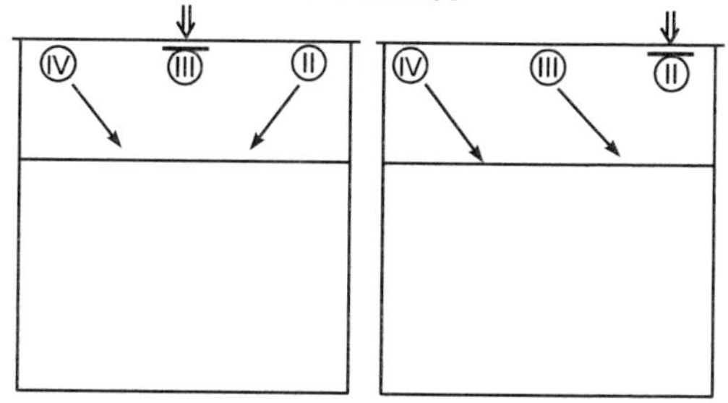

Abb. 132 a/b

Allgemein gilt für das *VERHALTEN DES VORDERSPIELERS*, daß er sich *BEI GEGNERISCHEM BALLBESITZ* zur Vorbereitung einer Blockhandlung frühzeitig an das Netz bewegt.
Ist erkennbar, daß er nicht blockieren muß oder kann, so löst er sich schnell vom Netz und agiert entweder als Nahsicherungsspieler des blockierenden Nebenspielers oder als Feldverteidiger in Höhe der Angriffslinie (Abb. 132).
Bei eigenem Ballbesitz bewegt sich der Vorderspieler als Zuspieler in Netznähe, als Angreifer aber hinter die Angriffslinie, um aus dem Anlauf angreifen zu können. Wird nicht er, sondern ein Nebenspieler zum Angriff eingesetzt, so übernimmt er und/oder dessen Zuspieler die Nahsicherung.

Erläuterung

Der Vorderspieler, der im Sprung als Angreifer oder Blockspieler agiert, wird von seinem(n) Nebenspieler(n) nahgesichert:
Hierzu löst sich der nicht blockierende Vorderspieler vom Netz und nimmt in einer Entfernung von 2 bis 3 m zum Blockspieler eine mitteltiefe Verteidigungsstellung ein, um Finten oder Blockabpraller in die Vorderzone anzunehmen (Abb. 133). Ebenso bewegt sich der nicht angreifende Vorderspieler zur Nahsicherung des angreifenden Nebenspielers, um Blockabpraller abzuwehren bzw. anzunehmen. Der Nahsicherungsspieler spielt leicht anzunehmende Bälle hoch zu einem Zuspieler am Netz, schwierig abzuwehrende Bälle hoch zur Feldmitte.

Abb. 133

Spielform: Spiel 3 mit 3

Spielfeld: 4,5 x 6 m

Drei Ballberührungen sind vorgeschrieben, wobei die letzte als Sprungabspiel oder als Drive erfolgen muß. Gegen jeden Angriff wird ein Einerblock mit Nahsicherung durch den Vorderspieler gestellt (Abb. 134 a-d). Nach jeder Spielunterbrechung rotieren die Gruppen um eine Position. Sieger ist die 6er-Gruppe mit der längsten Serie von Netzüberquerungen.

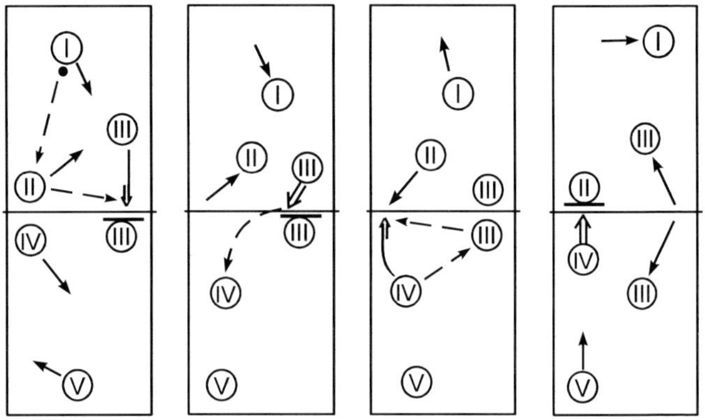

Abb. 134 a/b/c/d

Handlungsziel

Die Spieler sollen als Vorderspieler Bedeutung und Funktion der Nahsicherung kennenlernen und befähigt werden, einen planmäßigen Angriffsaufbau aus der Nahsicherung heraus einzuleiten!

Handlungshinweise

- Der Vorderspieler sichert seinen direkten Nebenspieler in jeder Angriffs und Blockhandlung nah!
- Blockiere oder löse dich vom Netz zur Blocksicherung!
- Greife an oder bewege dich zur Nahsicherung des angreifenden Nebenspielers!
- Bewege dich als Vorderspieler nach Zuspiel zum Nebenspieler sofort zur Nahsicherung!
- Beobachte als Nahsicherungsspieler aus einer Entfernung von 2 - 3 m Ball, Angreifer bzw. Blockspieler!
- Halte als Nahsicherungsspieler Blockabpraller und Angriffsfinten im eigenen Feld; spiele leicht anzunehmende Bälle hoch in die Vorderzone, schwierig abzuwehrende Bälle hoch ins Mittelfeld!
- Halte dich nach Block als Zuspieler bereit!
- Halte dich nach Angriff dicht am Netz zum Block bereit!

Beobachtungshilfe

- Muß auf FF zurückgegriffen werden, weil sich Mängel im Netzverhalten, vor allem in der Nahsicherung zeigen?

1. Variationen zur Spielform

(1) Spiel 3 mit 3, jedoch mit drei Vorderspielern (Abb. 135 und 131/ 132). Spielfeld: 6 x 4,5 m.

(2) Spiel 4 mit 4 (Abb. 136); Spielfeld: 6 x 6 m.

(3) Spiel 2 mit 2 (Abb. 137); Spielfeld: 4,5 x 4,5 m.

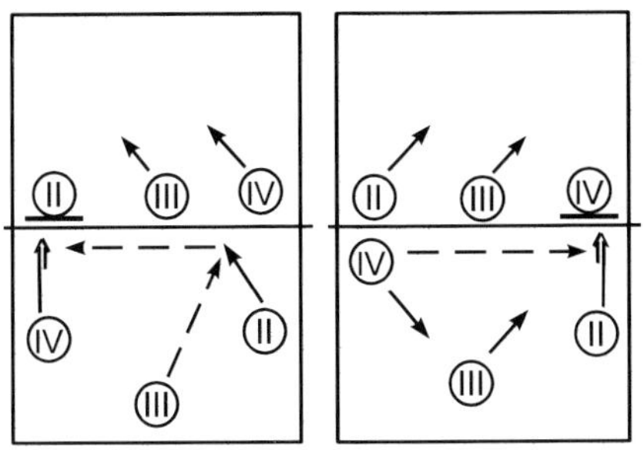

Abb. 135 a/b

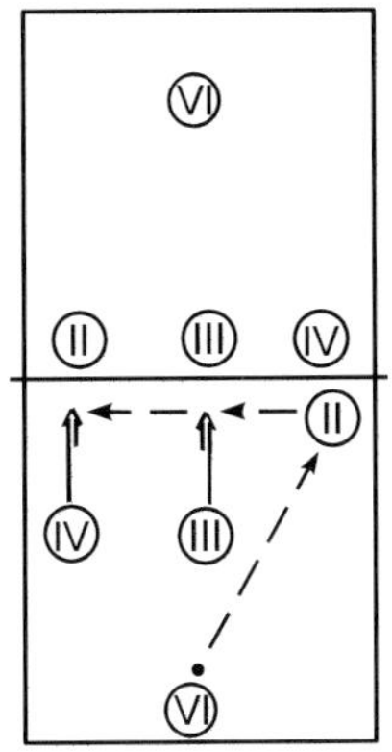

Abb. 136

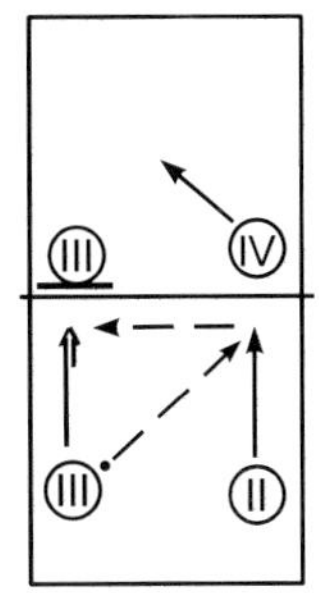

Abb. 137

(4) Spielform und Variationen, jedoch wird der Ball mit einem Aufschlag ins Spiel gebracht und im 3er-, 4er- bzw. 2er-Riegel angenommen.

Handlungshinweise

- Stehe als Netzspieler bei eigenem Aufschlag und bei gegnerischem Ballbesitz dicht am Netz zur Vorbereitung des Blocks!
- Stehe als Netzspieler bei gegnerischem Aufschlag hinter der Angriffslinie im Riegel!
- Löse dich als Angreifer bei eigenem Ballbesitz vom Netz bis hinter die Angriffslinie!

Beobachtungshilfen

- Bewegt sich auch der Zuspieler in die Angriffssicherung?
- Verändern die Vorderspieler in Abhängigkeit von der Spielsituation (eigener oder gegnerischer Ballbesitz) rechtzeitig ihre Spielstellung am Netz?

2. Spiel 3 gegen 3

Spielfeld: 4,5 x 6 m, später 4,5 x 9m mit zwei Vorder- und einem Hinterspieler.

Spielregeln mit Sonderregel: Für jeden erfolgreichen Angriff nach Nahsicherung wird ein Zusatzpunkt gegeben (Abb. 134).

(1) Spiel 4 gegen 4

Spielfeld: 6 x 6 m, später 9 x 6 m mit drei Vorder- und einem Hinterspieler (Abb. 138).

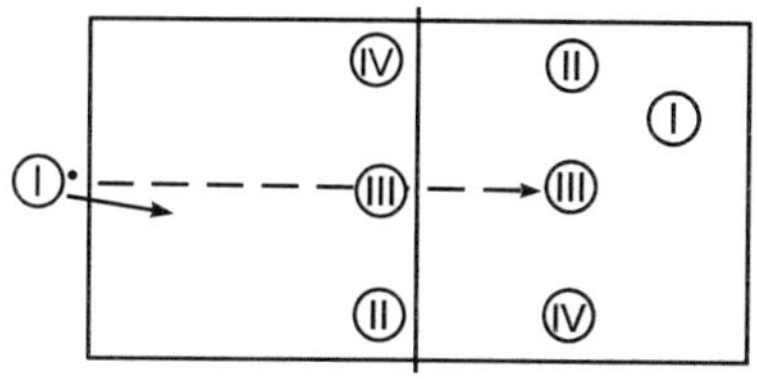

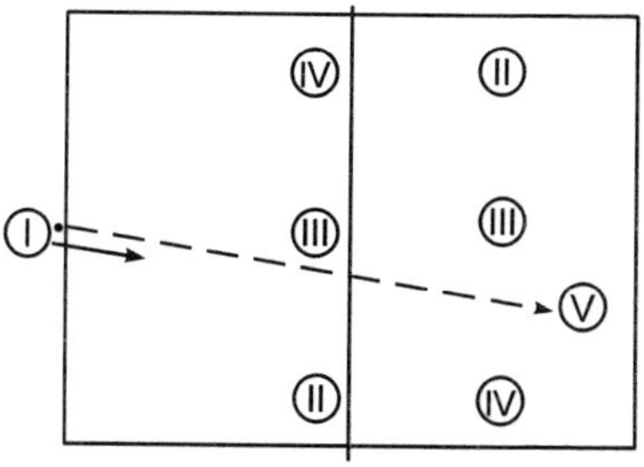

Abb. 138

(2) Spiel 6 gegen 6

Spielfeld: 9 x 9 m

Die Annahme erfolgt im 6er-Riegel, der Angriffsaufbau zuerst über Vorderspieler, später über Hinterspieler. Die Aufstellungen der Mannschaften bei eigenem bzw. gegnerischem Aufschlag sowie bei Angriff und Abwehr mit Einerblock entsprechen den Abb. 139 a-d.

Beobachtungshilfen

- Kann der sichernde Spieler Ball und Spieler am Ball beobachten?
- Haben die Spieler Sinn und Funktion der Angriffs- und Blocknahsicherung erfaßt?
- Trägt die Einführung der Nahsicherung zur Verlängerung der Spielsequenzen bzw. zu einem bewegungsintensiveren Spiel bei?
- Ist eine Steigerung der Block- und Angriffsleistung in dieser LE erkennbar?

Lernkontrolle

1. Beantwortung von Testfragen (u.U. mit Hilfe von Skizzen) zu:
   a) den verschiedenen Formationen der Angriffs- und Blocknahsicherung,
   b) der Bedeutung der Angriffs- und Blocknahsicherung und den Funktionen der Vorderspieler,
   c) den Möglichkeiten des Überganges von der Abwehr zum Angriff.

2. Freie Spielbeobachtung zur Angriffs- und Blocknahsicherung unter Berücksichtigung der o.g. Aspekte a)-c).

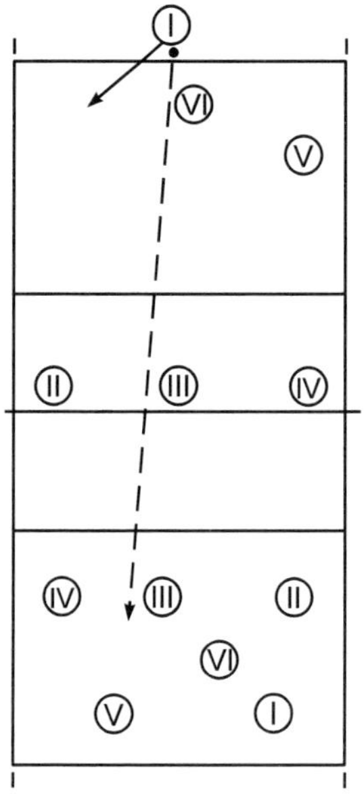

Abb. 139 a

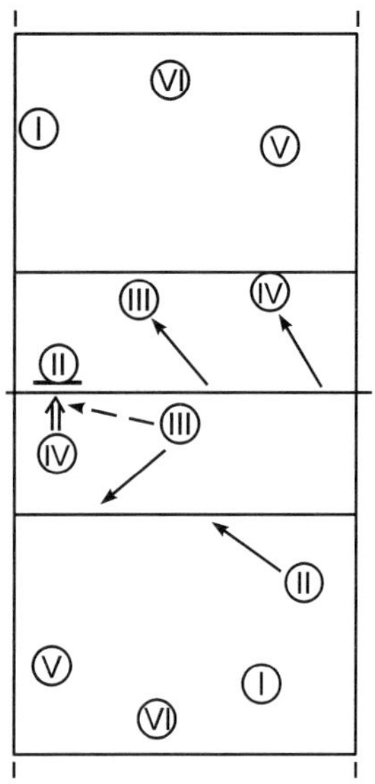

Abb. 139 b

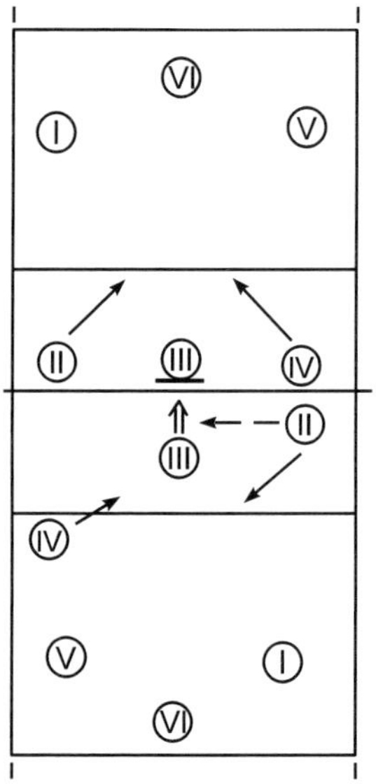

Abb. 139 c

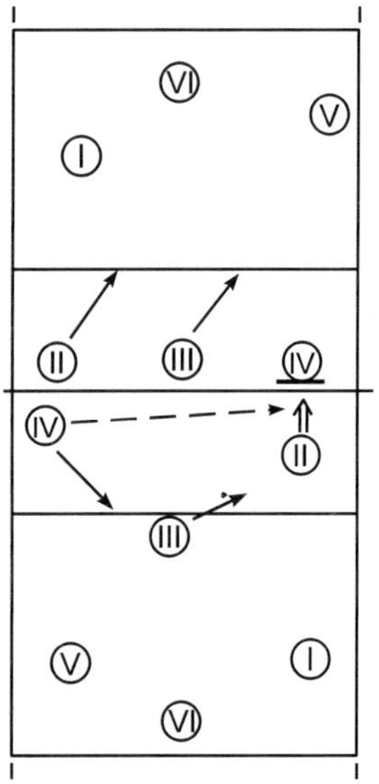

Abb. 139 d

Fehleranalyse/-korrektur zur Nahsicherung

Fehler bzgl. des Spielerverhaltens in der Nahsicherung des Angreifers

- Spieler IV bzw. II sichern den Angreifer auf Pos.III nicht oder nicht nah genug.
- Spieler III sichert die Angreifer auf Pos.II und IV nicht bzw. nicht nah genug.
- Der Nahsicherungsspieler steht zu dicht und aufrecht statt in einer Entfernung von 2 - 3 m in mittlerer Spielbereitschaftsstellung.
- Der Nahsicherungsspieler steht so, daß er Ball und Gegenspieler schlecht oder gar nicht sieht.
- Der Nahsicherungsspieler hat Schwierigkeiten bzgl. der Ausführung und Intention der Sicherungsaktion: Er spielt Abpraller unüberlegt, z.B zum Gegner, statt diese im eigenen Feld hoch zur Feldmitte oder zum Zuspieler am Netz weiterzugeben.
- Der Nahsicherungsspieler ist geneigt, Blockabpraller mit dem Fuß statt mit den Armen abzuwehren.

Lösungsmöglichkeiten

- Übungsformen mit Zuspieler und Angreifer. Hierbei nimmt der Zuspieler bei jedem Angriff die Sicherungsposition ein.
- Übungsformen mit Zuspieler und Angreifer, in denen der Zuspieler sichert und nach Angriff zugeworfene Bälle weiter spielen soll.
- Übungsformen mit Angriff gegen Block (Einerblock oder Einsatz von Hilfsgeräten wie Blocker, Matten, Spieler auf Kästen, Wand), bei denen der Zuspieler den Angreifer sichert.
- Übungsformen (wie vorher) mit allen Netzspielern und wechselndem Zuspiel, Angriffsort und Sicherungsposition.

Fehler bzgl. des Spielerverhaltens in der Nahsicherung des Blockspielers

- Die o.g. Fehler in der Nahsicherung des Angriffs gelten uneingeschränkt auch für die Nahsicherung des Blockspielers.

Lösungsmöglichkeiten

- Übungsformen, in denen ohne Ball die verschiedenen Aufstellungsformationen bei Einerblock für die Netzspieler erarbeitet werden (z.B. anhand von akustischen/optischen Signalen).
- Übungsformen, bei denen der Ball über den Block geworfen oder gespielt wird, wobei der/die nicht blockierende(n) Nebenspieler die Nahsicherung durchführen und einen Gegenangriff einleiten.
- Übungsformen mit Angriff und Angriffsfinte (Sprungabspiel) gegen Block und Blocksicherung, in denen nach Sicherung bzw. Abwehr ein Gegenangriff aufgebaut werden muß.
- Übungsformen mit allen Angreifern und allen Blockspielern, in denen nach Sicherung bzw. Abwehr ein Gegenangriff aufgebaut wird.

Fehler bzgl. des allgemeinen Verhaltens der Netzspieler im Übergang von Angriff zu Abwehr und umgekehrt

- Die Netzspieler gehen nach Abschluß der eigenen Angriffshandlung nicht sofort ans Netz, um sich als Blockspieler bereitzuhalten.
- Die Netzspieler, die nicht am Block beteiligt sind, lösen sich nicht rechtzeitig vom Netz, um an der Nahsicherung bzw. Feldabwehr teilzunehmen.
- Die Netzspieler stehen bei Ausführung des eigenen Aufschlags nicht dicht am Netz, um sich als Blockspieler bereitzuhalten.
- Der Blockspieler löst sich nach Blockaktion nicht vom Netz, um als Zuspieler zu fungieren.
- Der Blockspieler löst sich nach Blockaktion nicht vom Netz, um als Angreifer mit Anlauf eingesetzt werden zu können.

Lösungsmöglichkeiten

- Übungsformen, in denen der Netzspieler nach dem Block als Angreifer bzw. umgekehrt nach dem Angriffsschlag als Blockspieler eingesetzt wird.
- Kleinfeldspiele miteinander (z.B. 3 mit 3, 4 mit 4), in denen der Angriff gegen den Block simuliert und als Sprungabspiel (Angriffsfinte) oder Drive durchgeführt wird.

LERNZIEL 7: ANGRIFFSFINTE - 5ER-RIEGEL MIT ANGRIFFS-AUFBAU ÜBER VORDERSPIELER AUF POS. III

Abb.140

Sachanalyse

Die ***Angriffsfinte*** ist eine Variante des Angriffsschlages, bei der der Ball einhändig im Sprung über den Block auf Lücken, vornehmlich in die Vorderzone, gespielt wird. Sie stellt eine Finte dar, da der Angreifer einen Angriffsschlag vortäuscht, aber ein einhändiges oberes Zuspiel im Sprung ausführt (Inhalt der 1. LE).

Die Einführung der Angriffsfinte zu diesem Zeitpunkt ist sinnvoll, da der Angreifer in die Lage versetzt wird, einerseits schlechtes Zuspiel bzw. eigenes Fehlverhalten auszugleichen und andererseits einen optimal gestellten Block zu überwinden. Damit ist ihm ein Mittel in die Hand gegeben, Eigenfehler zu vermeiden.

Der ***5er-Riegel*** ist eine Formation zur Annahme des Aufschlags, bei der fünf Spieler in einer Art "W-Aufstellung" das Feld abdecken. Ein Spieler wird aus dem Riegel an das Netz herausgelöst (hier Position III), um sich in der Vorderzone ausschließlich auf das Zuspiel vorbereiten zu können. Der 5er-Riegel mit Angriffsaufbau über Vorderspieler auf Pos.III (Inhalt der 2. LE) stellt neben anderen Aspekten den Rahmen für die Anwendung des oberen Zuspiels rückwärts (Inhalt der 2. LE/LZ 4) dar.

Das obere Zuspiel rückwärts hat im Volleyball die weitere Intention, die gegnerischen Blockspieler zu täuschen bzw. eine rechtzeitige Doppelblockbildung zu verhindern.

Die Einführung des 5er-Riegels mit Steller III ist der Einstieg in den ***positionsgebundenen Angriffsaufbau*** (vgl. Lernziele, S. 16). Der positionsgebundene Angriffsaufbau stellt eine Erweiterung des Angriffsaufbaus dar, insofern der Annahmespieler weiterhin *ALTERNATIV HANDELN UND ENTSCHEIDEN KANN*, was allerdings mit einer veränderten Gewichtung der Entscheidungsmöglichkeiten verbunden ist: Vorrangig soll der 1. Paß zur Zuspielposition III weitergegeben werden; ist dies jedoch mit dem Risiko von Ungenauigkeiten und/ oder Folgefehlern verbunden, so soll der Annahmespieler vom positionsgebundenen Angriffsaufbau abweichen und wie bisher mit einem sicheren hohen Paß zur Feldmitte einen planmäßigen Angriffsaufbau über 2. Paß aus der Hinterzone einleiten. Der positionsgebundene Angriffsaufbau stellt an den Annahmespieler höhere Anforderungen bzgl. der Zielgenauigkeit des 1. Passes, da der Annahmespieler aus jedem Teil des Spielfeldes auf eine bestimmte Netzposition abzuspielen hat. Um die Annahmesituation zu erleichtern und die Aufschlagfehlerquote zu minimieren, soll der Aufschlag stets aus dem mittleren Aufschlagbereich ausgeführt werden.

Es wird zunächst der ***Angriffsaufbau über Vorderspieler auf Pos.III*** eingeführt, da dieser sich durch folgende Gründe als günstig erweist:

- Der Zuspieler auf Pos.III steht zentral und für alle Annahmespieler etwa gleich weit entfernt.
- Das Anspiel der Pos.III erfordert von den Annahmespielern nur eine geringe Körperdrehung.
- Der Zuspieler auf Pos.III muß nur Pässe über kurze bis mittlere Distanz spielen.
- Der Zuspieler auf Pos.III hat nur kurze Laufwege bzw. geringe Körperdrehungen vor Abspiel (Ausnahme bei Annahme durch Pos.VI) durchzuführen.
- Der Zuspieler auf Pos. III kann aufgrund seiner zentralen Position ungenaue 1. Pässe leichter ausgleichen.

1. LERNEINHEIT: ANGRIFFSFINTE

Bewegungsablauf

Der Bewegungsablauf der Angriffsfinte entspricht bis auf die ***Ballberührungsphase*** dem des Angriffsschlages (LZ 5). Der Spieler läuft also wie zum Angriffsschlag an, springt beidbeinig ab und holt entsprechend zum Schlag aus. Kurz vor Schlagausführung jedoch *STOPPT* er die *SCHLAGBEWEGUNG AB* und führt ein ein- oder beidhändiges oberes Zuspiel aus. Er pritscht den Ball *VON UNTEN HINTEN FEDERND MIT ALLEN FINGERN*, um ihn aufwärts über den Block zu spielen, oder von oben hinten, um ihn abwärts am Block vorbeizuspielen. Beim Überspielen des Blocks erfolgt die ***Impulsgebung*** durch Streckung des noch leicht - oder nach der Schlagbewegung wieder leicht gebeugten Schlagarmes. Der letzte Impuls, vor allem bei abwärts gespielter Finte, wird durch ***Handgelenkeinsatz*** gegeben (Abb. 141). Die Landung wiederum entspricht der des Angriffsschlages und erfolgt beidbeinig.

Abb.141 Abb.142

Erläuterung

Der Angreifer springt zum Angriffsschlag ab, holt zum Schlag aus und täuscht einen Schmetterschlag an, indem er die Schlagbewegung erst kurz vor der Ballberührung abstoppt und den Ball ein- oder beidhändig über den Block oder am Block vorbei auf eine Lücke in die Vorderzone pritscht (Abb. 142).

Spielform: Einzelwettkampf

Spielfeld: 4,5 x 3 m

Der Spieler führt eine Angriffsfinte von Pos.IV nach Zuwurf/Zuspiel von Pos.III über das Netz auf ein Ziel (A) in der Vorderzone aus. Danach wird der Angreifer zum Zuspieler und umgekehrt (Abb. 143). Sieger ist der Spieler, der bei 10/20 Versuchen die meisten Treffer erzielt.

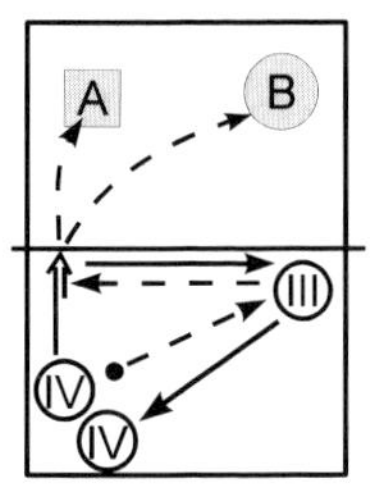

Abb. 143

Handlungsziel

Der Spieler soll die Angriffsfinte als eine Angriffstechnik kennenlernen, mit der das Angriffsspiel variabel gestaltet und der Gegner getäuscht werden kann. Weiterhin soll er befähigt werden, diese situationsgerecht in Abhängigkeit zum Block und zu den eigenen Fähigkeiten einzusetzen!

Handlungshinweise

- Vor Ausführung der Angriffsfinte stets die Aushol- und Schlagbewegung zum Angriffsschlag antäuschen.
- Je später die Angriffsfinte erkennbar wird, desto größer ist ihr Überraschungsmoment!
- Stoppe deine Schlagbewegung kurz vor der Ballberührung ab!
- Pritsche den Ball einhändig mit geringer Armstreckung und Handgelenkeinsatz!
- Pritsche den Ball federnd mit allen Fingern einer Hand!
- Pritsche den Ball von hinten unten, um ihn über den Block zu spielen; pritsche den Ball von hinten bzw. hinten oben, um ihn am Block vorbei abwärts zu spielen!
- Spiele die Finte auf ungedeckte Zonen im mittleren und hinteren Feldbereich beidhändig und in die Vorderzone einhändig!
- Beachte, daß der Bewegungsablauf der Angriffsfinte dem des Angriffsschlages entspricht; die Ballberührungsphase jedoch der des oberen Zuspiels!
- Wende die Angriffsfinte dann an, wenn der Block sehr gut postiert ist und ein Angriffsschlag am Block vorbei nur sehr schwer durchzuführen ist!

Beobachtungshilfen

- Muß auf FF zurückgegriffen werden, weil sich Mängel in der Impulsgebung /Trefffläche zeigen bzw. die Angriffsfinte nicht aus der Bewegung des Angriffsschlages angesetzt wird?
- Bereitet das einhändige Pritschen nach Antäuschen des Angriffsschlages Schwierigkeiten, so daß dieses besser beidhändig ausgeführt werden sollte?

1. Variationen zur Spielform

(1) Die Angriffsfinte wird auf Ziel (B) (Abb. 143), später abwechselnd auf Ziel A und B durchgeführt.

(2) Die Angriffsfinte wird von Pos.II nach Zuwurf/Zuspiel von Pos.III, zunächst auf Ziel A, dann auf Ziel B durchgeführt.

(3) Die Angriffsfinte wird von Pos. III nach Zuwurf/Zuspiel von Pos.II, zunächst auf Ziel A, dann auf Ziel B und C (Abb. 144) durchgeführt.
Spielfeld: 6 x 3 m

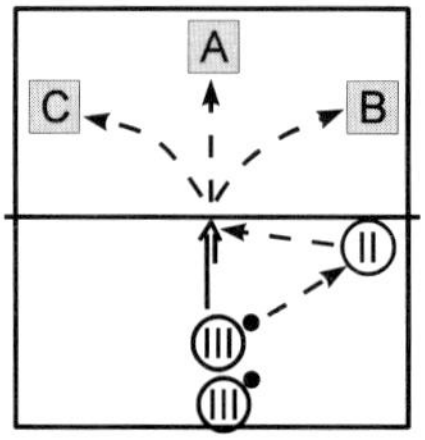

Abb. 144

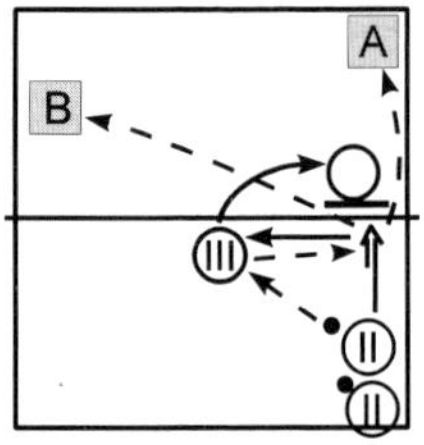

Abb. 145

(4) Spielform und Variationen, jedoch wird die Angriffsfinte gegen einen Blockspieler, der zunächst auf einem Kasten steht (evtl. Blocker einsetzen), später zum Block springt, ausgeführt. Der Angreifer wird Zuspieler, der Zuspieler wird Blockspieler, der Blockspieler wird Angreifer (Abb. 145).

2. Spiel 3 mit 3

Spielfeld: 4,5 x 4,5 m

Drei Ballberührungen sind vorgeschrieben, wobei die dritte als Angriffsfinte gegen einen Einerblock durchgeführt werden muß (Abb. 146).

Bei Spielunterbrechung rotieren beide Gruppen, die jeweils aus zwei Vorder- und einem Hinterspieler bestehen. Sieger ist die 6er-Gruppe mit der längsten Serie von Netzüberquerungen.

(1) Spiel 3 mit 3; Spielfeld: 6 x 3 m (3 Vorderspieler - Abb. 147);
(2) Spiel 4 mit 4; Spielfeld: 6 x 4,5 m, später 9 x 4,5 m (3 Vorderspieler/ 1 Hinterspieler - Abb. 148)

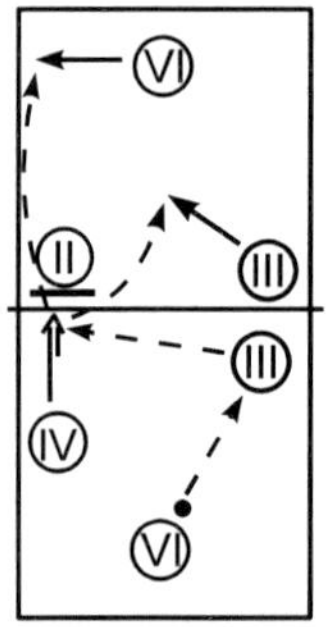

Abb. 146

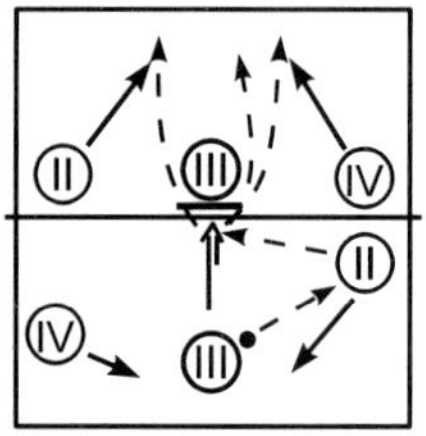

Abb. 147

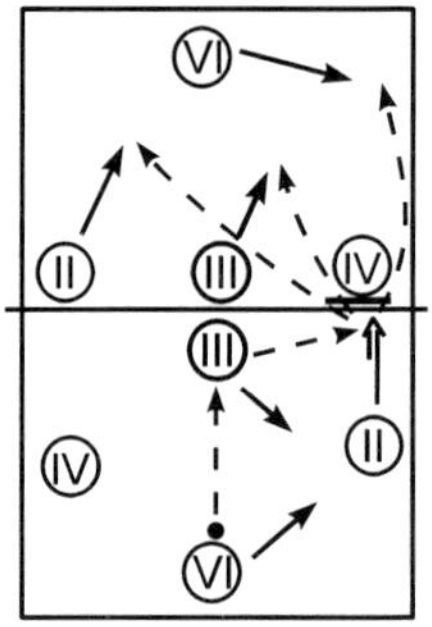

Abb. 148

(3) Spiel 2 mit 2; Spielfeld: 4,5 x 3 m (2 Vorderspieler - vgl. Abb. 142)

3. Spiele gegeneinander

Die Spiele miteinander (Spielform 2 und Variationen) werden nach den Spielregeln gegeneinander durchgeführt. Der Angriffsaufbau kann sowohl situations- als auch positionsgebunden erfolgen. Sonderregel: Für eine erfolgreiche Angriffsfinte wird ein, für einen erfolgreichen Einerblock werden zwei Zusatzpunkte gegeben!

(1) Spiel 3 gegen 3, später 4 gegen 4; Spielfeld: 4,5 x 9 m
Sonderregel: Für jede erfolgreiche Angriffs-/Blockhandlung wird ein Zusatzpunkt gegeben!

(2) Spiel 4 gegen 4; Spielfeld: 6 x 9 m.

(3) Spiel 6 gegen 6; Spielfeld: 9 x 9 m.

Beobachtungshilfen

- Stellt die Anwendung der Angriffsfinte die Gegenmannschaft vor große Schwierigkeiten und führt dies zu häufigen Spielunterbrechungen?
- Hat die Einführung der Angriffsfinte dazu geführt, daß sie häufiger als der Angriffsschlag zur Anwendung kommt?
- Trägt die Angriffsfinte zu einem variableren und dynamischeren Angriffsspiel bei?
- Werden Angriffsschlag, Angriffsfinte und Drive situationsgerecht angewendet?

Lernkontrolle

Kann jeder Spieler bei 10 Versuchen mindestens 5x die Angriffsfinte über den Block oder am Block vorbei auf Ziele in der Vorderzone spielen?
Der Angreifer von Pos.IV erhält den Ball von Pos.III zugeworfen und führt die Finte abwechselnd auf Ziel A und B (1 x 1 m) über einen feststehenden Block (Spieler auf Kasten/Blocker - Abb. 149) durch.

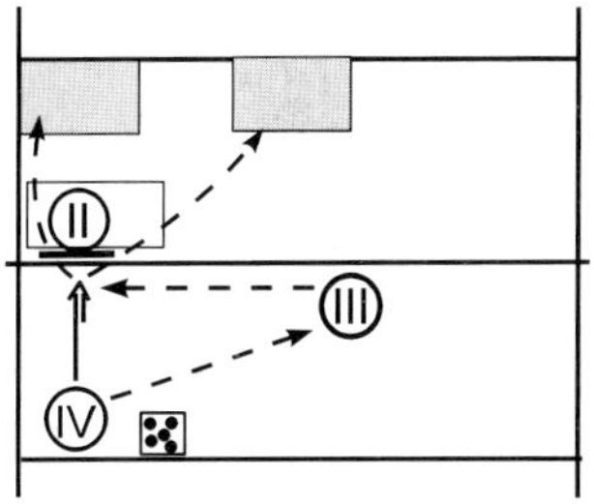

Abb. 149

Fehleranalyse/-korrektur zur Angriffsfinte

Fehler im Bewegungsablauf

- Der Spieler läuft nicht an oder führt keinen Stemmschritt aus.
- Der Spieler führt keinen Doppelarmschwung aus.

- Der Spieler holt nicht deutlich zum Schlag aus bzw. gibt durch Hochführen der Hand direkt zum Ball seine Handlungsabsicht frühzeitig bekannt (fehlendes Antäuschen des Schlages).
- Der Spieler "timed" seine Sprungaktion falsch.

Lösungsmöglichkeiten

Alle Lösungsmöglichkeiten zu Fehlern beim Angriffsschlag frontal (LZ 5/2. LE) unter Berücksichtigung der Ballberührung im einhändigen oberen Zuspiel nach Antäuschen der Schlagbewegung.

Fehler in der Impulsgebung und in der Trefffläche

- Spielen des Balles mit der Handfläche bzw. nicht mit allen Fingern der Schlaghand (z.B. ohne Daumen).
- Der Spieler stoppt die Schlagbewegung nicht abrupt ab, sondern spielt mit langem Arm und führt den Ball (Regelfehler).
- Der Spieler verharrt zu lange in der Ballberührungsphase und streckt den Arm zu spät, so daß der Ball gehalten wird (Regelfehler).
- Die leichte Beugung und Streckung des Armes erfolgt bei statt vor der Ballberührung (Halten bzw. Führen des Balles).

Lösungsmöglichkeiten

- Einhändiges Hochpritschen des Balles kurz hintereinander, später abwechselnd mit der rechten und linken Hand (anfangs mit leichteren Bällen).
- Einhändiges Pritschen im Sprung aus kurzer Entfernung gegen die Wand (Basketballbrett).
- Partnerübung am Netz, bei der der Ball im Sprung einhändig zugespielt wird (1 mit 1).
- Übungsformen, in denen der selbst angeworfene, später der vom Partner an-/zugeworfene/zugespielte Ball einhändig auf ein hohes, aber nahes Ziel gepritscht wird (z.B. Basketballkorb) zunächst im Stand, später im Sprung mit Antäuschen der Schlagbewegung.
- Siehe bei Regelfehlern auch die Lösungsmöglichkeiten zu Fehlern im oberen Zuspiel (LZ 1/1. LE) und im Angriffsschlag (LZ 5/2. LE).

2. LERNEINHEIT:
5ER-RIEGEL MIT ANGRIFFSAUFBAU ÜBER VORDERSPIELER AUF POS.III

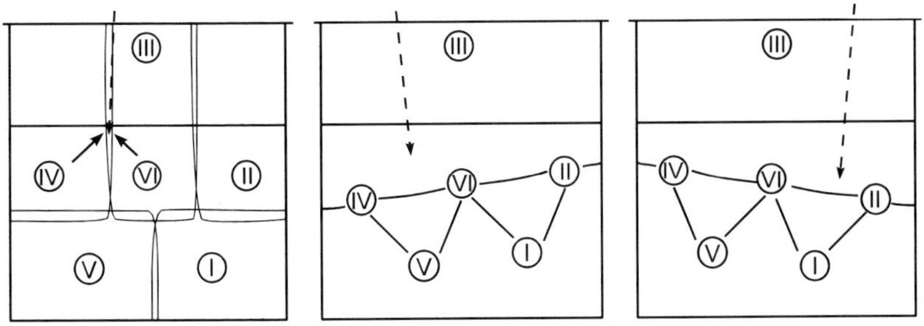

Abb. 150 Abb. 151 a Abb. 151 b

Handlungsablauf (Abb. 150 bis 152)
Beim 5er-Riegel decken die ***Spieler der Vorderreihe (IV/VI/II)*** das gesamte Vorder- und Mittelfeld ab. Sie stehen in etwa gleicher Entfernung zum Aufschläger ca. 1-2 m hinter der Angriffslinie. Die ***Spieler der Hinterreihe (I und V)*** decken das Hinterfeld ab und stehen ca. 2 - 2,5 m von der Grundlinie entfernt *AUF LÜCKE ZUR VORDERREIHE*. Sie bilden optisch mit ihrem Vorderspieler und der Pos.VI *ZWEI GLEICHGROßE DREIECKE* ("W-Formation"). Die genauen Abwehrbereiche des 5er-Riegels sind der Abb. 150 zu entnehmen.
Speziell für den positionsgebundenen Angriffsaufbau gilt der *GRUNDSATZ*, daß bei Annahme in ***Überschneidungsbereichen*** der Spieler annehmen soll, der sich in Richtung des Zuspielers bewegt und somit in Laufrichtung möglichst frontal abspielen kann.

Der ***Zuspieler am Netz*** sollte sich so postieren, daß er (rechte Schulter zum Netz) Aufschläger und Riegel im Blickfeld hat und die Sicht seiner Mitspieler auf den Aufschlagenden nicht behindert.

Erfolgt der Aufschlag nicht aus der mitlleren Aufschlagzone (Pos. VI), sondern aus der rechten (Pos. I), so entspricht der 5er-Riegel den Abbildungen 151a und 152. Entsprechend der Abb. 151b verschiebt sich der Riegel, wenn der Aufschlag aus dem linken Aufschlagbereich (Pos. V) ausgeführt wird.

Erläuterung

Fünf Spieler stellen sich zur Annahme des Aufschlags in "W-Formation" im 5er-Riegel auf (Abb. 152). Der sechste Spieler ist aus dem Riegel herausgelöst und steht in der Vorderzone auf Pos. III, um als Zuspieler zu fungieren. Die Annahme und Weitergabe des Aufschlags erfolgt positionsgebunden auf den Zuspieler auf Pos. III, der mit parallelem Paß zum Netz im oberen Zuspiel vorwärts oder rückwärts die Angreifer auf den Positionen IV oder II einsetzt.

Abb.152

Spielform: Spiel 2 mit 6

Spielfeld: 9 x 9 m

Die zwei Spieler schlagen abwechselnd Aufschläge über das Netz. Die Mannschaft gegenüber nimmt im 5er-Riegel an und baut den Angriff über Steller III auf. Für jede Spielhandlung, die mit Angriffsschlag von Pos.IV oder II erfolgreich abgeschlossen wird, wird ein Punkt gegeben. Nach 4 Aufschlägen rotieren die 8 Spieler um eine Position (Abb. 153). Sieger ist die 8er-Gruppe mit der höchsten Punktzahl nach 32 Aufschlägen.

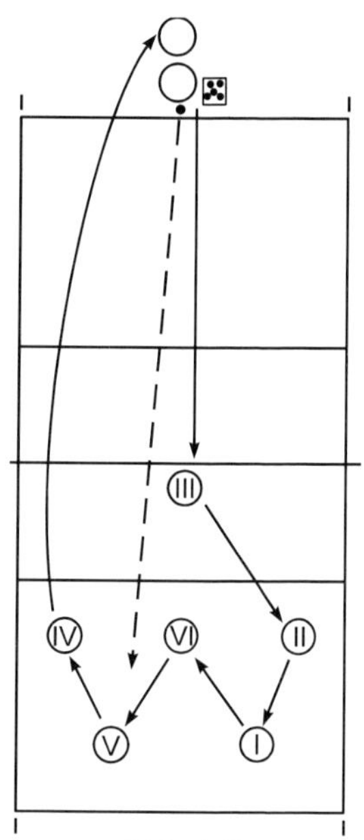

Abb. 153

Handlungsziel

Die Spieler sollen den 5er-Riegel mit Angriffsaufbau über Steller III als eine geeignete Formation kennen und anwenden lernen, die eine günstige Abdeckung des Feldes in der Aufschlagannahme gewährleistet und einen leichten positionsgebundenen Übergang zum Angriff ermöglicht.

Handlungshinweise

- Spiele bei leicht anzunehmenden Aufschlägen den ersten Paß zielgenau auf den Zuspieler in der Vorderzone auf Pos.III und bei schwierig abzuwehrenden Aufschlägen hoch zur Feldmitte, um den Angriffsaufbau über 2. Paß aus der Hinterzone einzuleiten.
- Überprüfe deine Stellung im Riegel in Bezug auf Nebenspieler sowie Seiten-, Grund- und Angriffslinie!
- Verständige dich deutlich und rechtzeitig mit den Mitspielern!
- Vorrang in der Annahme hat der Spieler, der sich in Richtung Zuspieler bewegt!
- Spiele als Annahmespieler nach Bewegung und Drehung frontal ab!
- Spiele als Annahmespieler stets hoch und nicht zu dicht ans Netz!

Beobachtungshilfe

- Muß auf FF zurückgegriffen werden, weil sich Mängel in der Aufstellung des 5er-Riegels zeigen und/oder weil die Bewegungs- und Zielgenauigkeit des 1. Passes ungenügend ist und sich Mängel im Angriffsaufbau über Pos.III zeigen?

1. Variationen zur Spielform

(1) Für jeden erfolgreichen Angriffsschlag nach Zuspiel rückwärts wird ein Zusatzpunkt gegeben.

(2) Spielform und (1), jedoch wird nach jedem Treffer rotiert und dabei eine Zusatzaufgabe ausgeführt (z.B. Hockstrecksprung - Angriffsschlag aus dem Anlauf u.a.).

(3) Die Spielform als Einzelwettkampf:
Jeder Spieler erhält 5 Aufschläge hintereinander. Für jeden nicht mit erfolgreichem Angriffsschlag abgeschlossenen Angriff der Gegenmannschaft erhält der Aufschläger einen Punkt. Sieger ist der Spieler der 8er-Gruppe, der die meisten Punkte erzielt hat.

(4) Dreiergruppenwettkampf im Spiel 3 gegen 3:
Ein Spieler der Dreiergruppe (A) macht Aufschläger, die beiden anderen Einerblock auf Pos.IV und II. Die 6er-Gruppe nimmt im 5er-Riegel mit Angriffsaufbau über Steller III an und ist in sich wieder in zwei 3er-Gruppen unterteilt. Die 1. Gruppe (B) besteht aus den Vorderspielern, die 2. Gruppe (C) aus den Hinterspielern (Abb. 154).
Jeder Spieler erhält 5 Aufschläge, wobei nach jeder Aufschlagserie innerhalb der 3er-Gruppen gewechselt wird. Nach 15 Aufschlägen erfolgt ein

Funktionsaustausch der 3er-Gruppen: Gruppe A wird C, C wird B und B wird A (Abb. 155).
Für jede Aktion der 3er-Gruppe, die nicht mit einem erfolgreichen Angriffsschlag abgeschlossen wird, erhält die 3er-Gruppe einen Punkt. Ebenso wird für jeden erfolgreichen Block gegen einen Angriffsschlag ein Punkt gegeben. Kann der Blockabpraller angenommen werden, so ist ein erneuter Angriff erlaubt; Sieger ist die 3er-Gruppe mit der höchsten Punktzahl.

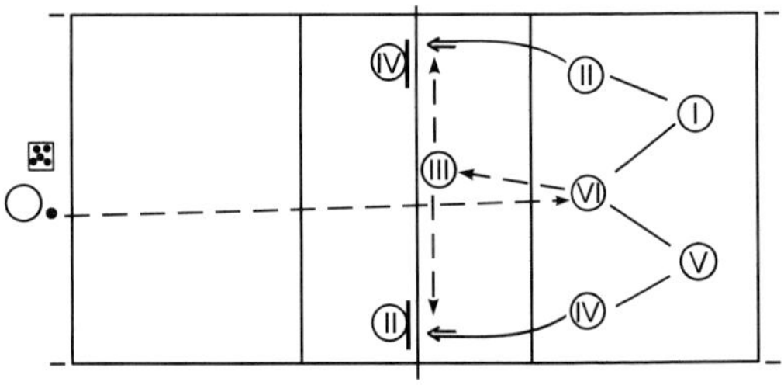

Abb. 154

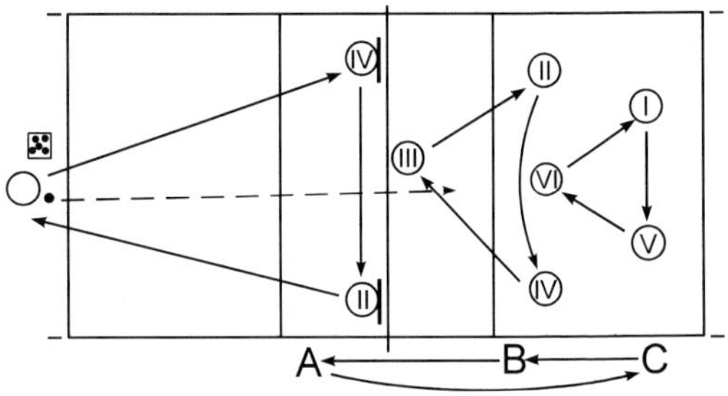

Abb. 155

2. Spiel 6 mit 6; Spielfeld: 9 x 9 m

Beide Mannschaften stellen sich sowohl zur Aufschlagannahme als auch zur Abwehr des Angriffs (Abwehr ohne Block) im 5er-Riegel mit Zuspieler auf Pos.III auf (Abb. 156). Drei Ballberührungen sind vorgeschrieben, wobei die 3. Ballberührung als Sprungabspiel oder Drive erfolgen soll. Sieger ist die 12er-Gruppe, die die längste Serie von Netzüberquerungen schafft.

(1) Die Spieler müssen nach jeder Netzüberquerung des Balles um eine Position rotieren.

(2) Die Spielform 2 und Variation (1): Die abwehrende Mannschaft muß einen Einerblock stellen und entsprechend nahsichern (Abb. 157-159). Finten über den Block sind erlaubt.

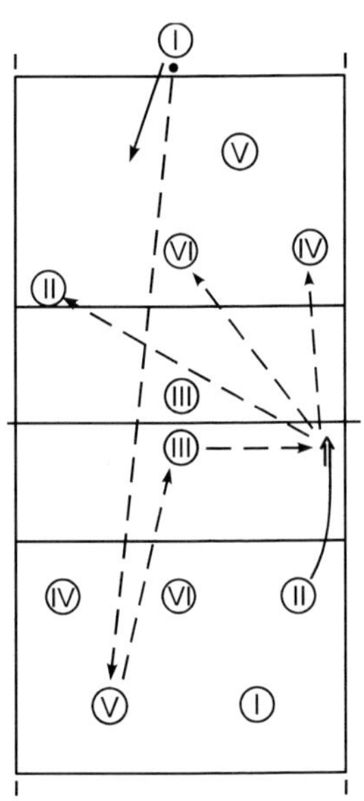

Abb. 156

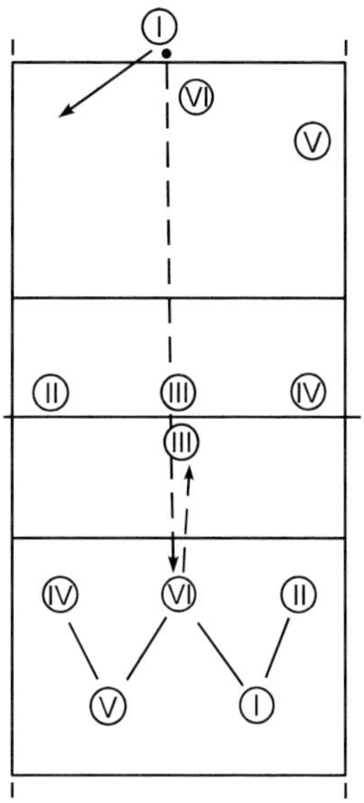

Abb. 157

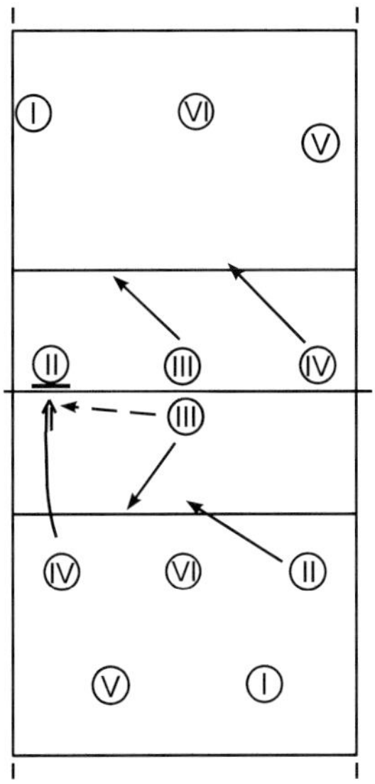

Abb. 158

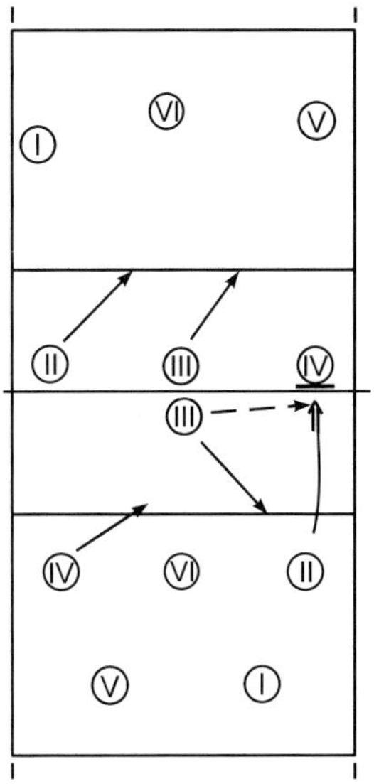

Abb. 159

Beobachtungshilfen

- Muß auf FF der 2. LE/LZ 4 zurückgegriffen werden, weil sich Mängel in der Ausführung des Zuspiels rückwärts zeigen?
- Führt die Einführung des 5er-Riegels zu einer Verbesserung des Überganges zum Angriff?
- Wird das obere Zuspiel rückwärts situationsgerecht angewendet?
- In welchem Maße kann planmäßig über Steller III aufgebaut werden, und in welchem Verhältnis wird das Zuspiel frontal zum Zuspiel rückwärts angewendet?
- Beeinflußt die Einführung des positionsgebundenen Angriffsaufbaus die Spieldynamik und den Spielfluß negativ?

3. Spiel 6 gegen 6; Spielfeld: 9 x 9 m (Abb. 157-159)

Jede Mannschaft erhält pro Spieler drei Aufschläge hintereinander. Nach jeder Serie rotieren beide Mannschaften; nach 18 Aufschlägen erhält die andere Mannschaft das Aufschlagrecht. Jeder Fehler einer Mannschaft ist ein Punkt für die Gegenmannschaft. Ansonsten gelten die Spielregeln.

(1) Zusatzpunkte werden gegeben:
  a) Für jeden erfolgreichen Angriff nach oberem Zuspiel rückwärts.
  b) Für jeden erfolgreichen Gegenangriff aus der Block- und Feldabwehr.

(2) Es wird nach Sätzen gespielt und gewertet. Jede Mannschaft erhält einen Satz lang das Aufschlagrecht. Ansonsten gelten die Regeln der Spielform 3 und/oder der Variation (1).

(3) Spiel 6 gegen 6 mit mehreren Bällen.
Jede Mannschaft hat in einem Ballkorb/Kasten 6 Bälle. Eine Mannschaft erhält solange das Auschlagrecht, bis sie einen Fehler begeht. Bei Fehler muß diese sofort um eine Position rotieren und im 5er-Riegel mit Steller III annehmen. Sieger ist die Mannschaft, die als erste alle Bälle ins Spiel gebracht hat und erneut das Aufschlagrecht erzielt.

(4) Spiel 6 gegen 6, nach Spielregeln unter Berücksichtigung der Grundaufstellung bei eigenem und gegnerischem Aufschlag sowie der Nahsicherung bei eigenem und gegnerischem Angriff (vgl. Abb. 157-159). Es werden 2 (4) Durchgänge gespielt, wobei Mannschaft A im ersten und Mannschaft B im zweiten Durchgang mit dem Aufschlag beginnt.

Handlungshinweise

- Stehe im 5er-Riegel als Rechtshänder auf Pos.IV näher zur Seitenlinie (1 m) als auf Pos.II (2 - 3 m)!
- Stehe im 5er-Riegel als Spieler der 1. Linie ca. 1- 2 m hinter der Angriffslinie, als Spieler der 2. Linie auf Lücke ca. 2-3 m vor der Grundlinie!
- Sei als Annahmespieler immer bereit, deinen Nebenspieler zu sichern, um ungenaue 1. Pässe zu retten bzw. als Hilfssteller einzuspringen!

Beobachtungshilfen

- Ist die Bereitschaft der Spieler, sich gegenseitig in der Annahme zu sichern und als Hilfssteller einzuspringen, weiterhin erkennbar?
- Muß erneut auf die Möglichkeit des Angriffsaufbaus über 2. Paß aus der Hinterzone hingewiesen werden?
- Muß der 5er-Riegel verändert werden? Soll er enger gestaffelt werden (Linienaufstellung), da überwiegend lang plazierte Aufschläge geschlagen werden (Abb. 160a), oder soll der Riegel tiefer gestaffelt werden, da unterschiedliche Aufschlä-

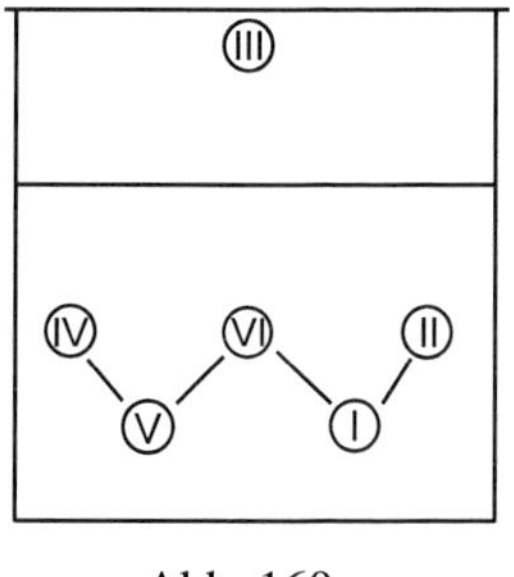

Abb. 160 a

ge bzgl. Weite und Richtung geschlagen werden (Abb. 160b)?
- Muß die Annahmeformation verschoben werden, weil der Aufschläger seinen Aufschlagort im rechten oder linken Aufschlagbereich wählt? (vgl. Abb. 151 a/b)

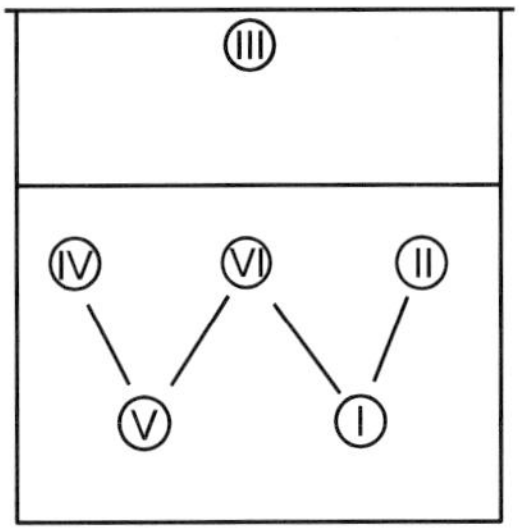

Abb. 160 b

Lernkontrolle

1. Beantwortung von Testfragen (u.U. mit Hilfe von Skizzen) zu:
   a) den Abwehrbereichen und Funktionen der Spieler im Riegel,
   b) den Voraussetzungen und dem Handlungsablauf des positionsgebundenen Angriffsaufbaus über Vorderspieler auf Pos.III,
   c) den Möglichkeiten des Überganges von der Annahme/Abwehr zum Angriff bei ungenauen ersten Pässen.
2. Freie Spielbeobachtung zum 5er-Riegel mit Angriffsaufbau über Vorderspieler auf Pos.III unter Berücksichtigung der Aspekte a)-c).

Fehleranalyse/-korrektur zum 5er-Riegel

Fehler bzw. Mängel in der Ausführung des 1. Passes, die auf mangelnder Bewegungs- und Zielgenauigkeit basieren

Lösungsmöglichkeiten

- Übungsformen zur Verbesserung des Zuspielbaggers wiederholen (siehe LZ 1/2. LE und LZ 4/1).

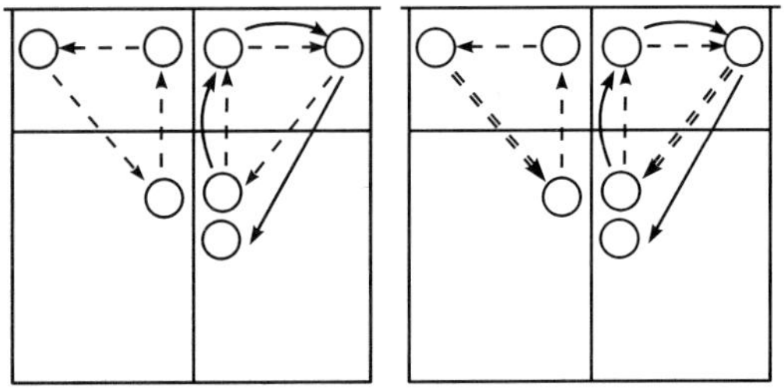

Abb. 161 a/b

- Dreierpaßübungen ohne/mit Nachlaufen (Abb. 161-164).

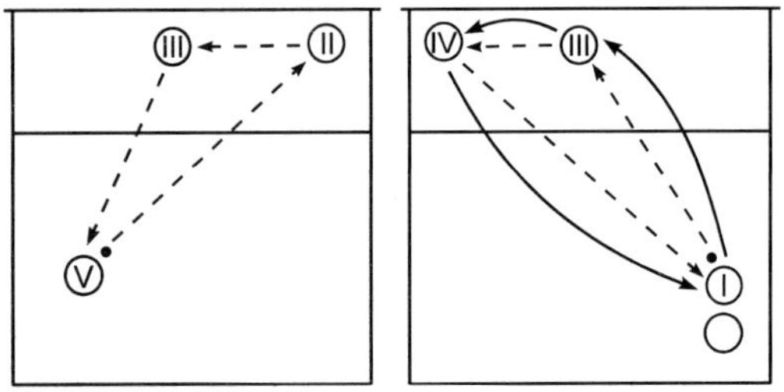

Abb. 162 a/b

- Übungsformen, in denen über das Netz geworfene/ gespielte/aufgeschlagene Bälle angenommen und auf Pos.III zielgenau weitergegeben werden (Abb. 165).

- Übungsformen, in denen die Aufschlagannahme mit Zuspiel (von Pos. III) und Angriff verbunden wird, zunächst mit einem, später mit beiden Angreifern (Abb. 166 und 167).

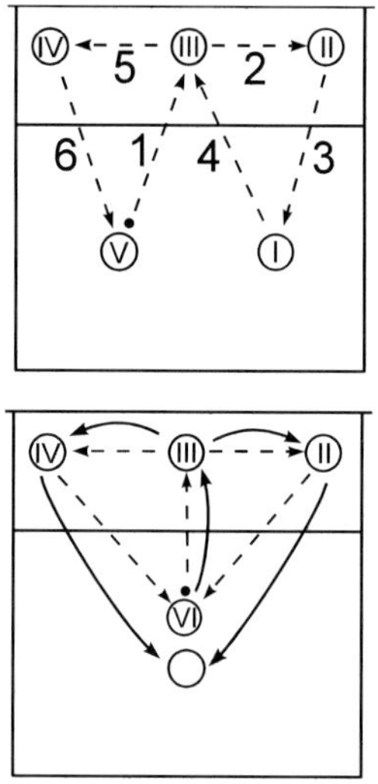

Abb. 163 a/b

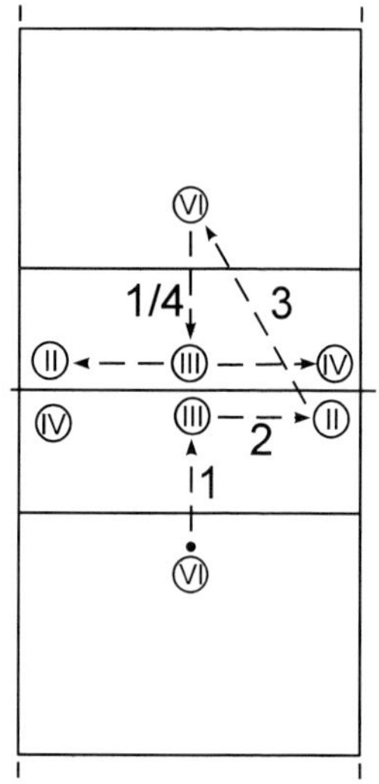

Abb. 164

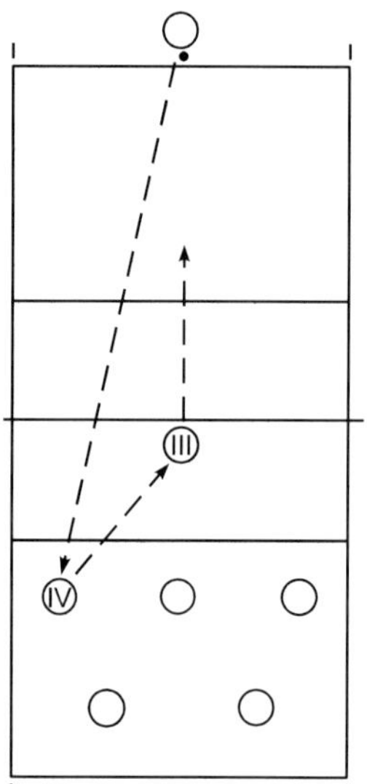

Abb. 165

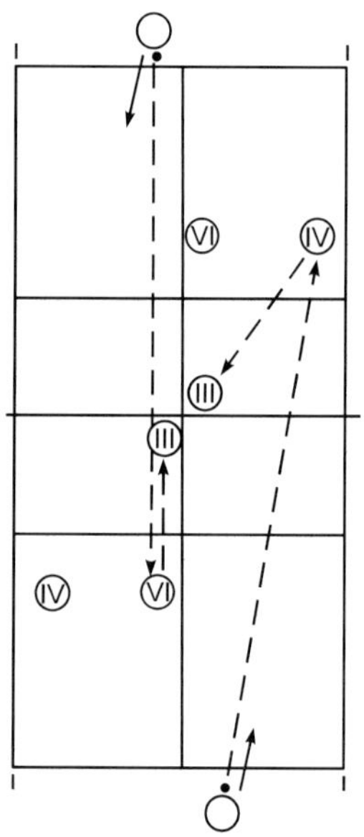

Abb. 166 a

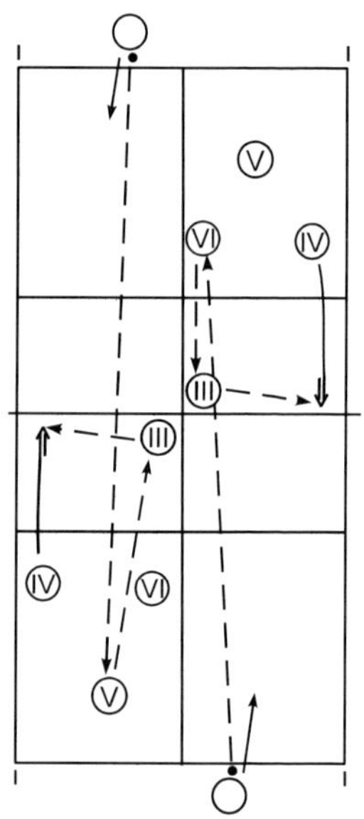

Abb. 166 b

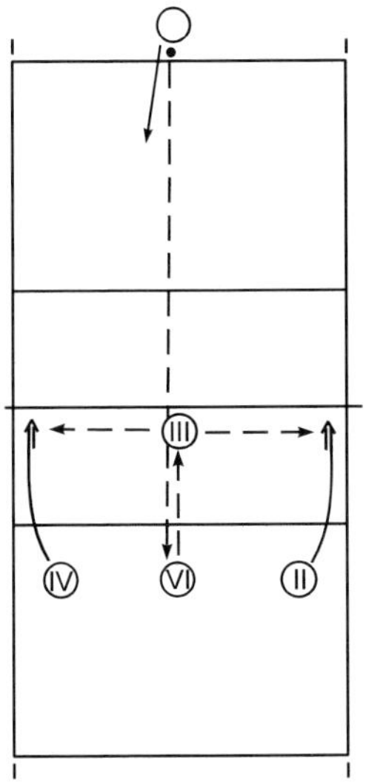

Abb. 167 a

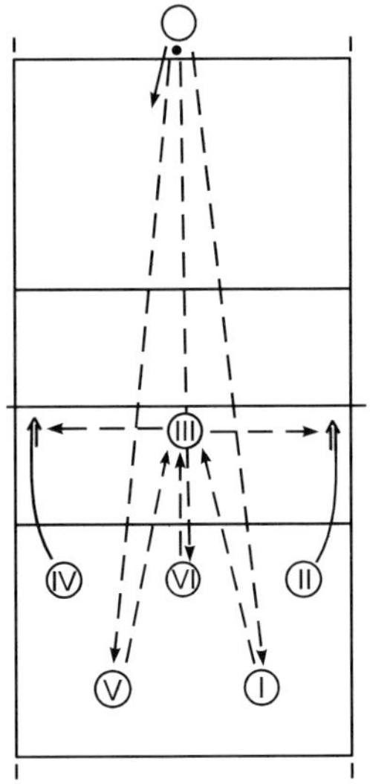

Abb. 167 b

Fehler bzw. Mißverständnisse bei den Annahmespielern

Lösungsmöglichkeiten

- Siehe FF der 2. LE des LZ 2 und des LZ 3.
- Übungsformen, bei denen Aufschläge gezielt zwischen die Spieler geworfen/gespielt/geschlagen und zielgenau auf den Zuspieler auf Position III gespielt werden.

Fehler in der Aufstellung im 5er-Riegel

- Die Spieler stehen hintereinander statt auf Lücke.
- Die Vorderspieler stehen zu weit vor (z.B. in der Vorderzone) und/oder die Hinterspieler zu weit zurück (z.B. kurz vor der Grundlinie).
- Die Vorderspieler auf Pos.IV und/oder II stehen zu weit innen und die Hinterspieler auf Pos.V und/oder I zu weit außen.
- Die Annahmespieler verändern ihre Annahmeposition nicht in Abhängigkeit zu den verschiedenen Aufschlagorten.

Lösungsmöglichkeiten

- Erneute Erarbeitung und Diskussion der Funktionen der einzelnen Spieler in der Riegelformation.
- Erneute theoretische Auseinandersetzung anhand von Medien mit dem 5er-Riegel und dem positionsgebundenen Angriffsaufbau über Vorderspieler auf Pos.III.

LERNZIEL 8: ABWEHRBAGGER - EINERBLOCK UND FELDABWEHR MIT ZURÜCKGEZOGENER POS. VI

Abb. 168

Sachanalyse

Die Einführung des positionsgebundenen Angriffsaufbaus über Steller III und die damit erzielte Verbesserung der Zielhandlung Angriff bedingen neben dem bereits erlernten Einerblock die Einführung und Schulung des Abwehrbaggers, um das Gleichgewicht in den Grundsituationen wieder herzustellen.

Der ***beidhändige Abwehrbagger*** (unteres Zuspiel im Stand) stellt für den Feldverteidiger die günstigste Technik dar, schnell und hart anfliegende Angriffsschläge so abzuwehren, daß ein planmäßiger Angriffsaufbau über den Vorderspieler oder über den 2. Paß aus der Hinterzone eingeleitet werden kann. Die ***Block- und Feldabwehr mit VI zurück*** ist eine Formation zur Abwehr des gegnerischen Angriffs. Bei ***Abwehr mit Einerblock*** übernehmen die übrigen 5 Spieler die ***Feldabwehr***, die sowohl die Sicherung des Blocks als auch die Verteidigung des Feldes umfaßt (Abb. 168).

Wichtig für den Übergang von der Abwehr zum Angriff ist allerdings nicht nur die technische Fertigkeit des Spielers in der Abwehr, sondern auch das *Zusammenspiel der Feldverteidiger* untereinander, wie auch das *Zusammenspiel von Blockspieler und Feldverteidigern*. Letzteres soll mit der Einführung des Einerblocks und der Feldabwehr mit zurückgezogener Pos.VI erreicht werden. Die Entscheidung, die Block- und Feldabwehr mit zurückgezogener VI als *erste Abwehrformation* einzuführen, basiert auf folgenden Überlegungen:

a) Bisher wurde nur der Einerblock geschult, für dessen Sicherung ein Spieler (Nebenspieler) ausreicht.
b) Das gesamte Rückfeld ist mit allen Hinterspielern optimal abgedeckt.
c) Die Nahsicherung des Blocks durch VI vorgezogen bringt eine unnötige Verstärkung der Blocksicherung zu Ungunsten der Feldverteidigung (vgl. zu a-c Abb. 169 und 170).
d) Erst die Einführung des Doppelblocks rechtfertigt die Einführung der Block- und Feldabwehr mit vorgezogener Pos. VI (siehe LZ 10).

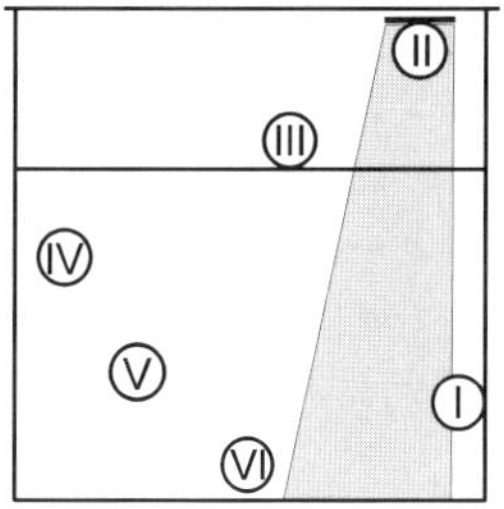

Abb. 169

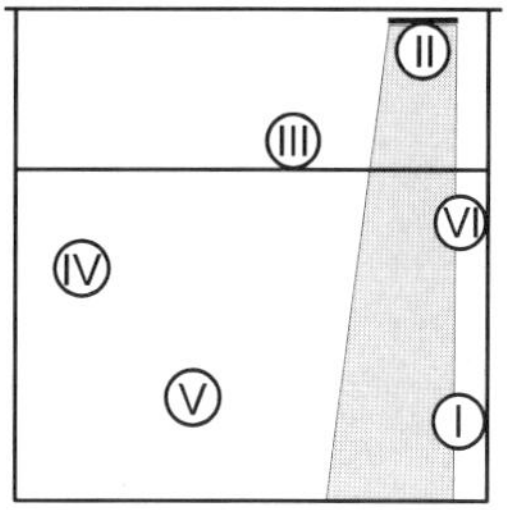

Abb. 170

1. LERNEINHEIT: ABWEHRBAGGER

Abb. 171

Abb. 172

Bewegungsablauf (Abb. 171)

Der Bewegungsablauf des Abwehrbaggers ist dem des Zuspielbaggers sehr ähnlich (LZ 1/2. LE). Unterschiede bestehen in der ***Impulsgebung*** (Bein-/Armeinsatz) und in der Tiefe der Spielstellung im Moment der Ballberührung. Je schneller bzw. flacher der Ball anfliegt, desto geringer ist der Bein- und Armeinsatz bzw. desto tiefer ist die Spielstellung. Bei sehr hart anfliegenden Bällen entfällt die Impulsgebung vollständig bzw. der Spieler ist bemüht, die Wucht des Balles durch ein *NACHGEBEN* (Zurückweichen) auszugleichen und zu mindern. Bei sehr flach anfliegenden Bällen muß eine *TIEFE SPIELSTELLUNG* eingenommen werden, um nicht nur hinter, sondern auch unter den Ball zu kommen (verbunden mit dem Zurückweichen kann dies zum *ABROLLEN* rückwärts führen - siehe LZ 11/1. LE).

Wie der Zuspielbagger, so kann auch der beidhändige Abwehrbagger im Stand sowohl frontal als auch seitlich (Abb. 172) angewendet werden (vgl. LZ 4/1. LE).

Abb. 173

Erläuterung

Der Feldverteidiger beobachtet das Zuspiel und das Verhalten des gegnerischen Angreifers, bewegt sich schnell zum vermuteten Abwehrort und nimmt vor Ausführung des Angriffsschlages eine tiefe Spielstellung ein (Abb. 173). Er wehrt den hart anfliegenden Ball beidarmig frontal oder seitlich ohne Arm- und Beineinsatz ab und leitet durch hohes Abspiel zum Zuspieler bzw. in die Feldmitte den Angriffsaufbau ein.

Spielform: Spiel 2 gegen 1; Spielfeld: 3 x 9 m.

Die 2er-Gruppe führt einen Angriffsschlag nach Zuspiel aus, der Spieler gegenüber wehrt ab. Einen Punkt erhält der Abwehrspieler: a) wenn er den Angriffsschlag so abwehren kann, daß er in seinem Spielfeld bleibt und b) bei Fehler des Angreifers. Nach 10 Angriffsschlägen wechseln die Spieler ihre Funktionen. Sieger ist der Spieler mit den meisten Punkten in der Feldverteidigung.

Handlungsziel

Der Spieler in der Feldverteidigung soll den beidhändigen Abwehrbagger als die beste Technik erfahren und anwenden lernen, schnell anfliegende Bälle sicher im Spiel zu halten.

Handlungshinweise

- Je flacher der Ball anfliegt, desto tiefer ist die Spielstellung. Je schneller der Ball anfliegt, desto passiver ist der Arm- und Beinimpuls des Feldverteidigers.
- Beobachte den Angreifer und versuche, frühzeitig Richtung und Härte des Angriffsschlages zu erkennen!
- Bewege dich rechtzeitig von hinten nach vorn, so daß du spätestens im Moment des Angriffs deine Abwehrposition erreicht und eine tiefe Spielstellung eingenommen hast!

- Bewege dich mit schnellen Schritten zum Abwehrort, nimm eine tiefe Spielbereitschaftsstellung ein, um unter und hinter den Ball zu gelangen!
- Belaste beide Beine gleichmäßig mit einer Verlagerung des Körperschwerpunktes auf die Fußballen!

Beobachtungshilfen

- Muß auf FF zurückgegriffen werden, weil sich Mängel in der Bewegungs und Zielgenauigkeit des Abwehrbaggers zeigen?
- Muß die Bewegungs- und Reaktionsschnelligkeit gesondert geschult werden?

1. Variationen zur Spielform

(1) Einen Punkt erhält der Feldverteidiger nur dann, wenn er den abgewehrten Ball selbst fangen kann.

2. Spiel 1 gegen 1 mit gemeinsamem Zuspieler

Spielfeld: 3 x 9 m

Der Zuspieler wechselt immer auf die Seite des ballbesitzenden Spieler. Anfangs wird der Ball mit Angriffsschlag nach Zuspiel (Abb. 174a), später mit einem Aufschlag ins Spiel gebracht (Abb. 174b). Es spielt jeder gegen jeden einen Satz, danach erfolgt ein Funktionswechsel. Ansonsten gelten die Spielregeln.

(1) Spiel 2 gegen 2 mit gemeinsamem Zuspieler (Abb. 175 a/b); Spielfeld: 4,5 x 9 m

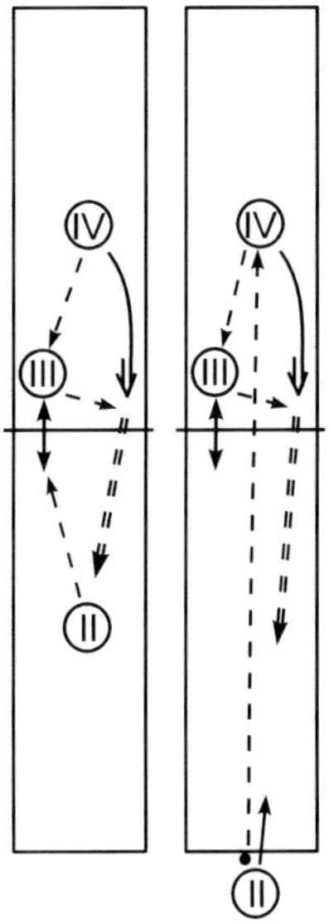

Abb. 174 a/b

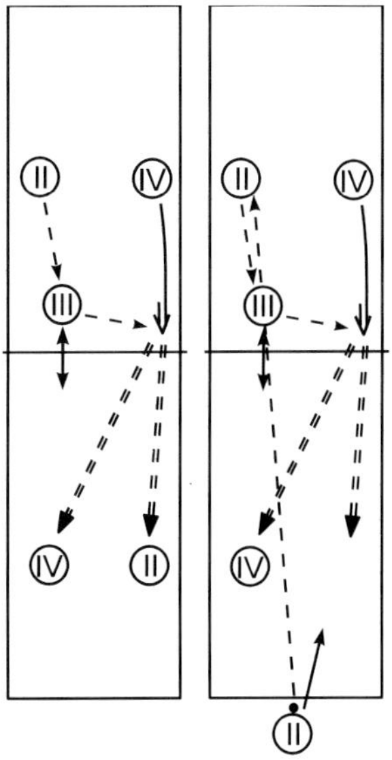
Abb. 175 a/b

Handlungshinweise

- Wende den Abwehrbagger seitlich immer nur dann an, wenn es dir nicht möglich ist, hinter und unter den Ball zu kommen!
- Kontrolliere deine Abwehrleistung an der Qualität der sich anschließenden Spielhandlung!

3. Spiel 2 gegen 2; Spielfeld: 3 x 9 m, später 4,5 x 9 m.

Die eine 2er-Gruppe führt einen Angriffsschlag nach Zuspiel aus, die andere 2er-Gruppe wehrt diesen ab. Einen Punkt erhalten die Abwehrspieler, wenn sie so abwehren, daß der Ball nach Abwehr von einem der beiden, später nur vom nicht abwehrenden Spieler gefangen werden kann (Abb. 173/176). Nach 10 Angriffsschlägen wechseln die Spieler ihre Positionen, nach 20 Angriffsschlägen die Gruppen ihre Funktionen.

(1) Einen Punkt erhält die abwehrende Mannschaft nur, wenn sie den Ball nach Abwehr über das Netz zurückspielen, später mit einem Gegenangriff zurückschlagen kann.

(2) Spiel 3 gegen 3 (Abb. 177); Spielfeld: 4,5 x 9 m; Durchführung wie Variation (1).

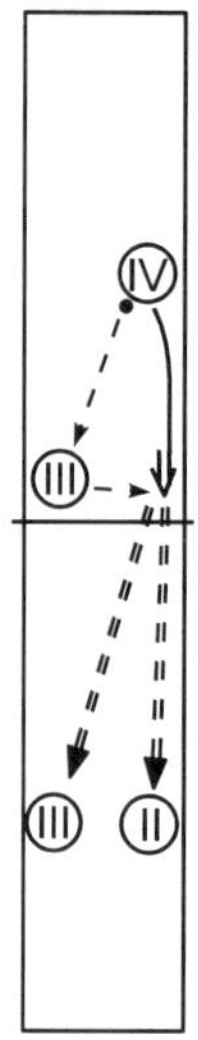

Abb. 176

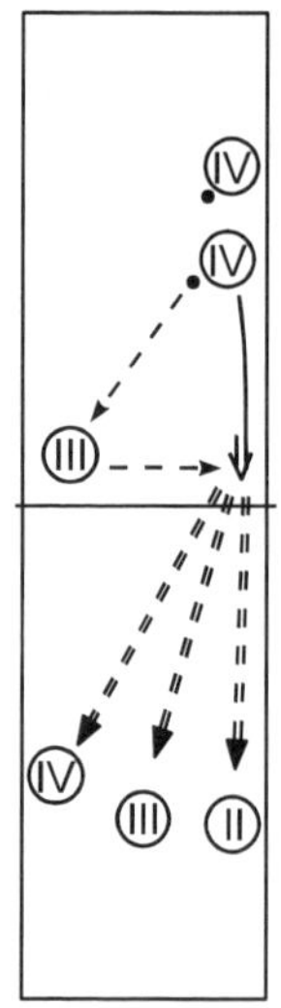

Abb. 177

Beobachtungshilfen

- Wird aufgrund zu aktiver Impulsgebung beim Abwehrbagger der Ball gegen die Decke oder direkt zum Gegner zurückgespielt?
- Kommt es nach Feldverteidigung zu häufigen Spielunterbrechungen, weil aufgrund hoher Spielstellung beim Abwehrbagger zu flach abgewehrt wird oder weil aufgrund falscher Bewegung zum Abwehrort (von innen nach außen anstatt von außen nach innen) der Ball vom Spielfeld weggespielt wird?
- Kommt ers in der Abwehr zu häufigen Spielunterbrechungen, weil die Spieler Hilfsabwehrtechniken, insbesondere mit dem Fuß, bevorzugen?
- Ist den Abwehrspielern bewußt, daß sie über Schulterhöhe anfliegende Bälle statt im unteren im oberen Zuspiel abwehren dürfen, weil der Doppelschlag in Abwehrsituationen nicht geahndet wird?
- Wird der Abwehr- und Zuspielbagger situationsgerecht angewendet?

- Sichern sich die Feldverteidiger in schwierigen Spielsituationen gegenseitig?

4. Spiel 3 gegen 3 in der Hinterzone; Spielfeld: 4,5 x 9 m.

Nach Spielregeln, jedoch darf weder aus der Vorderzone angegriffen noch in die Vorderzone gespielt werden (Abb. 178a).

(1) Spiel 4 gegen 4 in der Hinterzone (Abb. 179 a); Spielfeld: 6 x 9 m.

(2) Spiel 2 gegen 2 (Abb. 178 b); Spielfeld: 4,5 x 9 m.

(3) Spiel 1 gegen 1 in der Hinterzone (Abb. 179 b); Spielfeld: 3 x 9 m. Drei Ballberührungen hintereinander sind erlaubt.

(4) Spielform 4 und Variationen mit der Sonderregel: Für jeden erfolgreichen Angriff nach Feldverteidigung wird ein Zusatzpunkt gegeben.

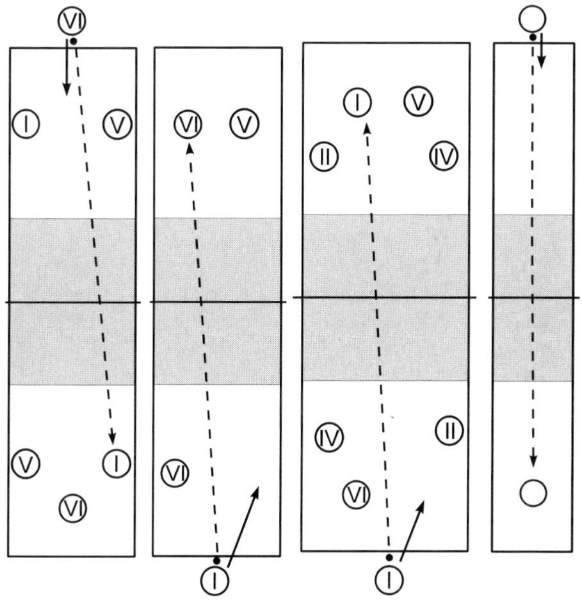

Abb. 178 a/b Abb. 179 a/b

Beobachtungshilfen

- Berücksichtigt der Feldverteidiger das Verhalten des Angreifers?
- Kommen aufgrund der Einführung des Abwehrbaggers längere Spielsequenzen zustande?

Lernkontrolle

Kann jeder Spieler bei 10 Versuchen mindestens 5x hart über das Netz geworfene Bälle im Abwehrbagger so abwehren, daß ein Mitspieler auf Pos.III diese im Spielfeld fangen kann? Der Werfer steht erhöht auf einem Kasten auf Pos.IV im Gegenfeld und wirft zielgenau im Schlagwurf auf ein 3 x 3 m großes Feld auf Pos.V (VI/I) - (Abb. 180).

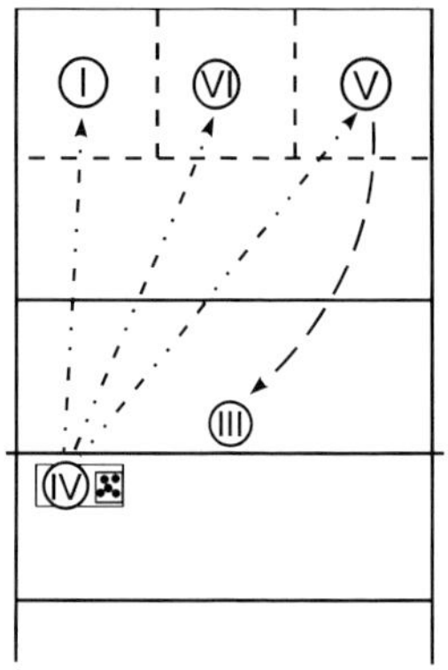

Abb. 180

Fehleranalyse/-korrektur zum Abwehrbagger

Die Ausführungen zum Zuspielbagger im LZ 1/2. LE und im LZ 4/1. LE können zum o.g. Bereich übernommen werden, allerdings unter Berücksichtigung der verminderten bzw. fehlenden Ganzkörperstreckung beim Abwehrbagger.

Fehler in der Impulsgebung

- Der Spieler wehrt hart anfliegende Bälle mit aktivem Armeinsatz ab statt im Moment der Ballberührung die Arme passiv zu halten.
- Der Spieler streckt sich zum hart anfliegenden Ball statt ohne Beinstreckung durch Zurückweichen die Wucht des Balles zu verringern.

Lösungsmöglichkeiten

- Partnerübungen

  Partner A wirft hart und genau, dann hart und ungenau, und schlägt Bälle aus der Vorderzone auf Partner B in der Hinterzone. Partner B wehrt zu Partner A oder hoch zur Feldmitte ab (Abb. 181a/b).

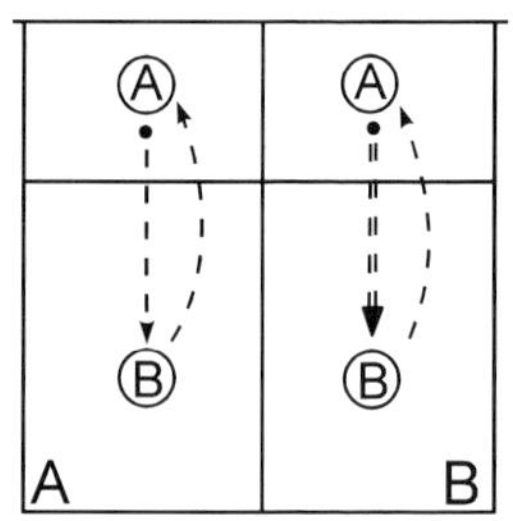

Abb. 181 a/b

- Übungsformen im Dreieck
  1. Partner A und B schlagen abwechselnd auf Partner C, der zu Partner A oder B bzw. zur Feldmitte abwehrt (Abb. 182).
  2. Partner A stellt zu B, B schlägt auf C, der wehrt ab auf A, dieser stellt wieder zu B usw. (Abb. 183).
  3. Partner A schlägt auf C, der wehrt zu B ab, B schlägt auf C, der zu A abwehrt usw. (Abb. 184).

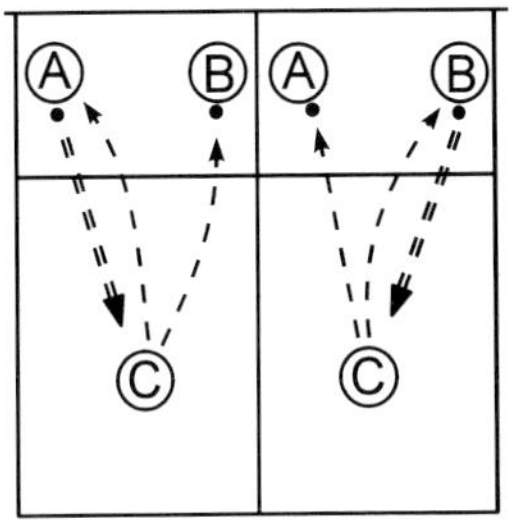

Abb. 182

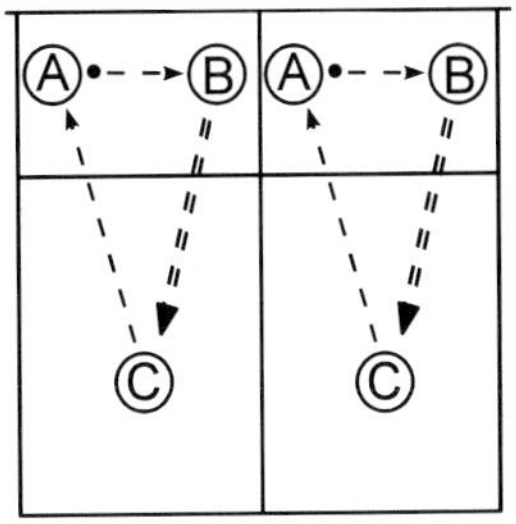

Abb. 183

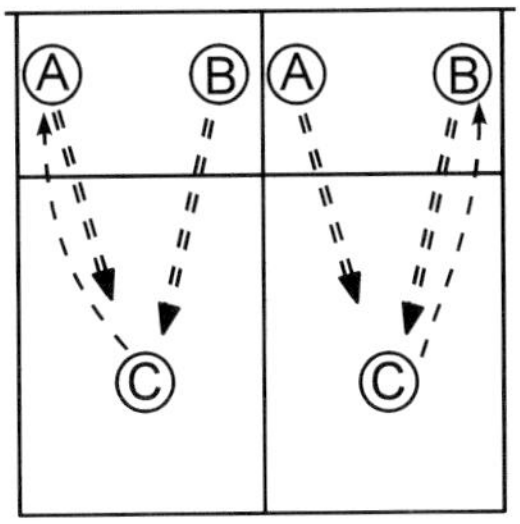

Abb. 184

- Partnerübung
  Partner A stellt zu B, B schlägt auf A, A wehrt ab zu B, B stellt zu A usw.
- Übungsformen mit Angriff übers Netz: Partner A steht auf einem Kasten und wirft/schlägt Bälle über das Netz auf Partner B, der in die Vorderzone oder ins Mittelfeld abwehrt (Abb. 185a).
- Wie vorher, jedoch wird der nach Zuspiel geschmetterte Ball abgewehrt (Abb. 185b).

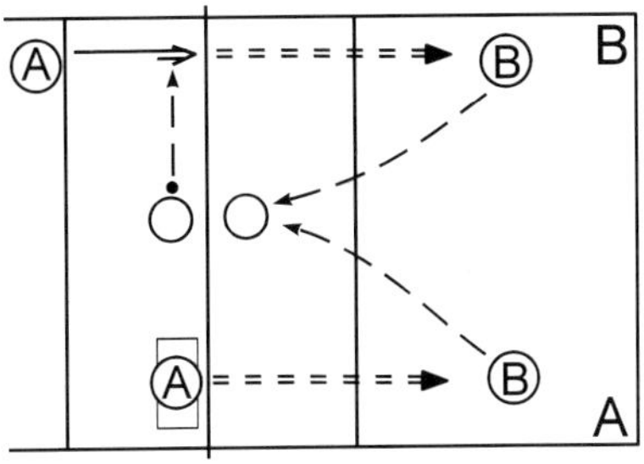

Abb. 185 a/b

2. LERNEINHEIT: EINERBLOCK UND FELDABWEHR MIT ZURÜCKGEZOGENER POS. VI

Handlungsablauf

Bei der Block- und Feldabwehr mit zurückgezogener Position VI nehmen die Spieler in Erwartung des gegnerischen Angriffs folgende ***Ausgangsstellung*** ein: Die *VORDERSPIELER* stehen in Vorbereitung des Einerblocks *DICHT AM NETZ* (0,5 m) und die Hinterspieler außen und hinten an der Grundlinie (Abb. 186). Bei Bildung des Einerblocks übernehmen der/die jeweilige(n) Nebenspieler des Blockspielers die Nahsicherung des Blocks und die übrigen Spieler die Feldverteidigung in einer möglichst gleichmäßigen halbkreisförmigen Abdeckung des Feldes. Der Einerblock wird auf allen drei Netzpositionen gebildet (Abb. 168/169/187 und 188).

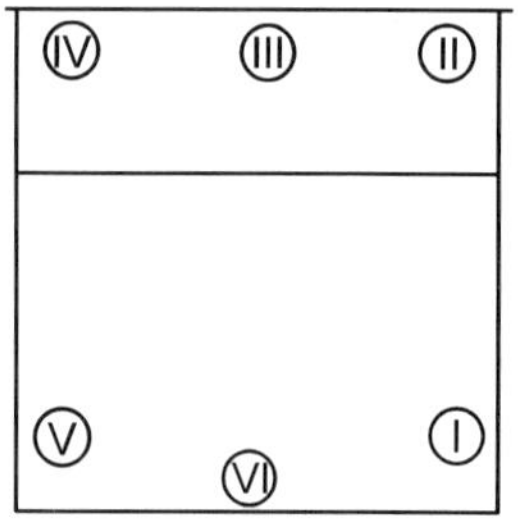

Abb. 186

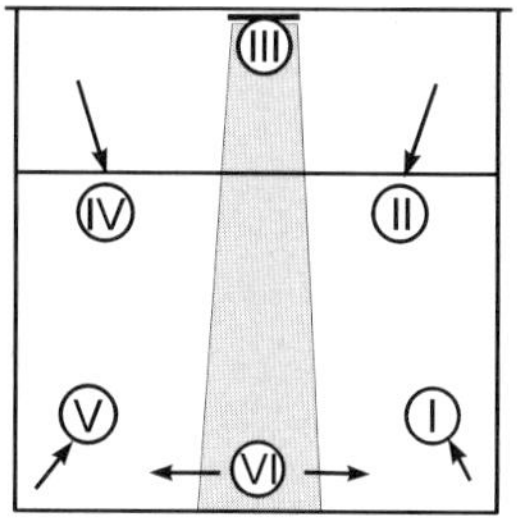

Abb. 187

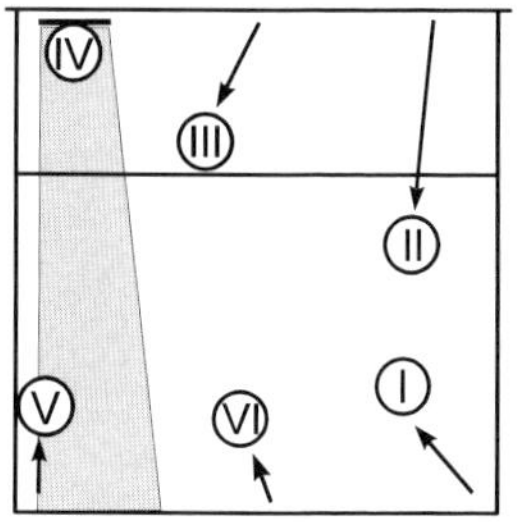

Abb. 188

Der ***Blockspieler*** sollte bemüht sein, die Hauptschlagrichtung des Angreifers abzudecken. Der hierdurch gedeckte Raum des Feldes - ***Blockschatten*** - stellt für die Feldverteidigung eine wichtige ***Orientierungshilfe*** dar, da er angibt, welcher Teil des Feldes ungedeckt ist. Die *FELDVERTEIDIGER POSTIEREN SICH AUßERHALB DES BLOCKSCHATTENS* zur Abwehr, um Ball und Angreifer beobachten zu können. Wichtig ist für alle Feldverteidiger, daß die Abwehrposition kurz vor Ausführung des Angriffsschlages erreicht wird und jede Bewegung abgeschlossen ist. Dabei sollten die Abwehrspieler (Ausnahme Pos.VI) ihren Verteidigungsraum so aufteilen, daß sie nur Bewegungen vorwärts und seitwärts, nicht aber rückwärts auszuführen haben, d.h. ***2/3 des Raumes vor, 1/3 hinter sich*** haben (Abb. 189).

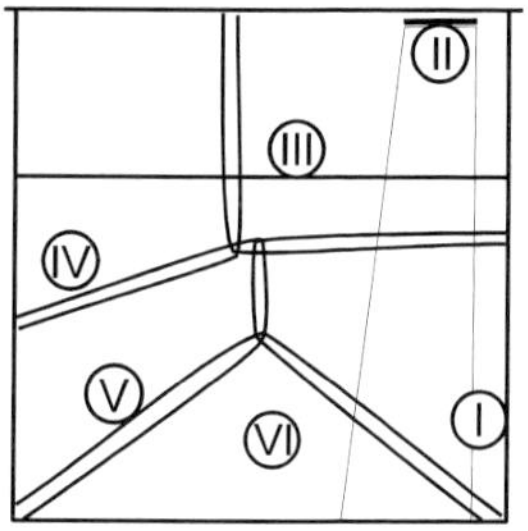

Abb. 189

Die Qualität der Abwehrleistung wird gemessen an der Qualität der sich anschließenden Spielphase, d.h. dem Zuspiel und Angriff. Deshalb soll die *ABWEHRSCHULUNG STETS DEN ÜBERGANG ZUM ANGRIFF MIT EINBEZIEHEN.* Auch hier gilt der Grundsatz, daß unter Berücksichtigung der eigenen Fertigkeiten schwierig abzuwehrende Bälle sicher und hoch zur Feldmitte, leicht abzuwehrende Bälle zielgenau auf den Zuspieler am Netz gespielt werden.

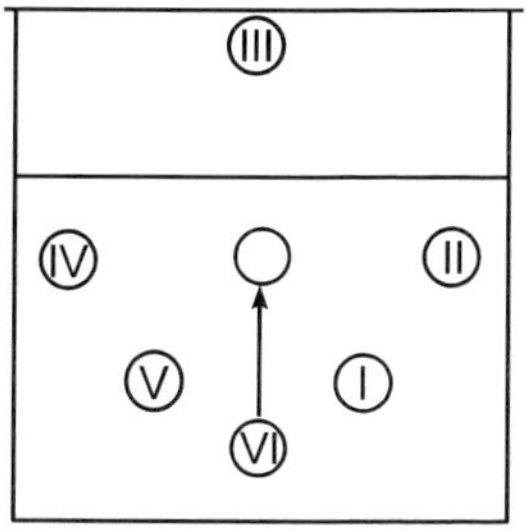

Abb. 190

Im Moment der Abwehr eines Angriffsschlages halten sich die Vorderspieler vor allem für Zuspiel bzw. Angriff bereit, während die Hinterspieler sich zur Sicherung des Abwehrspielers und für ein Zuspiel aus der Hinterzone bereithalten.

Wird aus der Angriffssituation des Gegners ersichtlich, daß eine Blockbildung nicht nötig bzw.

nicht sinnvoll ist, so bildet die Mannschaft eine halbkreisförmige oder W-ähnliche Abwehrformation. Dabei ist der Zuspieler von Abwehraufgaben befreit, um seine Zuspielposition in der Vorderzone einnehmen zu können (Abb. 190).

Abb. 191

Erläuterung

In Erwartung des gegnerischen Angriffs stehen die Vorderspieler dicht am Netz, die Hinterspieler in der Nähe der Grund- bzw. Seitenlinie (vgl. Abb. 186). In Abhängigkeit vom gegnerischen Angriffsort stellen Vorderspieler II oder III oder IV den Einerblock.

Beim Angriffsschlag von der gegnerischen Pos.IV blockiert der Spieler II, während der Nebenspieler III die Nahsicherung des Blocks übernimmt und der Vorderspieler IV sich hinter die Angriffslinie zur Feldverteidigung zurückbewegt. Die Hinterspieler postieren sich außerhalb des Blockschattens und decken das gesamte Hinterfeld ab (vgl. Abb. 168/169/189). Spiegelbildlich verhält sich die Mannschaft bei Angriff von der gegnerischen Pos.II und bei Einerblock durch den Spieler IV (vgl. Abb. 188). Bei Angriff und Einerblock auf Pos.III übernehmen die Netzspieler II und IV die Nahsicherung des Blocks (vgl. Abb. 187 und 191). Der 1. Paß wird in leichten Abwehrsituationen zum Zuspieler auf Pos.III, in schwierigen hoch zur Feldmitte gespielt.

Spielform: Abwehrspiel 3 gegen 3; Spielfeld: Diagonalfeld.

Eine 3er-Gruppe greift über Pos.IV nach Zuspiel von Pos.III an, die andere verteidigt auf den Pos.I, VI und V (Abb. 192a). Fehler einer Gruppe bedeuten einen Punkt für die andere.

Die abwehrende Gruppe bekommt für die Abwehr nur dann einen Punkt, wenn eine 2. Ballberührung durchgeführt werden kann (Senkrechtpaß). Jeder Spieler führt 10 Angriffsschläge aus, danach werden die Positionen/Funktionen getauscht. Nach 30 Angriffen werden die Seiten gewechselt. Sieger ist die Gruppe mit den meisten Punkten

Handlungsziel

Die Spieler sollen den Einerblock und die Feldabwehr mit zurückgezogener Pos.VI als eine Abwehrformation erfahren und anwenden lernen, die vor allem eine optimale Abdeckung der Hinterzone gewährleistet. Weiterhin sollen sie lernen, unter Berücksichtigung der eigenen Fähigkeiten und der jeweiligen Spielsituation den Angriffsaufbau aus der Abwehr über Vorderspieler oder den 2. Paß aus der Hinterzone einzuleiten.

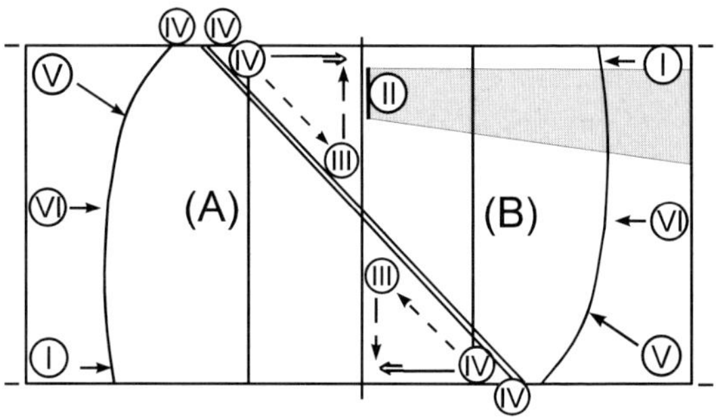

Abb. 192 a Abb. 192 b

Handlungshinweise

- Die Abwehrposition frühzeitig unter Berücksichtigung des Verhaltens von Angreifer und Blockspieler einnehmen.
- Je näher das Zuspiel am Netz ist und/oder je höher der Angreifer reichen kann, desto mehr bewege dich zur Abwehr nach vorne!
- Je weiter das Zuspiel vom Netz entfernt ist und/oder je geringer die Reichhöhe des Angreifers ist, desto weniger bewege dich nach vorne!

1. Variationen zur Spielform

(1) Der Angriff erfolgt über Pos.II (Abb. 193a).

Handlungshinweise

- Sichere deinen Mitspieler in schwierigen Abwehrsituationen, indem du dich zu ihm hin bewegst!
- Verständige dich per Zuruf in kritischen Situationen mit den Nebenspielern!

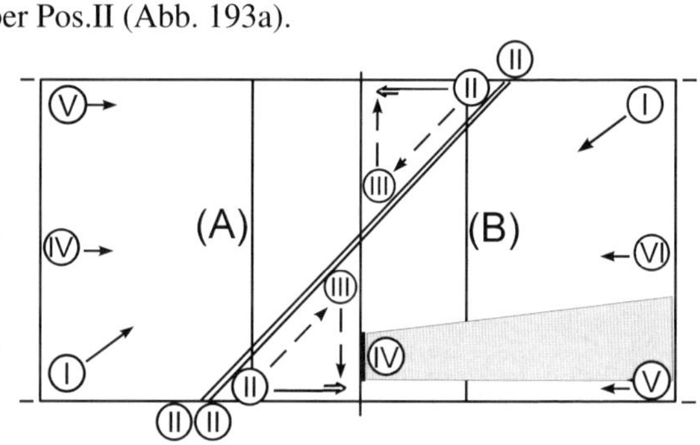

Abb. 193 a Abb. 193 b

(2) Abwehrspiel 4 gegen 4. Der 4. Spieler fungiert als Blockspieler bzw. Angreifer (Abb. 192 b).

(3) Variation (2), jedoch erfolgt der Angriff von Pos. II (Abb. 193 b).

Handlungshinweise

- Blockiere die Hauptschlagrichtung!
- Orientiere dich als Feldverteidiger am Blockschatten und verteidige außerhalb des Blockschattens!

(4) Abwehrspiel 5 gegen 5; Spielfeld: 9 x 9 m.
Eine 5er-Gruppe (ohne Spieler auf Pos. III) verteidigt gegen Angriffsschläge der anderen Gruppe, die im Wechsel von Pos. IV und II angreift (Abb. 194a/b). Die abwehrende Mannschaft erhält einen Zusatzpunkt, wenn sie mit drei Ballberührungen den Ball über das Netz zurückspielt und zwei Zusatzpunkte, wenn sie diesen Spielzug mit einem Angriffsschlag beendet.

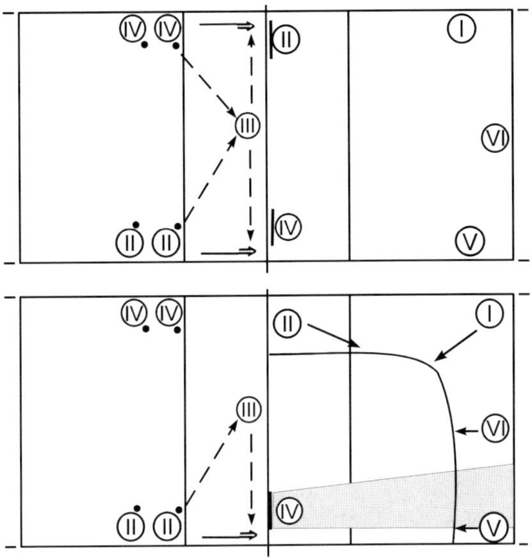

Abb. 194 a/b

Beobachtungshilfe

- Muß auf FF zurückgegriffen werden, weil sich Mängel in der Aufstellung bzw. im Zusammenspiel der Feldverteidiger zeigen?

2. Abwehrspiel 6 gegen 1 (vgl. Abb. 169)

Regeln: Der Angreifer auf Pos.IV muß nach seinem Angriffsschlag in die Abwehr wechseln, wenn er einen Fehler begeht bzw. so leicht angreift, daß die 6er-Gruppe den Ball direkt im Einerblock oder mit drei Ballberührungen zurückspielen kann. Dabei rotiert die 6er-Gruppe um eine Position, wobei der Angreifer zum Blockspieler auf Pos.II und der Vorderspieler III zum Angreifer werden (Abb. 195). Der erfolgreiche Angreifer bleibt in seiner Funktion.

(1) Es wird von Pos.II angegriffen (vgl. Abb. 188).

(2) Es wird sowohl von Pos.IV als auch von Pos.II angegriffen.

(3) Es wird von Pos.III nach Zuspiel von Pos.II angegriffen (vgl. Abb. 187).

(4) Es wird sowohl von Pos.III als auch von Pos.IV nach Zuspiel von Pos.II angegriffen.

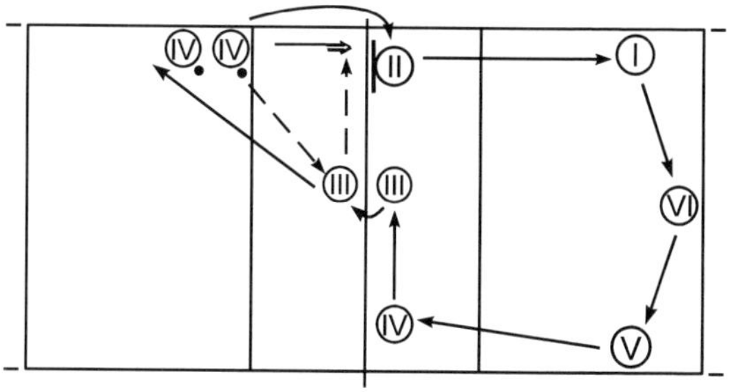

Abb. 195

Handlungshinweise

- Blockiert dein direkter Vorderspieler (II/IV), so bewege dich als Hinterspieler (I/V) entlang der Seitenlinie von hinten nach vorn in die Abwehrposition!
- Blockiert der diagonal zu dir stehende Vorderspieler (II/IV), so bewege dich als Hinterspieler (V/I) von außen nach innen zur Abwehrposition!
- Löse dich als blockfreier Vorderspieler II oder IV vom Netz hinter die Angriffslinie zur Feldverteidigung!
- Löse dich als blockfreier Vorderspieler auf Pos.III vom Netz und sichere deinen Nebenspieler im Block nah!
- Halte dich als Spieler auf Pos.III nach Einerblock oder Nahsicherung für die 2. Ballberührung bereit!

Beobachtungshilfen

- Wird aus der Block- und Feldabwehr häufiger über den Zuspieler am Netz oder über den Hinterspieler aus der Hinterzone aufgebaut?
- Werden im Spiel mehr Finten als Angriffsschläge angewendet?
- Hat die Einführung des LZs zu einer Steigerung der Abwehrleistung geführt?
- Hat die Einführung der Block- und Feldabwehr den Spielfluß und die Motivation der Spieler gesteigert?

3. Spiel 6 gegen 6; Spielfeld: 9 x 9 m.
Spielregeln mit Sonderregeln:

(a) Der Ball wird statt mit einem Aufschlag mit einem Angriffsschlag nach Zuspiel von Pos. III ins Spiel gebracht.
(b) Für jeden erfolgreichen Gegenangriff nach Abwehr wird ein Zusatzpunkt gegeben (Abb. 196).

(1) Spielform 3; Der Ball wird vom Trainer/ Lehrer/ Schüler von der Seitenlinie durch Zuwurf ins Spiel gebracht (Abb. 197). Hierbei erhält einen

Satz lang eine Mannschaft das Angriffsrecht. Jeder Fehler einer Mannschaft ist ein Punkt für die andere. Jede Mannschaft muß um eine Position rotieren, wenn sie einen Fehler begeht! Es werden 2 Sätze gespielt. Bei Satzgleichheit entscheidet das bessere Punktverhältnis.

(2) Spiel 6 gegen 6 nach Spielregeln
Die Annahme des Aufschlags kann sowohl im 5er-Riegel als auch im 6er-Riegel erfolgen.

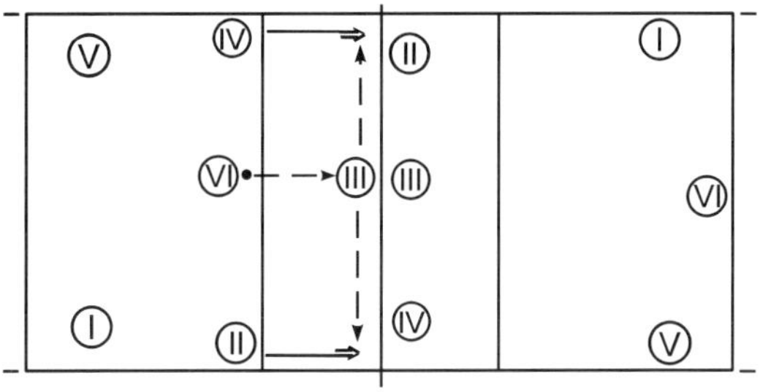

Abb. 196

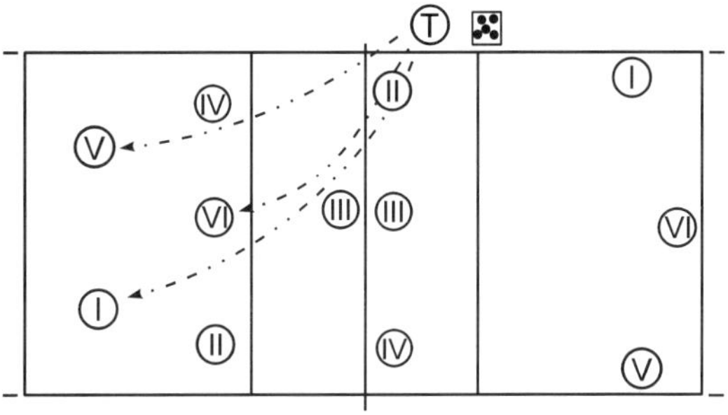

Abb. 197

Beobachtungshilfen

- Gelingt aufgrund falscher Grundstellung weder die Abwehr zum Zuspieler am Netz noch zur Feldmitte?
- Werden die drei Ballberührungen ausgenutzt, um nach Abwehr zu einem Angriff mit Angriffsschlag zu kommen?
- Nehmen die Abwehrspieler ihre Abwehrposition in Abhängigkeit zur Block- und Angriffssituation (z.B. Entfernung des Zuspiels zum Netz, Reichhöhe/ Anlaufrichtung des Angreifers) ein?

Lernkontrolle

1. Beantwortung von Testfragen (u.U. mit Hilfe von Skizzen) zu:
   a) den verschiedenen Aufstellungen der Feldabwehr bei Einerblock auf Pos.II, III und IV,
   b) der Bedeutung des Blockschattens,
   c) den Abwehrbereichen und Funktionen der einzelnen Spieler,
   d) den Möglichkeiten des Überganges von der Abwehr zum Angriff.
2. Freie Spiel- und Spielerbeobachtung zur Block- und Feldabwehr mit zurückgezogener Pos.VI unter Berücksichtigung der o.a. Aspekte a-d!

Fehleranalyse/-korrektur zur Block- und Feldabwehr

Fehler bzw. Mängel in der Ausführung des 1. Passes im Abwehrbagger, die auf mangelnde Bewegungs- und/oder Zielgenauigkeit zurückzuführen sind

Lösungsmöglichkeiten
siehe dazu die FF der 1. LE.

Fehler bzw. Mißverständnisse im Zusammenspiel der Feldverteidiger

Lösungsmöglichkeiten
- Übungsformen mit Abwehr von Angriffsschlägen durch mindestens zwei Abwehrspieler. Hierbei werden die Bälle bewußt zwischen die Spieler geworfen/geschlagen (Abb. 198).
- Siehe hierzu auch FF der 2. LE des LZ 2 und des LZ 3 bzgl. Fehlern und Lösungsmöglichkeiten im Zusammenwirken der Annahme- und Abwehrspieler.

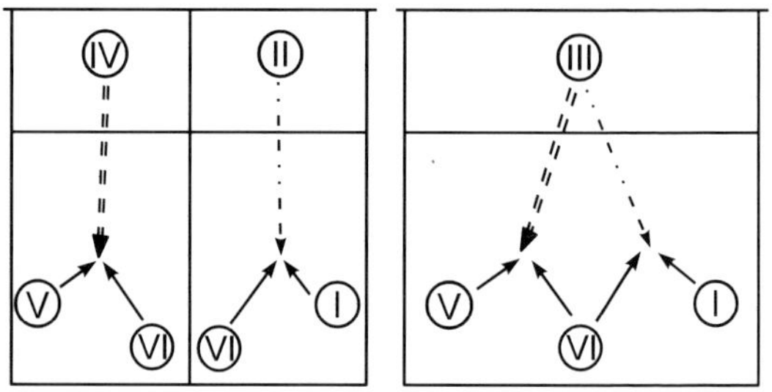

Abb. 198 a/b

Fehler in der Mannschaftsaufstellung mit Einerblock bei Block- und Feldabwehr mit zurückgezogener Pos.VI
- Die Abwehrbereiche sind den Spielern nicht klar.
- Die Feldverteidiger postieren sich ungleichmäßig und nicht im Halbkreis.
- Die Feldverteidiger orientieren sich nicht am Blockschatten und stehen im Blockschatten.
- Die Vorderspieler, die nicht am Block beteiligt sind, lösen sich nicht rechtzeitig bzw. nicht weit genug vom Netz.

Lösungsmöglichkeiten

- Erneute theoretische Auseinandersetzung mit der Block- und Feldabwehr bei Einerblock auf den verchiedenen Netzpositionen einschließlich der Möglichkeiten des Überganges von der Abwehr zum Angriff anhand von Medien.
- Erneute Erarbeitung und Diskussion der Funktionen der einzelnen Spieler in der Abwehrformation.
- Übungsformen mit Einsatz von Hilfsgeräten (Blocker, Spieler auf Kasten usw.), wobei Angriffsschläge zunächst gezielt auf einzelne, später auf wechselnde, dann auf beliebige Positionen geschlagen werden (Abb. 199a/b).

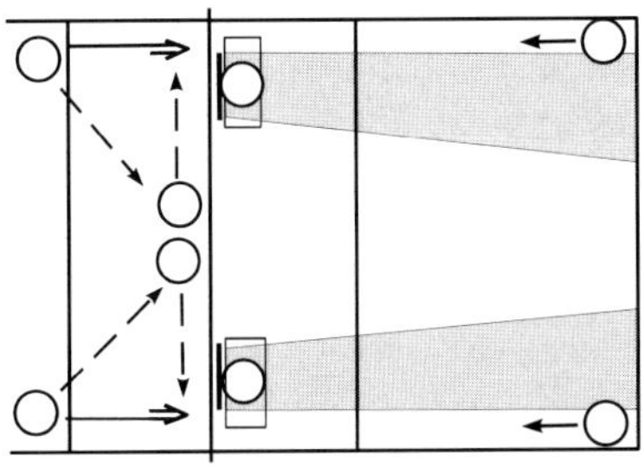

Abb. 199 a/b

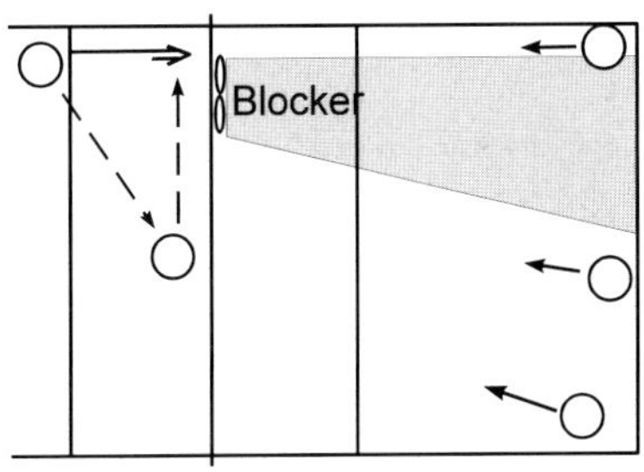

Abb. 199 a/b

LERNZIEL 9: ZUSPIEL ÜBER KURZE UND LANGE DISTANZ 5ER-RIEGEL MIT ANGRIFFSAUFBAU ÜBER VORDERSPIELER AUF POS. II

Abb. 200

Sachanalyse

Der ***5er-Riegel mit Angriffsaufbau über Vorderspieler II*** (Inhalt der 2. LE) stellt eine ***Erweiterung des positionsgebundenen Angriffsaufbaus*** dar. Hierbei ist der Vorderspieler auf Pos.II aus dem Riegel herausgelöst und fungiert als Zuspieler in der Vorderzone (Abb. 200).

Im Vergleich zum Angriffsaufbau über Pos.III stellt der Angriffsaufbau über Pos.II aus dem 5er-Riegel *HÖHERE TECHNISCHE UND TAKTISCHE ANFORDERUNGEN* an die Spieler, da sowohl bei der Annahme und Weitergabe des Balles als auch beim Zuspiel längere Ballwege gegeben sind. Die Beherrschung zielgenauer weiter Diagonal- und Parallelpässe ist Voraussetzung für eine sinnvolle Anwendung dieser Form des Angriffsaufbaus. Diese Voraussetzungen werden in der 1. LE angesprochen.

Wenn die o.g. Voraussetzungen gegeben sind, weist der Angriffsaufbau über Pos. II folgende *VORTEILE* auf:

- Der Zuspieler hat Aufschläger, Annahmespieler und Angreifer gut im Blick und kann somit individualtaktisch sinnvoll agieren.
- Beide Angreifer können mit frontalem Zuspiel angespielt und Rechtshänder günstig von der Schlagseite eingesetzt werden.
- Die Beobachtung des Gegnerverhaltens, insbesondere der Blockspieler, ist für den Zuspieler leicht möglich; infolgedessen lassen sich Angriffskombinationen günstig und variabel gestalten.

Nachteilig, insbesondere bei ungenauem 1. Paß, ist jedoch, daß die Gegenspieler den Angriffsort meist früh erkennen und die Blockspieler dementsprechend leicht einen Doppelblock bilden können. Dies wird auch dadurch erleichtert, daß in solchen Situationen noch nicht die gesamte Netzbreite für den Angriff ausgenutzt werden kann.

Die o.g. Ausführungen gelten uneingeschränkt auch für den *Angriffsaufbau über Vorderspieler IV*. Dieser ist nur dann zu empfehlen, wenn sich linkshändige Angreifer auf Pos.III und/oder II befinden.
Grundsätzlich kann der Angriffsaufbau über Pos.II als Vorbereitung des Läuferspiels aus dem 5er-Riegel angesehen werden, da auch hier der Zuspieler (Läufer) aufgrund der Zuspielposition zwischen II und III mit zwei Angreifern im Blickfeld agiert.

1. LERNEINHEIT: ZUSPIEL ÜBER KURZE UND LANGE DISTANZ

Bewegungsablauf

Die Ausführungen zum oberen und unteren Zuspiel (vgl. LZ 1) beziehen sich auf das Zuspiel über eine mittlere Entfernung (ca. 3-5 m). Erfolgen Pässe über kürzere oder längere Distanzen, so führt dies im wesentlichen zu einer ***Veränderung der Impulsgebung***, d.h. zu unterschiedlichem Einsatz der Ganzkörperstreckung.

Beim ***oberen Zuspiel frontal über eine kurze Entfernung*** wird der Impuls aus den Armen und Beinen verringert. Dabei kann sogar die Beinstreckung ganz entfallen; beim ***Zuspielbagger über eine kurze Distanz*** wird der Impuls aus den Armen und Beinen verringert. Hierbei wiederum kann der Armeinsatz ganz entfallen. Wird das ***obere Zuspiel über lange Entfernung*** ausgeführt, so bedingt dies eine verstärkte Impulsgebung aus Armen und Beinen und/oder eine zügige, explosive Bewegungsausführung. Voraussetzung für die stärkere Ganzkörperstreckung ist eine größere Beugung in Armen und Beinen vor der Ballberührung. Beim ***Zuspielbagger über lange Distanz*** führt der Spieler eine stärkere Beugung und Streckung der Beine aus. Je nach Situation, vor allem aber in Abhängigkeit zur Geschwindigkeit des anfliegenden Balles, gibt der Spieler durch einen betonteren Armeinsatz einen zusätzlichen Impuls.

Beim oberen und auch unteren Zuspiel muß weiterhin beachtet werden, daß beim *Zuspiel über lange Entfernung die* ***Ganzkörperstreckung mehr nach vorne oben*** als nach oben vorne ausgerichtet ist. Umgekehrt verhält es sich bei *PÄSSEN ÜBER KURZE DISTANZ* bzw. senkrecht hochzuspielenden Bällen; hierbei erfolgt die ***Ganzkörperstreckung*** (wenn überhaupt) ***fast ausschließlich nach oben***.

Erläuterung

Die Handlungsabsicht des Gegners, durch Angriffe in die Hinterzone den Angriffsaufbau zu verhindern oder zu erschweren, erfordert von Annahme- und Abwehrspielern die Fähigkeit, den Zuspielbagger auch über weite Distanzen zielgenau in die Vorderzone ausführen zu können, um eine günstige Angriffssituation zu schaffen. Genauso muß der Spieler in der Lage sein, zielgenaue Pässe über kurze Entfernungen zu spielen, vor allem, wenn der Gegner den Ball kurz auf Lücken in die Vorderzone spielt.

Kurze wie lange Pässe im oberen Zuspiel muß der Spieler beherrschen, um zum einen den Nebenspieler als Angreifer und zum anderen bei Zuspiel zu den Außenpositionen II und IV und bei 2. Paß aus der Hinterzone weit entfernte Angreifer einsetzen zu können (Abb. 201).

Abb. 201

Spielform: Dreieckspiel; Spielfeld: 6 x 4,5 m
Die drei Spieler besetzen die Positionen VI/II und IV und spielen sich den Ball im oberen Zuspiel zu (Abb. 202). Sieger ist die Gruppe mit der längsten Serie von Ballberührungen in 3 (5) min.

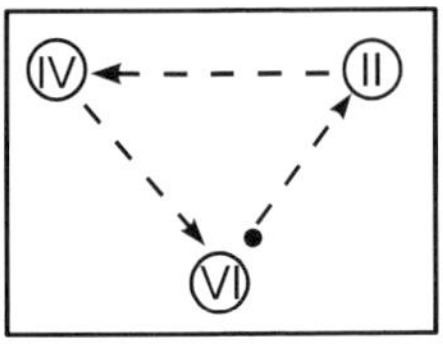

Abb. 202

Handlungsziel

Der Spieler soll den Ball über die gesamte Tiefe und Breite des Feldes zielgenau spielen können. Um ein paralleles Zuspiel von allen Netzpositionen zu ermöglichen, soll der erste Pässe aus allen Positionen des Feldes in die Vorderzone baggern können. Um alle Vorderspieler von jeder Zuspielposition als Angreifer einsetzen zu können, soll er zweite Pässe über die gesamte Netzbreite pritschen können.

Handlungshinweise

- Je länger der Paß gespielt wird, desto intensiver ist deine Ganzkörperstrekkung!
- Drehe dich vor Ballberührung in Abspielrichtung!
- Spiele hoch und zielgenau zum Partner!
- Nimm vor Abspiel eine tiefe Spielstellung ein!
- Führe die Ganzkörperstreckung zügig nach vorne oben durch!
- Erleichtere dem Partner das Weiterspielen des Balles, indem du ihn nicht überspielst!
- Beobachte den Flug des Balles nach Abspiel: Eine starke Rotation des Balles deutet auf Fehler in der Bewegungsausführung hin, vor allem in bezug auf die Trefffläche!

Beobachtungshilfe

- Ist erkennbar, daß bei langen Pässen im Zuspielbagger die Beinbeugung/-streckung, bei Langpässen im oberen Zuspiel sowohl Arm- als auch Beinbeugung/-streckung ausgeprägter sind?

1. Variationen zur Spielform

(1) Der Paß von Pos.IV bzw. II auf VI wird so gespielt, daß Pos.VI einen Zuspielbagger durchführen muß.

(2) Spielform und Variation (1), jedoch werden die Positionen V, II und IV (Abb. 204 a), danach I, II und IV besetzt (Abb. 204 b).

(3) Spielform und Variationen mit vier Spielern und Nachlaufen (Abb. 203).

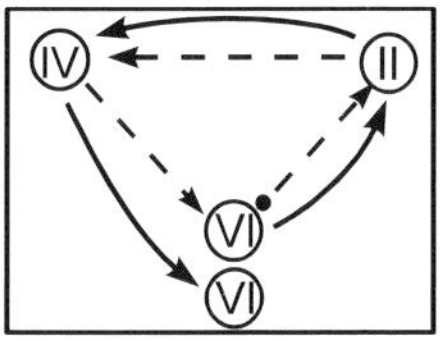

Abb. 203

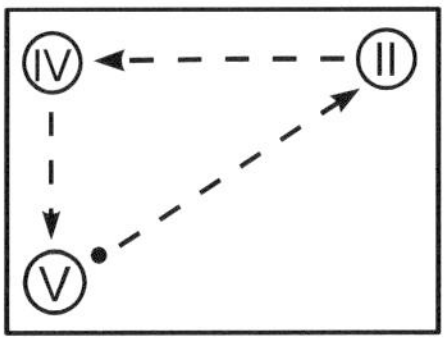

Abb. 204 a

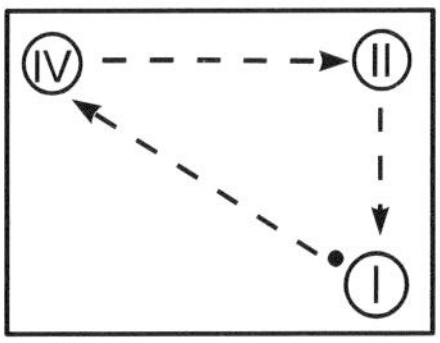

Abb. 204 b

(4) Dreieckspiel in der 4er-Gruppe
Die Spieler besetzen die Positionen I, V, IV und II. Der 1. Paß wird von einem der Hinterspieler mit Zuspielbagger diagonal ans Netz und der 2. Paß im oberen Zuspiel parallel zum Netz gespielt. Der 3. Paß wird so im oberen Zuspiel auf einen der Hinterspieler gespielt, daß dieser wieder das untere Zuspiel anwenden muß usw. (Abb. 205 a). Anschließend Dreieck-

spiel mit fünf Spielern und Nachlaufen (Abb. 205 b).

(5) Spielform und Variationen, jedoch auf breiterem oder/ und tieferem Spielfeld:

a) 4,5 x 6 m b) 6 x 6 m
c) 3 x 9 m d) 6 x 9 m
e) 9 x 4,5 m f) 9 x 6 m g) 9 x 9 m

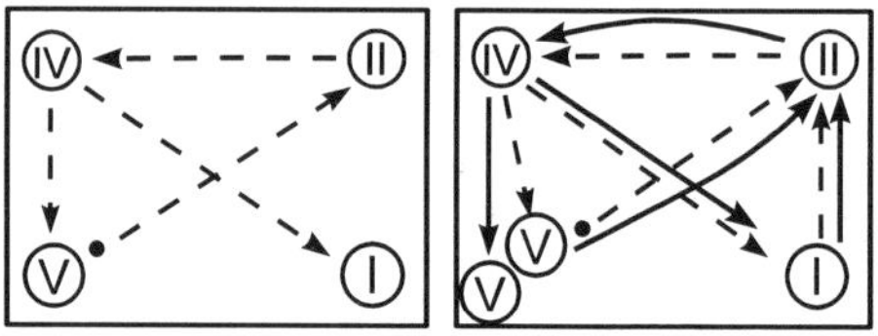

Abb. 205 a/b

Beobachtungshilfen

- Muß auf FF zurückgegriffen werden, weil sich Ungenauigkeiten in der Ausführung von kurzen und langen Pässen im oberen bzw. unteren Zuspiel zeigen?
- Ist erkennbar, daß bei Pässen über kurze Distanz die Ganzkörperstreckung verringert wird bzw. entfällt?
- Ist erkennbar, daß die Ganzkörperstreckung nicht nur in Abhängigkeit zur Länge des Passes, sondern auch in Abhängigkeit zur Geschwindigkeit des anfliegenden Balles angepaßt wird?
- Ist die Bedeutung des Spielens mit diagonalem und parallelem Paß als Grundform des Volleyballspiels erkannt und umgesetzt?

2. Spiel 3 mit 3; Spielfeld: 6 x 4,5 m

Aufstellung wie in der Spielform, jedoch wird die 3. Ballberührung über das Netz zum Hinterspieler durchgeführt. Sieger ist die 6er-Gruppe mit der längsten Serie von Netzüberquerungen.

(1) Spiel 3 mit 3 bzw. 4 mit 4 entsprechend der Aufstellung und Ausführung der Variationen (1) bis (5) der Spielform.

(2) wie (1), jedoch müssen die Spieler nach jeder Netzüberquerung um eine Position rotieren (ausgenommen sind die Variationen der Spielform mit Nachlaufen wie z.B. (3)).

3. Spiel 3 gegen 3; Spielfeld: 6 x 4,5 m

Nach Spielregeln mit Sonderregeln: Der Ball kann statt mit Aufschlag mit oberem Zuspiel ins Spiel gebracht werden. Zwei Ballberührungen sind vorgeschrieben. Die Annahme erfolgt im 3er-Riegel (vgl. Abb. 74a).

(1) Spiel 3 gegen 3, jedoch auf Spielfeld 6 x 6 m, dann auf Feld 4,5 x 9 m.

(2) Spiel 4 gegen 4
Spielfeld: 6 x 6 m, später 4,5 x 9 m und 6 x 9 m; die Annahme erfolgt im 4er-Riegel (vgl. Abb. 74c).

3) Spiel 5 gegen 5
Spielfeld: 6 x 9 m, später 9 x 6 m und 9 x 9 m, die Annahme erfolgt im 5er-Riegel (Abb. 206).

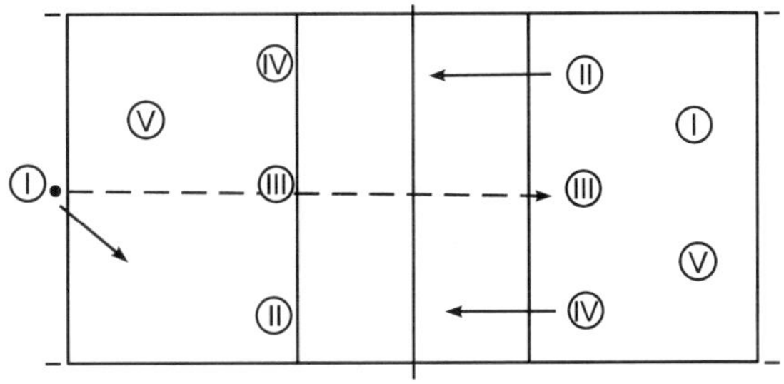

Abb. 206

Handlungshinweise

- Nimm nach eigenem Angriff schnell wieder deine Stellung im 3er-Riegel ein!
- Beobachte vor Ausführung der 3. Ballberührung das Verhalten des Gegenspielers, um frühzeitig Hinweise für Richtung, Art und Weite seines Angriffs zu erhalten!
- Beobachte vor Ausführung der 1. und 2. Ballberührung Stellung und Beugung/Streckung des Partners/Gegenspielers, um frühzeitig Hinweise für Richtung, Art und Weite des Zuspiels zu erhalten!
- Sei auch als Hinterspieler stets bereit, die 2. Ballberührung durchzuführen!
- Spiele den Ball übers Netz nicht auf die Gegenspieler!
- Spiele schwierig anzunehmende Bälle vorwiegend hoch!

Lernkontrolle

1. Kann jeder Spieler bei 10 Versuchen wenigstens dreimal in einen mindestens 6 m entfernten Zielring (Reifen) pritschen? Der Zielring befindet sich auf Position IV, ist in 3 m Höhe waagerecht aufgestellt und hat einen Durchmesser bis zu 1 m. Der Spieler steht auf Position II und wirft sich den Ball selbst zum Pritschen an (Abb. 207).

2. Kann jeder Spieler bei 10 Versuchen wenigstens fünfmal auf eine mindestens 6 m entfernte Zielposition baggern? Das Ziel stellt ein Spieler auf einer Matte (2 x 2 m) zwischen den Positionen II und III dar. Der Spieler steht auf Position V und erhält von einem Partner auf Position IV gleichmäßig Bälle hüfthoch zugeworfen, die er über eine 3 m hohe Leine auf Höhe der Angriffslinie zum Zielort baggern muß. Erfolgreich ist nur der Bagger, der es dem Spieler auf der Matte ermöglicht, den Ball in Pritschhaltung zu fangen, ohne die Matte zu verlassen (Abb. 208).

Abb. 207

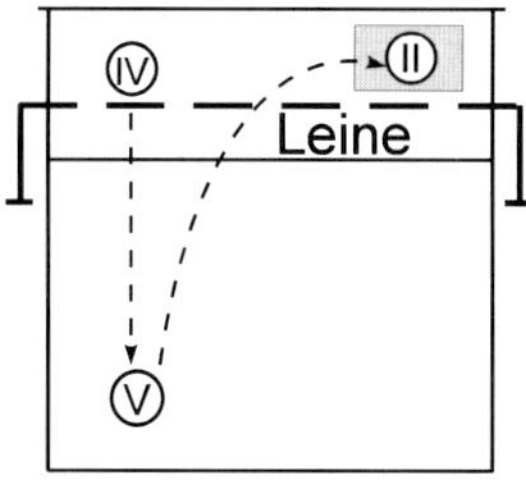

Abb. 208

Fehleranalyse/-korrektur zu Kurz- und Langpässen

Fehler in der Impulsgebung und im Körper-Ball-Verhältnis bei langen Pässen im oberen Zuspiel

- Spieler steht unter statt hinter/unter dem Ball.
- Spieler trifft den Ball unter Kopfhöhe statt in Stirnhöhe vor dem Körper.
- Spieler nimmt vor Ballberührung eine zu aufrechte Spielhaltung ein, statt aus einer ausgeprägten Bein- und Armbeugung eine zügige Ganzkörperstreckung einzuleiten.
- Ganzkörperstreckung setzt zeitlich zu spät ein.

Lösungsmöglichkeiten

- Übungsformen, bei denen eine betonte Beugehaltung vor Abspiel, z. B. durch Berühren des Bodens mit den Händen, eingenommen wird, um eine ausgeprägte Ganzkörperstreckung zu erreichen.
- Pritschen des selbst angeworfenen Balles auf hohe Ziele, zunächst aus mittlerer, später weiterer Entfernung.
- Pritschen von zunächst hoch zugeworfenen, später flacher zugeworfenen Bällen auf hohe Ziele aus mittlerer, später weiterer Entfernung.
- Partnerweise Zupritschen des Balles über eine hohe Leine/Netz mit allmählicher Vergrößerung der Abstände.
- Werfen und Pritschen von schwereren Bällen auf hohe und/oder weite Ziele.
- Ansonsten siehe FF zum oberen Zuspiel frontal (1. LE/LZ 1).

Fehler in der Impulsgebung und im Körper-Ball-Verhältnis bei langen Pässen im Zuspielbagger

- Spieler setzt mehr die Arme als die Beine ein statt umgekehrt.
- Spieler baggert den Ball zu tief und/oder zu dicht am Körper statt hüfthoch in Armlänge vor dem Körper.
- Beinstreckung setzt zu spät ein.

Lösungsmöglichkeiten

- Übungsformen, in denen - wie vorher zum oberen Zuspiel -an-/zugeworfene und zugespielte Bälle auf hohe und/oder weite Ziele mit Abstandsveränderung gebaggert werden, unter Betonung der Beinbeugung und -streckung.
- Ansonsten siehe FF zum unteren Zuspiel (2. LE/LZ 1).

2. LERNEINHEIT: 5 ER-RIEGEL MIT ANGRIFFSAUFBAU ÜBER VORDERSPIELER AUF POS.II

Handlungsablauf

Der 5er-Riegel mit Angriffsaufbau über Vorderspieler auf Pos.II entspricht in seiner Formation und seinen Aufgabenbereichen dem mit Angriffsaufbau über Vorderspieler auf Pos.III.

Der Unterschied besteht nur darin, daß der Riegel mit anderen Spielern/Positionen gebildet wird (Abb. 209): Die ***vordere Annahmelinie*** bilden die ***Spieler IV, III und I***, da die Position II vorgezogen am Netz als Zuspieler fungiert. Die ***hintere Linie*** bilden auf Lücke stehend die ***Spieler V und VI*** (vgl. Abb. 200). Der ***Zuspieler auf Pos.II*** setzt den Angreifer auf Pos.III mit hohem bis halbhohem Paß über mittlere Entfernung (3-4 m) und den Angreifer auf Pos. IV mit hohem Paß über weite Distanz (7-8 m) ein (Abb. 210). Ansonsten gelten analog die Ausführungen zum 5er-Riegel im LZ 7/LE 2.

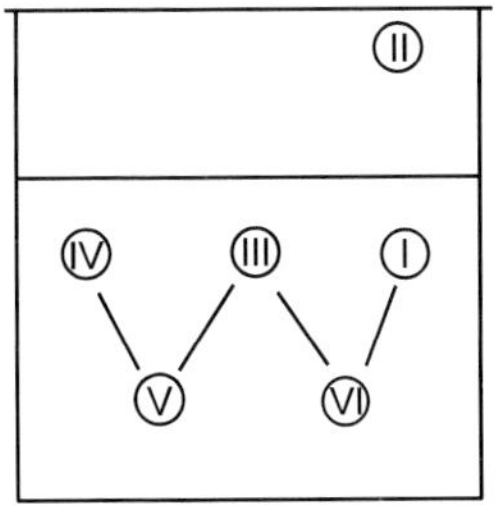

Abb. 209

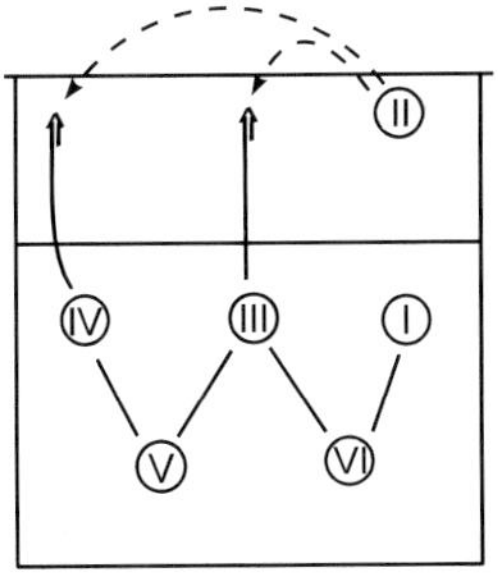

Abb. 210

Erläuterung

Bei gegnerischerem Aufschlag bilden die Spieler der Positionen IV, III und I die erste Annahmelinie, die der Positionen V und VI die zweite Annahmelinie des 5er-Riegels. Der Spieler auf Pos.II ist aus dem Riegel herausgelöst und befindet sich als Zuspieler am Netz. Die Annahme und Weitergabe des Aufschlags erfolgt positionsgebunden auf den Zuspieler auf Pos.II, der mit Parallelpaß über mittlere Distanz den Spieler auf Pos.III oder über weite Distanz den Spieler auf Pos.IV zum Angriff einsetzt (Abb. 211).

Abb. 211

Spielform: Spiel 3 mit 3; (Abb. 212)
Spielfeld: 6 x 4,5 m
Drei Ballberührungen sind vorgeschrieben, wobei die dritte Ballberührung als Sprungabspiel bzw. Angriffsfinte durchgeführt wird. Der Ball wird durch oberes Zuspiel ins Spiel gebracht; nach Unterbrechung rotieren die Gruppen. Sieger ist die 6er-Gruppe mit der längsten Serie von Netzüberquerungen.

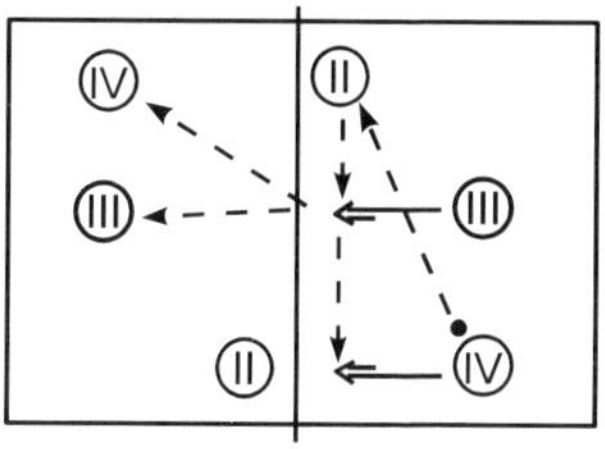

Abb. 212

Handlungsziel

Die Spieler sollen den 5er-Riegel mit Steller II als eine Erweiterung des positionsgebundenen Angriffsaufbaus über Vorderspieler kennen und anwenden lernen, bei der der Zuspieler beide Angreifer mit frontalem Paß einsetzen kann. Er soll befähigt werden, unter Berücksichtigung der Qualität des 1. Passes und des Verhaltens der Angreifer, diese situationsgerecht zum Angriffsschlag einzusetzen.

Handlungshinweise

- Spiele so zu, daß eindeutig ist, welcher der beiden Angreifer eingesetzt werden soll!
- Spiele dem Angreifer auf Pos.III den Ball hoch bzw. halbhoch über mittlere Distanz zu!

- Spiele dem Angreifer auf Pos.IV den Ball hoch über weite Distanz zu!
- Beuge und strecke dich als Zuspieler bei Langpässen ausgeprägter!
- Spiele als Annahmespieler den Zuspielbagger über weite Distanz möglichst frontal mit betonter Beinstreckung!

Beobachtungshilfe

- Muß auf FF zurückgegriffen werden, weil der 1. Paß nicht genau zum Zuspieler kommt bzw. das hohe und weite Zuspiel zum Angreifer Mängel aufweist?

1. Variationen zur Spielform

(1) Spiel 4 mit 4 (Abb. 213); Spielfeld: 6 x 6 m.

(2) Die Spielform und Variation (1) mit der Sonderregel, daß nach jeder Netzüberquerung des Balles die Spieler um eine Position rotieren.

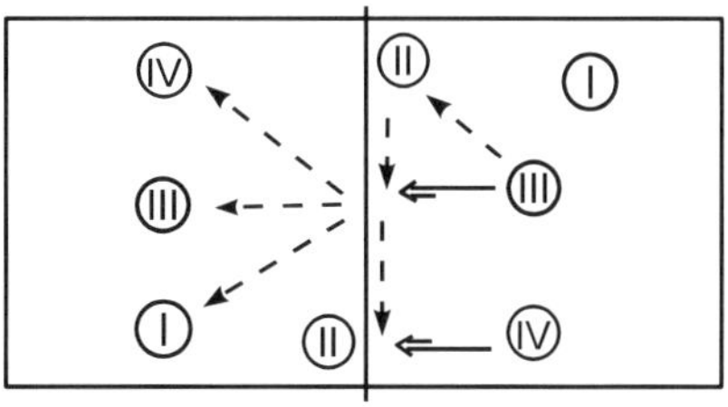

Abb. 213

2. Zielschmettern von Pos.IV nach Zuspiel von Pos.II

(Abb. 214 a)

Durchführung entsprechend der Spielform 3 und Variation (1) der 2. LE/LZ 4 (S. 98).

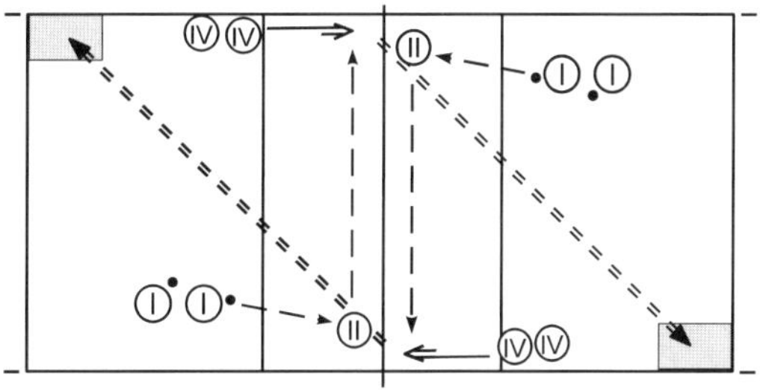

Abb. 214 a

(1) Zielschmettern von Pos. III nach Zuspiel von Pos.II (Abb. 214b) Spielfeld: 4,5 x 9 m.

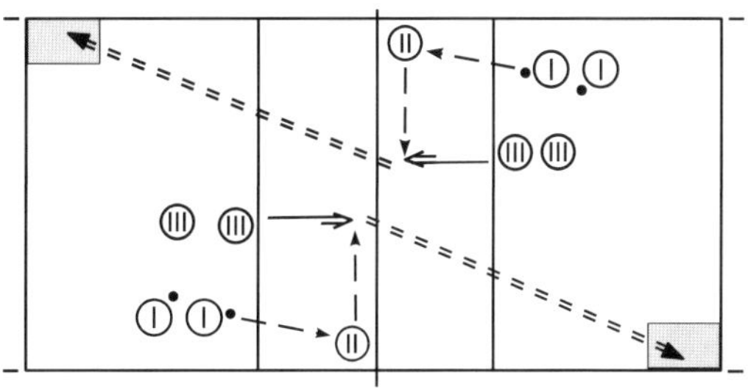

Abb. 214 b

3. Spiel 4 gegen 4 (Abb. 215 a), später Spiel 3 gegen 3 (Abb. 215 b)

Durchführung entsprechend der Spielform 4 und Variation (1) der 2. LE/LZ 4 (S. 98).

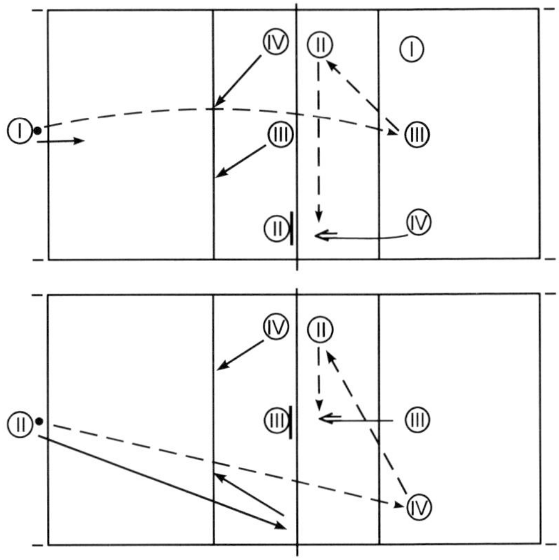

Abb. 215 a/b

Handlungshinweise

- Spiele Langpässe nach abgeschlossener Körperdrehung aus tiefer Beugung frontal zu!
- Laufe als Angreifer bei hohem Zuspiel über weite Distanz erst dann an, wenn der Ball etwa den höchsten Punkt der Flugbahn erreicht hat!

Beobachtungshilfen

- Ist dem Hinterspieler auf Pos.I klar, daß er in die erste Annahmelinie des Riegels aufrückt, da Vorderspieler II als vorgezogener Zuspieler fungiert?
- Zeigt sich eine Verbesserung im Zusammenwirken des Zuspielers mit den beiden Angreifern, weil er deren Verhalten gut beobachten und sie beide mit frontalem Zuspiel einsetzen kann?
- Muß das Zusammenspiel von Zuspielern und Angreifern gesondert geschult werden, weil zu einseitig Angreifer IV oder III eingesetzt werden?

4. Spiel 2 mit 6 (Abb. 216 a/b)

Durchführung entsprechend der Spielform und den Variationen (1) bis (4) der 2. LE/LZ 7 (S. 153).

Beachte zur Variation (1): Der Zusatzpunkt wird für erfolgreichen Angriffsschlag von Pos.IV nach Zuspiel von Pos.II gegeben!

Handlungshinweise

- Spiele den 1. Paß hoch und nicht zu dicht ans Netz auf Pos.II!
- Spiele den 1. Paß eher vor als hinter den Zuspieler!
- Stelle besonders bei ungenauen 1. Pässen den Ball hoch und nicht zu dicht ans Netz!
- Mache dich als Zuspieler akustisch bemerkbar!

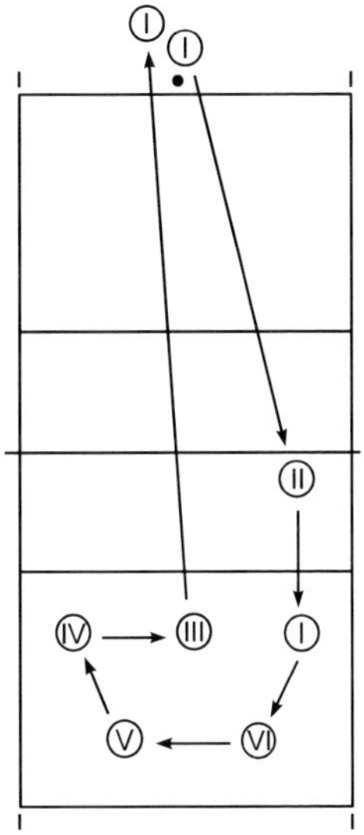

Abb. 216 a

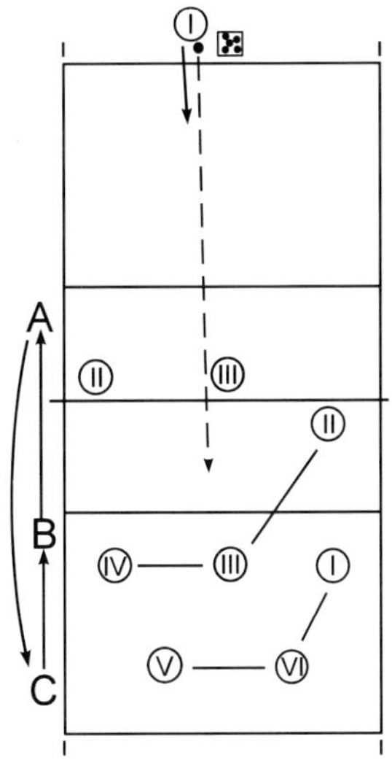

Abb. 216 b

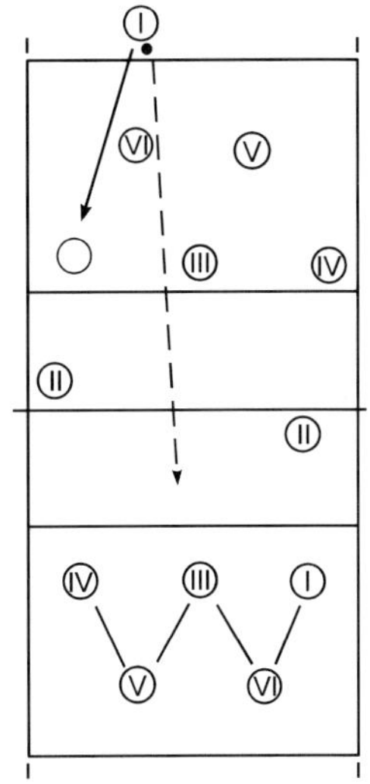

Abb. 217

5. Spiel 6 mit 6 (Abb. 217)

Durchführung entsprechend der Spielform 2 und den Variationen (1) und (2) der 2. LE/LZ 7 (S. 154).

6. Spiel 6 gegen 6 (Abb. 218 a/b)

Durchführung entsprechend der Spielform 3 und den Variationen (1) bis (4) der 2. LE/LZ 7 (S. 154).

Beachte zur Variation (1): Der Zusatzpunkt wird bei erfolgreichem Angriffsschlag nach Langpaß von Pos.II gegeben.

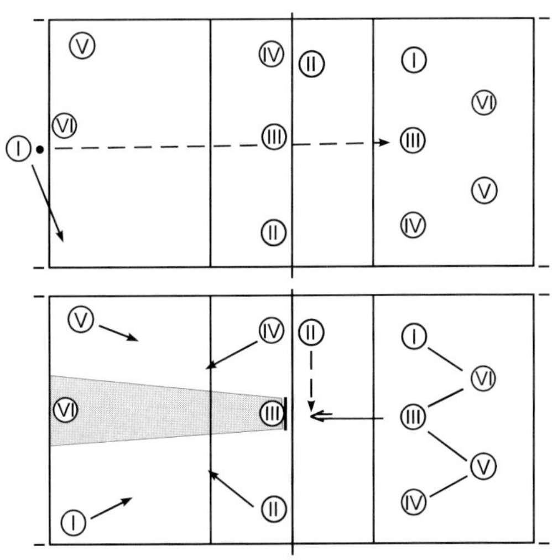

Abb. 218 a/b

Beobachtungshilfen

- Zeigen sich beim Angriffsaufbau aus dem 5er-Riegel über Steller II mehr Mängel bzw. Schwierigkeiten als bei Angriffsaufbau über Steller III?
- Sind die veränderte Besetzung der Positionen im Riegel wie auch der veränderte Übergang zum Angriff verstanden und umgesetzt?

Lernkontrolle

1. Beantwortung von Testfragen (u.U. mit Hilfe von Skizzen) zu:
   a) den Abwehrbereichen und Funktionen der Spieler im Riegel,
   b) den Voraussetzungen und dem Handlungsablauf des positionsgebundenen Angriffsaufbaus über Steller II,
   c) zu den Vor- und Nachteilen des Angriffsaufbaus über Steller II im Vergleich zu Steller III,
   d) zu den Vor- und Nachteilen des positionsgebundenen Angriffsaufbaus aus dem 5er-Riegel im Vergleich zum situationsgebundenen Angriffsaufbau aus dem 6er-Riegel.
2. Freie Spielbeobachtung zum 5er-Riegel mit Angriffsaufbau über Pos.II unter Berücksichtigung der Aspekte a-d.

Fehleranalyse/-korrektur zum 5er-Riegel

Alle im LZ 7/2. LE gemachten Ausführungen zum o.g. Bereich gelten auch für diese Lerneinheit. Allerdings sind die Annahme und Weitergabe des Balles auf Zielposition II statt auf Pos.III und die veränderte Bildung des 5er-Riegels zu berücksichtigen.

Fehler in der Ausführung des 1. Passes, die auf mangelnde Bewegungs- und Zielgenauigkeit zurückzuführen sind

Lösungsmöglichkeiten

- Übungsformen zur Verbesserung des unteren Zuspiels über mittlere und weite Distanz der 1. LE.
- Übungsformen, in denen vor allem auf Pos.IV und V gespielte Bälle angenommen, zur Pos.II weitergegeben und später mit Zuspiel und Angriff verbunden werden (Abb. 219-222).

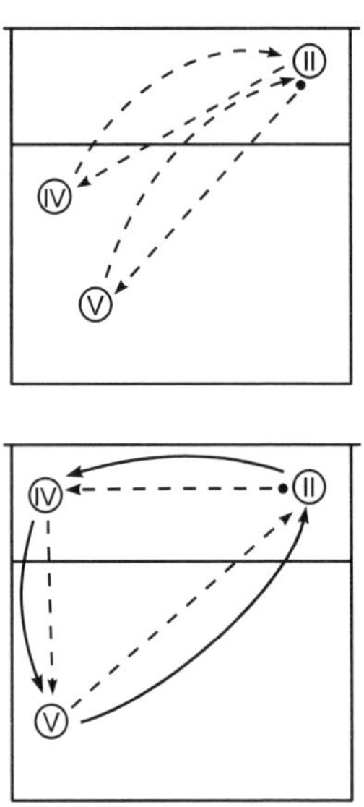

Abb. 219 a/b

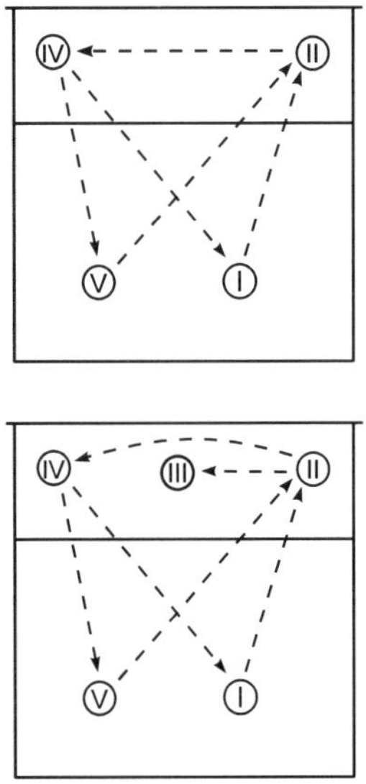

Abb. 220 a/b

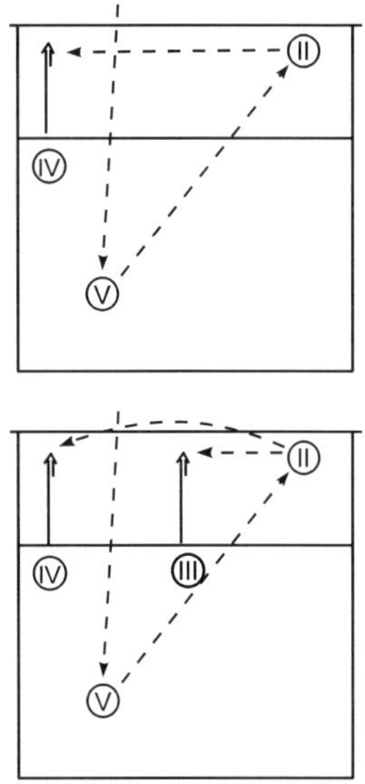

Abb. 221 a/b

Fehler in der Ausführung des Zuspiels, die auf mangelnde Bewegungs- und Zielgenauigkeit zurückzuführen sind

- Das Zuspiel auf Pos.IV ist zu flach bzw. zu kurz.
- Der Angreifer auf Pos.III wird überspielt.
- Die Angreifer auf Pos.IV und III behindern sich im Angriff aufgrund der o.g. Fehler.

Lösungsmöglichkeiten

- Übungsformen mit Pässen über mittlere und weite Distanz (Abb. 222 und 223).
- Übungsformen unter Hinzunahme des Angriffs zunächst ohne Aufschläge, später mit Aufschlagannahme (vgl. Abb. 221).

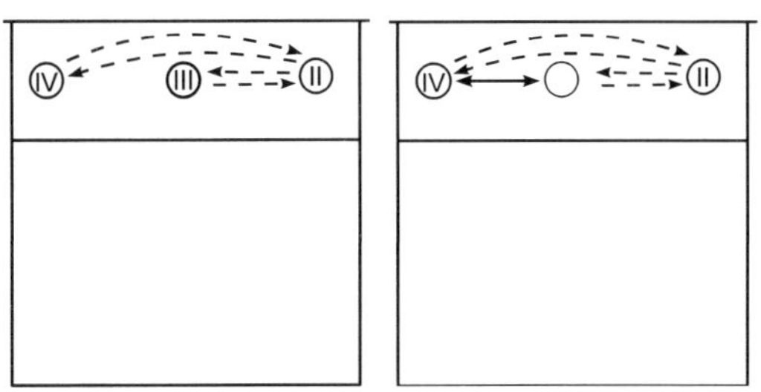

Abb. 222 a/b

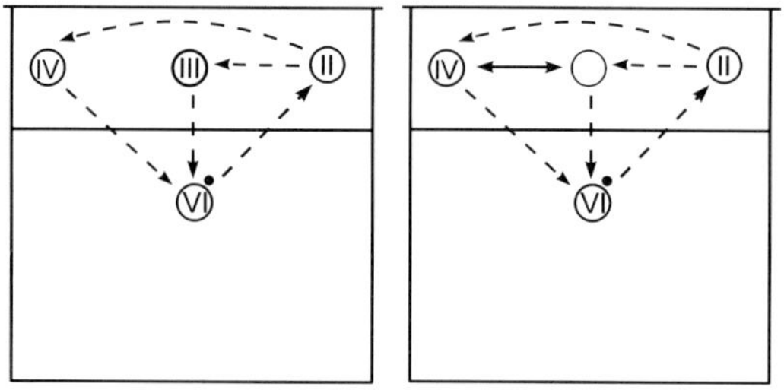

Abb. 223 a/b

Fehler in der Aufstellung im Riegel

- Der Spieler auf Pos.I nimmt nicht in der ersten Annahmelinie seine Aufstellung ein.
- Der Spieler auf Pos.III steht rechts außen in der ersten Annahmelinie statt in der Mitte.

Lösungsmöglichkeiten

Erneute Erarbeitung/Diskussion der Funktionen der Spieler im Riegel.

LERNZIEL 10: DOPPELBLOCK - BLOCK UND FELDABWEHR MIT VORGEZOGENER POS.VI

Abb. 224

Sachanalyse

1. Aufbauend auf dem bereits erlernten Einerblock (LZ 6) soll in der 1. LE der Doppelblock eingeführt werden, wobei das Zusammenwirken der Blockspieler untereinander den Schwerpunkt darstellt. Mit der Einführung weiterer Angriffsvariationen und des positionsgebundenen Angriffsaufbaus über Vorderspieler (vgl. LZ 7 und 9) ist eine Verstärkung der Grundsituation Zuspiel - Angriff zu erwarten. Daher ist eine Verbesserung der ersten Grundsituation anzustreben. Dies soll zunächst durch die Einführung des Doppelblocks erreicht werden. Im Vergleich zum Einerblock ist der ***Doppelblock*** ein wesentlich wirksameres Abwehrelement gegen harte Angriffsschläge; zudem schafft er durch den größeren Blockschatten für die Feldverteidiger kleinere Abwehrbereiche und trägt somit zu einer Steigerung der Abwehrleistung bei. Aus den o.g. Gründen wird klar, daß der Angreifer durch den Doppelblock zu einem variableren Angriffsspiel gezwungen wird, wobei sich insbesondere Angriffsfinten als Alternativlösungen anbieten. Um diesen entgegenzuwirken und den besonders gefährdeten vorderen Raum des Blockschattens abzudecken, wird der Hinterspieler von Pos.VI zur ***Nahsicherung des Doppelblocks*** vorgezogen. Daher wird diese Formation als "Block- und Feldabwehr mit vorgezogener Pos.VI" bezeichnet. Die Pos.VI bietet sich als Nahsicherungsspieler zunächst deshalb an, weil durch den Doppelblock, vorausgesetzt der Block ist richtig postiert und geschlossen, der Bereich der mittleren Hinterzone sehr gut abgedeckt ist.

Gründe für die Einführung des Doppelblocks und der Feldabwehr mit vorgezogener Pos. VI sind:

- Jeder Spieler hat nur eine Aufgabe in der Abwehr, entweder als Block-, Sicherungs- oder Feldverteidigungsspieler.
- Die Abwehrbereiche wie auch die Abwehrfunktionen der einzelnen Spieler sind klar umrissen und voneinander abgegrenzt.
- Die Abwehrspieler können ohne weitere athletische, taktische oder technische Voraussetzungen (wie z.B. Hechtbagger) im wesentlichen ihren Funktionen gerecht werden.
- Die Verteilung der Abwehrspieler in 3 Abwehrlinien (Block/Sicherung/Feldverteidigung) garantiert eine gleichmäßige Abdeckung des Feldes (Abb. 224).

Der Angriffsaufbau über den 2. Paß aus der Hinterzone ist leichter möglich, da der vorgezogene Hinterspieler VI aufgrund seines Aktionsbereiches in der vorderen Hinterzone das Zuspiel übernehmen kann, und somit Mißverständnisse weitgehend vermieden werden können.
Bei der Erlernung der Block- und Feldabwehr sei hier nochmals erwähnt, daß der Übergang von der Abwehr zum Angriff stets mit berücksichtigt werden muß. Die Schulung der Abwehr stellt gleichzeitig eine Schulung des Angriffs dar, da jeder Abwehraktion ein Angriff vorangehen muß und folgen soll.

1. LERNEINHEIT: DOPPELBLOCK

Abb. 225

Bewegungsablauf (Abb. 225)

Der Bewegungsablauf des einzelnen Spielers beim Doppelblock (Zweierblock) unterscheidet sich mit Ausnahme des Anlaufs kaum von dem beim

Einerblock (vgl. LZ 6/1. LE). Eine wesentliche Bedeutung kommt allerdings dem *ZUSAMMENWIRKEN DER BLOCKSPIELER* zu:

- Der aufschließende Blockspieler (meistens der Innenblockspieler) springt nach Anlauf ab. Der Anlauf erfolgt dicht am Netz entlang:
  a) mit Laufschritten vorwärts vor allem über große Entfernung und bei flachem Zuspiel,
  b) mit seitlichen Anstellschritten, vor allem über mittlere Distanz und bei hohem Zuspiel,
  c) mit Kreuzschritten, vor allem über kurze/mittlere Distanz und bei flachem bzw. halbhohem Zuspiel.

Die günstigste Bewegung besteht in der Regel in einer Kombination dieser Anlauftechniken (Abb. 226 a/b).

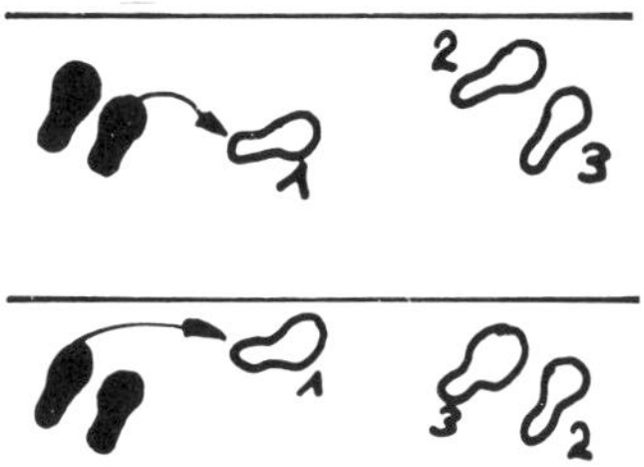

Abb. 226 a/b

- Der vorletzte Schritt des Anlaufs wird als Stemmschritt ausgeführt, bei dem die Arme weit zurückgenommen werden können.
- Bei Doppelblock auf Pos.III schließt grundsätzlich der Vorderspieler auf, der sich von der gegnerischen Zuspielseite her bewegt.
- Außen- und Innenblockspieler springen zeitlich gleich ab, wenn der aufschließende Blockspieler frühzeitig zum Absprungort gelangt und somit aus dem Stand abspringt.
- Kommt der aufschließende Blockspieler aus dem Anlauf zum Absprung, so springt er eher ab als der Spieler aus dem Stand; sein Timing richtet sich vor allem nach dem Ballflug.
- Der Außenblockspieler bzw. der Blockspieler ohne Anlauf bestimmt den Absprungort, da er sich vor der Blockhandlung weniger bewegen muß, eine günstigere Stellung inne hat und somit Angreifer und Ballflug besser beobachten kann.
- Der Blockspieler gegenüber dem Angreifer blockiert frontal den Ball, der aufschließende Spieler diagonal den Raum.
- Die Finger der Blockspieler sind gespreizt, die Hände sind etwa eine halbe Ballbreite auseinander und bilden eine in sich geschlossene Fläche. Absprung, Timing, Körperhaltung und Landung sind dem Bewegungsablauf des Einerblocks (LZ 6/1. LE) zu entnehmen.

Erläuterung

Bei einem Angriff des Gegners über die Außenpositionen IV bzw. II bewegt sich der Spieler III unmittelbar nach Zuspiel nach außen, um mit Pos. II bzw. IV einen Doppelblock zu bilden. Der Außenblockspieler II oder IV bestimmt den Absprungort und blokkiert den Ball frontal. Der Innenblockspieler springt mit Stemmschritt ab, schließt den Block und deckt den diagonalen Raum ab. Nach der beidbeinigen Landung nehmen beide Blockspieler sofort ihre Spielbereitschaftsstellung ein, um entweder als Zuspieler oder als Angreifer zu fungieren (Abb. 227).

Abb. 227

Spielform: Spiel 2 gegen 2; Spielfeld: 3 x 6 m

Der Ball wird anstatt durch Aufgabe mit einem Angriffsschlag nach Zuspiel gegen einen Doppelblock ins Spiel gebracht. Jede 2er-Gruppe hat 20 Block- bzw. 20 Angriffsaktionen. Nach 10 Aktionen wechseln die Spieler innerhalb der Gruppen ihre Positionen, nach 20 Aktionen die Gruppen die Funktionen. Die angreifende Gruppe erhält für jeden erfolgreichen Angriffsschlag bzw. Fehler der Blockspieler und die abwehrende Gruppe für jeden erfolgreichen Doppelblock bzw. Fehler der Angreifer einen Punkt. Sieger ist die Gruppe mit der höchsten Punktzahl in ein oder zwei Durchgängen.

Handlungsziel

Die Spieler sollen den Doppelblock als eine sehr wirksame gruppentaktische Abwehrhandlung mit Angriffscharakter kennen und anwenden lernen. Sie sollen befähigt werden, den Doppelblock auf allen Netzpositionen in Abhängigkeit von den eigenen Voraussetzungen aktiv oder passiv auszuführen, um einerseits einen großen Teil des Feldes abzudecken, andererseits den Ball direkt ins Gegenfeld zurückzuspielen.

Handlungshinweise

- Organisiere als Außenblockspieler den Doppelblock und orientiere dich am Ball und Angreifer!
- Schließe als Innenblockspieler den Block und orientiere dich vorrangig am Ball und Außenblockspieler.
- Erwarte dicht am Netz mit vor der Brust erhobenen Händen den gegnerischen Angriff!
- Bewege dich dicht entlang des Netzes zum Block!
- Springe sowohl aus dem Stand als auch nach Bewegung senkrecht hoch und lande möglichst am Absprungort!
- Vermeide jegliche Berührung des Mitspielers während des Sprunges und der Landung!
- Vermeide im Absprung durch dichtes Hochführen der Arme am Körper eine Behinderung des blockierenden Nebenspielers oder eine Netzberührung!
- Blockiere als Außenblockspieler den Ball, als Innenblockspieler den Raum!
- Bilde mit dem Mitspieler eine möglichst geschlossene Abwehrfläche beim Blockieren!

1. Variationen zur Spielform

(1) Die Spielform als Einzelwettkampf
Nach 20 Angriffsschlägen wechseln die Spieler in vorgeschriebener Folge ihre Funktionen.

(2) Die Spielform und Variation (1):
Die Blockspieler müssen vor Zuspiel mindestens 2 m auseinander stehen!

(3) Variation (2) auf Spielfeld 4,5 x 6 m, wobei die Blockspieler 3-4 m auseinanderstehen.

(4) Spiel 3 gegen 3;
Spielfeld: 6 x 6 m.
Das Zuspiel erfolgt zunächst von Pos. III im Wechsel zu den Angreifern IV und II, anschließend beliebig zu dem Angreifer IV oder II (Abb. 228).

(5) Variation (4), jedoch Zuspiel von Pos.II auf die Angreifer III und IV (Abb. 229).

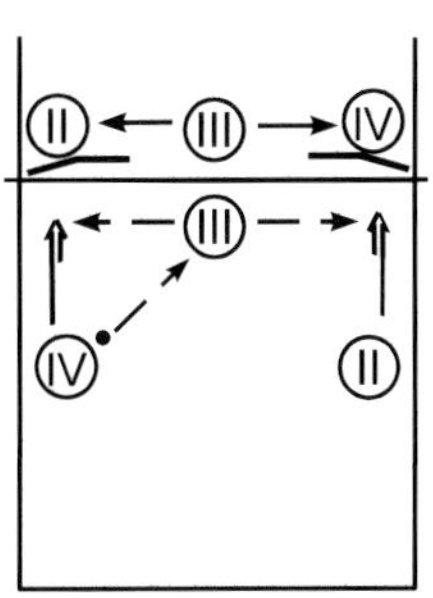

Abb. 228

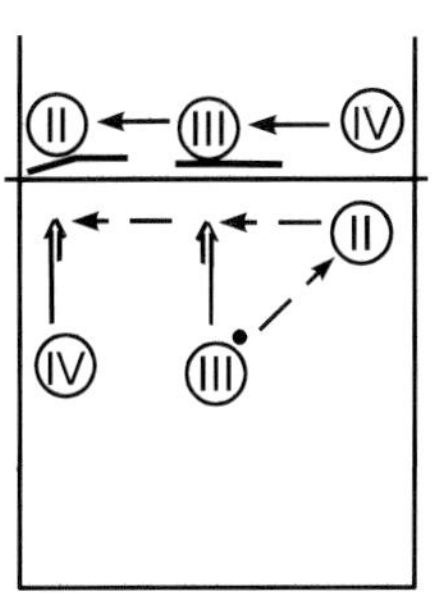

Abb. 229

Beobachtungshilfe

- Müssen die Spieler erneut auf die Vorsichtsmaßnahmen (vgl. S. 27) hingewiesen werden, weil sich Verletzungsgefahren durch unkontrolliert rollende Bälle im Netzbereich ergeben?

Handlungshinweise für den Blockspieler

- Beobachte die Stellung des Zuspielers zum Ball, um frühzeitig die Zuspielrichtung zu erkennen!
- Führe nach Bewegung zum Block einen betonten Stemmschritt vor Absprung durch!
- Je frontaler die Anlaufbewegung zum Absprungort erfolgt, desto stärker muß im Sprung eine Körperdrehung durchgeführt werden!
- Löse dich als blockfreier Spieler vom Netz zur Angriffslinie hin!

2. Spiel 3 gegen 3 (vgl. Abb. 227/230); Spielfeld: 4,5 x 9 m.

Spielregeln mit Sonderregeln:

a) Angriffsfinten über den Block sind nicht erlaubt,
b) es wird mit zwei Vorder- und einem Hinterspieler gespielt, Annahme erfolgt im 2er-Riegel mit Angriffsaufbau über Vorderspieler,
c) für erfolgreichen Doppelblock wird ein Zusatzpunkt gegeben.

(1) Spiel 4 gegen 4; Spielfeld: 6 x 9 m
Es wird mit drei Vorder- und einem Hinterspieler gespielt, im 3er-Riegel angenommen und über Vorderspieler III (Abb. 231a) oder II (Abb. 231b) aufgebaut.

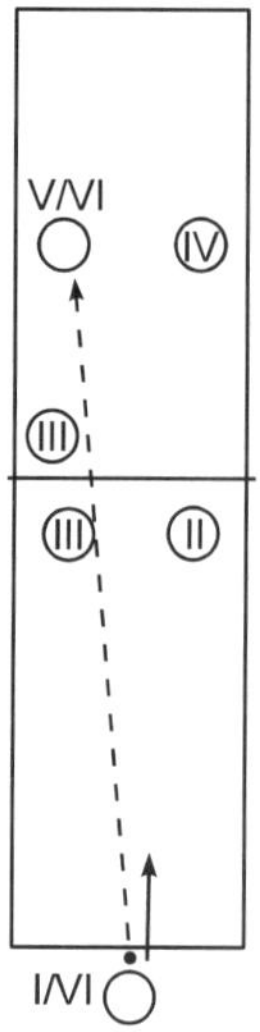

Abb. 230

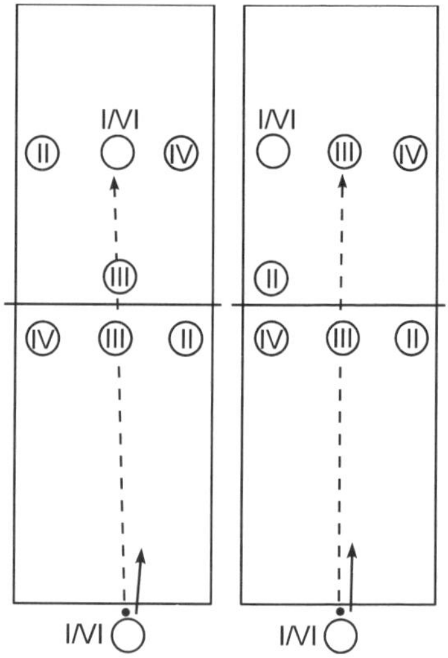

Abb. 231 a/b

(2) Spiel 5 gegen 5; Spielfeld: 9 x 9 m.
Es spielen drei Vorder- und zwei Hinterspieler. Die Annahme erfolgt im 4er-Riegel und der Angriffsaufbau über Steller III (Abb. 232a) oder Steller II (Abb. 232b).

Handlungshinweise

- Nimm als Blockspieler während der Landephase Blickverbindung zum Ball bzw. zum Spieler am Ball auf!
- Sei als Blockspieler bereit, nach Landung zuzuspielen oder anzugreifen!

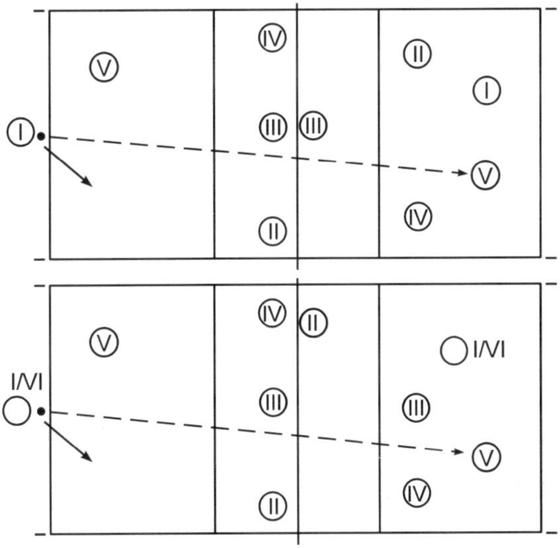

Abb. 232 a/b

Beobachtungshilfen

- Muß auf FF dieser LE oder auf FF der 1. LE/ LZ 6 zurückgegriffen werden, weil grundlegende Fehler im Bewegungsablauf und im Zusammenwirken der Blockspieler vorhanden sind?
- Verständigen sich die Blockspieler untereinander?
- Handeln die beiden Blockspieler koordiniert und effektiv?
- Ist die Aufgabenverteilung unter den Blockspielern bzgl. der Bestimmung des Absprungortes und Timings erkennbar?
- Wird von den Blockspielern das Zuspiel bezogen auf Höhe und Entfernung zum Netz und das Verhalten des Angreifers berücksichtigt?
- Wird öfter aktiv mit oder passiv ohne Handgelenkeinsatz blockiert?
- Ist der Doppelblock effektiver als der Einerblock?

Lernkontrolle

- Können die Spieler bei 10 Versuchen wenigstens 6x den Angriffsschlag mit Doppelblock erfolgreich abwehren?
  Der Angreifer steht erhöht auf einem Kasten auf Pos.IV und schmettert den selbst angeworfenen Ball frontal auf ein vorgeschriebenes Ziel (4 x 2 m) auf Pos. VI (Abb. 233). Nach 5 Versuchen tauschen Außen- und Innenblockspieler ihre Positionen.

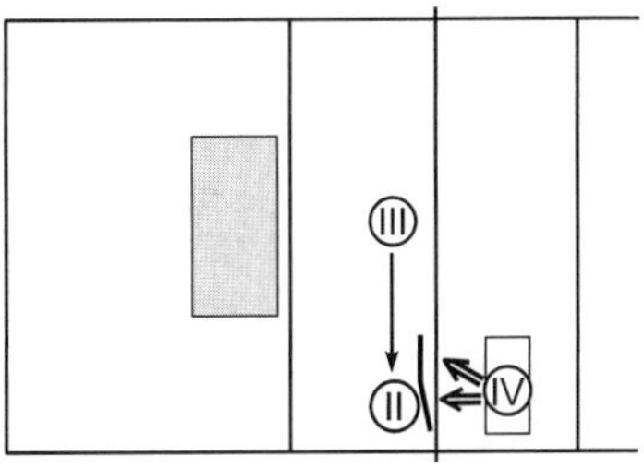
Abb. 233

Fehleranalyse/-korrektur zum Doppelblock
Zum o.g. Bereich gelten die zum Einerblock (LZ 6/1. LE) gemachten Ausführungen.

Fehler in der Anlauf- und Absprungphase

- Der Anlauf erfolgt zum Netz hin statt dicht und parallel zum Netz.
- Der vorletzte Schritt ist zu kurz, um die notwendige Stemmwirkung zu erzielen.
- Der Absprungort ist nicht identisch mit dem Landeort, da der Spieler einbeinig oder ohne Stemmschritt seitwärts springt.

Lösungsmöglichkeiten

- Erneutes Unterrichtsgespräch bzgl. der Spielbereitschaftsstellung, der Anlauf- und Absprungmöglichkeiten beim Doppelblock.
- Übungsformen, bei denen zunächst die Anlaufbewegung ohne Ball als Einerblock am Netz/Wand entlang ausgeführt wird. Später Übergeben des Balles im Sprung und anschließend Blockieren des ruhenden/ zugeworfenen Balles.
- Übungsformen mit Doppelblock auf allen Netzpositionen zuerst ohne Ball, dann mit ruhendem/ geworfenem/geschlagenem Ball (Abb. 234). (Bei Übungsformen mit ruhendem Ball können Bodenmarkierungen als Orientierungshilfe dienen).

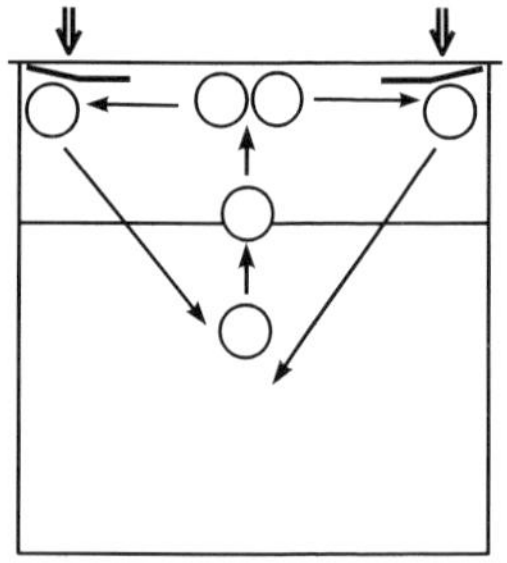

Abb. 234

Fehler in der Armführung und Handhaltung

- Die Spieler halten die Hände weiter bzw. enger als eine halbe Ballbreite auseinander.
- Der Außenblockspieler (II/IV) blockiert den Raum anstelle des Balles.
- Der Innenblockspieler (III) blockiert den Ball anstelle des Raumes (Diagonale).
- Die Blockspieler begehen Netzfehler,
  a) weil sie die Arme lang hochschwingen statt sie gebeugt und dicht vor dem Körper hochzuführen,
  b) weil sie keine Winkelstellung im Sprung einnehmen und nach dem Blokkieren die Hände nach unten statt nach oben hinten zurückführen.

Lösungsmöglichkeiten

- Übungsformen mit Angriff gegen Doppelblock am tiefen/schräg gespannten Netz: Angreifer und Blockspieler agieren im Stand ohne Anlauf.
- Übungsformen, bei denen der Angriffsort feststeht:
  a) der Spieler steht auf dem Kasten und schmettert nach Anwurf gegen den Doppelblock,
  b) der Spieler schmettert im Sprung den zugeworfenen Ball gegen den Doppelblock,
  c) der Spieler schmettert den selbst angeworfenen Ball gegen den Doppelblock.

Fehler im Timing

- Die Blockspieler springen gleichzeitig mit dem Angreifer statt kurz danach ab.
- Der mit Anlauf aufschließende Blockspieler springt gleichzeitig mit dem Außenblockspieler ab statt vor ihm.
- Der Blockspieler ohne Anlauf beobachtet ausschließlich den Ballflug statt den Angreifer und den Ball.
- Der Blockspieler aus der Bewegung orientiert sich zu sehr am Angreifer, statt auch Ballflug und Mitspieler zu berücksichtigen.

Lösungsmöglichkeiten

- Übungsformen mit Angriffsschlag nach möglichst gleichmäßigem Zuwurf bzw. Zuspiel, bei denen die Blockspieler aus dem Stand springen, später aus der Bewegung.
- O.g. Übungsformen mit Veränderung der Höhe und Distanz des Zuwurfs bzw. Zuspiels.
- Übungsformen, in denen nacheinander auf verschiedenen Positionen angegriffen wird, zunächst mit gleichbleibendem und später mit variiertem Zuspiel: a) nach Zuspiel von Pos.III, b) nach Zuspiel von Pos.II.

2. LERNEINHEIT: BLOCK- UND FELDABWEHR MIT VORGEZOGENER POS.VI

Handlungsablauf

Die Mannschaft erwartet den gegnerischen Angriff in folgender ***Ausgangsstellung***: Die Vorderspieler sind dicht am Netz, der Hinterspieler VI spielt vorgezogen und steht auf Höhe der Angriffslinie in der Feldmitte; die Feldverteidiger I und V sind weit hinten und außen postiert (Abb. 237).

Der Doppelblock kann grundsätzlich auf allen Netzpositionen gebildet werden. Bei ***Doppelblock auf Pos. III*** können sich aufgrund taktischer Überlegungen zwei verschiedene Konstellationen ergeben (Abb. 235a/b).

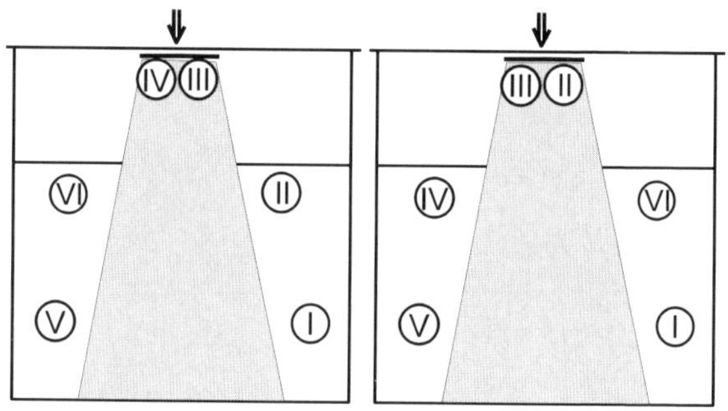

Abb. 235 a/b

Grundsätzlich soll sich der Doppelblock so schließen, daß die Hauptschlagrichtung abgedeckt wird und kein Angriffsschlag in den mittleren Bereich der Hinterzone möglich ist.

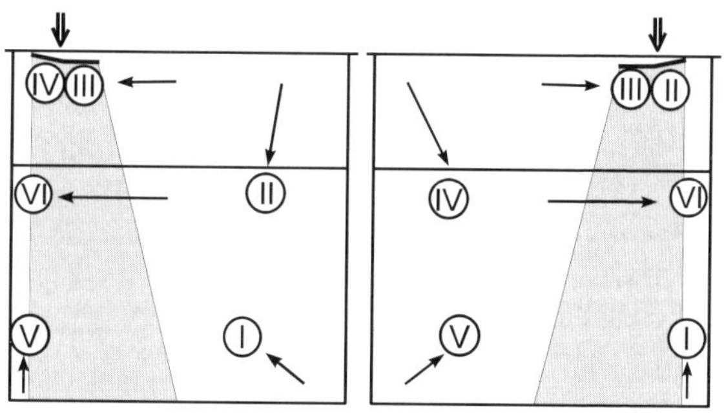

Abb. 236 a/b

Der nicht blockierende Vorderspieler - ***blockfreie Spieler*** - löst sich schnell vom Netz bis hinter die Angriffslinie zur Feldverteidigung (vgl. Abb. 224 und 236 a/b). Wird auf Pos. III ein Doppelblock gebildet, so übernimmt der blockfreie Spieler zusammen mit Pos.VI die Nahsicherung (Abb. 235a/b).

Der ***Hinterspieler auf Pos. VI*** hat in dieser Formation ausschließlich die Aufgabe, den Block nahzusichern (vgl. LZ 6/2. LE). Für sein Abwehrverhalten, insbesondere seine Stellung in der ***Nahsicherung*** gelten folgende Überlegungen: Prinzipiell soll der vorgezogene Spieler auf Pos. VI seine Verteidigungsposition in mitteltiefer Spielstellung so wählen, daß er Angreifer und Ball beobachten kann. Das schließt generell eine Verteidigungsposition im Blockschatten aus (Abb. 238).

Gründe für die Wahl einer Stellung im Blockschatten können jedoch sein, daß der Spieler zu beiden Seiten gleich abwehrstark ist und sich in die Mitte seines Abwehrbereiches bewegt, um seinen Verteidigungsraum in zwei gleich große Bereiche nach rechts und links aufzuteilen. Dabei nimmt er bewußt in Kauf, daß er Angreifer und Ball nicht gut beobachten kann und somit den Ballflug erst später sehen bzw. einschätzen kann.

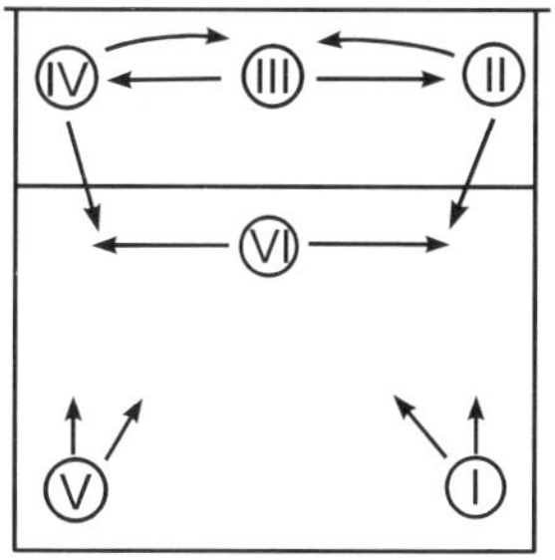

Abb. 237

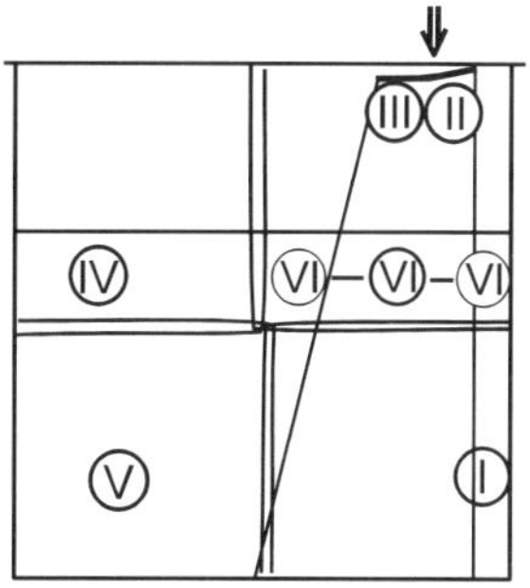

Abb. 238

- Weiterhin kann die Position so gewählt sein, daß der Nahsicherungsspieler mit seiner stärkeren Abwehrseite einen größeren Bereich abdeckt oder grundsätzlich seine Abwehr mehr zum Feldinneren als zum Feldäußeren ausrichtet. Unter Berücksichtigung der o.g. Überlegungen stellt für den Anfänger der Ball eine wichtige Orientierungshilfe für seine Handlungen dar: *DER NAHSICHERUNGSSPIELER BEFINDET SICH IMMER AUF BALLHÖHE IM BEREICH DER ANGRIFFSLINIE.*
- Ausgehend davon, daß der Doppelblock den mittleren Teil des Feldes gegen Angriffsschläge gut abdeckt, sind die Abwehrbereiche der *FELDVERTEIDIGER I UND V* hauptsächlich *AUßERHALB DES BLOCKSCHATTENS* (Abb. 238), um Angriffsschläge, die frontal oder diagonal am Block vorbeigeschlagen werden, abzuwehren. Eine weitere Aufgabe ist, Driveschläge, Blockabpraller und sonstige Bälle in den mittleren und hinteren Bereich des Blockschattens abzuwehren. Dabei haben die Spieler aufgrund des langsameren Ballfluges genügend Zeit, diese Bälle zu erreichen. Je nach der Stellung des Zweierblocks handeln die Feldverteidiger I und V so, daß sie aus den Ecken kommend, nur *BEWEGUNGEN NACH VORNE BZW. NACH VORNEINNEN ZUR ABWEHRPOSITION* auszuführen haben (Abb. 236/237).

Kann kein Doppelblock, sondern nur ein ***Einerblock*** gebildet werden, so beteiligt sich der nicht blokkierende Nebenspieler an der Nahsicherung des Blockes (Abb. 239a/b).

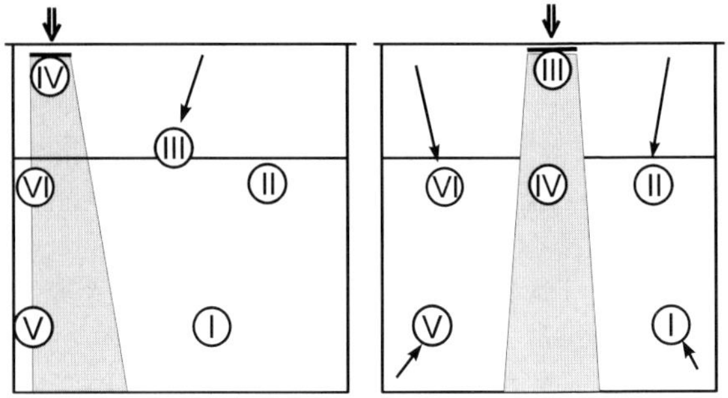

Abb. 239 a/b

Ist aufgrund des schlechten Angriffsaufbaus des Gegners weder ein Doppel- noch Einerblock sinnvoll, so formiert sich die Mannschaft zu einer *ABWEHR OHNE BLOCK* in einer Art 5er-Riegel in Abhängigkeit zum Angriffsaufbau über Vorderspieler III (Abb. 240) oder Vorderspieler II (Abb. 241).

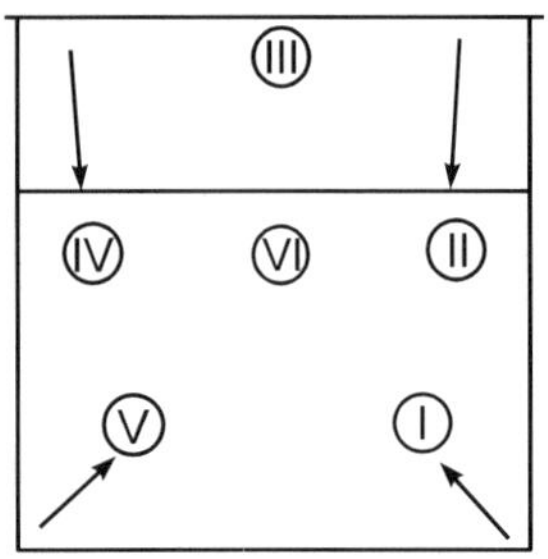

Abb. 240

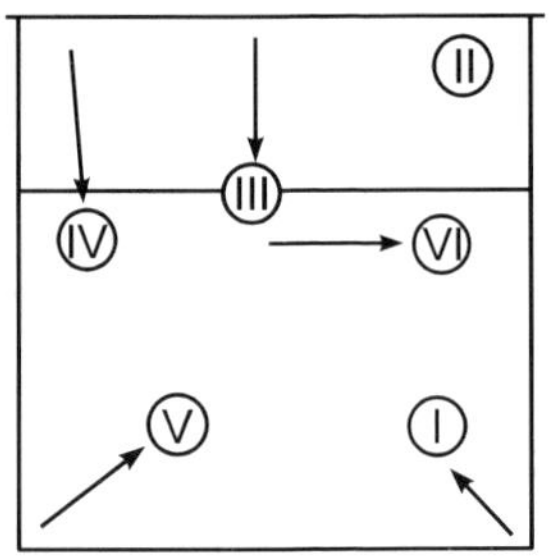

Abb. 241

Der Angriffsaufbau aus der Feldabwehr mit vorgezogener VI kann wie folgt vorgenommen werden:

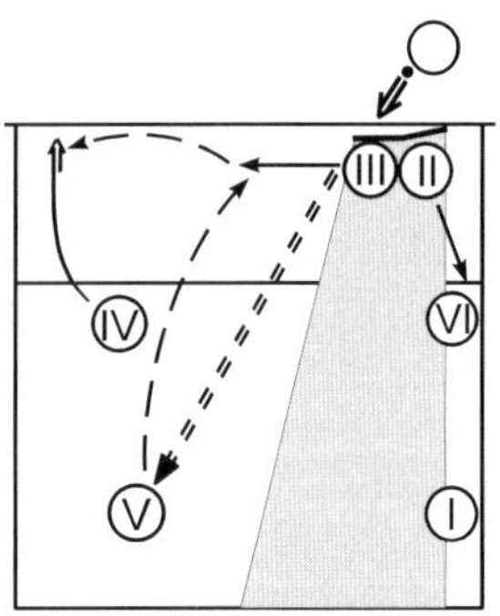

Abb. 242

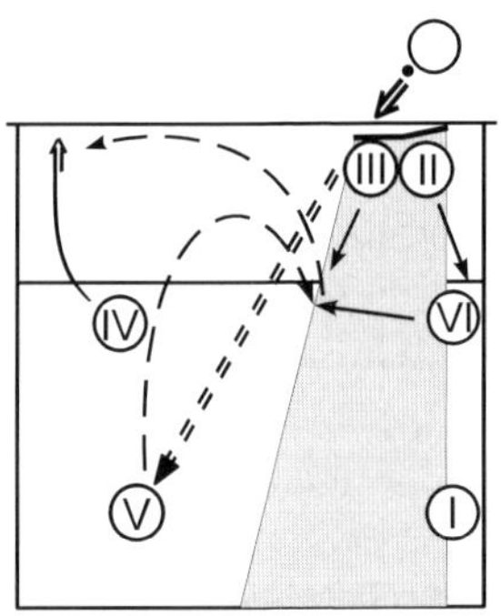

Abb. 243

Leicht abzuwehrende Bälle werden genau auf den Zuspieler am Netz (Pos.III oder II) gespielt, auch wenn dieser am Block beteiligt war (Abb. 242). Schwierig abzuwehrende Bälle werden hoch ins Mittelfeld gespielt, um über einen 2. Paß aus der Hinterzone aufzubauen. Für dieses Zuspiel bietet sich aufgrund seiner zentralen Stellung der vorgezogene Hinterspieler auf Pos.VI vorrangig an (Abb. 243).

Erläuterung

In Erwartung des gegnerischen Angriffs stehen die Vorderspieler dicht am Netz, die Hinterspieler I und V in den hinteren Ecken des Spielfeldes und der Hinterspieler VI vorgezogen auf Höhe der Angriffslinie in der Feldmitte. In Abhängigkeit vom Angriffsort stellen die Vorderspieler II und III oder III und IV den Doppelblock, der von Hinterspieler VI nahgesichert wird. Der blockfreie Vorderspieler löst sich vom Netz und übernimmt bei Block auf der Außenposition die Feldverteidigung, bei Block in der Mitte zusammen mit Pos.VI die Nahsicherung des Blocks (Abb. 244).

Die Hinterspieler I und V postieren sich nach Bewegung vorwärts bzw. vorwärts-einwärts außerhalb des Blockschattens und decken die Hinterzone sowohl gegen Angriffsschläge am Block vorbei als auch gegen Driveschläge in den Blockschatten ab. Der Angriffsaufbau erfolgt entweder über Vorderspieler (III/II) oder über den 2. Paß aus der Hinterzone.

Abb. 244

Spielform: Spiel 3 mit 3 (Abb. 245a-c); Spielfeld: 4,5 x 4,5 m.

Es spielen jeweils zwei Vorder- und ein Hinterspieler (VI) in jeder Gruppe. Drei Ballberührungen sind vorgeschrieben, wobei die 3. Ballberührung als Angriffsfinte bzw. Sprungabspiel über den Doppelblock in den vorderen Blockschatten gespielt wird. Bei jedem Angriff wird auf der

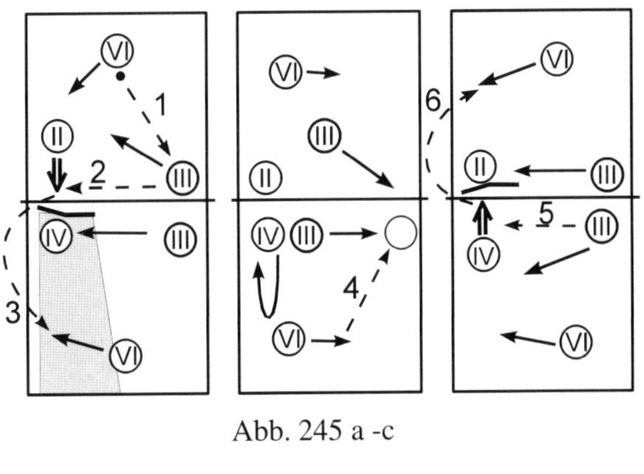

Abb. 245 a -c

Gegenseite ein Doppelblock gebildet, der von Pos.VI nahgesichert wird. Der Ball wird mit einem Angriff nach Zuspiel in das Spiel gebracht. Bei Unterbrechung rotieren beide Gruppen; nach 6 (9) Rotationen werden die Spielfeldseiten gewechselt. Sieger ist die 6er-Gruppe, die die meisten Netzüberquerungen ohne Unterbrechung erzielt.

Handlungsziel

Die Spieler sollen die Block- und Feldabwehr mit vorgezogener Pos.VI als eine Abwehrformation kennen und anwenden lernen: Dieses gewährleistet aufgrund der klaren Abgrenzung der Abwehrbereiche und Funktionen der Spieler eine günstige und gleichmäßige Abdeckung des Feldes und ermöglicht einen sicheren und planmäßigen Übergang von der Abwehr zum Angriff.

Handlungshinweise

- Der Hinterspieler auf Pos.VI übernimmt die Nahsicherung des Blocks, die Hinterspieler auf Pos.I und V übernehmen die Verteidigung der Hinterzone!
- Bewege dich als Nahsicherungsspieler VI ständig auf der Höhe der Angriffslinie und auf Höhe des Balles!
- Beachte als Nahsicherungsspieler VI, daß du bei Doppelblock auf Pos.III vor allem den Raum des Blockspielers abdeckst, der sich zum Doppelblock nach innen bewegt hat (Pos.IV oder II)!

1. Variationen zur Spielform

(1) Spiel 4 mit 4; Spielfeld: 4,5 x 9 m.

Hierbei kann die 3. Ballberührung sowohl als Sprungsabspiel bzw. Angriffsfinte als auch lang als Driveschlag ausgeführt werden. Es spielen zwei Vorder- und zwei Hinterspieler, wobei einer als Nahsicherungsspieler VI und der andere als Feldverteidiger I oder V fungiert (Abb. 246).

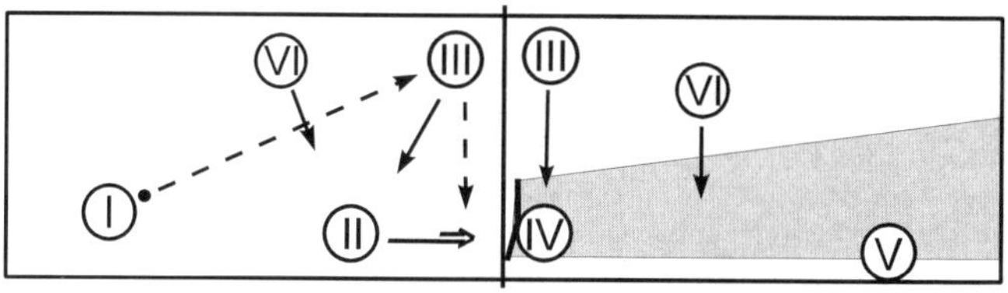

Abb. 246

Handlungshinweise

- Nimm als Nahsicherungsspieler VI spätestens bei Bildung des Doppelblocks eine tiefe bis mitteltiefe Spielstellung ein!
- Sei nach Block bereit, als Angreifer oder Zuspieler zu fungieren und bleibe immer in Blickverbindung mit dem Ball!
- Spiele als Nahsicherungsspieler den 1. Paß hoch und nicht zu dicht an das Netz zu einem Vorderspieler!
- Bewege dich als Vorderspieler nach Ausführung der Angriffshandlung unverzüglich an das Netz zur Vorbereitung der Blockhandlung!

(2) Spiel 4 mit 4; Spielfeld: 6 x 4,5 m, später 9 x 4,5 m
Es spielen drei Vorderspieler und der Hinterspieler VI als Nahsicherungsspieler. Zunächst erfolgt der Angriffsaufbau über Pos.III (Abb. 247), dann über Pos.II (Abb. 248).

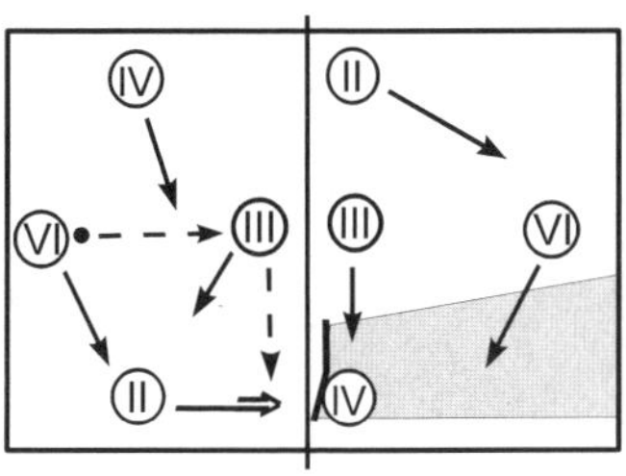

Abb. 247

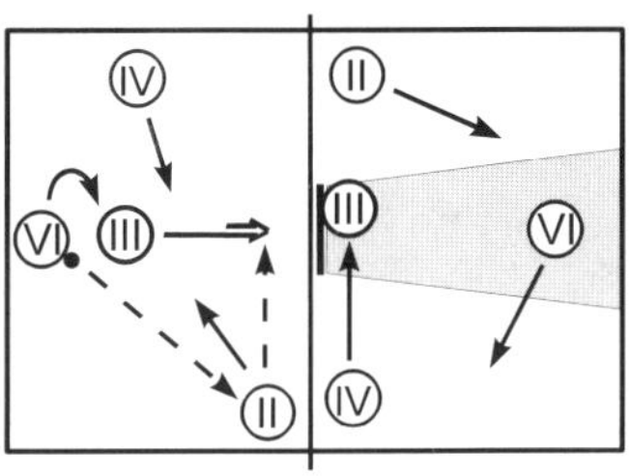

Abb. 248

Handlungshinweis

- Löse dich als blockfreier Vorderspieler rechtzeitig vor der Ausführung des Angriffsschlages vom Netz zur Angriffslinie hin!

2. Spiel 3 gegen 3; Spielfeld: 4,5 x 4,5 m

Spielregeln mit Sonderregel: Der Ball wird mit Angriff nach Zuspiel statt einem durch Aufgabe in Spiel gebracht (Abb. 245).

(1) Spiel 4 gegen 4; Spielfeld: 6 x 4,5 m, später 9 x 4,5 m.
Es spielen drei Vorderspieler und der Hinterspieler VI. Der Angriffsaufbau erfolgt zunächst über Pos.III, später über Pos.II (Abb. 247 und 248).

(2) Spiel 4 gegen 4; Spielfeld: 4,5 x 9 m.
Es spielen zwei Vorderspieler (Pos.III und II bzw. IV) und zwei Hinterspieler (Pos.VI und I bzw. V) (Abb. 246).

(3) Die 2. Spielform und Variationen:
Der Ball wird mit Aufgabe ins Spiel gebracht und im 2er- bzw. 3er-Riegel angenommen (Abb. 249 a/b).

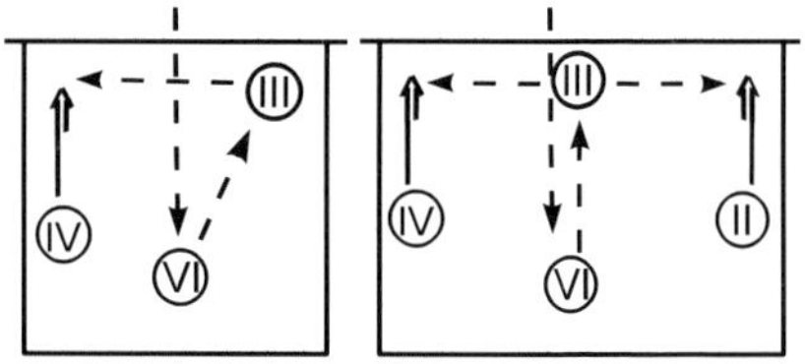

Abb. 249 a/b

3. Dreierwettkampf im Spiel 3 gegen 6; Spielfeld: 9 x 9 m.

Eine Dreiergruppe (A) führt Angriffsschläge von Pos.IV nach Zuspiel von Pos. III durch. Die 6er-Gruppe (bestehend aus zwei 3er-Gruppen (B+C)) verteidigt in der Block- und Feldabwehr mit vorgezogener Pos.VI (vgl. Abb. 224 und 236b). Jeder Spieler der Gruppe A schmettert 10 x hintereinander, danach erfolgt innerhalb der 3er-Gruppe ein Wechsel.

Nach insgesamt 30 Angriffsschlägen tauschen die 3er-Gruppen ihre Funktionen, wobei A zu B, B zu C, C zu A wird (Abb. 250). Punkte erhält die angreifende Gruppe für jede erfolgreiche Angriffshandlung.

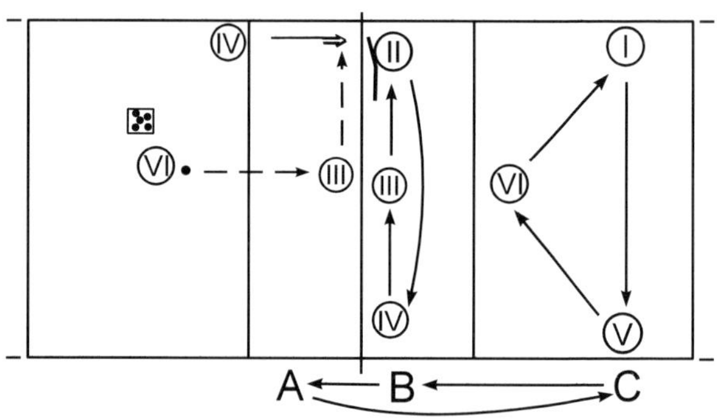

Abb. 250

Handlungshinweise

- Postiere dich als Feldverteidiger außerhalb des Blockschattens!
- Wähle deine Ausgangsposition zur Abwehr so, daß du dich von außen nach innen und von hinten nach vorne zum Handlungsort bewegst!
- Spiele den 1. Paß so, daß ein planmäßiger Angriffsaufbau über Vorderspieler oder 2. Paß aus der Hinterzone möglich wird!
- Halte dich als Nahsicherungsspieler VI stets für ein Zuspiel aus dem Mittelfeld bereit!

(1) Der Angriff erfolgt von Pos.II nach Zuspiel von Pos.III (vgl. Abb. 236a).
(2) Der Angriff erfolgt von Pos.III nach Zuspiel von Pos. II (vgl. Abb. 235a).
(3) Der Angriff erfolgt über Pos. IV oder über Pos.II nach Zuspiel von Pos. III.

(4) Der Angriff erfolgt über Pos. IV oder über Pos.III nach Zuspiel von Pos. II.

(5) Die 3. Spielform und die Variationen als Einzelwettkampf (vgl. die 2. Spielform der 2. LE des LZ 8).

Bei erfolglosem Angriff werden alle Funktionen getauscht, wobei alle Spieler um eine Position rotieren: Der erfolglose Angreifer wird Blockspieler auf Pos. II, der Blockspieler III wird Zuspieler und der Zuspieler wird Angreifer (Abb. 251).

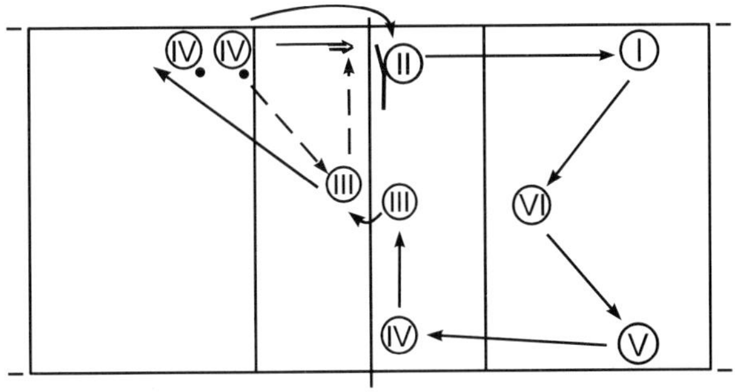

Abb. 251

(6) Die Variation von (5): Es wird nur dann gewechselt, wenn der Angreifer einen Fehler begeht, bzw. wenn die abwehrende Mannschaft erfolgreich blockiert oder nach Abwehr einen Gegenangriff mit Angriffsschlag durchführen kann.

Beobachtungshilfen

- Muß das Zusammenspiel der Blockspieler verbessert und auf die 1. LE des LZ 10 zurückgegriffen werden?
- Muß auf FF der 2. LE zurückgegriffen werden, weil sich Mängel im Zusammenspiel der Blockspieler mit dem Nahsicherungsspieler und den Feldverteidigern zeigen?
- Bewegen sich alle Spieler frühzeitig und richtig in ihre Abwehrpositionen?
- Muß vor allem beim aufschließenden Blockspieler der Anlauf geschult werden, damit er rechtzeitig zum Doppelblock kommt und diesen schließen kann?
- Müssen erneut die Funktionen und Aufgabenbereiche der Spieler bei Doppelblock und Feldabwehr mit vorgezogener Pos.VI theoretisch erarbeitet werden?
- Wird der hintere Bereich des Blockschattens von den Feldverteidigern I und V mitgedeckt?

- Ist die besondere Funktion der vorgezogenen Pos.VI als Blocknahsicherungsspieler und Zuspieler im Angriffsaufbau aus der Abwehr über den 2. Paß aus der Hinterzone verstanden und realisiert.
- Hat der Doppelblock mehr Abwehrcharakter (passiv), so daß der Doppelblock mit Angriffscharakter (aktiv) gesondert geschult werden muß?
- Zwingt die Block- und Feldabwehr mit Doppelblock die Angreifer dazu, mehr zu fintieren als zu schmettern?
- Treten weniger Spielunterbrechungen auf, die auf Abwehrfehler zurückzuführen sind?

4. Spiel 6 gegen 6; Spielfeld: 9 x 9 m.
Spielregeln mit Sonderregel:
Für eine erfolgreiche Abwehr mit Doppelblock bzw. für jeden erfolgreichen Angriff nach Feldabwehr mit vorgezogener Pos.VI wird ein Zusatzpunkt gegeben. Der Angriffsaufbau aus der Abwehr erfolgt über Vorderspieler III, später über Vorderspieler II oder über den 2. Paß aus der Hinterzone. Die Annahme der Aufgabe erfolgt im 5er-Riegel.

Beobachtungshilfen

- Ist erkennbar, daß die Block- und Feldabwehr mit vorgezogener Pos.VI vor allem gegen ein variables Angriffsspiel des Gegners sehr effektiv ist?
- Müssen den Spielern die Formationen zur Feldabwehr mit Einerblock und ohne Block bei vorgezogener Pos.VI zusätzlich vermittelt werden (Abb. 239/240/241), weil in den Wettkampfsituationen die Bildung des Doppelblocks Schwierigkeiten bereitet bzw. auf die Blockbildung verzichtet werden kann?
- Ist der Doppelblock bei Feldabwehr mit vorgezogener Pos.VI effektiver als der Einerblock bei Feldabwehr mit zurückgezogener Pos. VI?

Lernkontrolle

1. Beantwortung von Testfragen (u.U. mit Hilfe von Skizzen) zu:
   a) den verschiedenen Aufstellungen der Feldabwehr bei Doppel- und Einerblock auf Pos. IV, III und II,
   b) der Bedeutung und Durchführung der Blocknahsicherung,
   c) den Abwehrbereichen und Funktionen der einzelnen Spieler,
   d) den Möglichkeiten des Überganges von der Abwehr zum Angriff,
   e) den Aufstellungen bei Abwehr ohne Block,

f) den Vor- und Nachteilen und den Anwendungsmöglichkeiten des Doppelblocks bei Feldabwehr mit vorgezogener Pos.VI im Vergleich zum Einerblock bei Feldabwehr mit zurückgezogener Pos.VI.

2. Freie Spiel- und Spielerbeobachtung zur Block- und Feldabwehr mit vorgezogener Pos.VI unter Berücksichtigung der o.a. Aspekte a) bis e).

Fehleranalyse/-korrektur zur Block und Feldabwehr

Fehler im Zusammenwirken der Blockspieler untereinander

Siehe FF der 1. LE des LZ 10

Fehler im Zusammenspiel der Blockspieler mit dem Nahsicherungsspieler und dem blockfreien Vorderspieler

- Der Nahsicherungsspieler VI ist zu unbeweglich, d.h. er paßt seine Verteidigungsposition zu wenig dem Ballflug und dem Block an.
- Der blockfreie Vorderspieler bleibt am Netz oder bewegt sich zum Block hin statt sich zunächst vom Netz weg bis hinter die Angriffslinie zu lösen.
- Die Bildung des Doppelblocks auf Pos.III und dessen Nahsicherung bereiten Schwierigkeiten.
- Die Blockspieler versuchen, Angriffsfinten selbst anzunehmen (Eigensicherung) statt diese dem Nahsicherungsspieler VI zu überlassen.
- Die Blockspieler sind nach Blockaktion vor allem bei kurz in die Vorderzone gespielten Angriffen nicht rechtzeitig spielbereit.

Lösungsmöglichkeiten

- Erneutes Unterrichtsgespräch bzgl. der Aufgaben und Funktionen der Spieler in der Blockabwehr und Blocknahsicherung bei vorgezogener Pos.VI.
- Übungsformen mit vorgegebenem Handlungsablauf, bei denen alle Block- und Feldabwehrsituationen durchgespielt werden, ggf. auf simulierten Angriff oder Angriff mit ruhendem/zugeworfenem Ball zurückgreifen.

Fehler im Zusammenspiel der Blockspieler mit den Feldverteidigern und im Zusammenwirken der Feldverteidiger untereinander

- Die Feldverteidiger I und V stehen im Blockschatten statt außerhalb.
- Die Feldverteidiger nehmen ihre Ausgangspositionen zu weit vorgezogen ein statt zurückgezogen in den Ecken des Hinterfeldes.

- Die Blockspieler sind nach Blockaktionen nicht sofort bereit, als Zuspieler oder Angreifer zu fungieren.
- Der Spieler auf Pos.VI ist nach Abwehr schwieriger Bälle ins Mittelfeld nicht bereit, das Zuspiel zu übernehmen, um den Angriffsaubau über den 2. Paß aus der Hinterzone einzuleiten.
- Die Feldverteidiger I und V decken den hinteren Bereich des Blockschattens nicht ab bzw. behindern sich gegenseitig, statt sich zu verständigen (z.B. durch Zuruf).

Lösungsmöglichkeiten

- Übungsformen (u.a. auch mit Einsatz von Hilfsgeräten, wie z.B. Blocker oder Spieler auf Kasten als feststehender Block), bei denen die Feldverteidiger I und V die von allen Netzpositionen unterschiedlich geworfenen/gespielten/geschlagenen Bälle hoch in die Vorderzone bzw. das Mittelfeld abwehren sollen.
- O.g. Übungsformen, bei denen nach Abwehr ein Gegenangriff aufgebaut wird. Hierbei wird der Nahsicherungsspieler von Pos.VI als Zuspieler und der blockfreie Vorderspieler als Angreifer eingesetzt (Abb. 252).

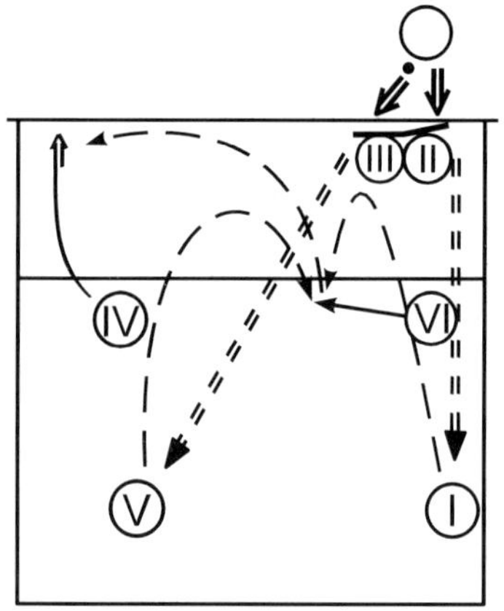

Abb. 252

- O.g. Übungsform mit zwei Bällen. Kann ein Angriff nicht abgewehrt werden, so wird durch Zuwurf von außen ein zweiter Ball ins Spiel gebracht, so daß die Abwehr wiederholt und der Übergang von der Abwehr zum Angriff in einem zweiten Versuch umgesetzt werden kann.

LERNZIEL 11: ZUSPIEL IM FALLEN RÜCKWÄRTS UND SEIT-WÄRTS - ANGRIFFSSICHERUNG 2:3 UND 3:2 BEI VORGEZOGENER POS.VI

Abb. 253

Sachanalyse

Die Verbesserung der Zielhandlung Angriff und die Verbesserung der Abwehr, insbesondere durch die Einführung des Doppelblocks, schaffen sowohl für die angreifende als auch für die abwehrende Mannschaft Spielsituationen, in denen der Ball überraschende bzw. unvorhersehbare Richtungsänderungen erfährt. Besonders Blockabpraller, die häufig schnell und kurz abwärts fallen, lassen den sichernden Spielern wenig Zeit, Ortsveränderungen zur Einnahme einer günstigeren Abwehrstellung vorzunehmen, so daß sie den Ball nicht mehr im Stand bzw. frontal abspielen können. Dies zwingt die Spieler zu reaktions- und bewegungsschnellem Handeln und zur Anwendung von Spieltechniken in der Bewegung, vor allem im Fallen. Das ***Zuspiel im Fallen*** ist eine Handlung, bei der der Spieler während des Abrollens den Ball im oberen oder unteren Zuspiel beid- oder einhändig spielt.

Das ***obere Zuspiel im Fallen*** seitwärts wie rückwärts findet vor allem in Spielsituationen Anwendung, in denen leicht, aber flach bzw. höher, aber weiter entfernt anfliegende Bälle im Hinblick auf eine größere Zielgenauigkeit im oberen Zuspiel beidhändig statt im Zuspielbagger weitergespielt werden sollen. Dies gilt um so mehr, wenn man berücksichtigt, daß die neuesten Regeländerungen den Doppelschlag beim oberen Zuspiel erlauben, wenn sich der Spieler sich in einer ungünstigen Stellung zum Ball befindet.

Das ***beidhändige untere Zuspiel*** im Fallen seitwärts wie rückwärts soll dann angewendet werden, wenn die Bälle nur hüfthoch oder tiefer gespielt werden können. Dies gilt ebenso für die Abwehr von flach und schnell anfliegenden Bällen. Das ***einhändige untere Zuspiel im Fallen*** wird dann angewendet, wenn ein beidhändiges unteres Zuspiel nicht mehr möglich ist. Dies gilt vor allem bei flach, schnell und weit vom Körper entfernt anfliegenden Bällen, die entweder weit neben dem Spieler im Einhandbagger seitwärts oder weit vor dem Spieler im Hechtbagger (vgl. LZ 13/1. LE) abgewehrt werden.

Vereinfacht kann gesagt werden, daß das obere Zuspiel im Fallen rückwärts bzw. seitwärts mehr dem ***Zuspieler und Sicherungsspieler***, das untere Zuspiel im Fallen rückwärts bzw. seitwärts dem ***Sicherungsspieler und Feldverteidiger*** als Spieltechniken zuzuordnen sind. Die ***Angriffssicherung*** ist eine mannschaftstaktische Handlung, bei der die Spieler in zwei konzentrischen "Halb"-kreisen den eigenen Angreifer nah und fern sichern, um vom Block abgewehrte Bälle (Blockabpraller) abzuwehren bzw. anzunehmen und weiterzugeben (Abb. 253). Von daher ist sie der Grundsituation Abwehr/ Annahme und Weitergabe zuzuordnen und in Abhängigkeit zur Formation der Block- und Feldabwehr zu sehen. Die für eine effektive Angriffssicherung notwendigen technischen Voraussetzungen werden für das beidhändige Zuspiel im Fallen seitwärts bzw. rückwärts in der 1. LE und für das einhändige untere Zuspiel im Fallen seitwärts im Rahmen des *STUNDENBEISPIELS* geschaffen. In der 1. LE wird der Spielreihe eine Übungsreihe vorgeschaltet, weil

a) es organisatorisch schwierig ist, diese Falltechniken spielend zu initiieren, und

b) die Verletzungsgefahr aufgrund mangelnder Vorerfahrungen bei frühzeitiger Anwendung im Spiel zu groß ist.

Bewegungsabläufe des beidhändigen oberen und unteren Zuspiels im Fallen rückwärts (Abb. 254 und 255).
Die Bewegungsabläufe entsprechen bis auf die *IMPULSGEBUNG UND SPIELSTELLUNG* im Moment der Ballberührung den Abläufen des oberen und unteren Zuspiels frontal (vgl. LZ 1 und 4). Um bei flach anfliegenden Bällen unter den Ball zu gelangen, nimmt der Spieler eine tiefe Spielstellung in ausgeprägter Schrittstellung, verbunden mit einer *RÜCKVERLAGERUNG DES KÖRPER-*

SCHWERPUNKTES, ein. Hierbei führt der Spieler das *GESÄß DICHT AN DIE FERSE DES HINTEREN FUßES* heran und leitet damit die Abrollbewegung ein. Das *ABSPIEL* erfolgt *WÄHREND DER FALLBEWEGUNG* und kurz vor der Bodenberührung. Da eine Ganzkörperstreckung aufgrund des fehlenden Beinimpulses nicht möglich ist, erfolgt das *ABSPIEL AUSSCHLIEßLICH DURCH ARMEINSATZ*. Beim oberen Zuspiel wird die fehlende Beinstreckung durch eine *VERSTÄRKTE ARMBEUGUNG UND -STRECKUNG* ausgeglichen.

Abb. 254

Beim ***unteren Zuspiel*** entspricht der ***Armeinsatz*** bei leicht anfliegenden Bällen dem des Zuspielbaggers, bei flach und schnell anfliegenden Bällen dem des Abwehrbaggers.

Für das Erreichen einer schnellen *BEREITSCHAFTSSTELLUNG NACH ABSPIEL IM FALLEN* bieten sich zwei Möglichkeiten an:

a) Der Spieler rollt ohne Aufsetzen der Hände über Gesäß und runden Rükken rückwärts ab und kommt durch ein ***Überrollen*** über eine Schulter zum Knie-Hock-Stand (Japanrolle) (Abb. 255).

Abb. 255

Zur Beschleunigung des Überrollens werden die Beine stark gebeugt gehalten und leicht seitlich über die Schulter nach hinten gebracht, wobei der Kopf zur anderen Seite ausweicht. Die Arme können gestreckt und damit passiv gehalten werden (Abb. 256a) oder gebeugt und aktiv zur Unterstützung des Aufrichtens in den Stand eingesetzt werden (Abb. 256b).

Abb. 256 a/b

b) Der Spieler rollt in o.g. genannter Schrittstellung über Gesäß und Rücken ab, fängt aber die Rollbewegung rückwärts durch eine Gegenbewegung im Körper (Bein- und Rumpfstreckung, evtl. mit Armschwung verbunden, ähnlich einer Kippbewegung) ab und rollt zurück. Zur Erleichterung des ***Zurückrollens*** in den Stand wird ein Fuß dicht am Gesäß aufgesetzt (vgl. Abb. 254). Dabei können die Hände zur Unterstützung des Aufstehens eingesetzt werden.

Bewegungsabläufe des beidhändigen oberen und unteren Zuspiels im Fallen seitwärts

Das obere und untere Zuspiel im Fallen seitwärts ist ab dem Moment der Ballberührung identisch mit dem Bewegungsablauf des oberen und unteren Zuspiels im Fallen rückwärts. Verändert ist die *BEWEGUNG ZUM BALL*.

Der Spieler führt bei seitlich flach anfliegenden Bällen einen oder mehrere Laufschritte aus, um frontal hinter den Ball zu kommen.

Dabei ist der letzte Schritt ein weiter *AUSFALLSCHRITT MIT DEM BALLNAHEN BEIN* (Außenbein). Um unter/hinter den Ball zu kommen, wird wiederum das *GESÄß AN DIE FERSE DES AUßENBEINES* bei entsprechender Gewichtsverlagerung und betonter *KÖRPERDREHUNG IN DIE ABSPIELRICHTUNG* gebracht (Abb. 257 a/b).

Abb. 257 a/b

Bei Anwendung der Japanrolle ist zu beachten, daß beim Ausfallschritt rechts das *ÜBERROLLEN* über die linke Schulter, beim Ausfallschritt links über die rechte Schulter erfolgt. Allgemein wird beim Fallen rückwärts das Zurückrollen in den Stand und bei den Seitfallbewegungen die Japanrolle häufiger angewendet.

Bewegungsablauf des einhändigen unteren Zuspiels im Fallen seitwärts

Der Bewegungsablauf des Einhandbaggers im Fallen seitwärts ist bezüglich der *ANLAUF-, FALL- UND AUFSTEHPHASE* identisch mit dem des Beidhandbaggers im Fallen seitwärts.

Abb. 258

Verändert ist die ***Ballberührungsphase*** hinsichtlich Körper-Ball-Verhältnis, Trefffläche und Impulsgebung. Der Spieler kann bei flach und vor allem weit seitlich anfliegenden Bällen nicht mehr unter und hinter den Ball gelangen. Deshalb erfolgt das Abspiel einhändig in Armlänge neben dem Körper. Hierbei wird der Ball während des Fallens *KURZ VOR BODENBERÜHRUNG MIT DEM HANDTELLER BZW. UNTERARM DES BALLNAHEN ARMES VON UNTEN/HINTEN* gespielt. Der Impuls erfolgt aus *ARM- UND HANDGELENKEINSATZ* (Abb. 258).

1. LERNEINHEIT: ZUSPIEL IM FALLEN RÜCKWÄRTS UND SEITWÄRTS

Erläuterung

Der Spieler bewegt sich mit kurzen, schnellen Schritten zum flach anfliegenden Ball und stoppt nach Vorwärtsbewegung in Schrittstellung und nach Seitwärtsbewegung im weiten Ausfallschritt mit dem Außenbein ab. Er nimmt eine tiefe Spielstellung unter und hinter dem Ball ein. Durch Heranführen des Gesäßes an die Ferse des Standfußes wird eine Fallbewegung rückwärts bzw. seitwärts eingeleitet, in der der Ball im oberen oder unteren Zuspiel gespielt wird (Abb. 259).

Abb. 259

Durch ein schnelles Zurückrollen oder Überrollen über die Schulter kommt der Spieler in den Stand und ist wieder spielbereit.

Übungsform: Partnerübung; Spielfeld: 2,25 x 4,5 m

Die Übenden stehen 3m voneinander entfernt; A hält beidhändig in Pritschhaltung den Ball, wirft ihn während der Fallbewegung rückwärts dem Partner B zu und rollt zurück in den Stand. B fängt den Ball und führt die gleiche Bewegung aus.

Handlungsziel

Der Spieler soll das Zuspiel im Fallen als eine Erweiterung der Annahme- und Zuspieltechniken erfahren und die Anwendungsbereiche kennenlernen. Er soll befähigt werden, diese Technik situationsgerecht anzuwenden, um zielgenauer zuspielen zu können.

Handlungshinweise

- Bringe vor der Bodenberührung das Gesäß dicht an die Ferse!
- Wirf den Ball vor Bodenberührung des Gesäßes nach oben ab!
- Rolle aus der Schrittstellung ab!
- Fange die Rollbewegung durch eine Gegenbewegung in den Beinen und Armen ab!
- Bringe zum Aufstehen die Ferse ans Gesäß und stütze dich, wenn nötig, mit den Händen ab!

1. Variationen zur Übungsform

(1) Der zugeworfene Ball wird im Fallen rückwärts gefangen und noch vor dem Aufsetzen des Gesäßes an der Ferse wieder abgeworfen.

(2) Der Ball wird über das Netz oder aus kurzer Entfernung auf ein hohes Ziel an der Wand geworfen.

(3) Die Übungsform und Variation von (2): Der selbst angeworfene Ball wird im Fallen gepritscht.

(4) Die Variation von (3): Der Ball wird vom Partner im Schockwurf etwa brusthoch zugeworfen und im Fallen gepritscht. Beachte: Bei Übungsformen mit Netz wird der Ball unter dem Netz zugeworfen und übers Netz zurückgespielt!

(5) Die Variation von (4): Der Zuwurf erfolgt so, daß sich der Partner vor der Fallbewegung vorwärts zum Ball bewegen muß.

Handlungshinweis

- Laufe - Stoppe in Schrittstellung - Falle - Spiele - Rolle ab!

Beobachtungshilfen
- Muß auf FF zurückgegriffen werden, weil die Spieler sich ängstlich verhalten bzw. keinerlei Vorerfahrungen mit Fallbewegungen ohne Handunterstützung haben?
- Ist einsichtig geworden, daß das obere Zuspiel im Fallen genauer ist als das untere Zuspiel im Stand?
- Ist den Spielern bewußt, daß der Doppelschlag beim oberen Zuspiel im Fallen erlaubt ist, und deshalb die Anwendung des oberen Zuspiels im Fallen Vorrang vor der im unteren Zuspiel hat?

2. Die Übungsform mit allen Variationen (1) bis (5) sollen im beidhändigen unteren Zuspiel im Fallen rückwärts durchgeführt werden.

Hierbei muß besonders beachtet werden, daß der Ball *HÜFTHOCH* zugeworfen wird.

3. Die Übungsform mit allen Variationen und anschließender 2. Übungsform, jedoch wird nicht zurück, sondern übergerollt (Japanrolle).

Handlungshinweise
- Rolle eng gebeugt über die Schulter ab!
- Bringe den Kopf beim Überrollen zu der Schulterseite, über die nicht gerollt wird!
- Halte während des Überrollens die Arme lang und passiv oder gebeugt und setze sie aktiv in der Aufstehphase ein!

4. Die Übungsform mit allen Variationen und anschließender 2. Übungsform, jedoch werden diese im Fallen seitwärts durchgeführt.

Hierbei muß der Ball seitlich an- bzw. zugeworfen werden. Zunächst so, daß nur nach Ausfallschritt abgerollt wird, später nach Bewegung seitwärts und Ausfallschritt. Das Aufstehen erfolgt im Zurückrollen.
Spielfeld: 3 x 4,5 m, später 4,5 x 4,5 m
Beachte: Zur Erleichterung der Körperdrehung wird der Ausfallschritt zunächst vorwärts/seitwärts, später mehr seitwärts ausgeführt.

Handlungshinweise
- Drehe dich vor der Ballberührung in die Abspielrichtung!
- Der letzte Schritt in der Bewegung zum Ball ist ein langer Ausfallschritt mit dem ballnahen Bein!
- Senke den Körperschwerpunkt so tief wie möglich!

5. Die 4. Übungsform mit allen Variationen, jedoch wird über die Schulter in den Stand gerollt (Japanrolle).

Handlungshinweis
- Rolle über die linke Schulter ab, wenn du den Ausfallschritt mit dem rechten Bein ausführst und umgekehrt!

6. Partner A wirft Bälle variiert in Brusthöhe zum Partner B, der situationsgerecht entweder im oberen Zuspiel, im Fallen rückwärts oder seitwärts zurückspielt.

Die Abrollbewegung ist freigestellt.

(1) Die 6. Übungsform: Bälle werden variiert in Hüfthöhe geworfen, die im unteren Zuspiel im Fallen rückwärts oder seitwärts zurückgespielt werden.

(2) Die 6. Übungsform in Verbindung mit der Variation (1): Hierbei werden die Bälle im Wechsel hüfthoch und brusthoch, später beliebig zugeworfen. Der Partner wendet situationsgemäß das obere oder das untere Zuspiel im Fallen rückwärts oder seitwärts an.

Handlungshinweis
- Wende in Abhängigkeit vom Ballflug und der Stellung zum Ball die entsprechende Zuspieltechnik im Fallen an!

(3) Die 6. Übungsform und die Variationen (1) und (2): Der Ball wird nicht zugeworfen, sondern im oberen Zuspiel zugespielt!

7. Dreierübung; Spielfeld: 6 x 4,5 m.

Die Spieler A und B werfen/spielen im Wechsel Bälle variiert neben Spieler C, der diese im Fallen zum jeweiligen Partner zurückspielt (Abb. 260).

(1) Die Spieler stehen in Linienaufstellung. Das Zuspiel erfolgt vor dem Annahmespieler, so daß dieser nach Vorwärtsbewegung zum Ball im Fallen zuspielen kann (Abb. 261).

(2) Die Variation von (1): Der Zuwurf/das Zuspiel erfolgt neben den Annahmespieler, so daß dieser nach Seitwärtsbewegung im Fallen zuspielen kann (Abb. 262).

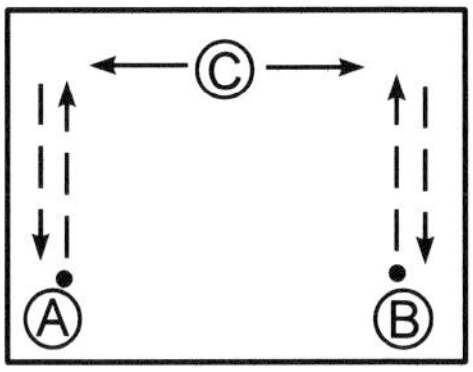

Abb. 260

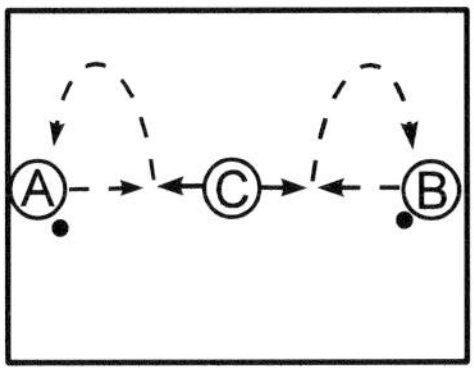

Abb. 261

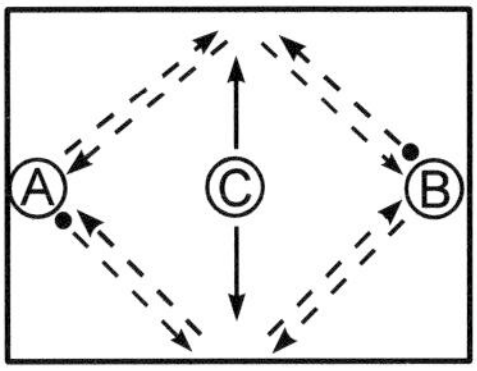

Abb. 262

1. Spielform: Einzel- und Partnerwettkampf

Zielpritschen und -baggern im Fallen rückwärts und seitwärts aus kurzer Distanz. Hierbei wird zunächst der selbst angeworfene, später der zugeworfene Ball auf ein Ziel (Wand, Basketball-Brett, Basketball-Korb, Zielring u.a.) gespielt. Sieger ist der Spieler bzw. die Partnergruppe mit der höchsten Trefferquote bei 10 (20) Versuchen (evtl. als Lernkontrolle einsetzen).

2. Spiel 1 gegen 1; Spielfeld: 4,5 x 3 m.

Es ist nur eine Ballberührung erlaubt. Der Ball wird mit dem oberen Zuspiel ins Spiel gebracht.

(1) Spiel 1 gegen 1; Spielfeld: 2,25 x 4,5 m, später 3 x 6 m.
(2) Spiel 2 gegen 2; Spielfeld: 6 x 3 m, später 6 x 4,5 m, dann 9 x 3 m.
Nach den Spielregeln, wobei der Ball sowohl mit einem Aufschlag als auch im oberen Zuspiel ins Spiel gebracht werden kann.
(3) Die Variation (2), jedoch auf Spielfeld: 3 x 6 m, später 3 x 9 m.

Handlungshinweis

- Das obere Zuspiel im Fallen hat Vorrang vor dem unteren Zuspiel im Stand.

Beobachtungshilfen

- Werden Falltechniken bzw. Hilfsabwehrtechniken angewendet, weil die Spieler ein schlechtes Stellungsspiel haben bzw. bewegungsfaul sind?
- Trägt die Schulung des unteren und oberen Zuspiels im Fallen zur Verbesserung der Annahme/Abwehr bzw. des Zuspiels bei?
- Ist nach Ausführung der Falltechniken ein Zuspiel bzw. ein Angriff möglich?

- Haben die Falltechniken zu einer deutlichen Erweiterung des Technikrepertoires und des Aktionsraumes der Spieler, sowohl in der 1. als auch in der 2. Ballberührung geführt?
- Wird das beidhändige untere Zuspiel im Fallen seitwärts so beherrscht, daß es sich aufgrund der Bewegungsverwandtschaft anbietet, den Einhandbagger im Fallen seitwärts (vgl. **Stundenbeispiel**) anschließend zu erlernen?

3. Spiel 3 gegen 3; Spielfeld: 6 x 4,5 m, später 6 x 6 m.
Spielregeln mit Sonderregel: für jeden erfolgreichen Angriff, dem eine Annahme und Weitergabe oder ein Zuspiel im Fallen vorausgeht, wird ein Zusatzpunkt gegeben (vgl. Abb. 259).

Fehleranalyse/-korrektur zum Zuspiel im Fallen rückwärts und seitwärts

Fehler in der Grobkoordination, die u.a. Verletzungsgefahren beinhalten

- Das Gesäß wird beim Fallen nicht nahe genug an der Ferse aufgesetzt.
- Die Arme folgen nicht der Abspielbewegung, sondern werden zum Auffangen des Fallens eingesetzt.
- Der Spieler fällt aus hoher statt tiefen Spielstellung bzw. aus Grätsch- statt der Schrittstellung.
- Der Spieler führt keinen oder einen zu kurzen Ausfallschritt aus und kann den Körperschwerpunkt nicht zwischen den Beinen halten.
- Der Spieler führt den Kopf (Kinn) bei dem Abrollen nicht zur Brust, sondern nach hinten in den Nacken.

Lösungsmöglichkeiten

- Vereinfachte bzw. vorbereitende Übungen:
  1. Rollen vorwärts oder rückwärts über eine Mattenbahn;
  2. Rückenschaukel mit angedeutetem Aufstehen über einen Fuß (evtl. mit Partnerhilfe);
  3. Gewichtsverlagerung von einem zum anderen Fuß in weiter Grätschstellung (evtl. mit Partnerhilfe);
  4. Üben des seitlichen Ausfallschrittes mit anschließender Körperdrehung, Abrollen und Zurückrollen, später Abrollen und Überrollen;
  5. Üben des Fallens rückwärts und seitwärts nach vorausgegangener Bewegung (evtl. mit Markierungen für Schrittfolge und -länge).

- Die o.g. Übungsformen 4. und 5. auf Matten mit gehaltenem Ball, mit Abwerfen des gehaltenen Balles im Fallen und mit Spielen des ruhenden Balles (Pendelball).
- die o.g. Übungen, jedoch ohne Matten.

Fehler bzgl. des Abspielzeitpunktes

- Der Spieler spielt den Ball zu früh bzw. zu spät statt in der Fallbewegung kurz vor Bodenberührung.

Lösungsmöglichkeiten

- Fallübungen mit gehaltenem Ball, bei denen der Zeitpunkt des Abspiels zunächst akustisch vermittelt wird, dann durch Würfe auf hohe Ziele aus kurzer Distanz (Basketballkorb) erfahren wird.
- Fallübungen, bei denen der zunächst genau, später variiert zugeworfene Ball im Fallen a) gefangen, b) gefangen und sofort wieder abgeworfen, c) zurückgespielt werden soll (auf nahe Ziele).

Fehler und Lösungsmöglichkeiten bzgl. Arm-/Handhaltung und Trefffläche usw.

Siehe FF des LZ 1 und FF des LZ 4.

2. LERNEINHEIT: ANGRIFFSSICHERUNG 2:3 UND 3:2 BEI VORGEZOGENER POS.VI

Handlungsablauf

Die Angriffssicherung ist eine mannschaftstaktische Handlung zur Abwehr der vom Block abprallenden Bälle. Durch Blockabpraller ist besonders der Raum unmittelbar um bzw. hinter dem Angreifer gefährdet. Daher formiert sich die Mannschaft um den Angreifer in ***zwei halbkreisförmigen Linien***. Die Entfernung der Spieler in der 1. Linie ***(Nahsicherung)*** beträgt etwa 2 bis 3 m zum Angreifer, die der 2. Linie ***(Fernsicherung)*** 5 bis 6 m zum Angreifer. Bei einer ***3:2 Angriffssicherung*** beteiligen sich 3 Spieler an der Nahsicherung und 2 Spieler an der Fernsicherung (vgl. Abb. 253) und bei einer ***2:3 Angriffssicherung*** umgekehrt:
Erfolgt ein Angriff auf Pos.II oder IV, so wird eine 2:3 Angriffssicherung gebildet (Abb.263a/b); erfolgt der Angriff auf Pos.III, so kommt eine 3:2-Angriffssicherung zur Anwendung (vgl. Abb. 253/264). Im letzteren Fall ist eine

Verstärkung der Nahsicherung notwendig, da das Feld um den Angreifer herum zu beiden Seiten abgedeckt werden muß.

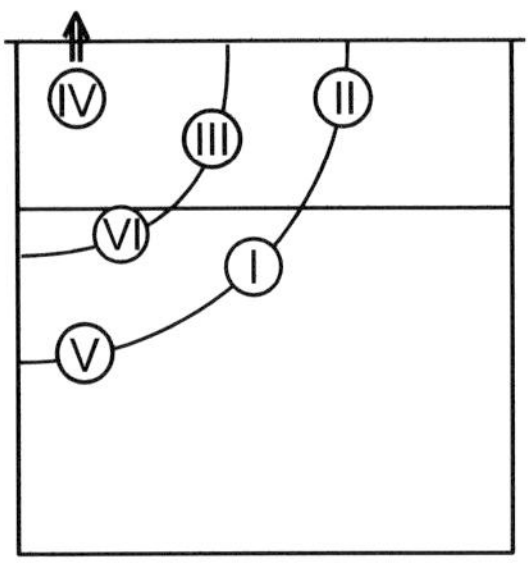

Abb. 263 a

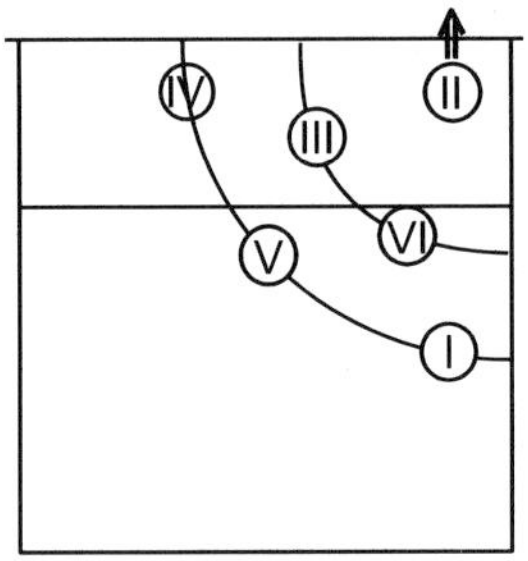

Abb. 263 b

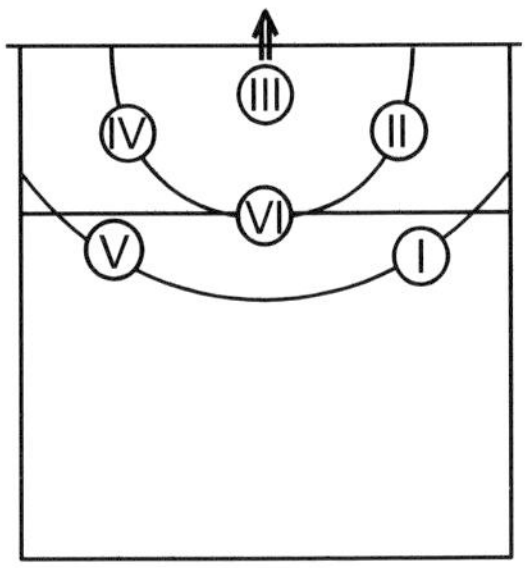

Abb. 264

Die ***Angriffs-Nahsicherung*** bei vorgezogener Pos.VI wird stets vom Hinterspieler VI und dem/den Nebenspieler(n) des Angreifers gebildet. Die übrigen Spieler übernehmen die ***Fernsicherung***. Die *ANWENDUNG* der Formation der Angriffssicherung ist grundsätzlich in Abhängigkeit vom Ort des Angriffs (Pos.II, III oder IV), von der Art des Blocks (Einer-/Zweier-/Dreierblock), von der Ausführung des Blocks (aktiv/passiv) als auch von der Entfernung des Zuspiels zum Netz und den Fähigkeiten des Angreifers zu sehen. So sollte z.B. die *NAHSICHERUNG DES ANGREIFERS VERSTÄRKT* werden (d.h. 3:2 statt 2:3-Angriffssicherung), wenn:

a) über Pos.III angegriffen wird,
b) der Gegner einen guten und aktiven Doppelblock bildet,
c) die eigene Mannschaft über sehr sprung- und schlagkräftige Angreifer verfügt, die kurz und steil abwärts schmettern können,
d) das Zuspiel dicht ans Netz erfolgt.

Bei der Durchführung der Angriffssicherung sind folgende ***Grundsätze*** zu beachten:

- Der Nahsicherungsspieler nimmt eine tiefe, der Fernsicherungsspieler eine mitteltiefe Spielstellung ein.
- Die Spieler der 2. Linie stehen auf Lücke zu denen der 1. Linie, um Angreifer, Ball und Block zu beobachten.
- Schwierig anfliegende Bälle werden hoch und mehr zur Feldmitte hin gespielt, leicht anfliegende Bälle gezielt zum Zuspieler in die Vorderzone.
- die Formierung der Angriffssicherung vollzieht sich in Etappen, d.h. die Feldverteidiger bewegen sich als erste nach vorne, um ihre Laufwege zu verkürzen, dann der Zuspieler direkt nach dem Zuspiel und der/die nicht eingesetzten Angreifer als letzte(r).

- Erfolgt ein Angriff nicht in unmittelbarer Netznähe, so beteiligt sich auch der Angreifer an der Sicherung im Sinne der ***Eigensicherung***. Dies gilt allerdings nur für Blockabpraller, die auf oder vor den Angreifer fallen.

Erläuterung

Nach Annahme/Abwehr und Weitergabe des Balles bewegen sich die Hinterspieler nach vorne ins Mittelfeld, um nach Zuspiel zusammen mit den Vorderspielern den eigenen Angreifer gegen Blockabpraller zu sichern. Dabei bilden der/die Nebenspieler des Angreifers und der vorgezogene Hinterspieler VI die Nahsicherung, die Hinterspieler V und I und gegebenenfalls der Vorderspieler II oder IV die Fernsicherung des Angriffs. Bei Angriff über Außenposition II/IV entsteht eine 2:3-Angriffssicherung (Abb. 265/ 263), bei Angriff über die Mitte eine 3:2-Sicherung (vgl. Abb. 253/264). Die Sicherungsspieler stehen in tiefer bis mitteltiefer Spielstellung und spielen vom Block abprallende Bälle hoch zur Feldmitte oder zum Zuspieler ans Netz, so daß erneut ein planmäßiger Angriffsaufbau möglich wird.

Abb. 265

Spielform: Spiel 3 mit 3; Spielfeld: 4,5 x 4,5 m.

In jeder Gruppe spielen zwei Vorder- und ein Hinterspieler (Pos.VI). Der Ball wird mit Angriff nach Zuspiel ins Spiel gebracht. Hierbei wird der Angreifer nahgesichert. Die abwehrende Dreiergruppe stellt einen Doppelblock mit Blocknahsicherung. Sieger ist die 6er-Gruppe, die in bestimmter Zeiteinheit (5 oder 10 min.) bei Blockabprallern die meisten erfolgreichen Abwehraktionen durchführt.

Um diese Situationen herzustellen, muß der Angreifer bewußt in den Block spielen bzw. schlagen (Abb. 266). Nach Unterbrechung wechselt das Angriffsrecht zur anderen Gruppe, die vor dem Angriff um eine Position rotiert.

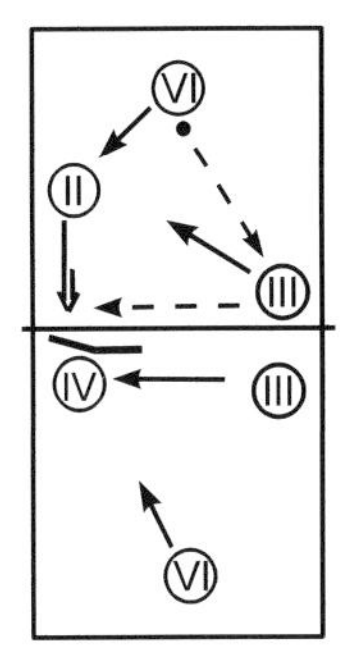

Abb. 266

Handlungsziel

Die Spieler sollen Funktion und Anwendungsbereich der Angriffssicherung bei vorgezogener Pos.VI kennenlernen und befähigt werden, die beiden Formationen spielgerecht anzuwenden, um Blockabpraller abzuwehren und einen erneuten Angriffsaufbau einzuleiten.

Handlungshinweise

- Die Spieler formieren sich um den Angreifer auf zwei konzentrischen Kreislinien!
- Bewege dich als Hinterspieler VI nach dem 1. Paß nach vorne an die Angriffslinie und nach dem Zuspiel in die Angriffsnahsicherung!
- Bewege dich als Zuspieler sofort nach Zuspiel zur Angriffssicherung!
- Nimm als Spieler in der Nahsicherung eine tiefe Spielstellung ein und beobachte Ballflug und Blockkonstellation!
- Bei Ausführung des Angriffsschlages muß die Sicherungsposition bereits eingenommen sein!

Beobachtungshilfe

Muß auf FF zurückgegriffen werden, weil Unsicherheiten hinsichtlich der Funktion und Formation der Angriffssicherung bestehen?

1. Variationen zur Spielform

(1) Spiel 4 mit 4; Spielfeld: 6 x 4,5 m, später 9 x 4,5 m.
Es spielen drei Vorder- und ein Hinterspieler (Pos.VI). Der Angriffsaufbau erfolgt über Pos. III (Abb. 267).

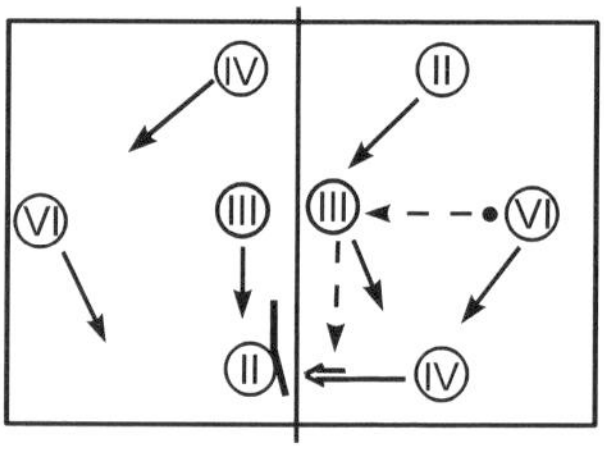

Abb. 267

Handlungshinweis

- Bewege dich als nicht eingesetzter Angreifer mit zur Angriffssicherung!

(2) Spiel 6 mit 6; Spielfeld: 9 x 9 m.
Der Angriffsaufbau erfolgt über Vorderspieler auf Pos.III, die Block- und Feldabwehr mit vorgezogener Pos.VI. Der Ball wird zunächst mit Angriffsschlag nach Zuspiel ins Spiel gebracht, später mit einem Aufschlag (vgl. Abb. 263a/b und 265).

(3) Variation (1) und (2): Angriffsaufbau über Vorderspieler auf Pos.II (Abb. 268 und vgl. Abb. 253/ 263 /264/265).

Handlungshinweis

- Bei Angriff auf Pos.III sichern drei Spieler nah und zwei fern!

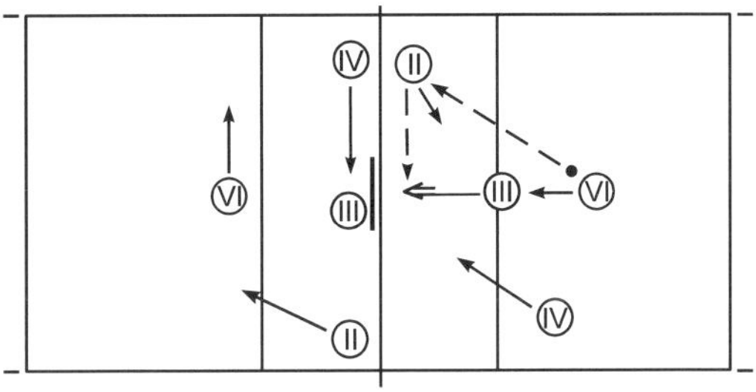

Abb. 268

2. Spiel 3 gegen 3;

Spielfeld: 4,5 x 4,5 m.

Nach Spielregeln, jedoch wird der Ball zunächst mit Angriffsschlag nach Zuspiel, später einem Aufschlag ins Spiel gebracht (Abb. 266). Für jeden erfolgreichen Angriff aus der Angriffssicherung werden Zusatzpunkte gegeben.

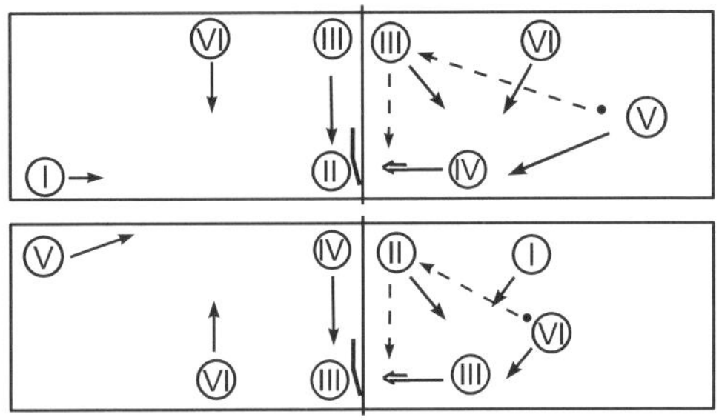

Abb. 269 a/b

(1) Spiel 4 gegen 4; Spielfeld: 4,5 x 9 m; mit zwei Vorder- und zwei Hinterspielern (Abb. 269 a/b).

(2) Die Variation von (1): mit drei Vorder- und einem Hinterspieler (Pos.VI) auf Spielfeld: 6 x 4,5 m, später 9 x 4,5 m; der Angriffsaufbau erfolgt über Pos.III (vgl. Abb. 267), später über Pos.II (vgl. Abb. 268).

Handlungshinweise

- Bewege dich als Hinterspieler I und V nach der 1. Ballberührung nach vorne ins Mittelfeld und nach der 2. Ballberührung in die Angriffsfernsicherung!
- Orientiere dich als Spieler der 2. Sicherungslinie (Fernsicherung) an den Spielern der 1. Linie (Nahsicherung) und stehe auf Lücke!
- Spiele als Sicherungsspieler schwierige Bälle hoch zur Feldmitte, leicht anfliegende Bälle hoch zum Zuspieler in die Vorderzone!

Beobachtungshilfen

- Muß auf die 1. LE des LZ 11 erneut eingegangen werden, weil sich Mängel in der technischen Ausführung der Angriffssicherung zeigen?
- Müssen Hilfen für die Verständigung der Sicherungsspieler untereinander gegeben werden?

- Ist der Block so effektiv, daß die Notwendigkeit der Angriffssicherung für die Spieler deutlich wird?
- Kommen die Falltechniken vornehmlich in der Angriffssicherung zur Anwendung?
- Trägt die Einführung der Angriffssicherung zu einem bewegungsintensiven Spielverhalten bei?

3. Spiel 6 gegen 6; Spielfeld: 9 x 9 m.

Nach Spielregeln mit Sonderregeln: Der Ball wird nicht dem Aufschlag sondern mit Angriffsschlag nach Zuspiel ins Spiel gebracht. Jede Aufstellung wird 5mal durchgespielt. Danach rotieren beide Mannschaften. Nach 30 Angriffen wechselt das Angriffsrecht.

Der Angriffsaufbau erfolgt aus dem 5er-Riegel und aus der Block- und Feldabwehr mit vorgezogener Pos.VI über Steller III (Abb. 270), später über Steller II mit entsprechender Angriffssicherung (vgl. Abb. 263 und 264).

Jeder Fehler einer Mannschaft ist ein Punkt für den Gegner. Für jede erfolgreiche Blockhandlung bzw. Angriffshandlung nach Angriffssicherung werden Zusatzpunkte gegeben.

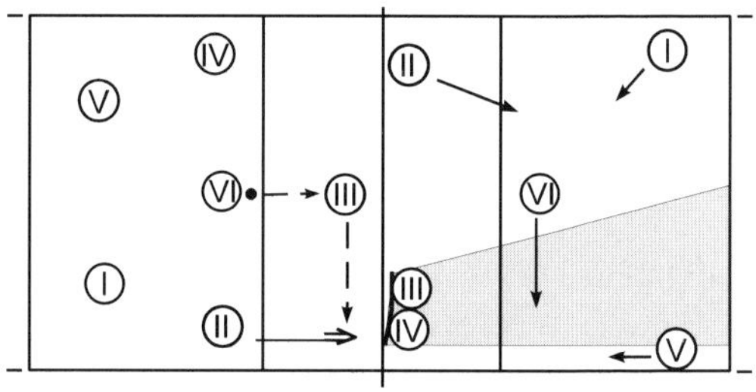

Abb. 270

Beobachtungshilfe

- Sind die Spieler in der Lage, Blockabpraller so weiterzuspielen, daß ein planmäßiger Übergang zu einem erneuten Angriff eingeleitet wird?

(1) Der Ball wird durch den Lehrer von außerhalb ins Spielfeld geworfen, so daß ohne Spielunterbrechung weitergespielt werden kann (Abb. 271a/b).

(2) Die Variation von (1): Der Ball wird zunächst abwechselnd ins rechte und linke Feld, später beliebig geworfen. Nach jeweils 10 Würfen wird rotiert.

(3) Die Spielform 3: Der Ball wird mit Aufgabe ins Spiel gebracht.

(4) Die Variation von (3): Nach jeweils 5 Aufgaben hintereinander wechselt das Aufgaberecht (Rotation). Punkte kann immer nur die aufgebende Mannschaft machen, Zusatzpunkte beide Mannschaften. Gespielt wird nach Sätzen oder nach Durchgängen.

(5) Spiel 6 gegen 6 nach den Spielregeln mit Zusatzpunkten (Abb. 272 a/b).

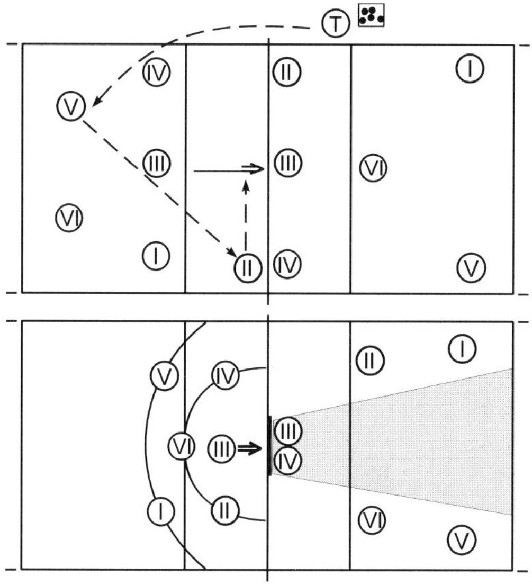

Abb. 271 a/b

Beobachtungshilfen

- Hat die Schulung der Angriffssicherung eine Steigerung des Spielflusses bewirkt?
- Muß der Einhandbagger im Fallen seitwärts zusätzlich geschult werden (vgl. *STUNDENBEISPIEL*), weil seitlich und weit entfernt anfliegende Bälle nicht erreicht bzw. mit den bisher erlernten Falltechniken nicht angenommen/abgewehrt werden können?

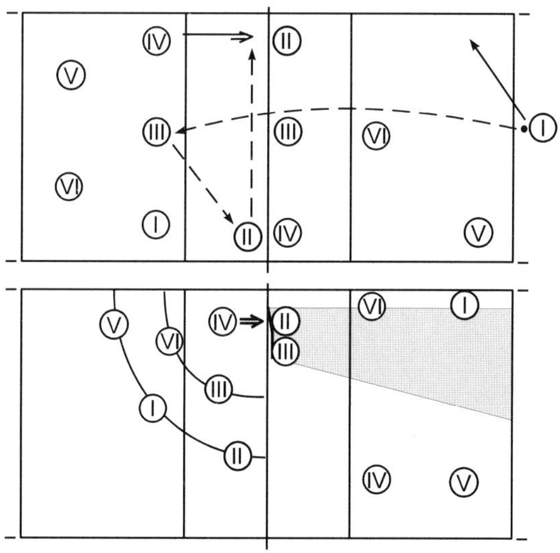

Abb. 272 a/b

Lernkontrolle

1. Beantwortung von Testfragen (u.U. mit Hilfe von Skizzen) zu:
   a) den verschiedenen Formationen der Angriffssicherung,
   b) der Bedeutung der Angriffssicherung und den Funktionen der einzelnen Spieler, besonders hinsichtlich ihres Verhaltens in der Nah- und Fernsicherung,
   c) der Angriffssicherung in Abhängigkeit von Zuspiel und Angriffsort,
   d) den Möglichkeiten des Überganges von der Abwehr zum Angriff.

2. Freie Spielbeobachtung zur Angriffssicherung bei vorgezogener Pos.VI unter Berücksichtigung der o.g. Aspekte b)d).

Fehleranalyse/korrektur zur Angriffssicherung

Fehler in der Aufstellung bei der Angriffssicherung

- Die Spieler stehen hintereinander statt auf Lücke.
- Die Spieler besetzen falsche Positionen bzw. verteilen sich ungleich auf den Sicherungslinien.

Lösungsmöglichkeiten

- Erneute theoretische Erarbeitung der Angriffssicherungsformationen sowie der Funktionen und Aufgabenbereiche der Spieler anhand von Medien.
- Übungsformen, in denen ohne Ball auf Zuruf die verschiedenen Angriffssicherungsformationen eingenommen werden. Danach wird mit Ball geübt. Hierbei wird zunächst der Blockabpraller durch ein rückwärtiges Fintieren des Angreifers simuliert, später durch Hilfsgeräte (Wand, Weichbodenmatte; Blocker; Blockspieler auf Bank) erzwungen.
- Übungsformen mit Angriffsschlag gegen einen Dreierblock und entsprechende Angriffssicherung, wobei in den Situationen, in denen der Block nicht erfolgreich abwehren konnte, ein 2. Ball im Sinne eines Blockabprallers ins Spiel gebracht wird.
- Zunächst sollte die Angriffssicherung nur mit den Nahsicherungsspielern, später mit den Nah und Fernsicherungsspielern erarbeitet werden! Der Angriff erfolgt zunächst auf den Positionen II und IV (2:3-Angriffssicherung), später auf der Pos.III (3:2-Angriffssicherung).

Fehler im Grundverhalten der Sicherungsspieler

- Nicht situationsgerechter Einsatz der Hilfsabwehrtechniken, da eine zu späte bzw. keine Bewegung in Richtung Angriffsort erfolgt.
- Aufrechte statt mitteltiefer bis tiefer Spielstellung.
- Zu flaches bzw. überhastetes Abspiel statt den Ball möglichst spät anzunehmen und hoch weiterzugeben.

Lösungsmöglichkeiten

- Partner/Gruppenübungen, in denen Blockabpraller durch Angriffsfinten (Lobs) simuliert werden:
  a) A spielt Langpaß zu B und läuft zur Angriffssicherung hinterher. B fintiert zu A; A spielt schwierig anzunehmende Bälle hoch, leicht anzuneh-

mende Bälle zu B und läuft in seine Ausgangsposition zurück. B spielt Langpaß zu A usw. Zunächst sichert immer nur ein Spieler (A) (Abb. 273), später beide Spieler abwechselnd nach jedem Langpaß.

b) A spielt einen Langpaß zu B; C bewegt sich auf Ballhöhe zur Nahsicherung des annehmenden Spielers B, B fintiert zu C, der hoch zurückspielt; B spielt zu A; C folgt usw. (Abb. 274)

c) wie b), jedoch sichern zwei Spieler im Wechsel (Abb. 275). Abb. 275

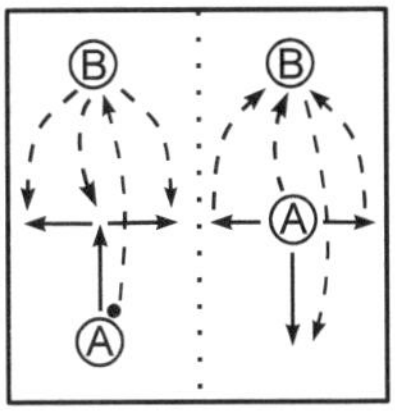

Abb. 273

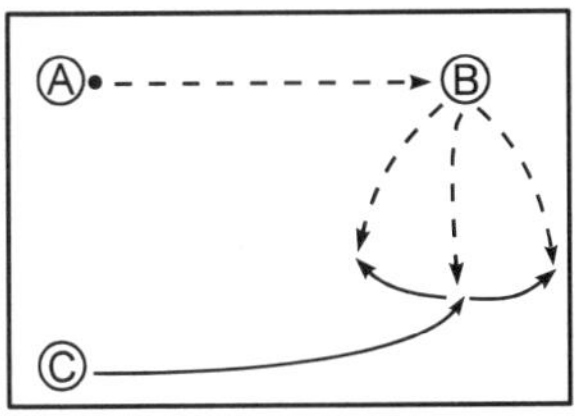

Abb. 274

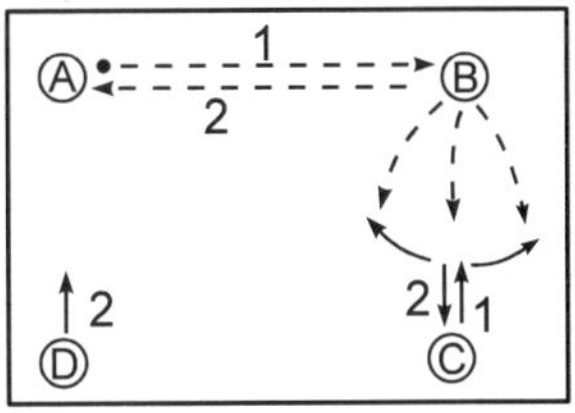

Abb. 275

d) Drei Spieler stehen in Dreieckaufstellung. A spielt Langpaß zu B, A und C sichern nah, B fintiert zu A oder C, die den Ball hoch zurückspielen.

Danach gehen die Spieler schnell in die Ausgangspositionen zurück. B spielt lang zu A oder C usw. (Abb. 276 a/b).

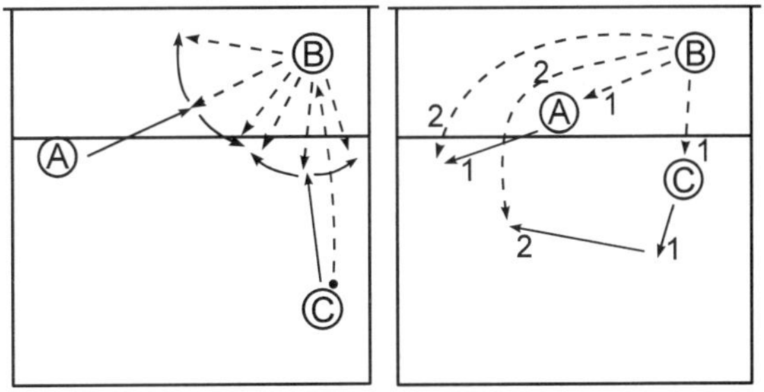

Abb. 276 a/b

e) wie d), jedoch mit vier Spielern im Viereck (Abb. 277 a/b).

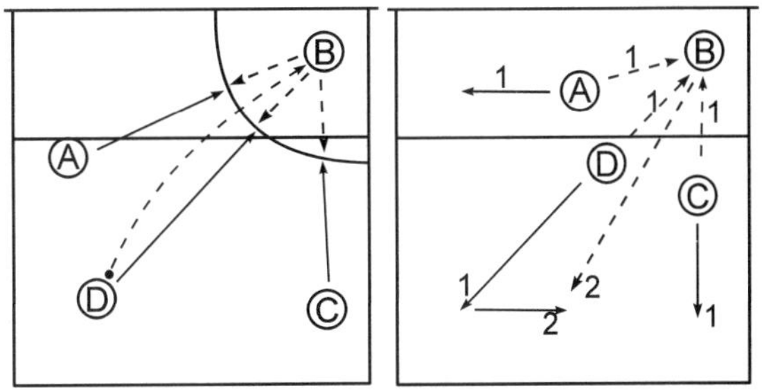

Abb. 277 a/b

f) Übungsformen gegen die Wand

Nach Zuspiel erfolgt ein Drive bzw. Sprungabspiel (Finte) gegen die Wand. Den Abpraller spielen die sichernden Spieler so weiter, daß erneut angegriffen werden kann (Abb. 278 bis 280).

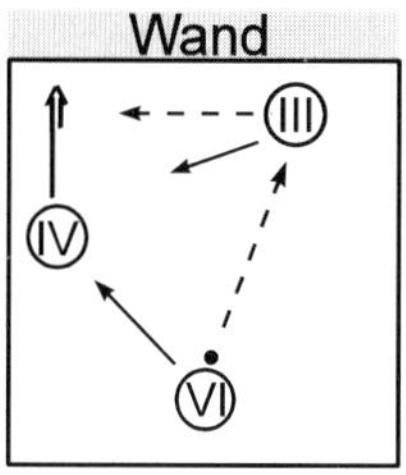

Abb. 278 a

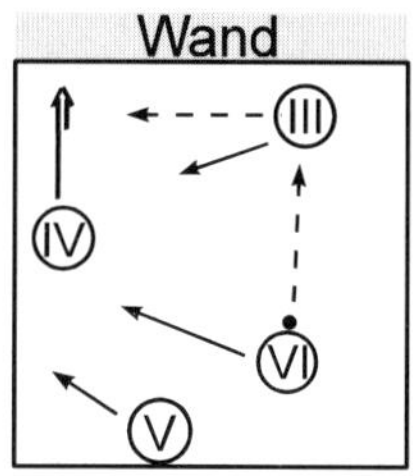

Abb. 278 b

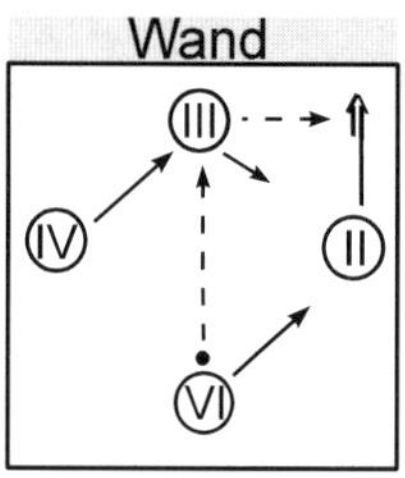

Abb. 279 a

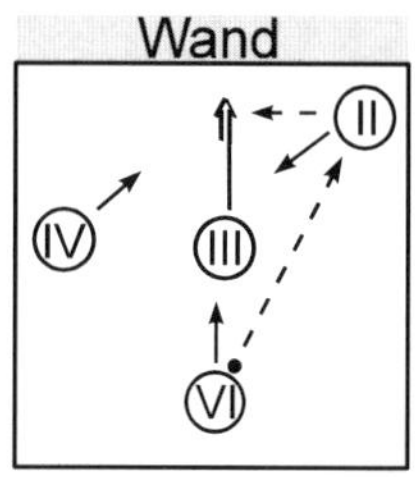

Abb. 279 b

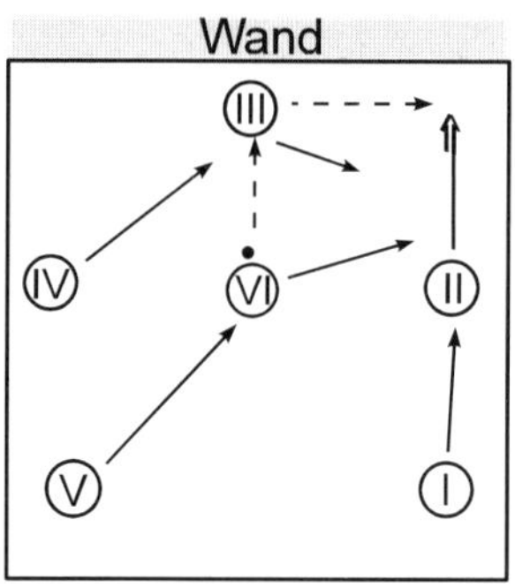

Abb. 280 a

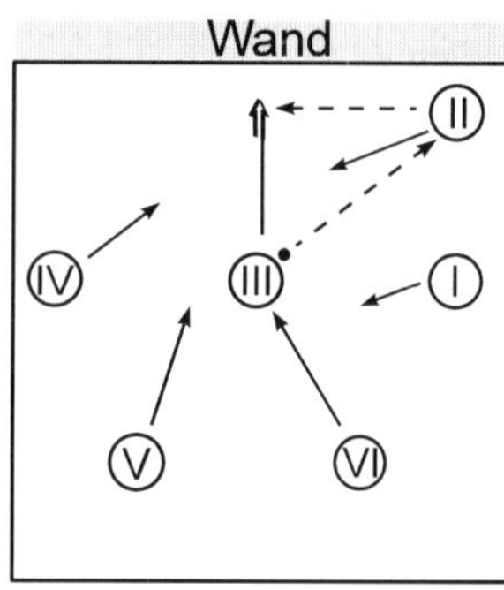

Abb. 280 b

LERNZIEL 12: ANGRIFFSSCHLAG NACH HALBHOHEM ZUSPIEL - ANGRIFFSAUFBAU AUS DEM 5ER-RIEGEL ÜBER POS. I

Abb. 281

Sachanalyse

Beim Angriffsaufbau über Hinterspieler aus dem 5er-Riegel wird einer der Hinterspieler aus der Aufschlagannahme herausgelöst, um als Zuspieler an das Netz zu laufen (daher die Bezeichnung ***Läuferspiel***) und alle drei Angreifer einsetzen zu können (Abb. 281). Grundsätzlich können alle Hinterspieler als Läufer fungieren. Der Angriffsaufbau über ***Läufer von Pos.I*** stellt allerdings die leichteste und damit für die Einführung günstigste Art dar, da der Laufweg zur Zuspielposition weder die Flugbahn des Aufschlags noch die der Aufschlagannahme kreuzt.

Der durch Läuferspiel mögliche Einsatz der drei Vorderspieler als Angreifer garantiert in sich noch keine größere Angriffseffektivität, wenn nicht durch *VARIABLES ZUSPIEL* die Bildung des gegnerischen Doppelblocks erschwert wird. Dies ist ein Schwerpunkt der 1. LE, indem hier vor allem die Angreifer auf Pos.II und III nach ***halbhohem Zuspiel*** aus kurzer bis mittlerer Distanz schmettern lernen. Weiterhin stellt das *ZUSAMMENSPIEL VON ZUSPIELER (LÄUFER) UND ANGREIFER* ein zentrales Thema der 1. LE dar, die somit eine wichtige Voraussetzung für die 2. LE ist.

Im Rahmen der 2. LE soll die Angriffssicherung (vgl. LZ 11) der veränderten Situation des Angriffsaufbaus über Läufer angepaßt werden.

1. LERNEINHEIT: ANGRIFFSSCHLAG NACH HALBHOHEM ZUSPIEL

Bewegungsablauf

Der Bewegungsablauf des Angriffsschlages nach halbhohem Zuspiel ist identisch mit dem nach hohem Zuspiel. Der einzige Unterschied besteht darin, daß der ***Anlaufzeitpunkt*** des Angreifers etwas früher liegt: Während der Angreifer bei hohem Zuspiel etwa mit Erreichen des höchsten Punktes der Flugkurve des Balles anläuft, startet er bei halbhohem Zuspiel *UNMITTELBAR NACH ABSPIEL* des Balles (vgl. LZ 5). Somit ist der Angreifer für die Wahl des Absprungortes und des Absprungzeitpunktes weiterhin verantwortlich. Beim Zuspieler ergeben sich ebenfalls nur geringe Veränderungen in der Ausführung des oberen Zuspiels: Während beim hohen Paß die Ganzkörperstreckung sehr betont ist, überwiegt beim halbhohen Zuspiel der Armeinsatz, vor allem beim Zuspiel aus kurzer Distanz (vgl. LZ 1,4 und 9).

Unter ***halbhohem Zuspiel*** werden Pässe verstanden, die nicht höher als 2,5 m und nicht unter 1 m Höhe über Netzoberkante zugespielt werden. Dabei muß bei hohem und halbhohem Zuspiel zwischen Pässen aus kurzer, mittlerer und langer Distanz unterschieden werden:

	Hohes Zuspiel	> 2,5 m, vgl. Abb. 282 (1)
1 m <	Halbhohes Zuspiel	< 2,5 m vgl. Abb. 282 (2)
	flaches (niedriges) Zuspiel	< 1 m vgl. Abb. 282 (3)

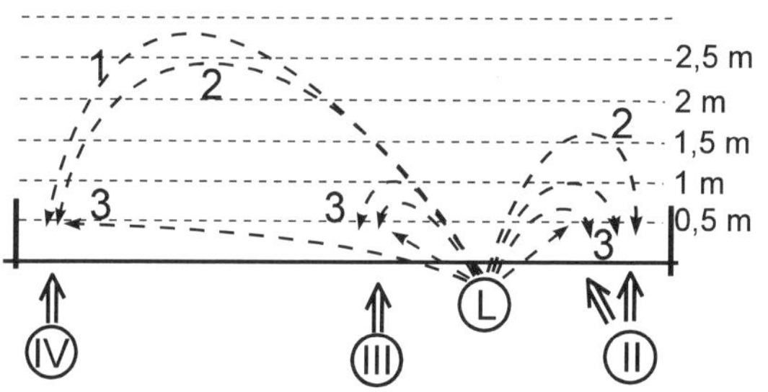

Abb. 282

Abstand (A) Angreifer/Steller:

kurze Distanz:		A > 1,5m	(vgl. Pos. III)
mittlere Distanz:	1,5 m <	A < 4 m	(vgl. Pos. II)
lange (weite)Distanz:		A > 4m	(vgl. Pos. IV) (Abb. 282)

Beim Angriffsaufbau über Läufer empfehlen sich hohe Pässe nur auf die Außenposition IV, da bei hohem Zuspiel über kurze Distanz die Ungenauigkeit mit der Spielhöhe zunimmt. Zudem kann sich der gegnerische Doppelblock sehr leicht formieren (auf Pos.III sogar der 3er-Block) und somit die Vorteile des Läuferspiels aufheben (Abb. 283).

Erläuterung

Der Angreifer steht in Erwartung eines halbhohen Zuspiels in Bereitschaftsstellung in der Nähe der Angriffslinie. Kurz nach Ausführung des Zuspiels läuft er zum Angriffsschlag an und führt in Abhängigkeit von Zuspielhöhe und -richtung seine Stemm-, Sprung- und Schlagphase durch.

Abb. 283

Spielform: Spiel 2 gegen 1; Spielfeld: 3 x 9 m

Ein Zuspieler und ein Angreifer spielen gegen einen Feldverteidiger (Abb. 284). Der Angreifer schmettert nach halbhohem Paß 5x (10x) hintereinander und erhält für jeden Angriffsschlag ins Gegenfeld, der nicht beidhändig abgewehrt werden kann, einen Punkt. Nach 5 (10) Angriffsschlägen wechseln die Spieler ihre Funktionen. Sieger ist der Spieler mit der höchsten Trefferquote in 1, 2 oder 3 Durchgängen.

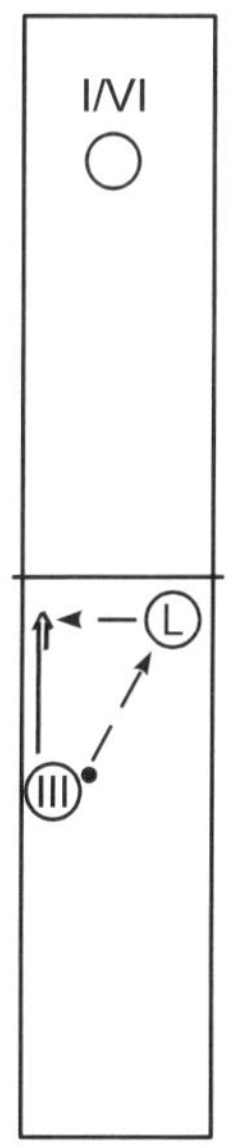

Abb. 284

Handlungsziel

Der Spieler soll den Angriffsschlag nach halbhohem Zuspiel als eine Variante des Angriffs kennen und spielgerecht anwenden lernen, um den Angriff schneller zu gestalten und den Gegner zu überraschen.

Handlungshinweise

- Laufe als Angreifer bei halbhohem Paß aus kurzer bis mittlerer Distanz unmittelbar nach dem Zuspiel an!
- Stehe als Zuspieler bei halbhohem Paß aus kurzer Distanz mehr unter als hinter dem Ball!
- Setze als Zuspieler bei halbhohen Pässen aus kurzer Distanz mehr die Arme als die Beine ein!

- Laufe als Angreifer beim halbhohen Zuspiel früher als beim hohen Zuspiel an!
- Wähle Absprungort und -zeitpunkt in Anpassung an die Zuspielweite und -höhe!
- Beachte, daß die Veränderung der Zuspielhöhe keine Veränderung in der Bewegungsausführung des Angriffsschlages bedingt!

Beobachtungshilfen

- Muß auf FF LZ 4/2. LE und LZ 9/1.LE zurückgegriffen werden, weil sich grobe Mängel in der Ziel- und Bewegungsgenauigkeit des halbhohen Zuspiels über kurze und lange Distanz zeigen?
- Muß auf LZ 5/2. LE zurückgegriffen werden, weil sich elementare Mängel in der Bewegungsausführung des Angriffsschlages frontal zeigen?

1. Variationen zur Spielform

(1) Der Zuspieler stellt nach kurzem Lauf zum Zuspielort: Er startet unmittelbar nach Anwurf des Balles durch den Angreifer, zunächst a) von der Seitenlinie (parallel zum Netz), später b) von der Angriffslinie (frontal zum Netz) (Abb. 285).

(2) Spiel 3 gegen 3; Spielfeld: 3 x 9 m, später: 4,5 x 9 m.
Die Spielform und Variation (1) mit einem weiteren Spieler als Angreifer auf Pos.II. Der Angreifer auf Pos.III spielt zum Zuspieler, der im oberen Zuspiel rückwärts halbhoch den Angreifer auf Pos. II einsetzt (Abb. 286). Später kann sowohl der Angreifer auf Pos. III als auch auf Pos. II eingesetzt werden.

(3) Die Variation von (2): Der Zuspieler fungiert als verdeckter Läufer von Pos. I, wobei er sofort nach Anwurf des Balles durch Pos. III zum Zuspielort startet (Abb. 287).

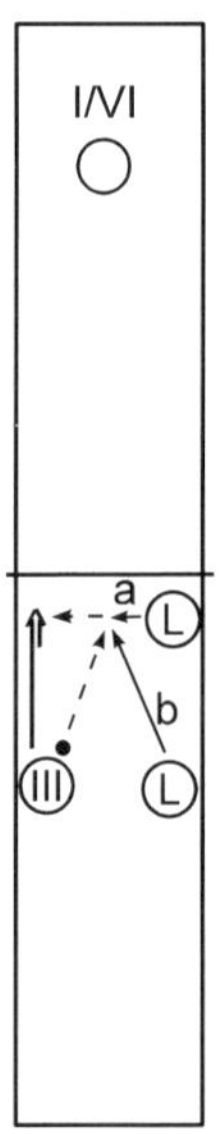

Abb. 285

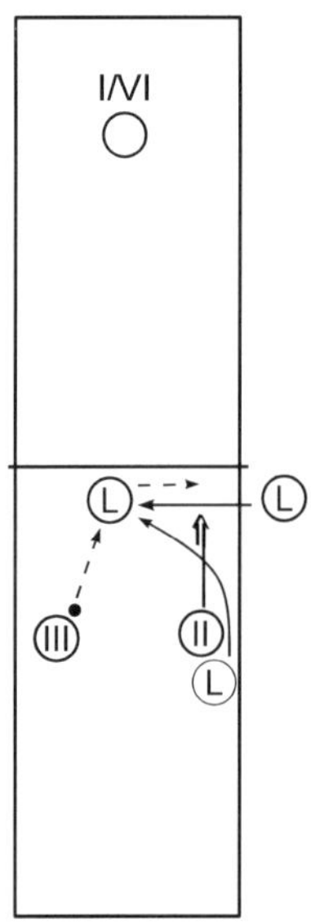

Abb. 286

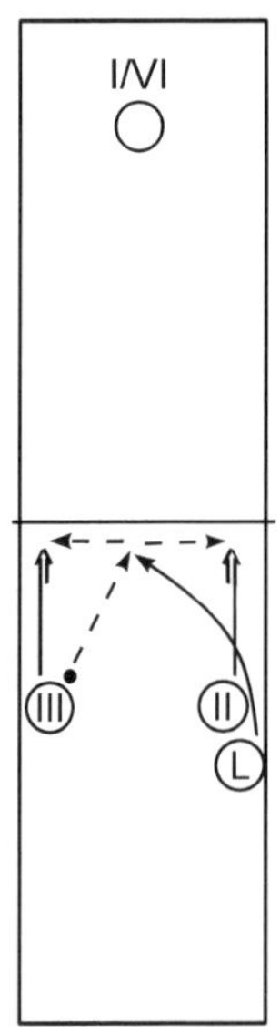

Abb. 287

(4) Die Spielform und Variationen: Der Ball wird vom Feldverteidiger über das Netz zielgenau zugeworfen/zugespielt/aufgeschlagen.

2. Spiel 3 gegen 3; Spielfeld: 4,5 x 9 m.

Jede 3er-Gruppe besteht aus zwei Vorder- und einem Hinterspieler (Läufer I). Spielregeln mit Sonderregel: Der Ball wird mit Angriffsschlag nach Zuspiel durch den Läufer ins Spiel gebracht (Abb. 283 und 288). Während des Spiels erfolgt der Angriffsaufbau über einen Vorderspieler.

(1) Die Spielform 2, jedoch mit Aufschlag und Aufschlagannahme im 2er-Riegel (Abb. 289).

3. Spiel 4 gegen 4;

Spielfeld: 4,5 x 9 m.

Jede 4er-Gruppe besteht aus zwei Vorder- und zwie Hinterspielern. Durchführung und Regeln wie 2 (1), wobei die Aufschlagannahme im 3er-Riegel erfolgt (Abb. 290).

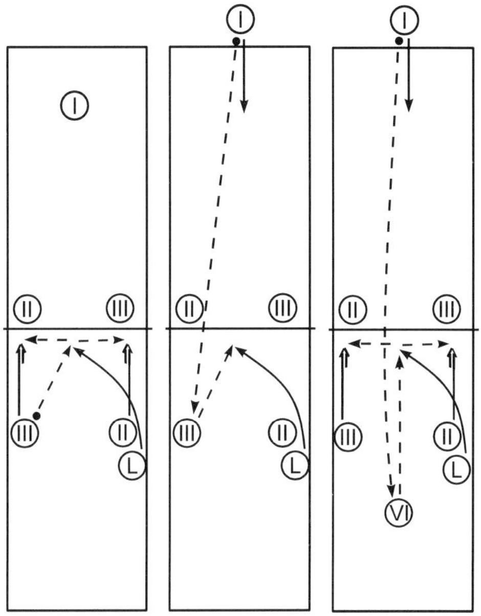

Abb. 288 Abb. 289 Abb. 290

Fehleranalyse/-korrektur zum Angriffschlag

Zum o.g. Bereich gelten alle Ausführungen des LZ 5 unter Berücksichtigung des veränderten Zeitpunktes für den Anlaufbeginn des Angreifers bei halbhohem Zuspiel: ebenso gelten hinsichtlich der Variation der Zuspielhöhe und -entfernung die entsprechenden Ausführungen des LZ 4 und LZ 9.

2. LERNEINHEIT: ANGRIFFSAUFBAU AUS DEM 5 ER-RIEGEL ÜBER POS. I

Handlungsablauf

Nach den ***Spielregeln*** ist nach Ausführung des Aufschlags kein Spieler an seine Position gebunden, d.h. daß jeder Spieler eine andere Position und damit Funktion ein- bzw. übernehmen kann. Diese Regel erfährt eine Einschränkung dadurch, daß ein Hinterspieler aus der Vorderzone heraus keinen über Netzoberkante befindlichen Ball ins Gegenfeld spielen darf, d.h. daß er weder als Angreifer noch als Blockspieler agieren kann, sondern nur als Zuspieler eingesetzt werden darf.

Der ***5er-Riegel mit Angriffsaufbau über Hinterspieler*** ist in seiner Grundformation identisch mit dem über Vorderspieler (vgl. LZ 7 und 9). Verändert ist nur die Besetzung der Positionen im Riegel und der Angriffsaufbau über die Zuspielposition zwischen Pos.II und III. Die *VORDERE LINIE* des Riegels wird von den Spielern der *POS.IV, III UND II*, die *HINTERE LINIE* von Spielern der *POS.VI UND V* gebildet. Der *ZUSPIELER* auf Pos.I steht beim Läuferspiel unter Beachtung der Aufstellungsregel *VERDECKT* hinter seinem direkten Vorderspieler auf Pos.II und ist so aus der Aufschlagannahme herausgelöst (daher die Bezeichnung ***verdecktes Läuferspiel***).
Unmittelbar nach Ausführung des Aufschlags läuft der Läufer I außen an Pos. II vorbei auf die ***Zuspielposition zwischen II und III*** (Abb. 291 a). Von hier kann der Läufer (vor allem rechtshändige Angreifer) auf den Positionen IV und III günstig auf deren Schlaghandseite einsetzen. Dabei ist vorteilhaft, daß er Pos. IV und III im Blick hat und frontal anspielen kann; auf Pos.II stellt er aus kurzer bis mittlerer Distanz mit oberem Zuspiel rückwärts. Günstig ist weiterhin, daß der Zuspieler die Angreifer in ihren Aktionen (Laufweg) nicht behindert (Abb. 281 und 291 b), das Verhalten des Blockspielers auf Pos. III beobachten und bei seiner Zuspielhandlung berücksichtigen kann. Das Läuferspiel zielt darauf ab, eine gegnerische Doppelblockbildung zu verhindern. Dies kann jedoch nur dann erreicht

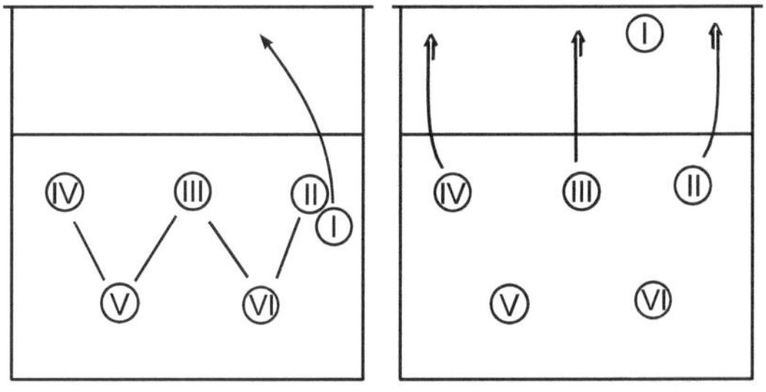

Abb. 291 a/b

werden, wenn beim ***Angriffsaufbau*** die gesamte Netzbreite ausgenutzt wird und alle Angreifer variabel und gleichmäßig eingesetzt werden.

Eine wesentliche Funktion für das Gelingen des Angriffs mit Läuferspiel hat das *VERHALTEN DES ANGREIFERS AUF POS.III*: Er bietet sich als erster zum Angriff an, da er die günstigste Position zum Zuspieler hat. Er steht in direkter Blickverbindung zu ihm und kann in unmittelbarer Nähe vor ihm angreifen. Dadurch gelingt es ihm, den gegnerischen Blockspieler auf Pos. III an sich zu binden, so daß dieser möglicherweise beim täuschenden Überkopfpaß bzw. halbhohem Zuspiel auf Pos.IV nicht mehr rechtzeitig zum Doppelblock aufschließen kann. Entsprechend kann der Angriff über die Mitte so gestaltet werden (flaches Zuspiel), daß eine Doppelblockbildung auch gegen den Angreifer auf Pos.III erschwert bzw. verhindert wird.

Im *ZUSAMMENSPIEL VON LÄUFERN UND ANGREIFERN* ergibt sich folgender *HANDLUNGSABLAUF*:

a) Der Läufer startet sofort nach Ausführung des Aufschlags zum Zuspielort.
b) Der Zuspielort zwischen Pos.II und III wird vor Annahme des Aufschlags erreicht.
c) Die Annahme und Weitergabe des Balles erfolgt zum Läufer.
d) Der Angreifer auf Pos.III läuft als erster zum Angriff an, kurz danach der Spieler auf Pos.II und als letzter der Angreifer auf Pos.IV (Abb. 292).
e) Der Läufer führt das Zuspiel aus und übernimmt in der Angriffssicherung die Funktion der vorgezogenen Pos.VI (Pos.VI übernimmt die Funktion der Pos.I). Der Angreifer wird nah und fern gesichert (Abb. 293 a-c).

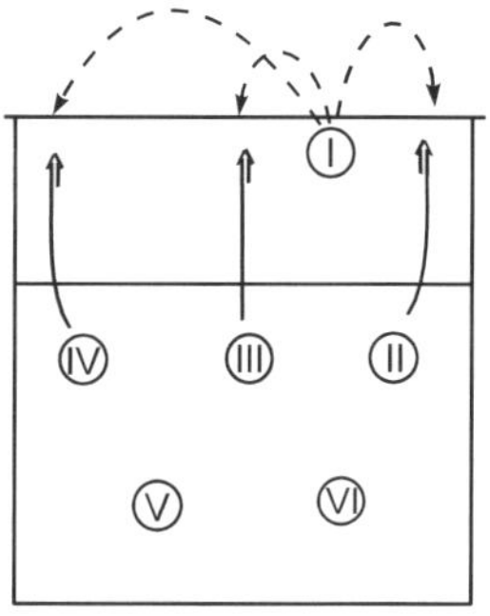

Abb. 292

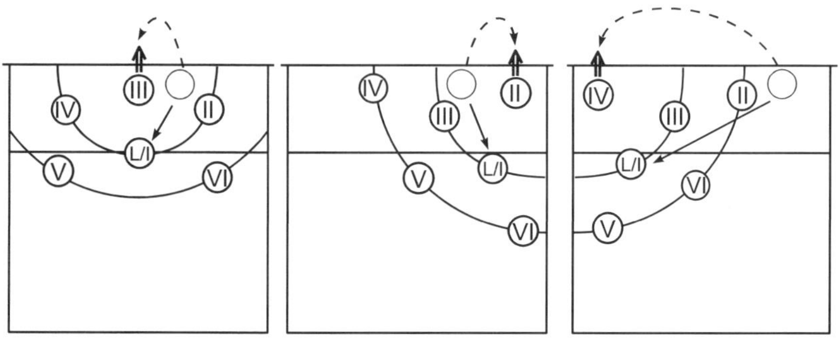

Abb. 293 a-c

f) Nach Spielunterbrechung wechseln Läufer I und Pos.VI auf ihre Positionen zurück.

Die *ANWENDUNG DES LÄUFERSPIELS* ist unter folgenden *VORAUSSETZUNGEN* sinnvoll und angebracht:
- Alle Vorderspieler müssen schmettern können.
- Vor allem der Angreifer auf Pos. III muß wenigstens nach halbhohem Zuspiel angreifen können.
- Der Läufer muß nach Bewegung zum Zuspielort variabel zuspielen können, d.h. sowohl hohe wie halbhohe Pässe über kurze, mittlere und lange Distanz beherrschen.
- Zielgenaue Annahme und Weitergabe des Aufschlags auf eine im Moment der Ausführung des Aufschlags unbesetzte Position.
- Gutes gruppentaktisches Verhalten, insbesondere im Zusammenwirken von Läufer und Angreifern.

Erläuterung

Der Hinterspieler auf Pos.I (Läufer) wird aus dem 5er-Riegel herausgelöst und steht verdeckt hinter dem Vorderspieler auf Pos.II Abb. 294). Unmittelbar nach Ausführung des Aufschlags läuft er zum Zuspielort zwischen den Pos. II und III an das Netz und erhält den 1. Paß. Er setzt die Angreifer auf den Pos.III und II mit halbhohem Paß und den Angreifer auf Pos.IV mit hohem Paß zum Angriff ein.
Nach Zuspiel löst er sich vom Netz und sichert in der Angriffssicherung als vorgezogene Pos.VI den eigenen Angreifer nah. Nach Spielunterbrechung wechselt er auf seine ursprüngliche Pos.I zurück.

Abb. 294

Spielform: Spiel 4 mit 4 als Läuferspiel aus dem 3er-Riegel;
Spielfeld: 9 x 6 m.
Vierergruppen spielen miteinander ohne Block, Schmetterschlag und Aufschlag. Der Ball wird vom Spieler auf Pos.III mit oberem Zuspiel über das

Netz ins Spiel gebracht. Der Angriffsaufbau erfolgt immer aus dem 3er-Riegel über Läufer I, wobei 3 Ballberührungen vorgeschrieben sind.
Nach der 3. Ballberührung im oberen Zuspiel geht die Gruppe schnell in die Ausgangsformation zurück (Abb. 295). Sieger ist die 8er-Gruppe mit der längsten Serie von Netzüberquerungen. Nach Spielunterbrechung oder vorgeschriebener Zeit rotieren die Spieler um eine Position!

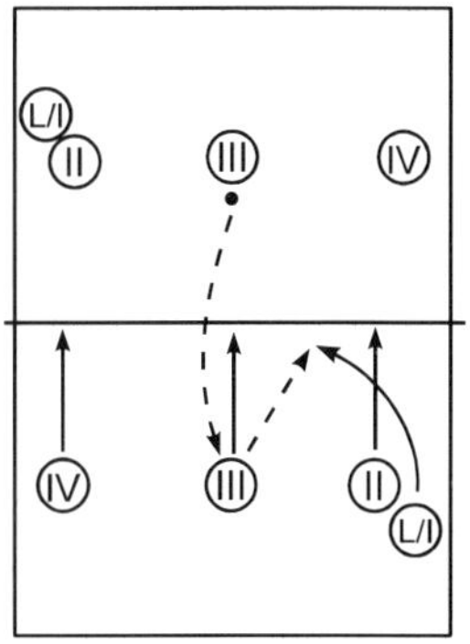

Abb. 295

Handlungsziel

Die Spieler sollen das verdeckte Läuferspiel aus dem 5er-Riegel als eine ideale Möglichkeit des positionsgebundenen Angriffsaufbau kennen und anwenden lernen, um alle drei Angreifer unter Ausnutzung der gesamten Netzbreite variabel einsetzen zu können. Weiterhin sollen die Spieler durch Einsatz des halbhohen Zuspiels aus kurzer bis mittlerer Distanz befähigt werden, ihr Angriffsspiel schnell und überraschend zu gestalten, um eine Doppelblockbildung des Gegners zu erschweren.

Handlungshinweise

- Setze als Läufer unter Ausnutzung der gesamten Netzbreite alle drei Angreifer variabel zum Angriff ein!
- Stehe als Läufer vor Aufschlagausführung dicht und seitlich hinter dem Spieler auf Pos.II!
- Laufe unmittelbar nach Aufschlagausführung außen herum zum Zuspielort zwischen Pos.II und III!
- Spiele den 1. Paß hoch und nicht zu dicht an das Netz zum Zuspielort!
- Biete dich als Angreifer auf Pos.III als erster zum Angriffsschlag an!
- Setze als Läufer den Angreifer auf Pos.III halbhoch und kurz vor dir und den Angreifer auf Pos.II halbhoch hinter dir zum Angriff ein!

1. Variationen zur Spielform

(1) Der Ball wird mit Aufschlag ins Spiel gebracht und der Angreifer wird gesichert. Der Läufer nimmt nach Zuspiel die Pos.VI ein (Abb. 296 a-c).
(2) Der Angriffsaufbau über Hinterspieler I erfolgt nur einmal auf jeder Spielfeldseite. Anschließend wird ein Doppelblock gestellt und über Vorderspieler (III und II) aufgebaut (Abb. 296 d-f).

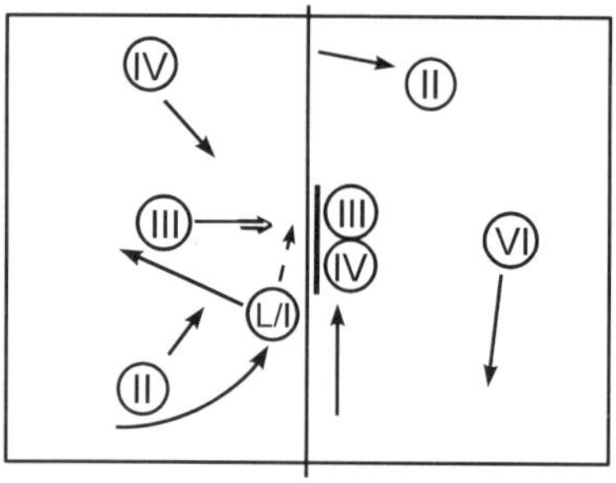

Abb: 296 **a** Abb. 296 **d**

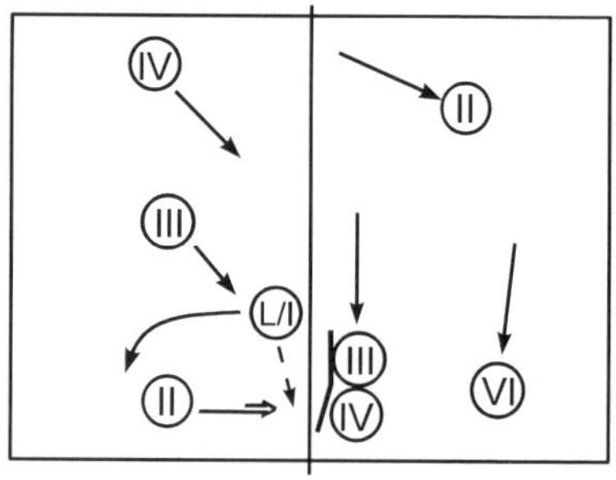

Abb: 296 **b** Abb. 296 **e**

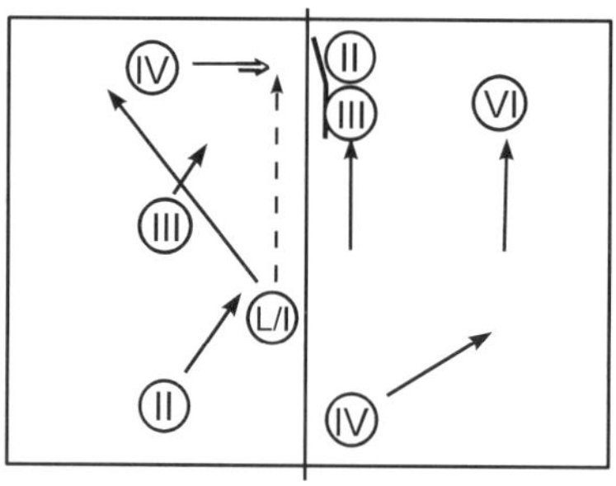

Abb: 296 **c** Abb. 296 **f**

2. Spiel 3 gegen 3; Spielfeld: 4,5 x 6 m, später 6 x 6 m

Spielregeln: Jede Gruppe spielt mit zwei Vorder- und einem Hinterspieler (Pos.I). Der Angriffsaufbau erfolgt aus dem 2er-Riegel über Läufer I, während des Spiels über Vorderspieler (vgl. Abb. 283 und 297).

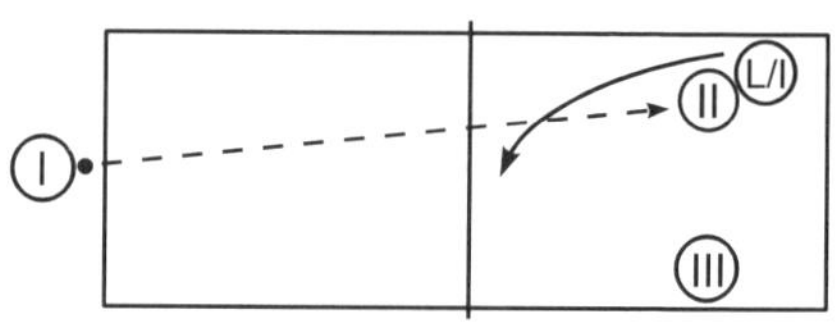

Abb. 297

Beobachtungshilfen

- Muß sowohl auf die 1. LE als auch auf FF dieser LE zurückgegriffen werden, weil sich Mängel im Zusammenspiel Annahme/Zuspiel/Angriff zeigen?
- Macht sich der Zuspieler beim Läuferspiel akustisch bemerkbar, z.B. durch Zuruf "Läufer"?
- Geben die Angreifer dem Zuspieler akustische Hilfen bzgl. ihrer Bereitschaft und des erwarteten Zuspiels?

- Bieten sich die Angreifer auf Pos.IV, III und II in der richtigen zeitlichen Reihenfolge an?

(1) Spiel 4 gegen 4; Spielfeld: 4,5 x 9 m, später 6 x 9 m.
Es spielen zwei Vorder- und zwei Hinterspieler (Abb. 298a).

(2) Die Variation (1): mit drei Vorder- und einem Hinterspieler (Abb. 298b) auf Spielfeld 9 x 6 m.

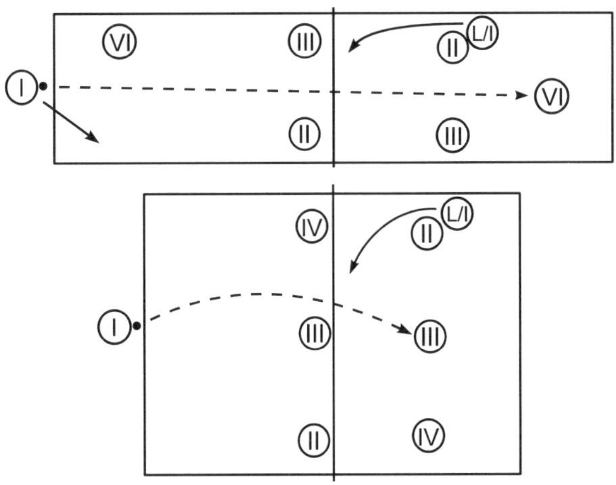

Abb. 298 a/b

Handlungshinweise

- Bewege dich als Läufer unmittelbar nach Zuspiel zur Angriffs-Nahsicherung hinter deinen Angreifer und spiele als vorgezogene Pos.VI weiter!
- Beobachte als Läufer Ball und Mitspieler!

3. Spiel 4 gegen 4 auf unterschiedlich großen Spielfeldern

Die aufschlagende Gruppe spielt auf dem Spielfeld 9 x 9 m, die annehmende auf Spielfeld 9 x 6 m (vgl. Abb. 299). Jeder Spieler erhält 5 (10) Aufschläge hintereinander, danach rotieren die Gruppen um eine Position. Nach insgesamt 20 (40) Aufschlägen einer Gruppe werden die Seiten gewechselt. Punkte kann nur die im 3er-Riegel annehmende

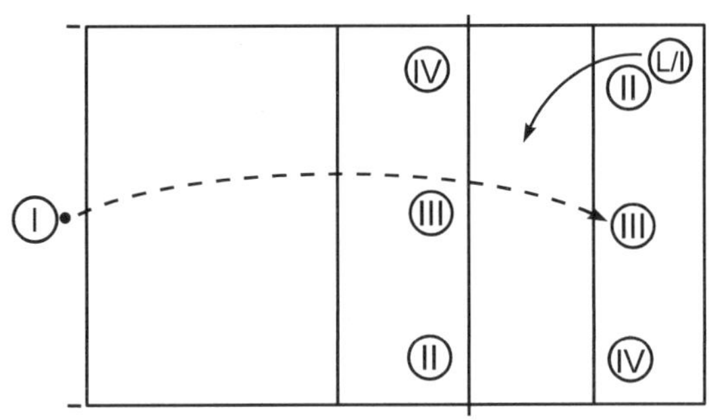

Abb. 299

Gruppe erzielen, wenn sie nach Angriffsaufbau über Läufer I einen erfolgreichen Angriff durchführt. Sieger ist die Gruppe mit den meisten Punkten.

(1) Die folgenden Sonderregeln sollen nacheinander ins Spiel einbezogen werden:
- Kann die aufschlagende Gruppe erfolgreich blockieren oder einen Gegenangriff erfolgreich abschließen, wird der annehmenden Gruppe ein Punkt abgezogen.
- Kann die annehmende Gruppe einen Angriffsschlag gegen einen Einerblock durchführen, erhält sie zwei Punkte.
- Bei erfolgreicher Abwehr mit Doppelblock werden der annehmenden Gruppe zwei Punkte abgezogen.
- Bei erfolgreichem Angriff der annehmenden Gruppe über Pos.III oder II nach halbhohem Zuspiel wird ein Punkt gegeben.
- Für jeden erfolgreichen Angriff aus der Angriffssicherung werden zwei Punkte gegeben.

(2) Die Spielform 3 und Variation von (1): Die Gruppen rotieren nach jeder erfolgreichen Angriffsaktion mit Läuferspiel um eine Position. Der Seitenwechsel erfolgt nach insgesamt 20 Aufschlägen.

(3) Die 3. Spielform und Variationen, jedoch spielt die aufschlagende Gruppe mit sechs Spielern.

(4) Spiel 6 gegen 6; Spielfeld: 9 x 9 m
Durchführung und Regeln wie die Spielform 3 und die Variationen von (1) und von (2).

4. Spiel 6 gegen 6; Spielfeld: 9 x 9 m.
Nach den Spielregeln, wobei die Sonderregeln der Spielform 3 und Variation (1) übernommen werden können. Der Angriffsaufbau erfolgt aus dem 5er-Riegel über Läufer I (vgl. Abb. 291/294), während des Spiels über Vorderspieler II oder III. In der Block- und Feldabwehr wird mit vorgezogener Pos.VI gespielt.

Beobachtungshilfen

- Treten Regelverstösse auf, weil Läufer I und Pos.VI nach Unterbrechung nicht in ihre ursprünglichen Positionen zurückwechseln?
- Ist die Einführung des Läuferspiels verfrüht, da die technisch-taktischen Anforderungen die Spieler überfordern?

- Treten Regelverstösse auf, weil der Läufer am Netz bleibt und als Blockspieler und Angreifer agiert?
- Vermeidet der Läufer das schwierige laterale Zuspiel?
- Ergeben sich Schwierigkeiten beim Übergang vom Angriff mit Läuferspiel zur Block- und Feldabwehr?
- Wirkt das Läuferspiel motivierend auf die Spieler?
- Muß auf FF zurückgegriffen werden, weil sich elementare Fehler in der Angriffssicherung zeigen?
- Muß auf FF des LZ 9/2. LE zurückgegriffen werden, weil sich elementare Fehler in der Riegelaufstellung zeigen?

Lernkontrolle

1. Beantwortung von Testfragen (u.U. mit Hilfe von Skizzen) zu:
   a) den Abwehrbereichen und Funktionen im Riegel,
   b) den Voraussetzungen und dem Handlungsablauf beim Angriffsaufbau über Hinterspieler I,
   c) den Vor- und Nachteilen des positionsgebundenen Angriffsaufbaus über Vorder- und Hinterspieler,
   d) dem Zusammenspiel von Läufer und Angreifern, einschließlich im Bereich der Angriffssicherung.
2. Freie Spiel- und Spielerbeobachtung zum Läuferspiel unter Berücksichtigung der o.g. Aspekte a/b und d.

Fehleranalyse/-korrektur zum Läuferspiel

Fehler und deren Lösungsmöglichkeiten in der Grundaufstellung des 5er-Riegels und in der Bewegungs- und Zielgenauigkeit des 1. Passes.

Siehe FF des LZ 9/2. LE, allerdings unter Berücksichtigung der veränderten Aufstellung der Spieler in der Riegelformation bei Läuferspiel von Pos.I.

Fehler bei der Durchführung des Läuferspiels

- Der Ausgangsort des Läufers I ist neben statt hinter Pos.II (Aufstellungsfehler).
- Der Läufer startet zu früh und begeht Aufstellungsfehler oder zu spät statt unmittelbar nach Ausführung des Aufschlags.
- Der Ausgangsort des Läufers I ist zu weit hinter Pos.II statt dicht dahinter.

- Der Laufweg erfolgt innen an Pos.II vorbei statt außen herum.
- Der Läufer erwartet den 1. Paß auf Pos.II bzw. Pos.III statt zwischen Pos.II und III.
- Der Läufer löst sich nicht vom Netz, weder nach Ausführung des Zuspiels zur Angriffssicherung, noch in Spielsituationen, in denen er das Zuspiel aufgrund eines ungenauen 1. Passes nicht übernehmen kann.

Lösungsmöglichkeiten

- Übungsformen, in denen ein variiertes Zuspiel nach abgeschlossener Bewegung möglichst unter Einbeziehung des Netzes durchgeführt wird (Abb. 300 a-d).

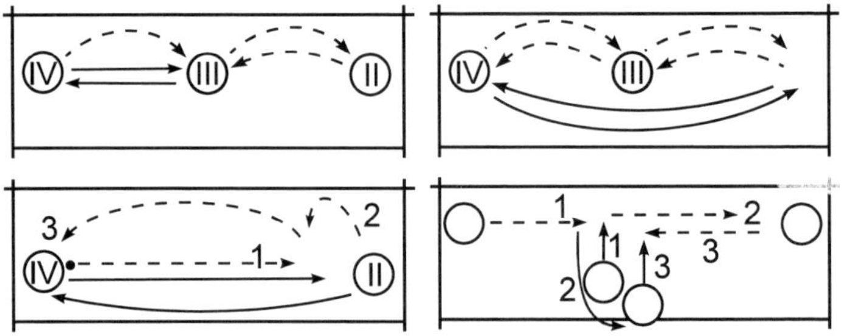

Abb. 300 a-d

- Spiele miteinander, unter Berücksichtigung des richtigen Verhaltens des Läufers, z.B. Spiel 2 mit 2 auf Spielfeld: 3 x 4,5 m mit einem Vorder- und einem Hinterspieler; Spiele 3 mit 3 und 4 mit 4, in denen die 3. Ballberührung als Sprungabspiel erfolgt und auf den Block verzichtet wird, um bei jeder Netzüberquerung des Balles aus dem 2er- bzw. 3er-Riegel das Läuferspiel anwenden zu können (Abb. 301).

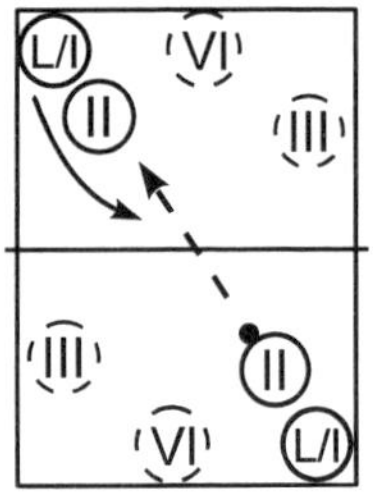

Abb. 301

Fehler im Zusammenspiel zwischen Läufer und Angreifer

- Die drei Angreifer nehmen nicht ihre Bereitschaftsstellung zum Angriff ein.
- Der Angreifer auf Pos.III bietet sich nicht als erster zum Angriff über halbhohen Paß an.
- Der Angreifer auf Pos.II erwartet ein hohes statt halbhohes Zuspiel und verhält sich nicht spielgerecht.

- Der Läufer I variiert die Zuspielhöhe nicht in Abhängigkeit zur Angriffsposition.
- Der Läufer spielt ungenau, d.h. zwischen die Angriffspositionen bzw. berücksichtigt nicht die Schlaghandseite des Angreifers bzgl. der Weite des Zuspiels.
- Die Angreifer sind nicht bereit, bei ungenauen 1. Pässen als Zuspieler einzuspringen.

Lösungsmöglichkeiten

- Erneute theoretische Darlegung des Handlungsablaufes des verdeckten Läuferspiels anhand von Medien unter Berücksichtigung der zeitlichen Reihenfolge der Aktionen der einzelnen Spieler.
- Übungsformen, in denen aus dem 2er- und 3er-Riegel über Läufer I aufgebaut wird. Zunächst wird der Ball aus dem Riegel mit Paß auf den Läufer, später mit Aufschlag ins Spiel gebracht. Zu Beginn wird über eine festgelegte Position, später beliebig über alle Positionen angegriffen.
- Ansonsten siehe die 1. LE des LZ 12.

Fehler in der Angriffssicherung

- Der Läufer und Pos.III und/oder II behindern sich bei der Angriffsnahsicherung.
- Der Läufer bleibt nach Zuspiel am Netz statt in der Funktion des Hinterspielers VI nahzusichern.
- Die Spieler besetzen falsche Positionen in der Angriffssicherung.

Lösungsmöglichkeiten

- Siehe FF des LZ 11/2. LE unter Berücksichtigung der Angriffssicherung nach Läuferspiel (vgl. Abb. 293 a-c).
- Spiele miteinander (3 mit 3 und 4 mit 4), in denen zunächst nur die Angreifer III, II oder IV und danach beliebig alle Angreifer eingesetzt und gesichert werden.
- Alle Gruppen- und Mannschaftsübungsformen zum Läuferspiel mit Angriff gegen einen feststehenden Block (Blocker, Matte, Wand, Spieler auf Kasten u.a.), um Angriffssicherungssituationen zu erzwingen.

LERNZIEL 13:
UNTERES ZUSPIEL IM FALLEN VORWÄRTS - DOPPELBLOCK UND FELDABWEHR MIT ZURÜCKGEZOGENER POS.VI

Abb. 302

Sachanalyse

Der Angriffsaufbau über Läufer, wie auch der Angriffsschlag nach halbhohem Zuspiel (vgl. LZ 12) tragen zur Verbesserung der zweiten Grundsituation Zuspiel/Angriff bei. Dem muß folglich eine Verbesserung bzw. Steigerung der Abwehrsituation entgegengesetzt werden. Dies kann zunächst dadurch erreicht werden, daß bei Beibehaltung des Doppelblocks die Feldverteidigung verstärkt wird. Dieser Forderung wird ***die Block- und Feldabwehr mit zurückgezogener Pos.VI*** (Abb. 302) gerecht, da alle am Doppelblock nicht beteiligten Spieler grundsätzlich als Feldverteidiger agieren (vgl. hierzu LZ 8), d.h., daß bei Doppelblock auf eine Nahsicherung des Blocks verzichtet wird. Die Blocksicherung erfolgt durch den jeweiligen Hinterspieler I oder V als ***Fernsicherung*** und durch die Blockspieler selbst als ***Eigensicherung***. Ausgehend vom Doppelblock stellt die Block- und Feldabwehr mit zurückgezogener Pos.VI *HÖHERE ATHLETISCHE, TECHNISCHE UND TAKTISCHE ANFORDERUNGEN* an die Spieler als die Formation mit vorgezogener Pos.VI.

Dies beruht auf folgenden Tatsachen:
- Der Abwehrbereich jedes Feldverteidigers ist besonders in der Tiefe größer.
- Die Feldverteidiger und auch die Blockspieler haben überwiegend Doppelfunktionen in der Abwehr.
- Das Verhalten der Feldverteidiger verändert sich je nach dem Angriffsort des Gegners.
- Die Beherrschung der Abwehrtechniken im Fallen, vor allem der des Hechtbaggers, ist als wichtige Voraussetzung anzusehen.
- Die o.g. Tatsachen bedingen eine besser entwickelte Antizipationsfähigkeit wie auch Reaktions- und Bewegungsschnelligkeit.
- Der Übergang von Abwehr zu Angriff über den 2. Paß aus dem Hinterfeld ist erschwert, da meistens mehrere Spieler für das Zuspiel in Frage kommen und eine schnelle Verständigung der Spieler notwendig macht.

Aus den o.g. Ausführungen resultiert, daß die Beherrschung der Abwehrtechniken im Fallen eine wichtige Voraussetzung für die Block- und Feldabwehr mit zurückgezogener Pos.VI darstellt. Hierbei nimmt das untere Zuspiel im Fallen vorwärts, der ***Hechtbagger***, eine besondere Stellung ein, da dieser es ermöglicht, Bälle in größerer Entfernung noch zu erreichen und abzuwehren (Abb. 302). Deshalb bildet die Erlernung des Hechtbaggers den Schwerpunkt der 1. LE. Wie bereits bei der Erarbeitung des unteren Zuspiels im Fallen rückwärts bzw. seitwärts im LZ 11 begründet, soll auch der Hechtbagger zunächst durch *ÜBUNGSFORMEN* erlernt *UND* anschließend in *SPIELFORMEN* situationsgerecht angewendet werden. In der 1. LE wird sowohl der einhändige als auch der beidhändige Hechtbagger vermittelt. Die Erarbeitung des beidhändigen Hechtbaggers ist als wesentliche Voraussetzung für das Erlernen des einhändigen Hechtbaggers anzusehen. Im Rahmen der 1. wie auch der 2. LE soll das *ZUSAMMENWIRKEN DER FELDVERTEIDIGER UNTEREINANDER UND DAS DER FELDVERTEIDIGER MIT DEN BLOCKSPIELERN* besonders angesprochen werden. Dabei bildet die Erarbeitung der Eigensicherung wie auch des Angriffsaufbaus nach Abwehr einen besonderen Schwerpunkt.

1. LERNEINHEIT: UNTERES ZUSPIELEN IM FALLEN VORWÄRTS

Abb. 303

Bewegungsablauf (Abb. 303)
Der Spieler bewegt sich mit kurzen, schnellen Laufschritten zum anfliegenden Ball und ***springt*** aus tiefer Spielstellung ***einbeinig-flach nach vorne-unten ab***. Beim beidhändigen Hechtbagger wird der Ball mit den Unterarmen oder Händen gespielt. Beim einhändigen Hechtbagger wird der Ball mit dem Handrückken gespielt, während die freie Hand zum Abstützen zum Boden geführt wird.

Abb. 304

Der ***Impuls*** erfolgt beim Beidhandhechtbagger überwiegend durch Armeinsatz, beim Einhandhechtbagger sowohl durch Arm- als auch Handgelenkeinsatz. Im ***Moment der Ballberührung*** nimmt der Spieler eine Hohlkreuzhaltung (***Bogenspannung***) ein, die durch Rückführung des Kopfes in den Nakken und durch Hochführen der Beine (leicht angewinkelt) erreicht wird. Nach Ballberührung setzen die Hände gleichzeitig oder kurz nacheinander und wenig über schulterbreit vor dem Körper auf und leiten die ***Landung*** auf Brust und Bauch/Hüfte ein. Um eine weiche Landung zu erreichen, wird der Schwung des Körpers zunächst durch ein Armbeugen abgefangen und durch einen aktiven Schub der Hände nach hinten zu einem ***Ausgleiten*** vorwärts gebracht.

Erläuterung

Bei weit vor dem Spieler anfliegenden Bällen startet der Feldverteidiger mit schnellen Schritten zum Ball, springt aus dem Lauf einbeinig flach nach vorneunten ab und spielt den Ball beid- oder einhändig hoch (Abb. 304). Er fängt den Sprung mit beiden Armen ab, landet bei leichter Bogenspannung des Körpers weich auf Brust und Bauch. Die Bewegung endet in einem Ausgleiten, das von Beginn der Landung an durch einen Schub der Hände nach hinten unterstützt wird.

Übungsform: Einzelübung

Jeder Spieler hat einen Ball und springt von der Grundlinie aus dem Knie-Hockstand flach nach vorne in Richtung Angriffslinie ab. Der Ball wird vor der Landung beidhändig hochgeworfen.

Handlungsziel

Der Spieler soll den Hechtbagger als die beste Abwehrtechnik kennen und anwenden lernen, um weit und flach vor ihm anfliegende Bälle zu erreichen und hoch ins eigene Spielfeld abwehren zu können.

Handlungshinweise

- Springe einbeinig und flach nach vorne-unten ab!
- Springe parallel zum Boden vorwärts ab!
- Wirf/Spiele den Ball während des Sprunges ab!
- Lande beidhändig bei leichter Bogenspannung des Körpers!
- Gleite bei der Landung über Brust, Bauch und Hüfte aus!
- Unterstütze das Ausgleiten der Bewegung durch aktives Vorschieben des Körpers über den Stützpunkt!

Beobachtungshilfen

- Muß auf FF zurückgegriffen werden, weil sich die Spieler ängstlich verhalten und spielbedingte Fallbewegungen vermeiden?

- Muß erneut auf die Bedeutung der Bogenspannung des Körpers nach der Ballberührungsphase hingewiesen werden, um Verletzungen des Kinns wie auch der Beine (Knie) vorzubeugen?
- Muß gesondert die Arm-, Brust- und Schultermuskulatur gekräftigt werden, weil sich Schwierigkeiten ergeben, das eigene Körpergewicht bei der Landung abzufangen?
- Erfolgt der Absprung aus tiefer Spielstellung flach nach vorne?
- Ist das Angleiten der Fallbewegung nach vorne erkennbar?

1. Variationen zur Übungsform

(1) Der Hechtbagger wird aus tiefer Spielstellung, später nach einem bzw. mehreren Anlaufschritten vorwärts durchgeführt.

Handlungshinweis

- Führe den Hechtbagger aus tiefer Spielstellung und vorgebeugter Körperhaltung aus!

(2) Die Übungsform und Variation von (1): Der selbst angeworfene Ball wird in beidhändigem Hechtbagger gespielt.

(3) Die Variation von (2): Der Ball wird als Aufsetzer geworfen und im Hechtbagger gespielt.

Handlungshinweis

- Wirf dir den Ball zum Hechtbagger möglichst flach und über Körperlänge weit nach vorne!

2. Partnerübung

Spieler A steht in der Vorderzone und Spieler B an der Grundlinie. A wirft den Ball so zu B, daß dieser zunächst ohne Anlauf, später nach ein bzw. mehreren Anlaufschritten den beidhändigen Hechtbagger ausführen kann. Nach 5 Versuchen wird gewechselt.

(1) Nach dem beidhändigen Hechtbagger soll ein Fangen bzw. Weiterspielen des Balles durch den Partner möglich sein.

(2) Die Partnerübung und die Variation von (1): Dem Abwehrspieler werden unterschiedlich anfliegende Bälle so zugeworfen, daß er entweder situativ einen Abwehrbagger aus dem Stand oder einen beidhändigen Hechtbagger ausführen muß. Später wird vom Partner aus dem Stand geschlagen oder kurz fintiert.

(3) Die Variation von (2): Partner A steht erhöht auf einem Kasten, erst in der eigenen, später in der gegnerischen Vorderzone und wirft bzw. schlägt die Bälle variiert kurz oder lang.
(4) Die Variation von (3): Der Spieler schmettert bzw. fintiert den selbst angeworfenen, später zugespielten Ball.

3. Die Übungsform und die Partnerübung

einschließlich deren Variationen, jedoch unter Anwendung des einhändigen Hechtbaggers. Die Variation (1) der Übungsform wird hierbei mit einem Tennisball (Schlagball) durchgeführt.

Handlungshinweise

- Wirf den Ball so weit entfernt und flach zu, daß eine Fallbewegung vorwärts situationsgerecht erzwungen wird!
- Wirf so zu, daß der Abwehrspieler immer eine Chance hat, den Ball im Hechtbagger zu erreichen!

1. Spielform: Spiel 1 gegen 1 (Abb. 305 a); Spielfeld: 2,25 x 9 m.
Spieler A schmettert bzw. fintiert 10x hintereinander den selbst angeworfenen Ball, B verteidigt von der Grundlinie aus. Erlaubt sind Angriffsschläge und Finten in die Hinterzone. Danach wechseln die Spieler ihre Funktionen. Punkte kann nur der Feldverteidiger erzielen: Für erfolgreiche Abwehr ins Spielfeld ein Punkt, für erfolgreiche Abwehr im Hechtbagger zwei Punkte, für erfolgreiche Abwehr mit anschließendem Fangen des Balles drei Punkte!

(1) Spiel 1 gegen 2 (Abb. 305 b); Spielfeld: 3 x 9 m. Der Angriff erfolgt nach Zuspiel.

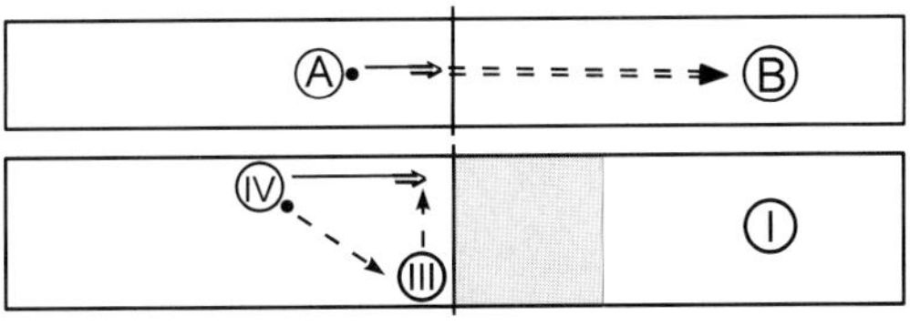

Abb. 305 a/b

(2) Die Variation (1), jedoch Spiel 2 gegen 2, wobei gegen den Angreifer ein Einerblock gebildet wird. Hierbei kann der Angreifer auch in die Vorderzone spielen, da der Blockspieler sich selbst sichert (Eigensicherung).

Handlungshinweise

- Beobachte als Feldverteidiger das Verhalten des Angreifers, um frühzeitig Hinweise für Angriffsart und -richtung zu erhalten!
- Beobachte als Feldverteidiger vor allem die Stellung des Angreifers zum Ball und dessen Armführung unmittelbar vor der Ballberührung!

- Greife variabel an und fintiere als Angreifer kurz, wenn das Hinterfeld gut abgedeckt ist, schlage hart bzw. lang, wenn der Feldverteidiger weiter vorgerückt ist oder sich noch in der Vorwärtsbewegung befindet!

2. Spiel 3 gegen 3; Spielfeld: Diagonalfeld.

Die eine Dreiergruppe führt 30 Angriffsschläge von Pos.IV nach Zuspiel von Pos.III durch. Die andere Dreiergruppe wehrt mit Einerblock und Feldverteidigung auf Pos.I und V ab; nach je 10 Angriffsschlägen wird innerhalb der Dreiergruppe rotiert, nach 30 Angriffsschlägen werden die Seiten gewechselt. Erlaubt sind alle Arten von Angriffsschlägen mit Ausnahme des Drives auf Pos.VI (Abb. 306). Punkte erhalten nur die Abwehrspieler zunächst für jede Abwehr ins Spielfeld, später für jede Abwehr mit anschließendem Fangen/Spielen des Balles.

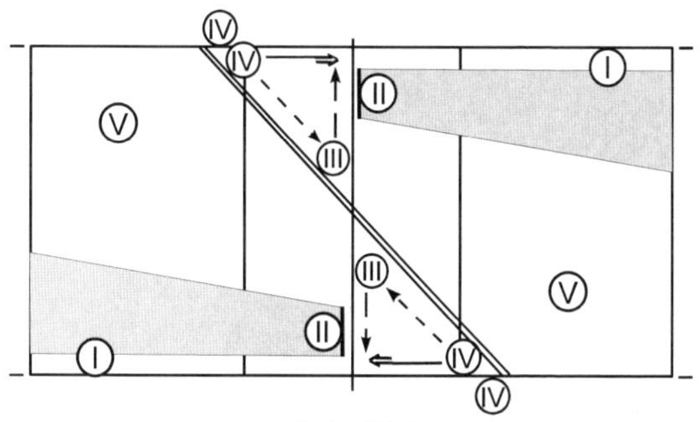

Abb. 306

(1) Der Angriff erfolgt von Pos. II.

(2) Die Spielform 2 und die Variation (1), jedoch als Spiel 4 gegen 4. Der vierte Spieler wird als weiterer Angreifer bzw. als Feldverteidiger auf Pos. VI eingesetzt- Erlaubt sind alle Angriffsarten (Abb. 307).

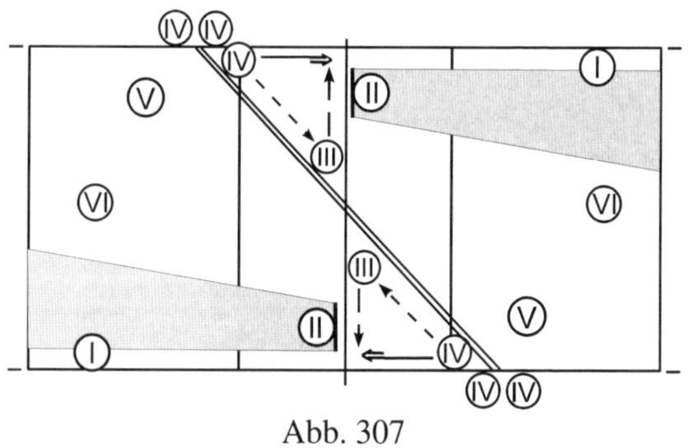

Abb. 307

Handlungshinweise

- Decke als Blockspieler den Raum der Pos.VI ab!
- Wehre als Blockspieler kurz hinter den Block gespielte Bälle (Finten) selbst ab!
- Verteidige als Hinterspieler auf Pos.I und V auch das Mittelfeld!
- Verteidige als Pos. VI den hinteren Bereich des Blockschattens!

- Verständige dich bei Abwehraktionen in Überschneidungszonen durch Zuruf!

3. Spiel 3 gegen 3; Spielfeld: 3 x 9 m

Nach den Spielregeln mit zwei Vorder- und einem Hinterspieler. Der Angriffsaufbau erfolgt aus dem 2er-Riegel über Vorderspieler II oder Hinterspieler I und aus dem 3er-Riegel über Vorder- oder Hinterspieler als offenes Läuferspiel (Abb. 308 a-c).

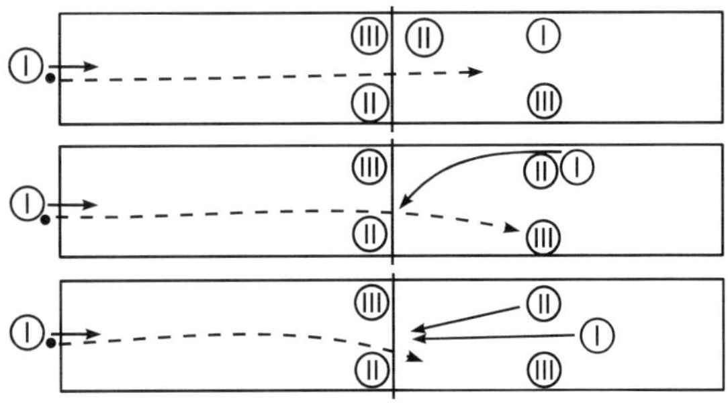

Abb. 308 a -c

(1) Spiel 4 gegen 4: Spielfeld: 4,5 x 9 m mit zwei Vorder- und zwei Hinterspielern. Der Angriffsaufbau erfolgt aus dem 3er-Riegel über Vorderspieler II oder verdeckten Läufer I (Abb. 309 a/b).

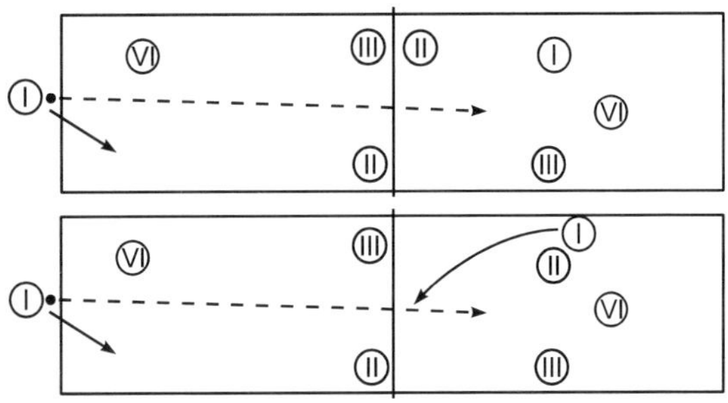

Abb. 309 a/b

(2) Spiel 2 gegen 2; Spielfeld: 3 x 9 m. Sonderregel: Beide Spieler können entweder als Vorder- und auch als Hinterspieler fungieren. Der Angriffsaufbau erfolgt aus dem 1er-Riegel über Vorderspieler II oder Hinterspieler I bzw. aus dem 2er-Riegel im Sinne des offenen Laufens (Abb. 310 a-c).

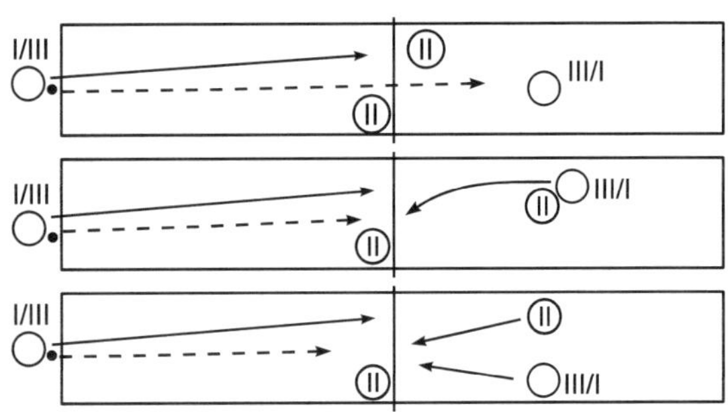

Abb. 310 a - c

Beobachtungshilfe

- Wird der Hechtbagger situationsgerecht angewendet oder wird er notwendig, weil der Spieler einen Stellungsfehler begangen hat?
- Kann der Hechtbagger nicht ausgeführt werden bzw. wird mit dem Fuß abgewehrt, weil der Spieler daß Gewicht in der Abwehrbereitschaftsstellung zu sehr hinten auf den Fersen statt auf den Fußballen verlagert.

4. Spiel 3 gegen 3; Spielfeld: 4,5 x 9 m.

Spielregeln mit Sonderregeln: Angriffe in die Vorderzone sind nicht erlaubt; alle Spieler einer Gruppe sind zunächst als Hinterspieler zu betrachten, d.h. es sind zunächst nur Angriffe aus der Hinterzone erlaubt (Abb. 311 a); später können die Hinterspieler auch als Vorderspieler agieren und Angriffsschläge am Netz ausführen. Abwehr ohne Block ist vorgeschrieben.

(1) Die Spielform 4, jedoch als Spiel 2 gegen 2 (Abb. 311 b) Spielfeld: 3 x 9 m, später 4,5 x 9 m.

(2) Die Spielform 4; Spielfeld: 6 x 9 m, später 9 x 9 m.

(3) Die Variation (1); Spielfeld: 6 x 9 m, später 9 x 9 m.

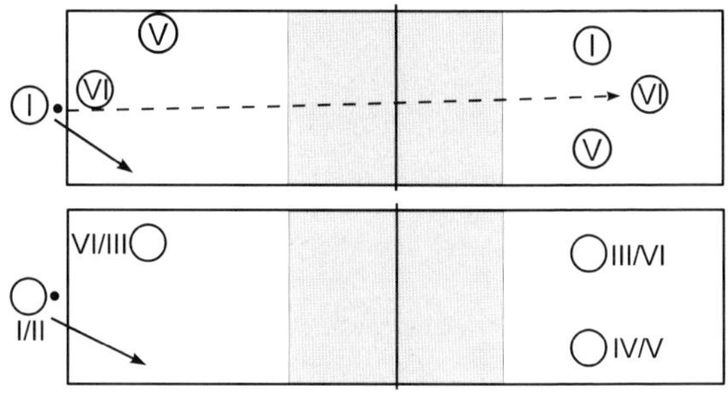

Abb. 311 a/b

Beobachtungshilfen

- Steigert der Hechtbagger die Abwehrleistungen der Spieler?
- Motiviert die Einführung des Hechtbaggers die Spieler?

Fehleranalyse/-korrektur zum Hechtbagger

Fehler in der Bewegungsausführung, die Verletzungsgefahren beinhalten

- Der Sprung geht zu sehr in die Höhe statt flach nach vorne abwärts, bzw. der Spieler kommt nach Abspiel zu keiner Bogenspannung.
- Der Spieler verdreht sich im Sprung statt frontal aufzusetzen und auszugleiten.

- Der Spieler nimmt eine zu starke Hohlkreuzhaltung ein bzw. verliert sein Gleichgewicht durch zu starkes Hochschwingen des Schwungbeines bzw. zu starkes Beugen der Beine.
- Die Hände werden zu eng statt leicht über schulterbreit und nicht weit genug vor dem Körper aufgesetzt.
- Der Spieler führt den Bewegungsablauf aus Angst vor der Fallbewegung fehlerhaft aus.

Lösungsmöglichkeiten

- Erneute theoretische Erörterung des Bewegungsablaufes, vor allem bzgl. der Amortisationsphase, d.h. Umsetzung von kinetischer Abwärtsenergie in Vorwärtsenergie.
- Übungsformen zur Vorbereitung der Gleitbewegung in der Bogenspannung:
  a) Bauchschaukel,
  b) Gleitbewegung aus Liegestützhaltung mit Partnerhilfe entwikkeln: Partner A faßt die Oberschenkel und unterstützt das Ausgleiten durch leichtes Vorschieben des Partners B (Abb. 312).

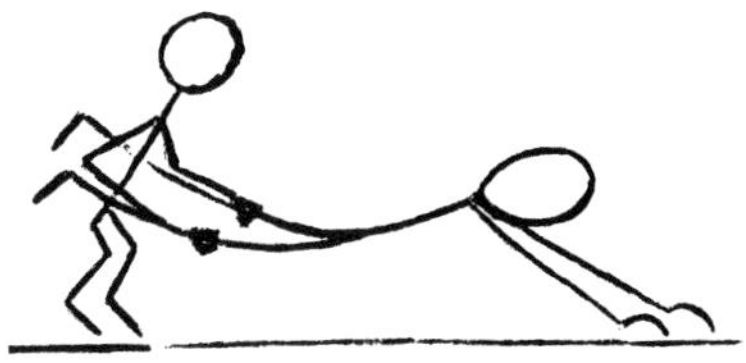

Abb. 312

- Übungsformen ohne Ball, in denen zunächst aus der Bauchlage, später aus dem Kniestand, Kniehockstand und dann aus tiefer Spielstellung die Gleitbewegung und später Sprung und Gleitbewegung erarbeitet werden.
- Übungsformen, in denen zunächst aus dem Stand, später aus der Bewegung selbst gehaltene Bälle (z.B. Tennisbälle) im Hechtsprung hochgeworfen werden, dann ruhende Bälle (z.B. an der Ballangel) und danach leicht und genau anfliegende Bälle gespielt werden. Hierfür sind auch Luftballons und Zeitlupenbälle gut geeignet!
- Gegebenenfalls Bodenmarkierungen für die Schrittfolge und den Absprung- bzw. Spielort geben.

Fehler in der Absprungphase

- Der Spieler springt aus zu aufrechter Ausgangsstellung ab.
- Der Spieler springt in die Höhe statt flach in die Weite.
- Der Spieler springt beid- statt einbeinig ab.

Lösungsmöglichkeiten

Geeignet sind alle vorher genannten Übungen.

Fehler in der Wahl des Absprungortes

Lösungsmöglichkeiten

- Übungsformen, in denen gleichmäßig, später variiert zugeworfene/zugespielte Bälle im Hechtbagger nach Bewegung gespielt werden. Zunächst aus dem Angehen, dann aus dem Laufen vorwärts (evtl. mit Markierungen und Pendelball).

Fehler in der Impulsgebung

- Fehlender Handgelenkeinsatz beim einhändigen Hechtbagger.
- Fehlender Armeinsatz beim Hechtbagger.
- Zu früher bzw. überhasteter Arm- und Handgelenkeinsatz, um möglichst vorzeitig die Hände für die Landung einsetzen zu können.

Lösungsmöglichkeiten

- Wiederholung vor allem der Übungsformen, in denen ruhende oder leicht zugeworfene Bälle im Hechtbagger abgewehrt werden, unter Berücksichtigung eines weiten, flachen Sprunges mit Abspiel des Balles nach Erreichen der Streckphase kurz vor der Landung.

2. LERNEINHEIT: DOPPELBLOCK UND FELDABWEHR MIT ZURÜCKGEZOGENER POS.VI

Handlungsablauf

Die Block- und Feldabwehr mit zurückgezogener Pos.VI ist eine günstige Abwehrformation gegen Mannschaften, die über hervorragende Angreifer verfügen und/oder überwiegend schmettern und weniger fintieren.

Im Vergleich zum LZ 8, in dem die Feldabwehr mit zurückgezogener Pos.VI und Einerblock dargestellt und erarbeitet wurde, ergeben sich folgende *VERÄNDERTE FUNKTIONEN* bzw. *VERHALTENSSTRUKTUREN BEI* ***Doppelblock und Feldabwehr mit zurückgezogener Pos.VI***.

- Grundsätzlich wird auf eine Nahsicherung des Blocks verzichtet.
- Die nicht am Block beteiligten Spieler agieren in der Feldverteidigung.
- Die Blocksicherung ist auf mehrere Spieler verteilt: a) auf die Blockspieler selbst (Eigensicherung) und b) auf die Feldverteidiger auf Pos.I oder V (Fernsicherung).

- Fast jeder Spieler hat aufgrund der fehlenden Block-Nahsicherung doppelte Abwehrfunktionen:
  a) der Blockspieler: Block und Blockeigensicherung
  b) der Feldverteidiger: Feldverteidigung und Block-Fernsicherung.
- Der Verzicht auf die Block-Nahsicherung führt zu vergrößerten Abwehrbereichen nach vorne, die zum einen höhere athletische Voraussetzungen und zum anderen zusätzliche Abwehrtechniken verlangen und somit besondere Anforderungen an das individualtaktische Verhalten stellen.
- Die Abgrenzungen der sich stark überschneidenden Abwehrbereiche ist schwierig und erfordert ein hohes Maß an Verständigung im Zusammenwirken der Feldverteidiger.

Die ***Ausgangsstellung*** der Spieler bei der Feldabwehr mit zurückgezogener Pos.VI und Doppelblock ist identisch mit der beim Einerblock (Abb. 313). Bei ***Doppelblock auf Pos.VI*** (vgl. Abb. 302 und 314) übernehmen die Spieler folgende Abwehrfunktionen:

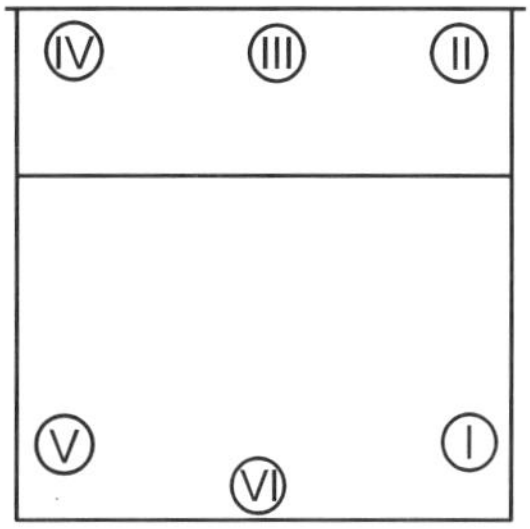

Abb. 313

- Die ***Blockspieler auf Pos.III/IV*** blockieren und decken den unmittelbaren Bereich hinter dem Block in Eigensicherung ab. Sie versuchen, besonders bei Angriffsfinten über den Block, sich noch während der Landung unter Beobachtung des Ballfluges zu drehen und landen in tiefer Spielbereitschaftsstellung, um den Ball noch vor Bodenberührung abwehren zu können.
- Der ***Hinterspieler auf Pos.V*** wehrt Linienschläge außerhalb des Blockschattens als Feldverteidiger ab und deckt den Bereich hinter dem Block bei Angriffsfinten und Blockabprallern als Fernsicherungsspieler ab.

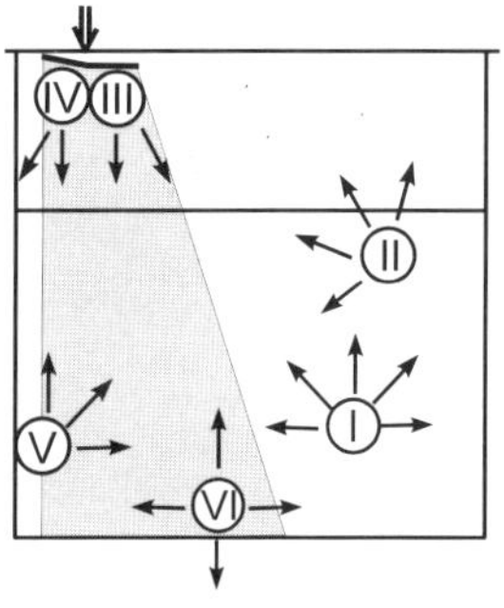

Abb. 314

- Der ***Hinterspieler auf Pos.VI*** verteidigt den hinteren Bereich der Hinterzone sowohl gegen Angriffsschläge, die über den Block hinweg oder auch durch den Block in den hinteren Teil des Blockschattens geschlagen werden. Des weiteren ist er für weit und hoch anfliegende Blockabpraller wie auch für Drives über den Block verantwortlich. Sein Abwehrverhalten und seine Orientierung sind weniger vorwärts, sondern mehr seitwärts und rückwärts ausgerichtet. Daher benötigt er im

Gegensatz zu den Hinterspielern auf Pos.I und V weniger den Hechtbagger als mehr den Abwehrbagger im Fallen seitwärts und rückwärts.

- Der ***Hinterspieler auf Pos.I*** und der freie ***Vorderspieler auf Pos.II*** decken in erster Linie den diagonalen Bereich außerhalb des Blockschattens ab und sind gemeinsam mit dem Feldverteidiger auf Pos.V für Bälle im mittleren und vorderen Bereich des Blockschattens verantwortlich.

Bei ***Doppelblock auf Pos.II*** verhalten sich die Spieler spiegelbildlich zu der vorher beschriebenen Situation (Abb. 315 a/b).

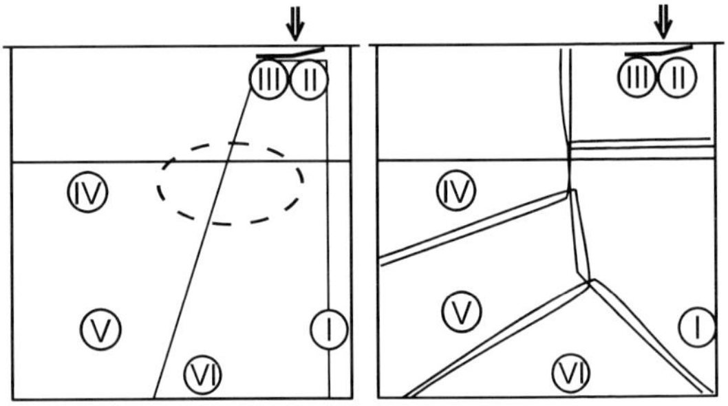

Abb. 315 a/b

Bei ***Doppelblock auf Pos.III***, der sowohl von den Vorderspielern auf Pos. III und IV (Abb. 316 a), als auch auf Pos. III und II (Abb. 316 b) gebildet werden kann, übernimmt der Hinterspieler I neben der Feldverteidigung die Block-Fernsicherung, wenn dessen direkter Vorderspieler (Pos.II) am Block beteiligt ist. Der blockfreie Vorderspieler sichert den Block und verteidigt die Vorderzone auf seiner Seite.

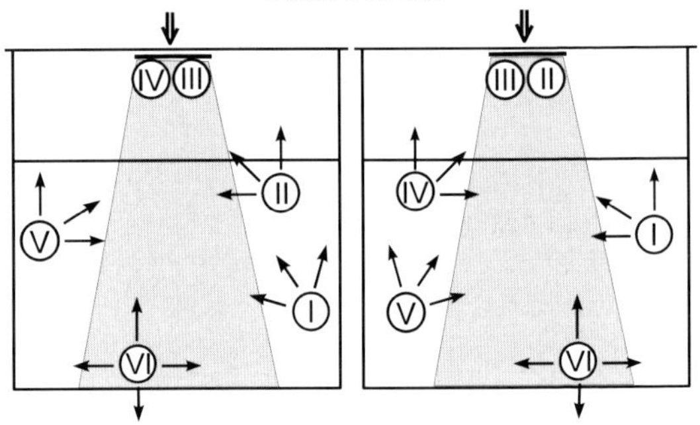

Abb. 316 a/b

Bei ***Dreierblock auf Pos.III*** (Abb. 317), der gegen überragendende Angreifer gebildet wird, fällt dem Vorderspieler auf Pos. III die Organsiation des Blocks zu. Er blockiert den Ball, während die Vorderspieler auf Pos. II und sich seitlich anschließen und jeweils die diagonale Richtung abdecken. Da der Blockschatten größer ist, verteidigen die Hin-

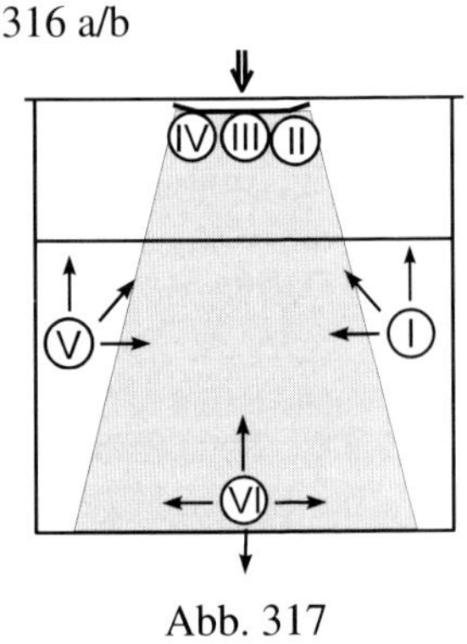

Abb. 317

terspieler auf Pos.I und V außerhalb des Blockschattens weiter vorgezogen und decken gemeinsam das Mittel- und Vorderfeld ab. Der Feldverteidiger auf Pos.VI deckt den gesamten Bereich der Hinterzone (Blockschatten) ab.

Der ***Angriffsaufbau*** aus der Block- und Feldabwehr mit zurückgezogener Pos.VI erfolgt über Vorderspieler oder über den 2. Paß aus der Hinterzone. Bei ***Abwehr ohne Block*** ist neben dem Angriffsaufbau über Vorderspieler auf Pos. III (Abb. 318, vgl. Abb. 190) und über Vorderspieler auf Pos.II (Abb. 319) auch der Angriffsaufbau über Hinterspieler I als Läufer möglich (Abb. 320).

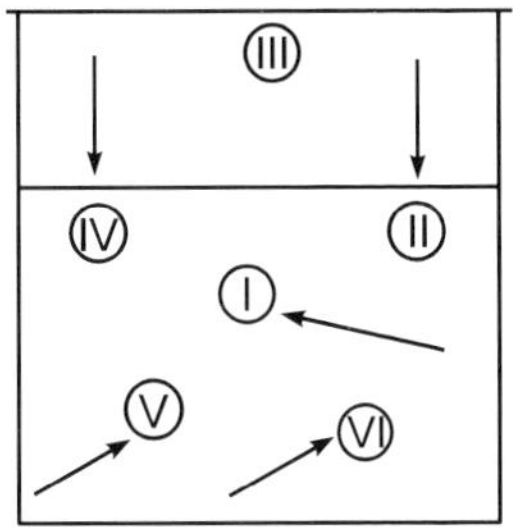

Abb. 318

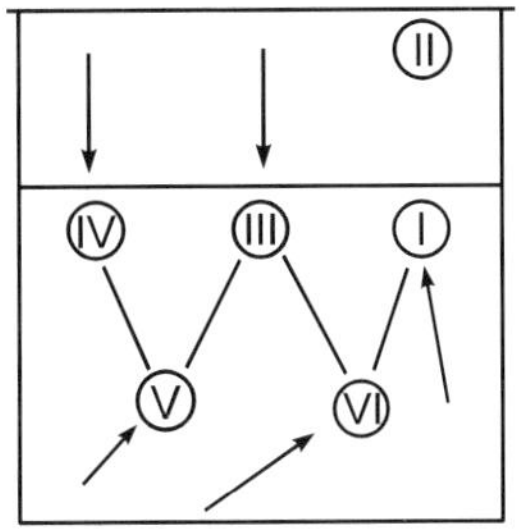

Abb. 319

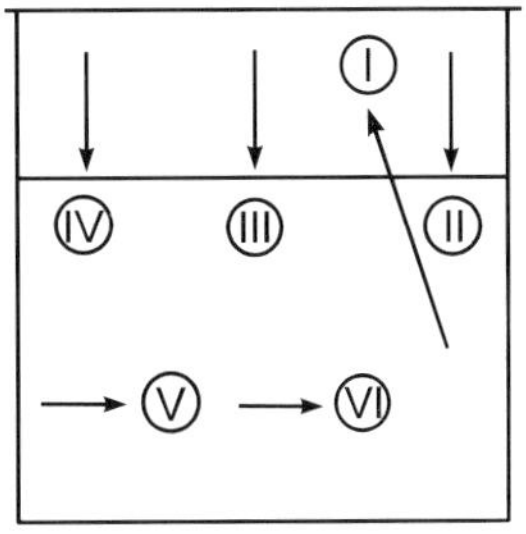

Abb. 320

Hierbei gleichen die Verteidigungsformationen jeweils der entsprechenden Formation des 5er-Riegels bei Steller II bzw. Läufer I; wichtig ist, daß vor Ausführung der 3. Ballberührung durch den Gegner die Verteidigungsaufstellung bereits eingenommen ist.

Erläuterung

In Erwartung des gegnerischen Angriffs stehen die Vorderspieler dicht am Netz, die Hinterspieler in Nähe der Seiten- bzw. Grundlinie. In Abhängigkeit zum Angriffsort bilden die Vorderspieler auf Pos.III/IV oder III/II den Doppelblock. Der freie Vorderspieler löst sich vom Netz hinter die Angriffslinie zur Feldverteidigung und Block-Fernsiche-

Abb. 321

rung. Die Hinterspieler auf Pos.I und V stehen außerhalb des Blockschattens und decken mit dem Hinterspieler auf Pos.VI, der sich im hinteren Bereich des Blockschattens befindet, das gesamte Mittel- und Hinterfeld ab (Abb. 321). Die Blocksicherung übernehmen zum einen die Blockspieler selbst in Eigensicherung und der jeweilige Hinterspieler auf Pos.I oder V in Fernsicherung. Der Angriffsaufbau erfolgt über den Zuspieler am Netz oder über den 2. Paß aus der Hinterzone.

Spielform: Spiel 3 gegen 3; Spielfeld: 4,5 x 9 m.
Die eine Dreiergruppe führt 30 Angriffsschläge von Pos.IV nach Zuspiel von Pos.III durch. Die andere Dreiergruppe verteidigt mit Doppelblock und Feldverteidiger auf Pos.I. Nach 10 Angriffsschlägen wird innerhalb der Dreiergruppen rotiert, nach 30 Angriffsschlägen werden die Seiten gewechselt. Erlaubt sind alle Arten von Angriffsschlägen mit Ausnahme des Drives auf Pos.VI (Abb. 322). Punkte kann nur die abwehrende Dreiergruppe erzielen: a) für die Abwehr des Balles in der Feldverteidigung ohne Gegenangriff einen Punkt, b) für erfolgreichen Block zwei Punkte und c) für Abwehr des Balles in der Feldverteidigung mit anschließendem Gegenangriff drei Punkte.

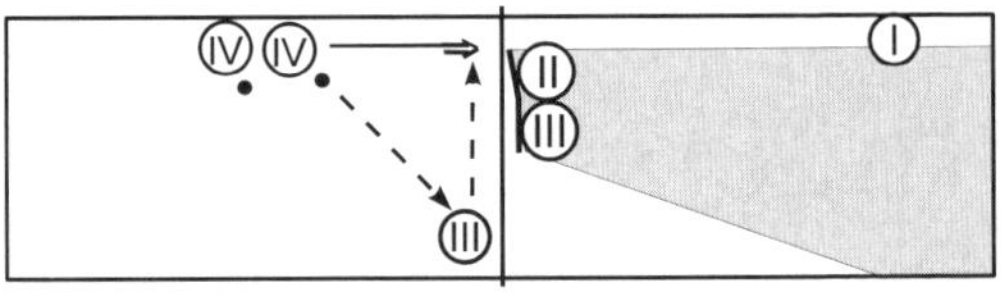

Abb. 322

Handlungsziel

Die Spieler sollen den Doppelblock und die Feldabwehr mit zurückgezogener Pos.VI als eine Abwehrformation kennen und anwenden lernen, die vor allem gegen Mannschaften mit sehr guten Angreifern eine günstige Abdeckung des Feldes, besonders der Hinterzone, gewährleistet.

Handlungshinweise

- Die Feldverteidigung wird unter Verzicht auf die Blocknahsicherung verstärkt!
- Beobachte als Feldverteidiger auf Pos.I und V Stellung und Ausführung des Doppelblocks und wähle deine Abwehrposition außerhalb des Blockschattens!
- Beobachte als Feldverteidiger auf Pos.I und V das Zuspiel sowie das Angreifer- und Blockverhalten, um Angriffsort, -art, und -richtung zu antizipieren!
- Wähle als Feldverteidiger auf Pos.I und V den Abwehrort so, daß du möglichst nur Bewegungen vorwärts bzw. vorwärts-seitwärts durchführen mußt!

1. Variationen zur Spielform

(1) Der Angriff erfolgt von Pos.II nach Zuspiel von Pos.III gegen Doppelblock und Feldverteidiger auf Pos.V.

Handlungshinweise

- Postiere dich als Feldverteidiger I bzw. V so, daß du alle Angriffsschläge ins Hinterfeld mit Abwehrbagger und alle Finten in den Bereich der Angriffslinie bzw. des mittleren Blockschattens mit Hechtbagger oder Einhandbagger im Fallen seitwärts abwehren kannst!
- Vernachlässige als Blockspieler nicht die Eigensicherung!

(2) Spiel 4 gegen 4; Spielfeld: 4,5 x 9 m. Der vierte Spieler wird in der Abwehr auf Pos.VI und im Angriff als Angreifer eingesetzt. Alle Angriffshandlungen sind erlaubt. Zunächst wird von Pos.IV, dann von Pos. II angegriffen (Abb. 323 a/b).

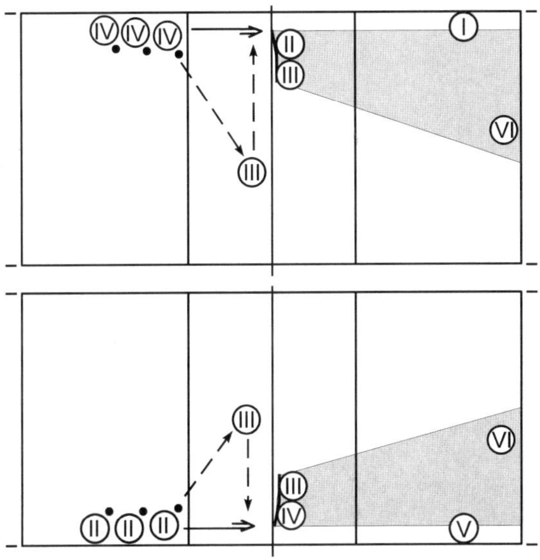

Abb. 323 a/b

(3) Spiel 5 gegen 5; auf Diagonalfeld Es werden hierbei alle Hinterfeldpositionen besetzt (Abb. 324). Der Angriff erfolgt von Pos.IV, später von Pos.II.

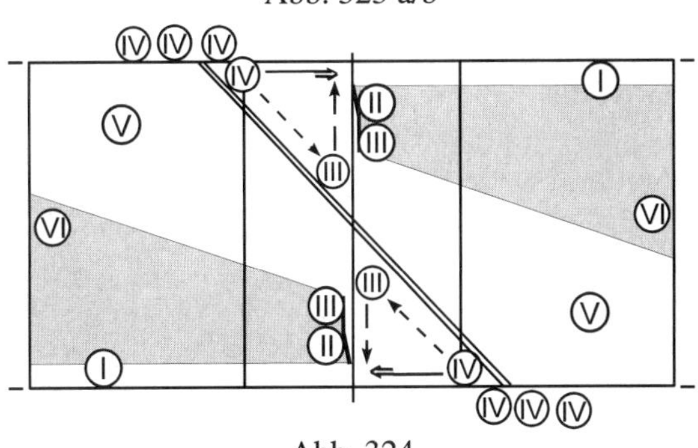

Abb. 324

Handlungshinweise

- Decke als Feldverteidiger auf Pos.VI den hinteren Raum des Blockschattens ab!
- Wehre als Spieler auf Pos.VI alle vom Block berührte und weit in die Hinterzone bzw. nach hinten außerhalb des Spielfeldes abprallende Bälle gegebenfalls unter Einsatz des oberen Zuspiels ab!
- Beobachte als Pos.VI das Verhalten der Nebenspieler auf Pos.I und V und sichere deren Abwehrbereich mit ab!

2. Abwehrspiel 6 gegen 1; Spielfeld: 9 x 9 m.

Ein Spieler greift von Pos.IV nach Zuspiel von Pos.III gegen Doppelblock und Feldabwehr mit zurückgezogener Pos.VI an (vgl. Abb. 313 und 315). Durchführung und Regeln entsprechen der 2. Spielform der 2. LE des LZ 8.

(1) Angriff von Pos.II nach Zuspiel von Pos.III (vgl. Abb. 314).
(2) Angriff von Pos.IV oder II nach Zuspiel von Pos.III

Handlungshinweis

- Bewege dich als blockfreier Vorderspieler hinter die Angriffslinie und übernimm die Funktion der Feldverteidigung und der Blocksicherung.

(3) Angriff von Pos.IV nach Zuspiel von Pos.II.
(4) Angriff von Pos.III nach Zuspiel von Pos.II (vgl. Abb. 316).
(5) Angriff von Pos.III oder IV nach Zuspiel von Pos.II.
(6) Angriff von Pos.IV, III oder II nach Zuspiel von Läufer I.
(7) Angriff von Pos.III nach Zuspiel von Pos.II gegen Dreierblock (vgl. Abb. 317).

3. Spiel 6 gegen 6; Spielfeld: 9 x 9 m.

Spielregeln mit Sonderregeln:

a) Die erste Angriffsaktion jeder Mannschaft muß als Drive ausgeführt werden.
b) Statt eines Aufschlags wird der Ball mit einem Drive nach Zuspiel zuerst von Pos. III (Abb. 325), dann

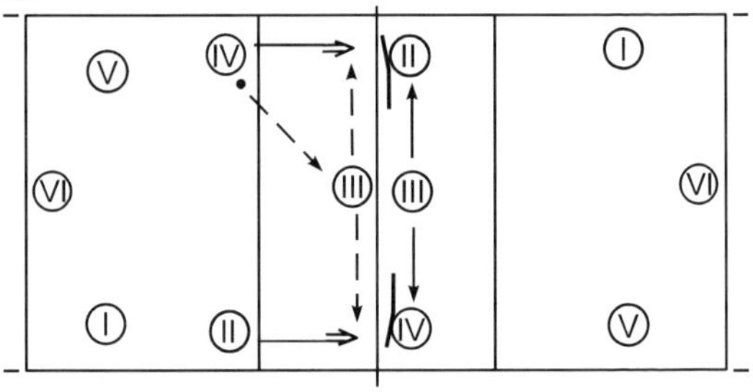

Abb. 325

von Pos.II (Abb. 326), später von der Läuferposition zwischen Pos. II und III (Abb. 327) ins Spiel gebracht.

c) Nach jeweils 5 (10) Drives wechselt das Angriffsrecht zur anderen Mannschaft mit entsprechender Rotation.

d) Jeder Fehler einer Mannschaft bedeutet einen Punkt für den Gegner.

e) Sieger ist die Mannschaft mit den meisten Punkten nach 6 Rotationen.

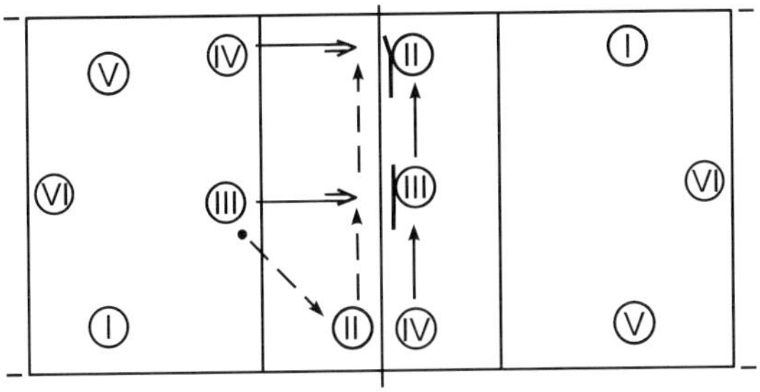

Abb. 326

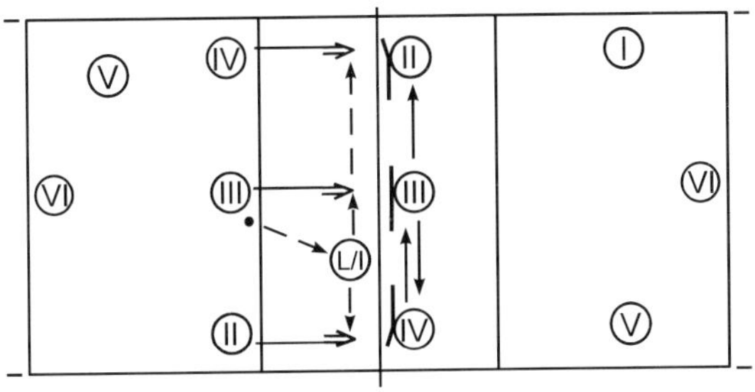

Abb. 327

(1) ohne Einschränkung der ersten Angriffsaktion.

(2) Die Variation von (1): Die abwehrende Mannschaft bleibt so lange in ihrer Aufstellung (rotiert nicht), bis sie eine Abwehr mit erfolgreichem Gegenangriff ausführt; die angreifende Mannschaft rotiert nach jedem Angriff. Nach 6 Rotationen der abwehrenden Mannschaft wechseln die Funktionen. Sieger ist die Mannschaft, die in der Block- und Feldabwehr nach 6 Rotationen die wenigsten erfolgreichen Angriffe des Gegners zugelassen hat.

Beobachtungshilfen

- Muß auf FF zurückgegriffen werden, weil die Antizipationsfähigkeit gesondert geschult werden muß?
- Muß auf FF des LZ 10/1. LE zurückgegriffen werden, weil sich Fehler im Zusammenwirken der Blockspieler zeigen?
- Muß auf LZ 11/1. LE und auf das Stundenbeispiel zurückgegriffen werden, weil sich Mängel in der Ausführung des unteren Zuspiels im Fallen seitwärts und rückwärts (vor allem beim Spieler auf Pos.VI) zeigen?

4. Spiel 6 gegen 6; Spielfeld: 9 x 9 m
Spielregeln mit Sonderregel: Einen Zusatzpunkt erhält die Mannschaft, die nach Abwehr mit erfolgreichem Gegenangriff abschließt; ein Punkt wird der Mannschaft abgezogen, die den Angriff direkt zum Gegner zurück abwehrt (Ausnahme: Block).

Beobachtungshilfen

- Muß in den Spielformen das hohe Zuspiel vorgeschrieben werden, damit die Bildung des Gruppenblocks in jeder Angriffssituation ermöglicht wird?
- Führt die Schulung der Block- und Feldabwehr mit zurückgezogener Pos. VI zu einer Steigerung der Abwehrleistung gegen Angriffsschläge und daher zu längeren Ballwechseln?
- Stellt die Doppelfunktion der Abwehrspieler eine Überforderung dar?
- Müssen Reaktions- und Bewegungsschnelligkeit gesondert geschult werden?
- Muß auf LZ 8/2. LE zurückgegriffen werden, weil die Bildung des Einerblocks und Feldabwehr mit zurückgezogener Pos. VI Schwierigkeiten bereitet?
- Muß auf FF der 1. LE zurückgegriffen werden, weil sich Mängel in der Ausführung des Hechtbaggers zeigen?
- Muß auf FF zurückgegriffen werden, weil sich Fehler in der Aufstellung und Mängel im Zusammenspiel von Block und Feldverteidigung zeigen?

Lernkontrolle

1. Beantwortung von Testfragen (u.U. mit Hilfe von Skizzen) zu:
   a) den verschiedenen Aufstellungen der Feldabwehr bei Doppelblock auf Pos. II, III und IV,
   b) den verschiedenen Aufstellungen der Feldabwehr bei Einer-, Zweier- und Dreierblock,
   c) den Abwehrbereichen und Funktionen der Spieler,
   d) den Voraussetzungen und dem Anwendungsbereich,
   e) den Möglichkeiten des Überganges von der Abwehr zum Angriff,
   f) dem Vergleich der Block- und Feldabwehr mit vorgezogener und zurückgezogener Pos. VI.

2. Freie Spiel- und Spielerbeobachtung zur Block- und Feldabwehr mit zurückgezogener Pos. VI unter Berücksichtigung der Aspekte a, b, c und e!

Fehleranalyse/-korrektur zur Block und Feldabwehr

Fehler im Zusammenwirken der Feldverteidiger

- Die Feldverteidiger verständigen sich nicht bei Angriffen in die Überschneidungszonen.
- Unklarheiten über die Abwehrbereiche führen zu Fehlern bzw. zu Behinderungen der Feldverteidiger.
- Der Spieler auf Pos.VI verteidigt zu sehr vorwärtsorientiert das Mittel- anstatt das Hinterfeld.
- Die Spieler auf Pos.V bzw. I verteidigen nur das Hinter- statt auch das Mittelfeld.

Lösungsmöglichkeiten

- Erneute theoretische Klärung der Abwehrbereiche und Funktionen der Spieler in der Abwehr mit zurückgezogener Pos.VI.
- Übungsformen, in denen ein Spieler auf einem Kasten zunächst Bälle variiert über das Netz in die Hinterzone wirft, später schlägt oder fintiert.
- Übungsformen mit Angriff von allen Netzpositionen gegen feststehenden Block (z.B. zwei Blockspieler auf einem Kasten oder Blocker).

Fehler in der Bewältigung von Doppelfunktionen in der Abwehr

- Die Blockspieler vernachlässigen die Blockeigensicherung.
- Der Feldverteidiger auf Pos.I oder V vernachlässigt die Blockfernsicherung.
- Die Hinterspieler I bzw. V oder der blockfreie Vorderspieler vernachlässi gen die Feldverteidigung zugunsten der Blocknahsicherung.

Lösungsmöglichkeiten

- Übungsformen, bei denen die Spielbereitschaft und das Agieren nach Block besonders geschult werden: a) Angriffsschlag gegen Doppelblock: nach Abwehr wird ein 2. Ball in den Nahbereich des Blocks zur Abwehr (Eigensicherung) geworfen (Abb. 328 a); b) Überspielen des Blocks mit kurzen Angriffsfinten und entsprechende Abwehr in Eigensicherung (Abb. 328b).

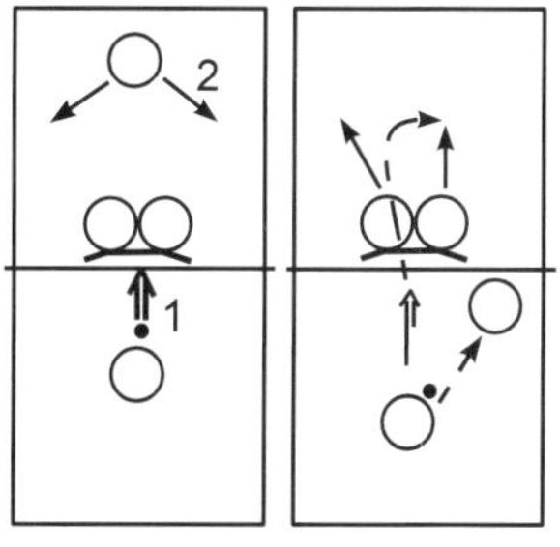

Abb. 328 a/b

- Übungsformen, in denen ein Spieler in der Vorderzone zunächst aus dem Stand, später vom Kasten Bälle variiert in die Hinterzone wirft/schlägt oder fintiert, die vom Feldverteidiger abgewehrt werden sollen (vgl. hierzu die 1. LE).
- Wie vorher, jedoch Angriff über das Netz aus dem Stand auf einem Kasten.
- wie vorher, jedoch variierte Angriffe gegen feststehenden Block (Blocker bzw. Blockspieler auf Kasten).

Fehler im Zusammenwirken der Blockspieler und Feldverteidiger

- Die Feldverteidiger auf Pos.I und V orientieren sich nicht am Block und stehen nicht außerhalb des Blockschattens.
- Die Blockspieler behindern sich nach Block in der Eigensicherung bzw. nach Abwehr beim Zuspiel.
- Bei Angriffsfinten behindern sich die Blockspieler und die Feldverteidiger in der Sicherung.

Lösungsmöglichkeiten

- Übungsformen, in denen bewußt Bälle auf die Überschneidungszonen der Abwehrspieler geworfen, gespielt und geschlagen werden: zunächst werden alle Situationen einzeln mehrmals wiederholt, später im Wechsel geübt.
- Übungsformen, in denen nach Abwehr über Vorder- oder Hinterspieler ein planmäßiger Angriffsaufbau erfolgen soll.
- Die o.g. Lösungsmöglichkeiten unter Einbeziehung des Blocks.

Mängel in der Antizipationsfähigkeit der Feldverteidiger

- Der Feldverteidiger beobachtet und berücksichtigt nicht oder zu spät den Zuspielort und die Zuspielart, den Angriffsort und das Verhalten des Angreifers sowie das Verhalten der Blockspieler.

Lösungsmöglichkeiten

- Schulung des Bewegungssehens mit Hilfe von Bildreihen, Film-/Videoaufzeichnungen zu verschiedenen Bewegungsabläufen in Zuspiel und Angriff, wobei der Spieler kurz vor Ausführung der Handlung die zu erwartende Absicht erkennen und erläutern soll.

- Übungsformen mit Angriff und Abwehr, in denen bewußt Zuspiel und Angriffsart variiert werden, damit der Abwehrspieler u.a. die Verhaltensweisen berücksichtigen lernt. Dabei soll er akustisch oder optisch die zu erwartende Handlungsabsicht des Angreifers anzeigen und/oder sie durch entsprechendes Handeln deutlich machen:
  - Je höher die Reichhöhe des Angreifers ist, desto kürzer kann der Ball zu Boden geschlagen werden, d.h. umso weiter muß der Feldverteidiger sich vorbewegen.
  - Je weiter das Zuspiel vom Netz entfernt ist, desto länger wird die Flugbahn des Angriffsschlages, d.h. desto geringer ist die Vorwärtsbewegung des Feldverteidigers.
  - Je besser der Block gebildet wird, desto eher sind variierte Angriffe zu erwarten, d.h. der Feldverteidiger nimmt eine mittelhohe Spielstellung ein, aus der er in alle Richtungen starten kann.
  - Je dichter der Ball an das Netz gestellt wird, desto größer ist die Chance für eine erfolgreiche Blockabwehr; folglich muß mit Blockabprallern oder taktischen Schlägen des Angreifers gerechnet werden. Daher sollte die Spielstellung nicht zu tief gewählt werden.

LERNZIEL 14: AUFSCHLAG FRONTAL VON OBEN - ANGRIFFSSICHERUNG 2:3 UND 3:2 BEI ZURÜCKGEZOGENER POS. VI

Abb. 329

Sachanalyse

Der ***frontale Aufschlag von oben*** stellt ein wesentliches ***Angriffsmittel*** dar, die bei zu früher Erarbeitung zu einer Störung des angestrebten Gleichgewichtes der beiden Grundsituationen und damit auch des Spielflusses und der Spielfreude führen würde: Die Annahme des Aufschlags von oben ist erschwert, weil der Ball schneller und damit härter anfliegt. Die Erlernung des Bewegungsablaufes fällt relativ leicht. Der Aufschläger hat für die Ausführung seiner Handlung bis zu 5 Sek. Zeit, das Handlungsziel festzulegen und seine Entscheidung umzusetzen. Dies und die Tatsache, daß der Aufschläger unabhängig von den Mitspielern agieren kann, begünstigen ein schnelleres Erreichen einer höheren individualtaktischen Handlungsfähigkeit des Aufschlägers im Verhältnis zum Annahmespieler, Zuspieler u.a..
Eine spätere Erarbeitung der oberen Aufschlagarten ist daher gerechtfertigt, insbesondere, solange der universellen Ausbildung der Vorrang eingeräumt wird. Aus den o.g. Überlegungen läßt sich umso notwendiger die bereits im LZ 2 gemachte Forderung ableiten, die ***Aufschlagschulung*** konsequent mit

der Annahmeschulung zu verbinden. Weiterhin ist es in diesem Ausbildungsstadium unerläßlich, die Annahme des Aufschlags mit dem Übergang zum Angriff einschließlich der Angriffssicherung zu verbinden.
Um die Fehlerquote des Aufschlägers so gering wie möglich zu halten, soll zunächst ausschließlich aus der Mitte der Aufschlagzone hinter der Pos. VI aufgeschlagen werden. Erst bei guter Beherrschung des Aufschlags und der Annahme soll der Aufschlagort verändert bzw. variiert werden.

Die Einführung der ***Angriffssicherung 2:3 und 3:2 bei zurückgezogener Pos. VI*** erweist sich zu diesem Zeitpunkt als notwendig, weil im vorangegangenen LZ 13 die Block- und Feldabwehr mit zurückgezogener Pos.VI erarbeitet wurde und die Angriffssicherung dieser Abwehrformation angepaßt werden muß. Die 1. LE baut in starkem Maße auf der 1. LE des LZ 2, die 2. LE auf der 2. LE des LZ 11 auf.

1. LERNEINHEIT: AUFSCHLAG FRONTAL VON OBEN

Abb. 330

Bewegungsablauf (Abb. 330)

Der Spieler steht in schulterbreiter ***Schrittstellung***, wobei beim Rechtshänder das linke Bein vorgestellt ist. Der Ball wird möglichst beidhändig in Verlängerung der Körperlängsachse angeworfen. Das Anwerfen ist so "getimed", daß ***Aushol- und Schlagbewegung*** zügig durchgeführt und der Ball mit gestrecktem Arm über dem Körper getroffen wird.
Beim ***Anwerfen*** wird der Ball möglichst spät (über Schulterhöhe) abgeworfen, die Nichtschlaghand ausgleichend vor dem Körper gehalten und die Schlaghand gebeugt hinter den Kopf geführt. Gleichzeitig wird die Schlag-

schulter bei leichter Rückbeugung und Verwringung des Oberkörpers zurückgenommen. Der ***Impuls*** für den Schlag kommt aus dem Vorbringen der Schulter (des Rumpfes), der Arm- und Beinstreckung und dem Handgelenkeinsatz. Hierbei wird der Ellenbogen über Schulterhöhe geführt. ***Trefffläche*** ist der Handteller, wobei der Ball von hinten-unten getroffen wird. Insbesondere durch den ***Handgelenkeinsatz*** erfährt der Ball eine Vorwärtsrotation, daher auch die Bezeichnung als Aufschlag mit Effet, die seine Flugbahn stabilisiert.

Abb. 331

Erläuterung

Der Aufschläger beobachtet Aufstellung und Verhalten der gegnerischen Mannschaft, um Entscheidungshilfen für die Plazierung des Aufschlags von oben zuerhalten. Er wirft den Ball in Verlängerung der Körperlängsachse an und schlägt ihn mit gestrecktem Arm von hinten unten auf den gewählten Zielpunkt, mit der Absicht, einen direkten Punkterfolg zu erzielen oder mindestens den geplanten gegnerischen Angriffsaufbau zu verhindern bzw. zu erschweren.

Spielform: Spiel 1 mit 2; Spielfeld: 2,25 x 6 m.

Es spielen 3er-Gruppen gegeneinander. Spieler A schlägt den Aufschlag von oben zielgenau auf Spieler B, der den Ball annimmt und zum Vorderspieler C weitergibt. C stellt zu B, der ein Sprungabspiel zielgenau zu A ausführt, so daß dieser den Ball fangen kann (Abb. 332 a). Nach 5 erfolgreichen Aktionen tauschen die Spieler ihre Funktionen. Sieger ist die Gruppe, die innerhalb einer Zeiteinheit (5 oder 10 min) die meisten Rotationen erreicht hat.

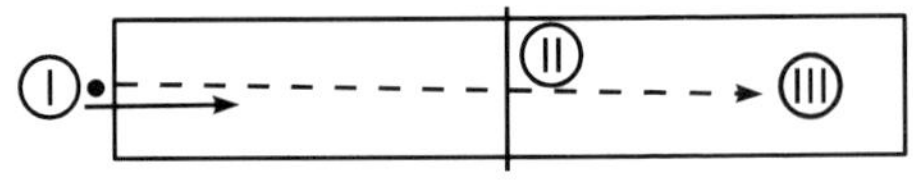

Abb. 332 a

Handlungsziel

Der Spieler soll den Aufschlag frontal von oben als günstige Angriffstechnik kennen und anwenden lernen, um unter Berücksichtigung des gegnerischen Verhaltens und der eigenen Fähigkeiten den planmäßigen Angriffsaufbau des Gegners zu erschweren, zu verhindern oder einen direkten Punkt zu erzielen!

Handlungshinweise

- Zielgenauigkeit geht vor Härte und Sicherheit vor Risiko!
- Achte auf genaues und gleichmäßiges Anwerfen des Balles!
- Führe vor dem Schlag deine Schulter zurück und beuge deinen Schlagarm!
- Treffe den Ball mit gestrecktem Arm von hinten unten mit Handgelenkeinsatz!
- Stehe im Moment des Schlages unter dem Ball!
- Verbinde das Ausklingen der Bewegung mit einem Übergehen zur Spielbereitschaftsstellung im Spielfeld!

Beobachtungshilfen

- Muß auf FF zurückgegriffen werden, weil sich Mängel in der Ziel- und Bewegungsgenauigkeit des Aufschlags zeigen?
- Ist ein ungenaues Anwerfen des Balles auf einhändiges Anwerfen zurückzuführen?
- Haben die Spieler Schwierigkeiten, den Aufschlag über Normaldistanz zu schlagen?

1. Variationen zur Spielform

(1) Spiel 1 mit 3; Spielfeld: 3 x 6 m, später 3 x 9 m
Der Aufschlag wird im 2er-Riegel angenommen und der Angriffsaufbau über Vorder- oder Hinterspieler durchgeführt (Abb. 333 a-c).

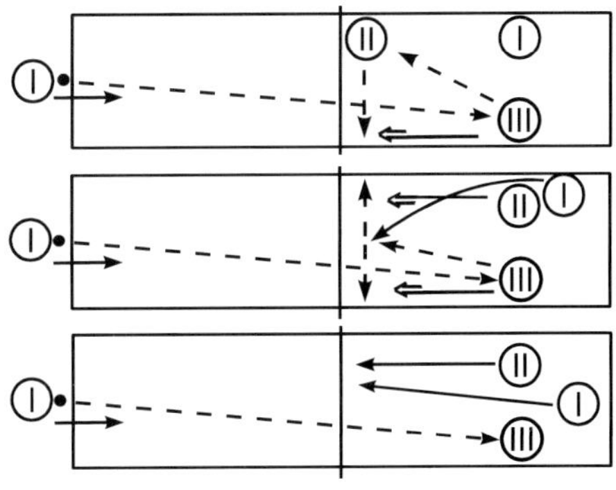

Abb. 333 a-c

(2) Spiel 3 mit 3; Spielfeld: 3 x 9 m, später 4,5 x 9 m.
Drei Ballberührungen sind vorgeschrieben, wobei die dritte als Drive durchgeführt werden muß. Sieger ist die 3er-Gruppe, die die längste Serie von Netzüberquerungen erzielt.

(3) Variation (2): Spiel 2 mit 2 auf Spielfeld: 3 x 9 m.
(4) Variation (3): Spiel 1 mit 1
Sonderregel: Jeder Spieler führt drei Ballberührungen nacheinander aus.

2. Spiel 1 gegen 3; Spielfeld: 3 x 9 m, später 4,5 x 9 m.

Der Aufschläger erhält 10 Aufschläge und erzielt nur dann Punkte, wenn eine Aufschlagannahme nicht möglich ist bzw. die Gegengruppe nach Annahme den Ball nicht unter Ausnutzung der drei Ballberührungen mit einem Angriff als Sprungabspiel, später Drive, dann Angriffsschlag, zurückspielen kann. Nach 10 Aufschlägen rotieren die vier Spieler! Sieger ist der Spieler mit den meisten Punkten in ein oder zwei Durchgängen. Der Angriffsaufbau soll zunächst über Vorderspieler, später über Hinterspieler erfolgen (Abb. 333 a-c).

(1) Spiel 1 gegen 4;
Spielfeld: 4,5 x 9 m, später 6 x 9 m.
Es spielen zwei Vorder- und zwei Hinterspieler (Abb. 334 a-c).

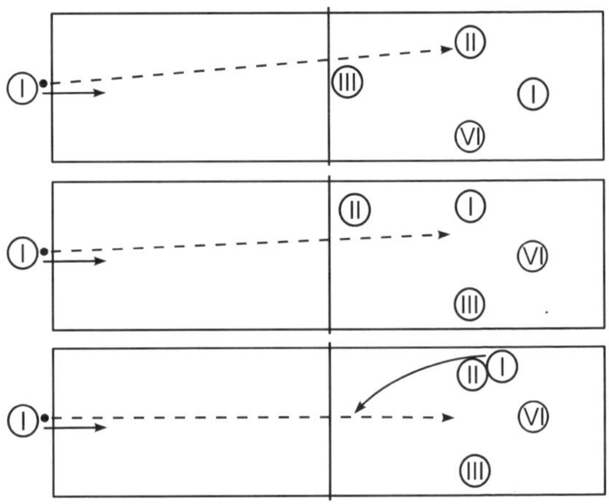

Abb. 334 a/c

(2) Spiel 1 gegen 2

Spielfeld: 3 x 9 m, später 4,5 x 9 m.
Der Angriffsaufbau erfolgt aus dem 1er- oder 2er-Riegel (Abb. 332 b/c).

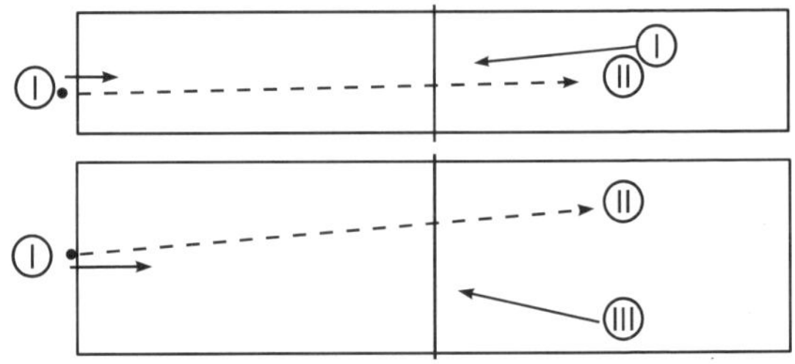

Abb. 332 b/c

3. Spiel 4 gegen 4; Spielfeld: 4,5 x 9 m, später 6 x 9 m

Nach den Spielregeln. Der Angriffsaufbau aus dem Riegel ist in den Abb. 334 a-c zu entnehmen.

(1) Spielform 3 als Spiel 3 gegen 3
Der Angriffsaufbau aus dem Riegel ist den Abb. 333 a-c zu entnehmen.
(2) Spielform 3 als Spiel 2 gegen 2
Der Angriffsaufbau aus dem Riegel ist den Abb. 332 a-c zu entnehmen.
(3) Spiel 1 gegen 1; Spielfeld: 2,25 x 9 m, später 3 x 9 m.
Drei Ballberührungen sind erlaubt.

4. Spiel 1 gegen 6; Spielfeld: 9 x 9 m.

Jeder Spieler erhält 10 Aufschläge hintereinander, danach wird rotiert. Punkte erhält der Aufschläger, wenn die annehmende Mannschaft keinen Angriff unter Ausnutzung der drei Ballberührungen durchführen kann. Für direkte Erfolge mit einem Aufschlag gibt es einen Zusatzpunkt, bei direktem Fehler des Aufschläges wird ihm ein Punkt abgezogen. Sieger ist der Spieler mit den meisten Punkten in ein oder zwei Durchgängen.
Der Angriffsaufbau ist vorgeschrieben und erfolgt aus dem 6er-Riegel über Vorderspieler (Abb. 335a), dann über Hinterspieler (Abb. 335b) und über Vorder- bzw. Hinterspieler (Abb. 335c); später aus dem 5er-Riegel über Vorderspieler auf Pos.III (Abb. 336a), dann auf Pos.II (Abb. 336b) und über Läufer I (Abb. 336c).

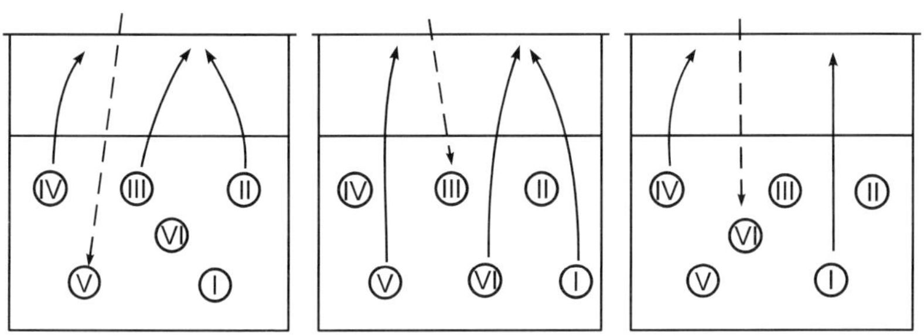

Abb. 335 a-c

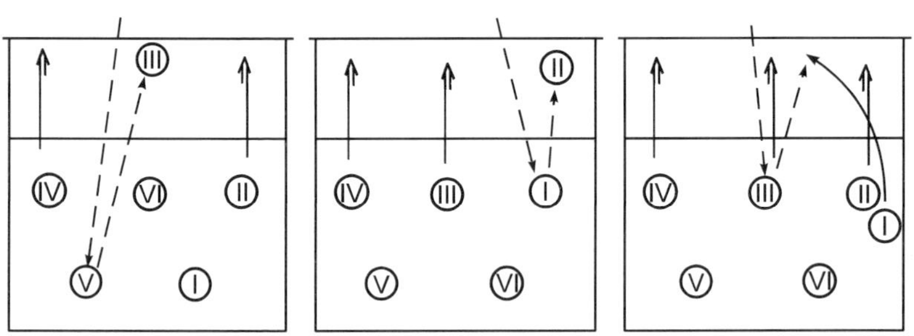

Abb. 336 a-c

Handlungshinweise

- Erkenne den geplanten Angriffsaufbau und versuche, diesen zu verhindern, wenigstens aber zu erschweren, indem du z.B. den Aufschlag auf den Zuspieler bzw. in den Laufweg des Zuspielers oder weit weg vom Zuspieler plazierst!
- Wähle hierfür den für Dich günstigsten Aufschlagort!

Beobachtungshilfe

- Ist erkennbar, daß der Aufschläge unter Ausnutzung der 5 Sek. vor Ausführung des Aufschlags die gegnerische Riegelformation und den vorgesehenen Angriffsaufbau beobachtet und entsprechend handelt?

(1) Spiel 6 gegen 6 (vgl. Abb. 331); Spielfeld: 9 x 9 m.
Jeder Spieler einer Mannschaft führt 5 Aufschläge hintereinander aus. Drei Ballberührungen sind vorgeschrieben. Die Rotation beider Mannschaften erfolgt nach 5 Aufschlägen. Nach insgesamt 30 Aufschlägen wechselt das Aufschlagrecht. Punkte kann nur die aufschlagende Mannschaft erzielen, wenn die Gegenmannschaft einen Fehler macht. Zusatzpunkte werden für direkten Aufschlagerfolg bzw. Verhinderung eines planmäßigen Angriffes gegeben, Punktabzug erfolgt bei Aufschlagfehler.

Handlungshinweise

- Schlage den Aufschlag auf ungedeckte Zonen!
- Schlage den Aufschlag zwischen die Spieler!
- Schlage den Aufschlag auf annahmeschwache Spieler!
- Bewege dich als Annahmespieler rechtzeitig und schnell hinter den Ball!
- Leite bei leicht anzunehmenden Aufschlägen den Angriffsaufbau über den Vorderspieler oder den Hinterspieler ein, und wende vermehrt die Annahme im oberen Zuspiel an, da der Doppelschlag hierbei nicht geahndet wird!
- Leite bei schwierig anzunehmenden Aufschlägen den Angriffsaufbau über den 2. Paß aus der Hinterzone ein!

(2) Die Variation von (1), jedoch wechselt das Aufschlagrecht alle 5 Aufschlägen zwischen den beiden Mannschaften.
(3) Spiel 6 gegen 6 mit mehreren Bällen. Durchführung und Regeln entsprechen der Variation (3) der Spielform 3 der 2. LE des LZ 7.
(4) Spiel 6 gegen 6 nach den Spielregeln unter Beibehaltung der Sonderregel: Zusatzpunkt für Aufschlagerfolg und Punktabzug für Aufschlagfehler.

Beobachtungshilfen

- Werden die Grundsätze "Zielgenauigkeit vor Härte" und "Sicherheit vor Risiko" beachtet?
- Führt der schnellere Ballflug zu Schwierigkeiten bei der Annahme des Aufschlags?
- Ist trotz der späten Einführung des Frontalaufschlags von oben eine deutliche Beeinträchtigung des Spielflusses und eine Abnahme der Anzahl der Ballberührungen erkennbar?
- Muß die Schlagbewegung gesondert geschult werden, weil sich Mängel in der Trefffläche und Impulsgebung zeigen?
- Wird der Aufschlag überhastet ohne Ausnutzung der 5 Sek.-Regel geschlagen?
- Nutzt der Aufschläger bei schlechtem Anwerfen des Balles die Möglichkeit der Wiederholung des Aufschlags, indem er den Ball unberührt zu Boden fallen läßt und erneut anwirft?

Lernkontrolle

1. Kann jeder Spieler 10 Aufschläge aus dem Aufschlagraum über das Netz abwechselnd in die rechte und linke Spielfeldhälfte fehlerlos schlagen?
2. Kann jeder Spieler auf vier verschiedene Zielfelder in vorgeschriebener Reihenfolge schlagen (Abb. 337)?

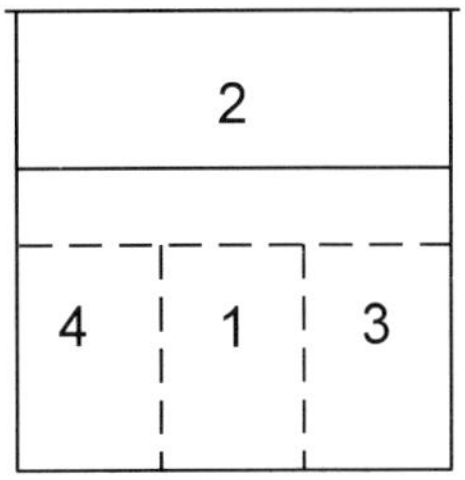

Abb. 337

Fehleranalyse/-korrektur zum Aufschlag von oben

Fehler im Anwerfen des Balles

- Der Aufschläger wirft den Ball zu weit vor oder seitlich an, statt in Verlängerung der Körperlängsachse.
- Der Aufschläger wirft den Ball zu hoch oder zu flach an.
- Der Aufschläger wirft den Ball unterhalb Brusthöhe ab statt etwa in Schulterhöhe.

Lösungsmöglichkeiten

- Erläuterung der Grundstellung, des Anwerfens und dessen Bedeutung für die Bewegungs- und Zielgenauigkeit des Aufschlags.
- Isoliertes Üben des Anwerfens ohne Schlagausführung. Dabei soll der Ball nach Anwurf entweder fallen gelassen werden und möglichst den Kopf, spä-

ter die Schlagschulter treffen oder mit gestreckten Armen nach Imitation der Schlagbewegung gefangen werden.
- Aufschläge aus sehr kurzer Entfernung (2-3 m) auf Ziele an der Wand, wobei mit geringem Armeinsatz geschlagen werden kann. Hierbei gibt auch der Abpraller von der Wand Hinweise über die Bewegungsgenauigkeit von Anwerfen und Schlagen!

Fehler in der Impulsgebung

- Der Aufschläger schlägt den Ball nach einem Kreisarmschwung statt die Schlagbewegung aus einer Beugung des Schlagarmes einzuleiten.
- Der Aufschläger verwringt zu stark und kommt so zu einer Drehbewegung des Rumpfes beim Schlag.
- Falscher bzw. fehlender Beinimpuls, da der Aufschläger das Körpergewicht vor dem Schlag zu hoch oder zu weit vorverlagert.
- Fehlender Handgelenkeinsatz.
- Die Schlagschulter wird vor dem Schlag nicht weit genug zurückgeführt bzw. der Ellbogen wird nicht über Schulterhöhe geführt (Stoßen des Balles).
- Die Schlagbewegung setzt zu früh oder zu spät ein: Der Aufschläger trifft den Ball mit gebeugtem statt mit gestrecktem Arm bzw. nicht mit dem Handteller von unten/hinten.

Lösungsmöglichkeiten

- Erneute Verdeutlichung der Bedeutung der leichten Bogenspannung bzw. Verwringung des Rumpfes, der Arm- und Beinstreckung und des Handgelenkeinsatzes für die Impulsgebung.
- Übungen mit ruhendem Ball (Ballpendel/Ballhalter) oder vom Spieler selbst hochgehaltenen Ball, bei denen zunächst einzelne Aspekte der Impulsgebung, später alle berücksichtigt werden.
- Übungen mit Aufschlägen aus allmählich vergrößerter Entfernung auf Ziele, bei denen z.B. die Schlaghand vor Ballberührung in den Nacken fassen soll (Kontrolle der Rückführung und Beugung des Schlagarmes).
- Partnerübung, in der ohne Ball die Ausholphase bzgl. der Schulterrückführung und Armbeugung durch den Partner unterstützt wird, indem dieser die Schlaghand in die richtige Ausgangslage nach hinten zieht und kurzen Widerstand bei Beginn der Schlagbewegung leistet.

Fehler in der Zielgenauigkeit aufgrund o.g. Mängel in der Bewegungsgenauigkeit

Lösungsmöglichkeiten

- Zielaufschläge unter Berücksichtigung der Fehlerursache auf große Ziele aus kurzer, später größerer Entfernung; danach Verkleinerung der Ziele und zuletzt Variieren der Ziele. Ziele sind Partner, Positionen im Vor-/Rückfeld, Hilfsgeräte (Matten, Kästen u.a.) im Feld.
- Einzel- bzw. Gruppenwettkämpfe mit Zielaufschlägen, die nicht nach Erfolg pro Zeiteinheit, sondern nach Erfolg pro vorgegebener Aufschlagzahl (10 oder 20 Versuche) bewertet werden.
- Weiterhin siehe FF der 1. LE des LZ 2.

2. LERNEINHEIT: ANGRIFFSSICHERUNG 2:3 UND 3:2 BEI ZURÜCKGEZOGENER POS.VI

Handlungsablauf

Die Spieler in der Angriffssicherung formieren sich in zwei konzentrischen Halbkreisen als Nah- und Fernsicherung um den jeweiligen Angreifer. Die *FUNKTION, DIE BEDEUTUNG DER NAH- UND FERNSICHERUNG UND DAS VERHALTEN DER SPIELER* entsprechen denen der Angriffssicherung bei vorgezogener Pos.VI (vgl. LZ 11).

Der wesentliche Unterschied besteht in der *STELLUNG DES SPIELERS AUF POS. VI*: Während dieser bei vorgezogener Pos. VI immer als Nahsicherungsspieler agiert, nimmt er bei zurückgezogener Pos.VI immer an der ***Fernsicherung*** teil. An seiner Stelle gehen der ***Hinterspieler auf Pos.I*** bei Angriff auf Pos.II und III und der ***Hinterspieler auf Pos.V*** bei Angriff auf Pos. IV vor in die ***Nahsicherung*** des Angreifers (vgl. Abb. 329 und 338a-c).

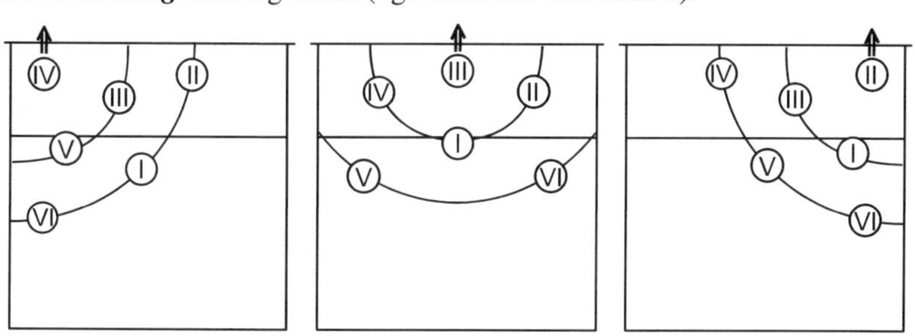

Abb. 338 a-c

Hierbei ist anzumerken, daß die Form der Angriffssicherung bei zurückgezogener Pos.VI weitgehend unabhängig ist von der Art des Angriffsaufbaus, d.h. ob vom Vorderspieler oder Hinterspieler (Läufer) zugespielt wird.

Erläuterung

Beim Übergang zum Angriff aus der Feldabwehr mit zurückgezogener Pos. VI orientieren sich besonders die Hinterspieler auf Pos.I und V nach vorne ins Mittelfeld, um in der Angriffsnahsicherung fungieren zu können: Der Hinterspieler auf Pos.I bei Angriff von Pos.II und III, der Hinterspieler auf Pos.V bei Angriff von Pos.IV. Der Hinterspieler auf Pos.VI übernimmt jeweils den Bereich des Hinterspielers, der sich an der Nahsicherung beteiligt, und sichert in der 2. Sicherungslinie fern. Bei Angriffen von den Pos.II und IV bildet die Mannschaft eine 2:3-, bei Angriff von Pos. III eine 3:2-Angriffssicherung, um vom Block zurückprallende Bälle abzuwehren (Abb. 339).

Abb. 339

Spielform: Spiel 3 gegen 3; Spielfeld: 3 x 9 m.

Nach den Spielregeln mit folgenden Sonderregeln: Der Ball wird mit Angriffsschlag nach Zuspiel ins Spiel gebracht, Angriffsfinte und Drive sind nicht erlaubt. Ein Zusatzpunkt wird für jeden erfolgreichen Angriff aus der Angriffssicherung gegeben (Abb. 340). Besetzt werden die Pos.III, II und I bzw. III, IV und V.

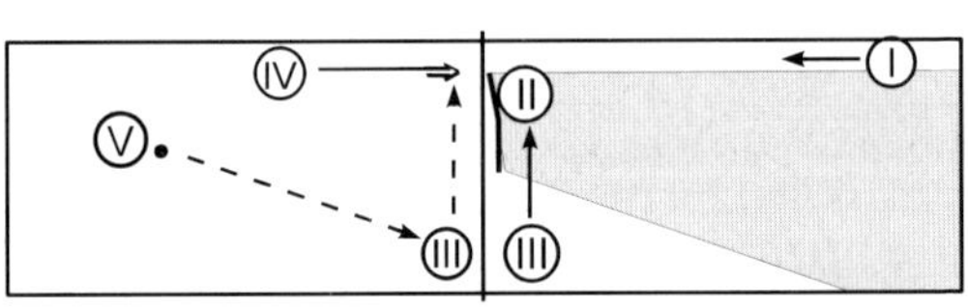

Abb. 340

Handlungsziel

Die Spieler sollen die Funktion und den Anwendungsbereich der Angriffssicherung bei zurückgezogener Pos.VI kennenlernen und befähigt werden, die Formationen situationsgerecht anzuwenden, um Blockabpraller abzuwehren und einen erneuten Angriffsaufbau einzuleiten.

Handlungshinweise

- Der Hinterspieler auf Pos.I oder V sichert nah, der Hinterspieler VI fern!
- Bewege dich als direkter Neben- und Hinterspieler in die Angriffssicherung!
- Nimm in der Nahsicherung eine tiefe Spielstellung im Abstand von 2-3 m zum Angreifer ein!
- Spiele schwierig anfliegende Bälle hoch und weg vom Netz zur Feldmitte!
- Bewege dich als Hinterspieler auf Pos.I und V bei Ballbesitz der eigenen Mannschaft frühzeitig zur Angriffssicherung nach vorne!
- Bewege dich als Hinterspieler auf Pos.I und V bei gegnerischem Ballbesitz frühzeitig zur Feldverteidigung nach außen und hinten zurück!

Beobachtungshilfen

- Muß unter Berücksichtigung der veränderten Stellung der Hinterspieler auf FF der 2. LE/LZ 11 zurückgegriffen werden, weil sich Mängel in der Angriffssicherung zeigen?
- Muß auf die 1. LE des LZ 10 zurückgegriffen werden, weil die Blockabwehr mangelhaft ist und somit keine Notwendigkeit bzw. Möglichkeit zur Anwendung der Angriffssicherung gegeben ist?

1. Variationen zur Spielform

(1) Spiel 4 gegen 4, wobei der 4. Spieler als zurückgezogene Pos.VI eingesetzt wird (Abb. 341).

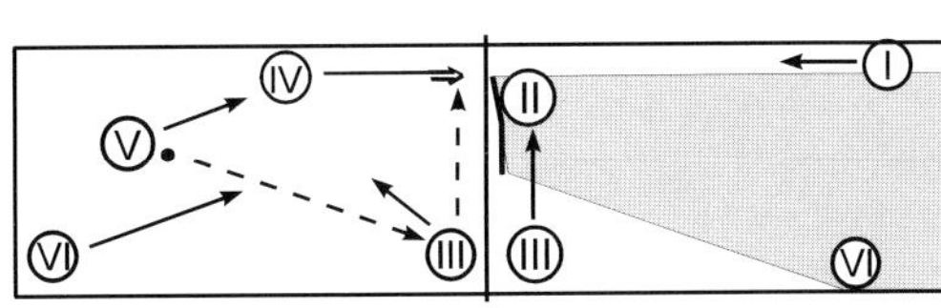

Abb. 341

Handlungshinweise

- Beteilige dich als zurückgezogene Pos.VI immer an der Angriffsfernsicherung!
- Bewege dich als zurückgezogene Pos.VI sofort nach Zuspiel nach vorne zur Seite des angreifenden Spielers und decke in der Fernsicherung den Raum

des Hinterspielers (I oder V) ab, der sich zur Nahsicherung nach vorne bewegt hat!
- Bewege dich als Pos.VI bei gegnerischem Ballbesitz frühzeitig zur Mitte der Grundlinie zurück!

(2) Spielform und Variation (1); Spielfeld: 4,5 x 9 m.
Der Ball wird mit einem Aufschlag frontal von oben ins Spiel gebracht und der Angriff aus dem 2er- bzw. 3er-Riegel aufgebaut (vgl. Abb. 333 und 334).

2. Spiel 6 gegen 3; Spielfeld: 9 x 9 m.

Der Ball wird von der 6er-Gruppe mit Angriffsschlag nach Zuspiel von Pos. III ins Spiel gebracht. Der Angreifer wird gesichert (2:3-Sicherung), da die 3er-Gruppe (A) mit Doppelblock abwehrt (Abb. 339/342a). Nach 5 Angriffsschlägen wechseln die Vorder- und Hinterspieler untereinander die Positionen. Nach 15 Angriffsschlägen werden die Funktionen entsprechend der Abb. 342 b getauscht. Punkte erhält nur die 3er-Gruppe für erfolgreiche Blockhandlungen. Punktabzug erfolgt, wenn die 6er-Gruppe (B+C) Blockabpraller abwehren, erneut zuspielen und erfolgreich schmettern kann. Jeder Angriff muß mit Angriffsschlag durchgeführt werden; fehlender Angriffsschlag bedeutet Punkt für die Blockgruppe (A). Sieger ist die 3er-Gruppe mit den meisten Punkten nach ein oder zwei Durchgängen.

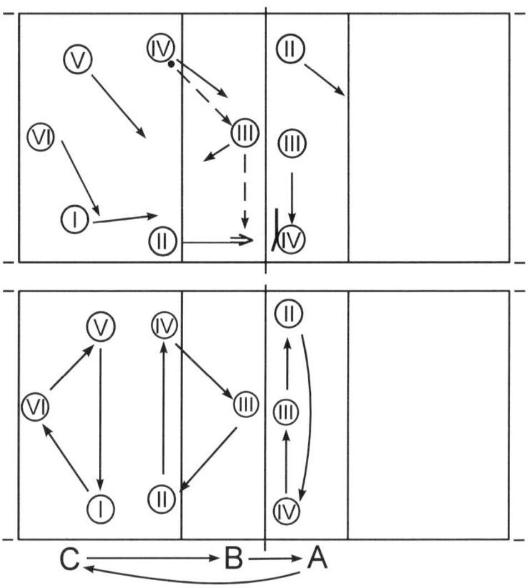

Abb. 342 a/b

(1) Der Ball wird mit Angriffsschlag nach Zuspiel von Pos.II (Abb. 343a/b) und später nach Zuspiel von der Läuferposition zwischen Pos.II und III ins Spiel gebracht (Abb. 344 a-c).

Handlungshinweise

- Bewege dich bei Angriff auf Pos. III als Spieler der Pos. IV, I und II in die Nahsicherung, und als Spieler der Pos.V und VI in die Fernsicherung!
- Bewege Dich als Läufer I unmittelbar nach Zuspiel weg vom Netz in die entsprechende Sicherungsposition!

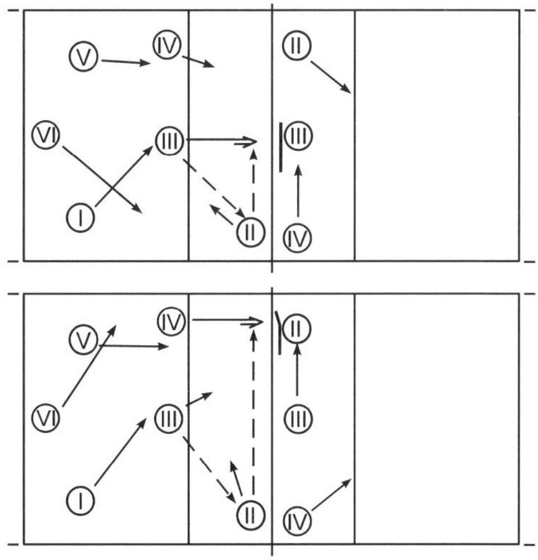

Abb. 343 a/b

3. Spiel 6 gegen 6

Durchführung entsprechend der Variationen (1) und (2) der 4. Spielform der 1. LE des LZ 14 mit Sonderregeln: Der Ball wird nicht durch Aufschlag, sondern mit Angriffsschlag nach Zuspiel ins Spiel gebracht. Ein Zusatzpunkt wird für a) erfolgreichen Block, b) erfolgreichen Angriff und Angriffssicherung gegeben. Zunächst erfolgt der Angriffsaufbau über Steller auf Pos.III, dann auf Pos.II und später über Läufer I zwischen Pos.II und III.

(1) Der Ball wird mit Frontalaufschlag von oben ins Spiel gebracht.
(2) Spiel 6 gegen 6 nach Spielregeln.

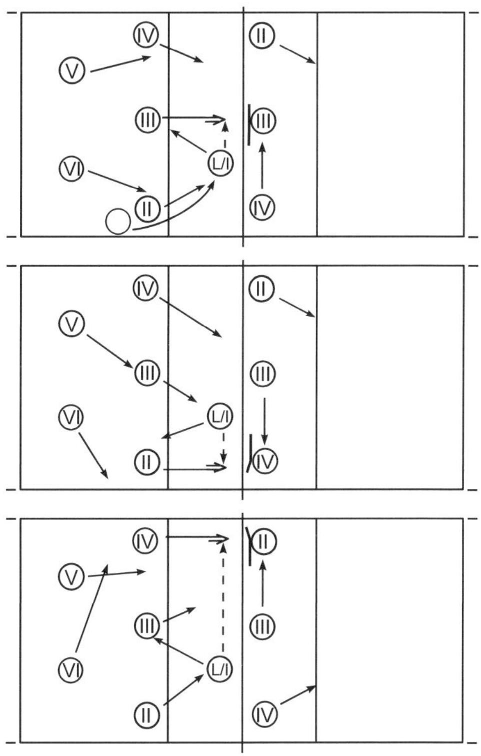

Abb. 344 a-c

Handlungshinweise

- Bewege dich bei Angriff auf Pos.IV als Spieler der Pos.III und V in die Angriffsnahsicherung, als Spieler der Pos.VI, I und II in die Angriffsfernsicherung!
- Bewege dich bei Angriff auf Pos.II als Spieler der Pos.III und I in die Angriffsnahsicherung, als Spieler der Pos.VI, V und I in die Angriffsfernsicherung!
- Stelle dich als Fernsicherungsspieler auf Lücke und in einer Entfernung von 2-3 m zu den Nahsicherungsspielern in mitteltiefer Spielstellung auf!

Beobachtungshilfen

- Muß auf den Frontalaufschlag von unten zurückgegriffen werden, weil die Annahme und Weitergabe des Frontalaufschlags von oben Schwierigkeiten macht, keinen planmäßigen Angriffsaufbau zuläßt und somit auch keine Möglichkeit zur Angriffssicherung schafft?
- Müssen die Falltechniken seitwärts und rückwärts des LZ 11/1. LE und das Stundenbeispiel wiederholt werden, da sich Mängel in der Ausführung der Angriffssicherung zeigen?
- Haben die Spieler die veränderte Aufstellung in der Angriffssicherung bei zurückgezogener Pos.VI verstanden und handeln sie entsprechend?

Lernkontrolle und Fehleranalyse/ -korrektur

Siehe hierzu die 2. LE des LZ 11 unter Berücksichtigung der veränderten Aufstellung der Hinterspieler, vor allem Pos.VI.

LERNZIEL 15:
SPIELSYSTEM 0:0:6

Abb. 345

Sachanalyse

Das ***0:0:6-Spielsystem*** wird von Mannschaften gespielt, die aus sechs Universalisten bestehen. Die erste Ziffer bezeichnet die Anzahl der Zuspieler, die zweite die der Angreifer und die dritte die der Universalisten. Dabei gibt das Verhältnis der Spielertypen innerhalb einer Mannschaft nur Auskunft über das eigentliche Spielsystem. Das Spielsystem steckt unter Berücksichtigung der athletischen, psychischen und technisch-taktischen Fähigkeiten der Spieler den Handlungsrahmen der Individual-, Gruppen- und Mannschaftstaktik ab. Es stellt ein Bündel von Entscheidungen des Trainers bzw. Lehrers dar, das sich umso effektiver erweist, je präziser das gewählte Spielsystem den Fähigkeiten der eigenen Mannschaft, des Gegners und allen auf das Spiel einwirkenden Einflußgrößen angepaßt ist. Somit *BESTIMMT* bzw. *UMFAßT* das Spielsystem Stellung, Aufgabenbereich, Funktion und Handlungsraum des einzelnen Spielers, der Spielergruppe und der gesamten Mannschaft in den beiden Grundsituationen des Spiels. Das ***0:0:6-Spielsystem*** stellt sowohl das einfachste als auch das anspruchsvollste Spielsystem dar. Es läßt sich bei annähernd gleichen Voraussetzungen und Fähigkeiten der Spieler in jeder Phase der Ausbildung anwenden und ist das ideale Spielsystem.

Trotz der Zielsetzung einer möglichst gründlichen und universellen Grundlagenausbildung ist es unvermeidbar, daß sich aufgrund der unterschiedlichen Voraussetzungen, Entwicklungen und Interessen der Spieler/Schüler auf Dauer mehr oder weniger große Leistungsunterschiede in den Lernbereichen des Sportspiels ergeben: Demzufolge ist die Beibehaltung des 0:0:6-Spielsystems, das den besonderen Fähigkeiten des einzelnen Spielers nicht gerecht wird, nicht mehr angezeigt. Dann sollte unter Berücksichtigung der universellen Ausbildung die ***Entwicklung der einzelnen Spieler*** hinsichtlich ihrer unterschiedlichen Fähigkeiten gefördert werden.

Mit dem Beginn der ***Spezialisierung*** (Inhalt des Lernziels 16) werden deshalb auch entsprechende Spielsysteme notwendig. Ziel des vorliegenden Bandes ist es, auf der Basis einer breiten, vertieften Ausbildung, die notwendige Grundlage für eine spätere Spezialisierung zu schaffen. Dies bezieht sich nicht nur auf die motorisch-technische, sondern insbesondere auf die taktische Schulung.

Das 0:0:6-Spielsystem stellt das geeignete Spielsystem dar, da in ihm jeder Spieler jede Funktion übernehmen muß ("alle müssen alles können"), und es jedem Ausbildungsstand und -ziel angepaßt werden kann.
Alle bisher erarbeiteten ***Lernziele*** können daher als Bestandteile des 0:0:6-Spielsystems angesehen werden. Das 0:0:6-Spielsystem kann sowohl nur Teilinhalte als auch alle Inhalte des Bandes umfassen. *LETZTERES STELLT DAS IDEALE NIVEAU EINER UNIVERSELLEN AUSBILDUNG DAR.*

LERNEINHEIT

Handlungsablauf des 0:0:6-Spielsystems

Im 0:0:6-Spielsystem ist jeder Spieler grundsätzlich gleichermaßen Annahmespieler, Zuspieler, Angreifer, Blockspieler und Feldverteidiger. Insofern entfallen Positionswechsel jeder Art. Entsprechend lassen sich alle Arten von Riegel- und Abwehrformationen, wie auch von Angriffsaufbau und Angriffssicherung anwenden und miteinander verbinden. Die Entscheidung für die Spielstrategie trifft der Trainer/Lehrer unter Berücksichtigung der Zielsetzung der Ausbildung sowie der Fähigkeiten der Spieler.
Die ***Lerneinheit*** zeigt in der 1. Spielform eine einfache und somit leicht durchzuführende Art des 0:0:6-Spielsystems. Die Variationen stellen in der auftretenden Reihenfolge eine Steigerung des Schwierigkeitsgrades des Spielsystems hinsichtlich der technisch-taktischen Anforderungen an die einzelnen Spieler der Mannschaft dar.
Die ***Wahl des Spielsystems*** kann sich nur dann als optimal erweisen, wenn die gewählten Verfahrensweisen in den Grundsituationen die Spieler weder über-

noch unterfordern. Das Spielsystem soll unter Beachtung der Fähigkeiten von Gegenspieler und -mannschaft möglichst so die Stärken und Schwächen der eigenen Spieler und Mannschaft berücksichtigen, daß ihre Stärken genutzt und ihre Schwächen verdeckt werden.

Erläuterung

Bei eigener Aufgabe und gegnerischem Ballbesitz stehen die Vorderspieler dicht am Netz in Vorbereitung des Blockes. Die Hinterspieler auf Pos.I und V befinden sich in Vorbereitung der Feldverteidigung hinten an der Grund- und Seitenlinie und Pos. VI je nach Abwehrformation vorgezogen an der Angriffslinie oder zurückgezogen an der Grundlinie. (Abb. 346).

Bei gegnerischer Aufgabe und Abwehr ohne Block stehen die Spieler im 5er- oder 6er-Riegel. Der Angriffsaufbau aus der Abwehr und aus dem Riegel erfolgt positions- oder situationsgebunden über Vorder- oder Hinterspieler. Die Sicherung des Angriffs über die Außenpositionen IV IV und II erfolgt in 2:3-, über die Pos.III in 3:2-Formation.

Abb. 346

Spielform: Übungsspiel 6 gegen 6; Spielfeld: 9 x 9 m.

Nach den Spielregeln. Gespielt wird im 0:0:6-Spielsystem: Der Angriffsaufbau erfolgt über Vorderspieler III sowohl aus dem 5er-Riegel als auch aus der Block- und Feldabwehr mit vorgezogener Pos.VI. Der Angriff auf den Positionen IV und II wird in 2:3-Formation gesichert (Abb. 347 a/b).

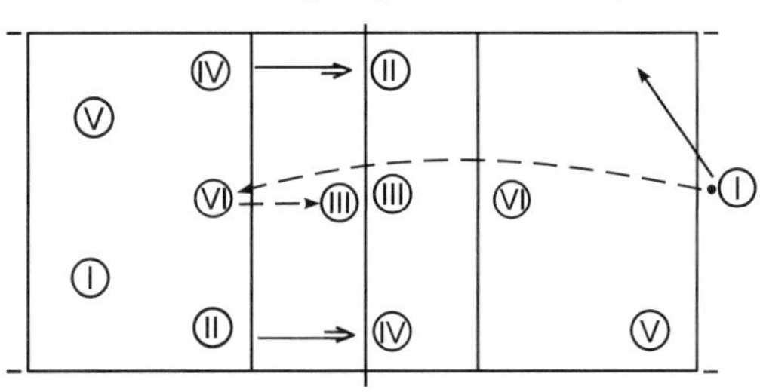

Abb. 347 a

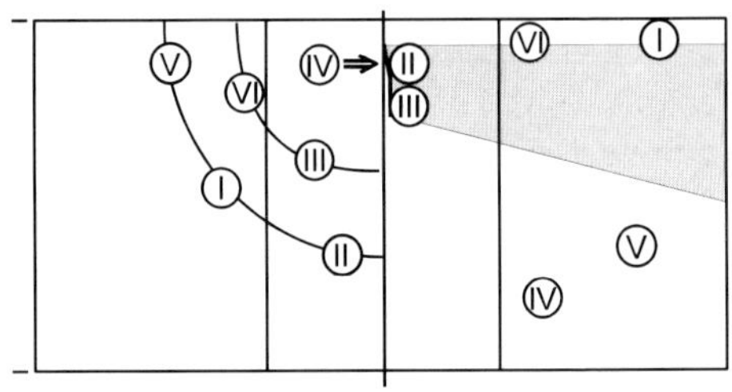

Abb. 347 b

Sonderregeln:
Es können pro Satz je nach Vereinbarung mehr Auszeiten genommen und die Spieler öfter gewechselt werden. Gespielt werden kann nach Zeit oder Gewinnsätzen beliebiger Anzahl bzw. beliebiger Punktzahl pro Satz (z.B. 4 Auszeiten pro Satz; Anzahl der Spielerwechsel beliebig; 3 Sätze à 15 Min. oder 3 Gewinnsätze bis 10 Punkte oder bis zu 4 Sätzen, so daß Ergebnisse von 3:0, 3:1 und 2:2 möglich sind).

Handlungsziel

Die Spieler sollen das 0:0:6-Spielsystem als ein ideales Spielkonzept kennen und anwenden lernen: Unter Beachtung der eigenen und gegnerischen technisch-taktischen Fähigkeiten werden die verschiedenen Verfahrensweisen in Angriff und Abwehr je nach Spielsituation eingesetzt. Die Spieler sollen weiterhin befähigt werden, unter Wettkampfbedingungen jede Funktion im Rahmen des Spielsystems erfüllen und jede Änderung im System sofort nachvollziehen zu können.

Handlungshinweise

- Alle Spieler haben in gleicher Position und Spielsituation die gleichen Aufgabenbereiche und Funktionen!
- Nimm nach Spielunterbrechung sofort wieder die entsprechende Spielposition innerhalb der Mannschaftsaufstellung ein!
- Beachte, daß der Wechsel des Ballbesitzes auch eine schnelle Veränderung deines Verhaltens und dementsprechend deiner Stellung im Feld erfordert!

1. Variationen zur Spielform

(1) Das 0:0:6-Spielsystem mit Angriffsaufbau über Vorderspieler auf Pos.II aus dem 5er-Riegel und der Feldabwehr mit vorgezogener Pos.VI sowie mit der Angriffssicherung 2:3 außen und 3:2 innen (Abb. 348a/b).

Handlungshinweise

- Halte ständig Ball und Spieler am Ball im Blick, um Hinweise für die Handlungsabsicht des Mit- und Gegenspielers zu gewinnen, und berücksichtige diese für deine eigene Entscheidung!

- Sei bereit, deinen Mitspielern zu helfen und verhalte dich entsprechend.
- Verhalte dich immer so, als ob du die nächste Ballaktion selbst durchführen müßtest!
- Beobachte von Anfang an das Spielsystem des Gegners bzgl. seiner Stärken und Schwächen und berücksichtige diese im Rahmen deiner Spielhandlungen!
- Berücksichtige als Aufgeber Stärken und Schwächen der Riegelformation, als Zuspieler und vor allem als Angreifer die der Block- und Feldabwehr!

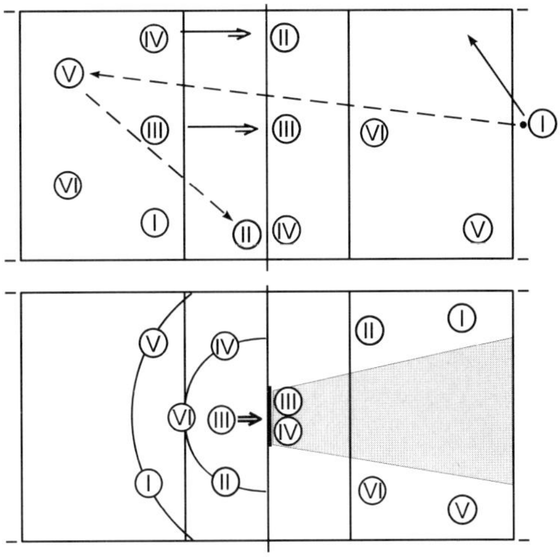

Abb. 348 a/b

- Berücksichtige als Annahme- und Abwehrspieler die Stärken und Schwächen der gegnerischen Aufgeber bzw. Angreifer!
- Beobachte und analysiere als Trainer/Lehrer die Qualität und Effektivität der Grundsituationen sowie der einzelnen Elemente in den Grundsituationen!
- Beobachte und analysiere als Trainer/Lehrer die Qualität und Effektivität der Spielhandlungen sowohl der einzelnen Spieler als auch der gesamten Mannschaft!
- Beobachte und analysiere als Trainer/Lehrer die Spielleistungen der einzelnen Spieler im Hinblick auf eine spätere Spezialisierung!

Beobachtungshilfen

- Muß auf FF des LZ 15 zurückgegriffen werden, weil sich gruppen- bzw. mannschaftstaktische Mängel in den Grundsituationen zeigen?
- Muß auf entsprechende Lernziele zurückgegriffen werden, weil sich grundlegende Mängel bzgl. der Ausführung und Anwendung einzelner individual-, gruppen- oder mannschaftstaktischer Handlungen zeigen?

(2) Das 0:0:6-Spielsystem mit Angriffsaufbau über den verdeckten Läufer von Pos.I aus dem 5er-Riegel und über Vorderspieler auf Pos.II aus der Feldabwehr mit vorgezogener Pos.VI sowie mit Angriffssicherung 2:3 außen und 3:2 innen (Abb. 349a/b).

(3) Spielform und Variation von (1) und (2): Block- und Feldabwehr bei zurückgezogener Pos. VI (Abb. 350 a-c).

(4) Die Variationen von (1), (2) und (3): Der Angriffsaufbau erfolgt über Vorder- bzw. Hinterspieler aus dem 6er-Riegel (Abb. 351 a/b).

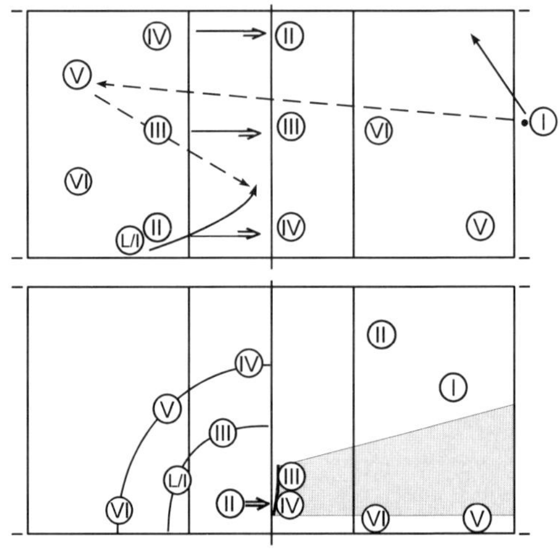

Abb. 349 a/b

(5) Spielform und deren Variationen, jedoch ohne Sonderregeln als Trainings- und Wettspiele.

Beobachtungshilfen

- Sollte auf das Läuferspiel von Pos.I verzichtet werden, weil sich technische Mängel bzgl. des 1. und 2. Passes und/oder auch gruppentaktische Mängel im Verhalten der Zuspieler und Angreifer zeigen?
- Sollte der Angriffsaufbau aus dem 5er-Riegel über Steller auf Pos.III statt auf Pos.II durchgeführt werden, weil sich Mängel in der zielgenauen Ausführung des langen 1. und 2. Passes zeigen?

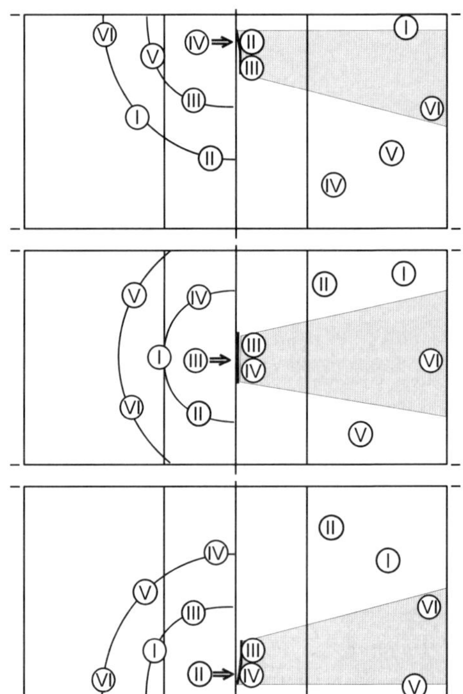

Abb. 350 a-c

- Muß auf den situationsgebundenen Angriffsaufbau aus dem 6er-Riegel zurückgegriffen werden, weil ein positionsgebundener Angriffsaufbau aus dem 5er-Riegel Schwierigkeiten macht?
- Ist es aufgrund der Genauigkeit des 1. Passes angezeigt, den Angriffsaufbau aus dem 5er-Riegel positionsgebunden durchzuführen?
- Sollte die Block- und Feldabwehr mit zurückgezogener Pos. VI angewendet werden, weil die gegnerischen Spieler sehr erfolgreich angreifen können?

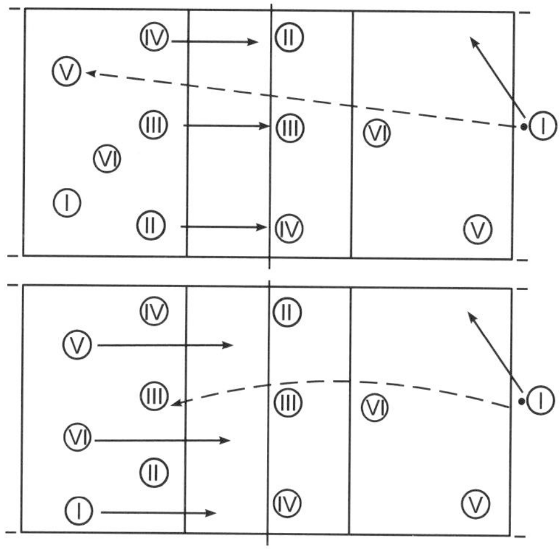

Abb. 351 a/b

- Sollte die Block- und Feldabwehr mit zurückgezogener Pos. VI angewendet werden, weil aufgrund des variablen Angriffsspiels des Gegners die Bildung des Doppelblocks schwierig ist bzw. der Block nicht geschlossen ist, so daß Angriffsschläge in den Blockschatten möglich sind?
- Sollte auf die Bildung des Doppelblocks bei Feldabwehr mit vorgezogener Pos. VI verzichtet werden und auf Einerblock bei Feldabwehr mit zurückgezogener Pos. VI umgestellt werden, weil der Gegner sehr variabel und schnell angreift?
- Muß die Block- und Feldabwehr mit zurückgezogener Pos. VI angewendet werden, weil der Gegner öfter mit Drive statt mit Schmetterschlägen angreift?
- Sollte auf die Blockbildung generell verzichtet werden, weil der Angriffsaufbau des Gegners keinen Angriffsschlag ermöglicht?
- Zeigt sich der Angriff über Pos. III so effektiv, daß die Bildung eines Dreierblocks notwendig wird (vgl. Abb. 345 und 346)?
- Sollte die Block- und Feldabwehr mit vorgezogener Pos. VI gespielt werden, weil die Gegenspieler häufig fintieren oder sich aufgrund des hohen gegnerischen Zuspiels der Doppelblock leicht formieren kann?
- Sind die Spieler in der Lage, bei Umstellungen in der Feldabwehr auch ihre veränderte Stellung und Funktion in der Angriffssicherung richtig wahrzunehmen?

- Hat die Ausbildung zum Universalisten dazu beigetragen, daß die Spieler Spielsituationen schneller erfassen, sich schneller anpassen und diese erfolgreich umsetzen können?
- Hat die Gleichstellung und Gleichbehandlung aller Spieler sich leistungsmotivierend oder -mindernd gezeigt?
- Hat die Hinführung zum Universalisten zu konfliktarmen oder konfliktreichen Beziehungen der Spieler untereinander bzw. zwischen den Spielern und Trainer/Lehrer geführt?

Lernkontrolle

1. Testfragen einschließlich Skizzen zu
   a) den verschiedenen Arten der Riegelformationen, des Angriffsaufbaus aus der Aufgabenabwehr einschließlich der Angriffssicherung,
   b) den verschiedenen Arten der Block- und Feldabwehr, des Angriffsaufbaus aus der Feldabwehr einschließlich der Angriffssicherung.
2. Freie Spiel- und Spielerbeobachtung zu den oben genannten Aspekten.

Fehleranalyse/-korrektur zum Spielsystem 0:0:6

Technisch-taktische Mängel in den Grundsituationen und beim Übergang von Abwehr zu Angriff und Angriff zu Abwehr

Lösungsmöglichkeiten

- Übungs- und Spielformen, in denen eine komplette Mannschaft
  a) nur Aufgabenannahme mit Angriffsaufbau, Angriff und Angriffssicherung oder
  b) nur Angriffsabwehr mit Angriffsaufbau, Angriff und Angriffssicherung durchführt und mehrfach in gleicher Aufstellung wiederholt. Rotiert wird nach 5 oder 10 Durchführungen bzw. nach Maßgabe des Lehrers.

zu a)
zunächst nur Annahme und Weitergabe leichter und zielgenauer Aufgaben, dann harter und schwieriger Aufgaben, später mit Zuspiel und Angriff und danach mit Einbeziehung des Blocks und der Feldabwehr, so daß

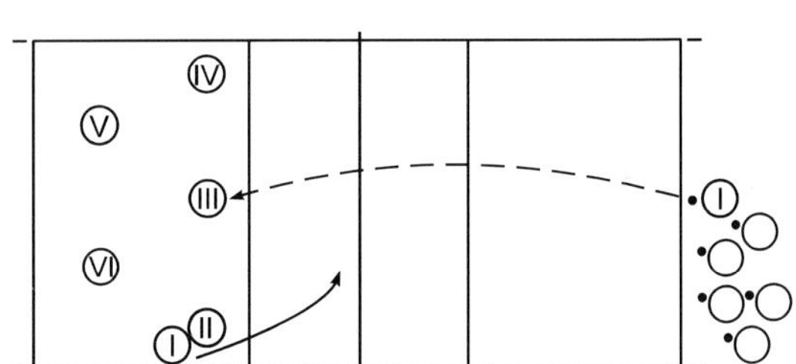

Abb. 352 a

die Angriffssicherung und der Übergang von Angriff zu Abwehr Anwendung finden können (vgl. Beispiel zum Angriffsaufbau über Läufer I - Abb. 352 a-c).

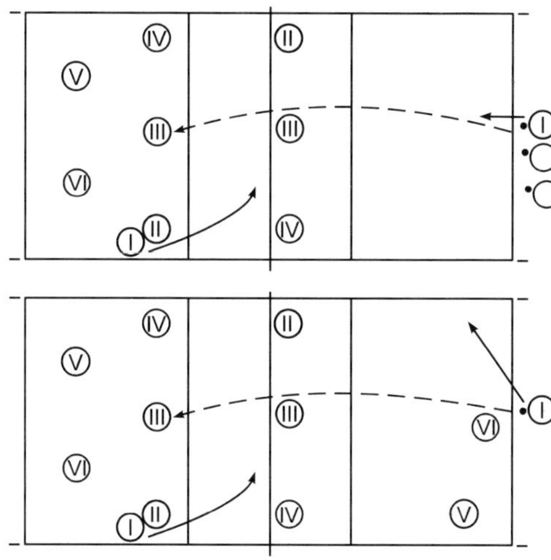

Abb. 352 a-c

zu b)
zunächst Abwehr von Serien leicht und genau geschlagener Angriffe, dann harter und variabler Angriffsschläge. Später Abwehr einschließlich Zuspiel und Angriff und danach mit Angriff gegen Block, so daß die Angriffssicherung mit einbezogen werden kann.

Es wird zunächst von einer bestimmten, später beliebig von mehreren Netzpositionen angegriffen. Der Zuspieler stellt anfangs vom Angreifer zugeworfene/zugespielte Bälle zum Angriff heraus. Später wird die Annahme und Weitergabe der Aufgabe aus dem Riegel mit einbezogen (vgl. Beispiel zur Block- und Feldabwehr mit vorgezogener Pos.VI - Abb. 353 a-c).

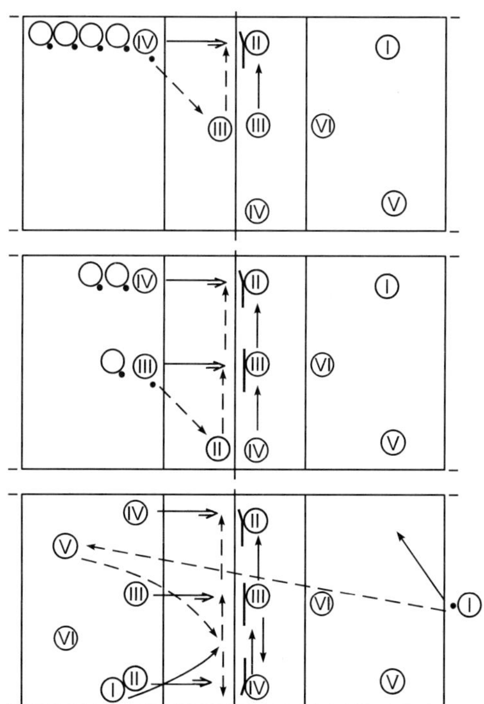

Abb. 353 a-c

LERNZIEL 16: SPIELSYSTEME 3:0:3 UND 2:0:4

Sachanalyse zum 3:0:3-Spielsystem

Der Übergang vom Universalismus zur ***Spezialisierung*** soll kleinschrittig erfolgen. Zunächst soll nicht in der Annahme-, Angriff- bzw. Block- und Feldabwehrsituation differenziert und somit spezialisiert werden, sondern nur im Bereich des Angriffsaufbaus. Der situations- und positionsgebundene Angriffsaufbau wird allmählich zum personengebundenen Aufbau. Dies wird durch die Einführung des ***Paarsystems*** (3:0:3-System) mit 3 Zuspielern und 3 Universalisten vor dem 2:0:4-Spielsystem gewährleistet (Abb. 354 a/b).

Die Weiterführung der Spezialisierung in den o.g. Bereichen bedingt veränderte Formationen und Mannschaftszusammensetzungen und führt zu differenzierteren Spielsystemen. (Inhalt des Folgebandes). Der Übergang vom 0:0:6-Spielsystem zum Paarsystem läßt sich methodisch leicht vollziehen, indem drei der sechs Universalisten die Zuspielfunktion übernehmen und zu je einem Angreifer/Universalisten zugeordnet werden (Abb. 354a/b).
Das Paarsystem ist auch deshalb für den Einstieg in die Spezialisierung geeignet, da es zunächst ohne Positionswechsel gespielt werden kann. ***Positionswechsel*** werden erst dann notwendig, wenn neben der Spezialisierung im Angriffsaufbau auch eine im Abwehrbereich vorgenommen wird.
Bei den Positionswechseln unterscheidet man zunächst zwischen Wechseln bei eigenem und bei gegnerischem Aufschlag. Eine weitere Unterscheidung ergibt sich daraus, ob zwei oder drei Spieler am Wechsel beteiligt sind und ob ein kurzer Wechsel über eine Position oder ein langer Wechsel über zwei Positionen durchgeführt wird.

Der Begriff des "*SPIELSYSTEMS*" gibt nur Auskunft über die Zusammensetzung der Mannschaft, d.h. das Verhältnis Zuspieler zu Angreifer bzw. Universalisten. Er macht aber keine Aussage über die konkrete Spielweise in Annahme, Aufbau und Abwehr. In jedem Spielsystem können alle Riegelformationen, also 6er- wie 5er-Riegel, alle Arten des Angriffsaufbaus über Vorder- und/ oder Hinterspieler sowie alle Block- und Feldabwehrformationen, also Abwehr mit vor- wie zurückgezogener Pos.VI zur Anwendung kommen. Die unterschiedlichen Handlungsabläufe des Paarsystems 3:0:3 und des 2:0:4-Spielsystems werden nach didaktisch-methodischen Gesichtspunkten dargestellt und erläutert. Die Lerneinheit bezieht sich nur auf ***eine*** Ausprägung des 2:0:4-Spielsystems, ist aber als Beispiel einer methodischen Reihe für jede Form eines Spielsystems anzusehen (vgl. S. 304).
Die Einführung der Positionswechsel im Rahmen des 3:0:3-Spielsystems empfiehlt sich auch deshalb, weil es zunächst mit nur kurzen Wechseln in der Vorder- und Hinterzone durchführbar ist.

Handlungsablauf des 3:0:3-Spielsystems

Im 3:0:3-Spielsystem agieren drei Universalisten als Zuspieler und drei Universalisten als Angreifer. Dieses Spielsystem wird deshalb als Paarsystem bezeichnet, weil jedem Zuspieler ein Angreifer zugeordnet ist und sich so drei Paare bilden (Abb. 354 a/b)

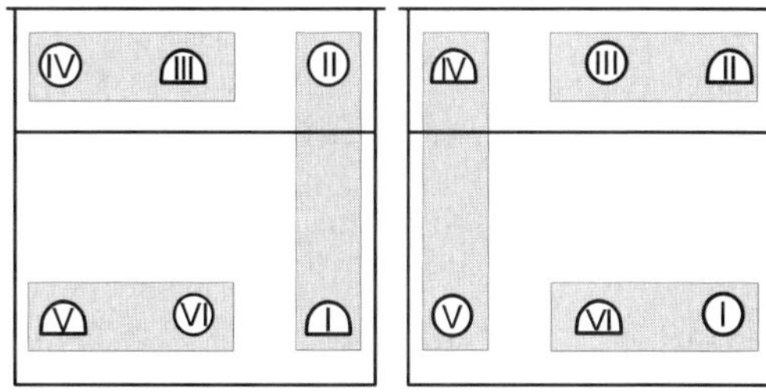

Abb. 354 a/b

Die in Abb. 354 gezeigten Spielerzuordnungen wechseln sich mit jeder Rotation ab. In der Situation gegnerischer Aufschlag erfolgt die Annahme im 5er-Riegel und der Angriffsaufbau wechselweise über Pos.III und Pos.II (Abb. 355a/b).

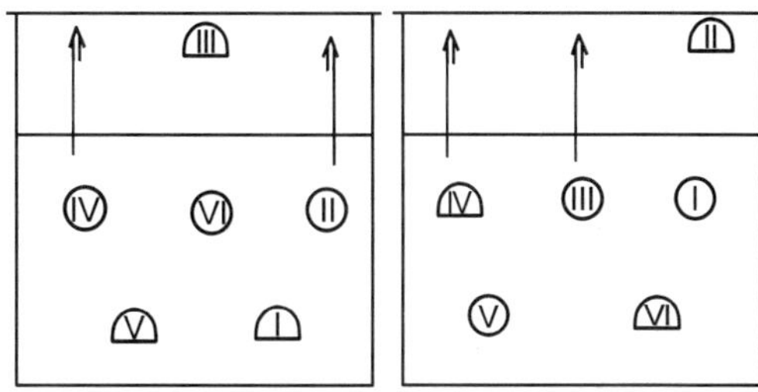

Abb. 355 a/b

Eine Erweiterung des Paarsystems ergibt sich durch den Angriffsaufbau über Zuspieler auf Pos.II und Läufer I (Abb. 356). Der Aufbau über Hinterspieler löst allerdings die paarweise Zuordnung der Spieler auf, da dem Läufer ein weiterer Universalist als Angreifer zur Verfügung steht.

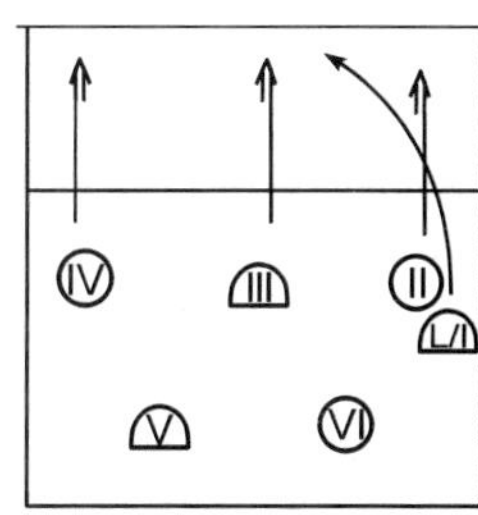

Abb. 356

In Anlehnung an das Lernziel 15 (vgl. Abb. 347/348/349/350) kann in der Abwehr mit vorgezogener oder zurückgezogener Pos.VI gespielt werden. Da ohne Positionswechsel gespielt wird, empfiehlt es sich, in der Abwehr evtl. wechselweise mit vor- oder zurückgezogener Pos.VI zu spielen, in Abhängigkeit zur Position des/ der Steller(s) in der Hinterzone. Befindet sich der Zuspieler auf Pos.VI, sollte dann mit vorgezogener Pos.VI agiert werden, befinden sich die Zuspieler auf Pos.I und V, sollte dann mit zurückgezogener Pos.VI gespielt werden.
Diese Überlegung zielt darauf ab, innerhalb eines Spielsystems auch in der Abwehr flexibel zu handeln, um später gegnerbezogen agieren zu können.

Der Zuspieler in der Hinterzone hat im Rahmen des Spielsystems, vor allem in der Situation der Abwehr, zudem die Funktion des Hilfsstellers zu erfüllen. D.h., daß er bei Abwehr schwieriger Bälle ins Mittel- oder Hinterfeld die Zuspielfunktion übernimmt. Diese Aufgabe kann der Zuspieler in der Formation mit vorgezogener Pos.VI am besten als Spieler auf dieser zentralen Position übernehmen und in der Formation mit zurückgezogener Pos.VI der Spieler auf Pos.I, da er von der rechten Spielfeldseite die günstige Angreiferposition IV einsetzen kann.

Eine Erweiterung bzw. höhere Effektivität des 3:0:3-Spielsystems wird dadurch erreicht, daß ***Positionswechsel*** ein- bzw. durchgeführt werden. Die Positionswechsel ermöglichen es, entsprechend den Fähigkeiten der Spieler, diese auf einer festen Position in der Vorder- oder Hinterreihe optimal einzusetzen. Dabei dienen die Wechsel bei eigenem Aufschlag in erster Linie der Stärkung der Abwehr und in zweiter Linie der des Angriffsaufbaus. Die Wechsel bei gegnerischem Aufschlag stärken dagegen vornehmlich den Angriffsaufbau und nach Angriff die Block- und Feldabwehr. Entsprechend der Spielsituation ergeben sich unterschiedliche Zeitpunkte für die Durchführung der Wechsel. Die Wechsel bei eigenem Aufschlag werden grundsätzlich unmittelbar ***nach*** Ausführung der Schlagbewegung durchgeführt. Hierbei sind unter Beachtung der Aufstellungsregel die Laufwege der Spieler gleich und so kurz wie möglich zu halten. Bei den Wechseln der Vorderspieler muß zudem von Anfang an geklärt sein, wer netznah wechselt.

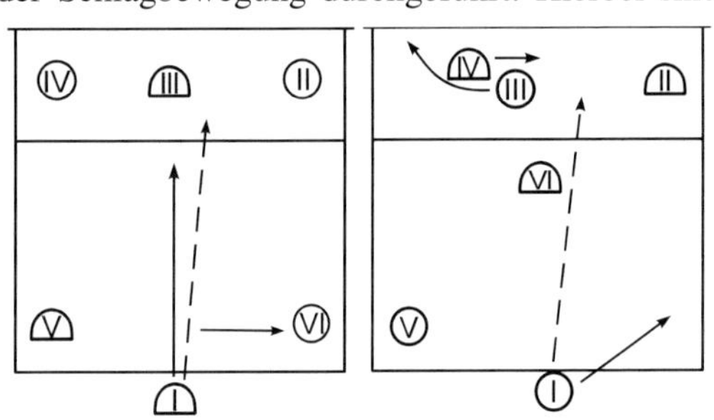

Abb. 357 a/b

Bei der Einführung der Positionswechsel im Rahmen des 3:0:3-Spielsystems ist es sinnvoll, zunächst nur mit kurzen Wechseln zu operieren. Die Wechsel sollen es ermöglichen, den Zuspieler am Netz stets auf die Pos.III zu bringen und den der Hinterzone bei Abwehr mit vorgezogener Pos.

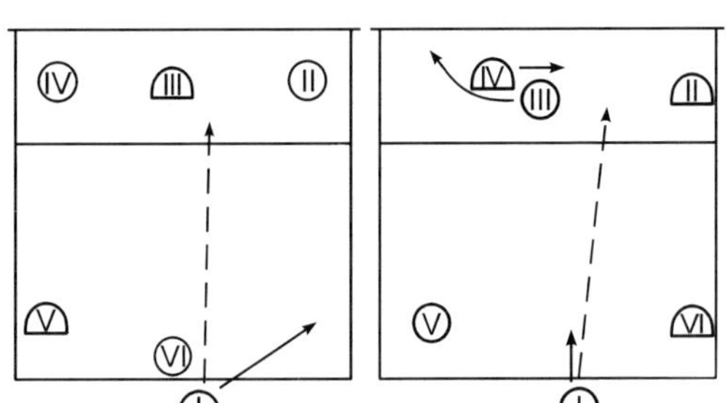

Abb. 358 a/b

VI auf die Pos.VI und bei Abwehr mit zurückgezogener Pos.VI auf die Pos.I zu bringen. Diese Wechsel führen zur sogenannten ***Stellerachse*** III/VI bzw. II/VI (Abb. 357 a/b) oder III/I bzw II/I (Abb. 358 a/b).
Bei gegnerischem Aufschlag erfolgt der Wechsel des Zuspielers in der Vorderzone ebenfalls unmittelbar nach Ausführung des Aufschlags.

Der Wechsel des hinteren Zuspielers dagegen erfolgt frühestens nach Annahme des Aufschlags und spätestens nach Ende des Spielzugs, d.h. nach Netzüberquerung des Balles (Abb. 359 a/b und 360 a/b).

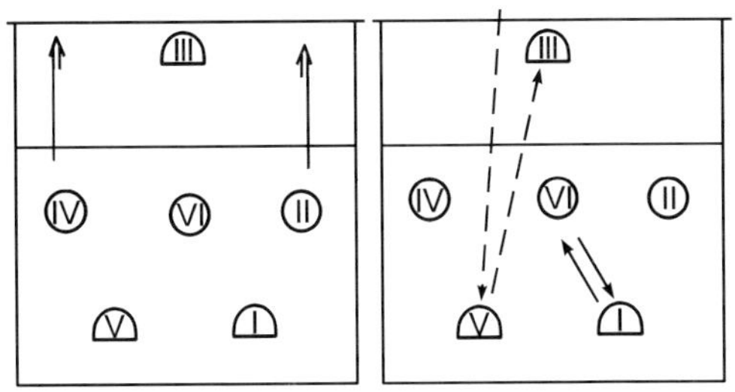

Abb. 359 a/b

Bei Angriffsaufbau über den Hinterspieler auf Pos.I (vgl. Abb. 356) erfolgt der Wechsel des Läufers nach Zuspiel, spätestens aber nach der Angriffssicherung auf die vorgezogene Pos.VI, während er bei zurückgezogener Pos.VI nach Angriffssicherung wieder auf seine Pos. I zurückgeht.

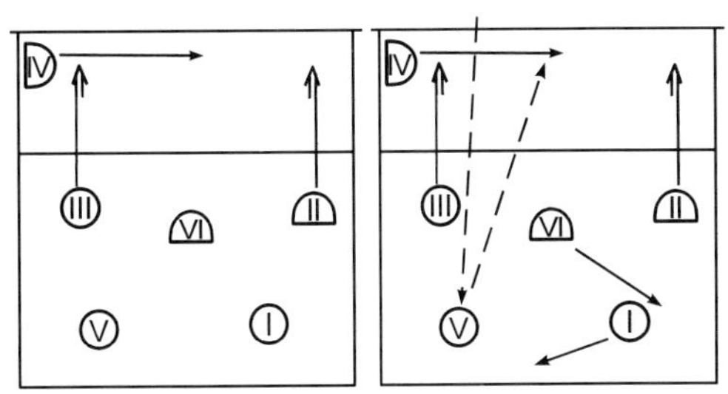

Abb. 360 a/b

Sachanalyse zum 2:0:4-Spielsystem

Bei der Einführung des 3:0:3-Spielsystems geht es in erster Linie um den Einstieg in die Spezialisierung, um einerseits neue Formationen unter Einbeziehung einer groben Differenzierung der Spieler und ihrer Funktionen zu erarbeiten; andererseits soll hiermit erreicht werden, daß der Spieler den Einstieg in den neuen Rollenpart leicht verständlich und schrittweise umsetzen lernt, und so einen leichten Übergang von universeller Spielweise ohne Positionswechsel zu teilspezialisierter Spielweise mit Positionswechsel erfährt.

Einen weiteren Schritt zur Spezialisierung hin stellt das 2:0:4-Spielsystem dar. Hierbei agieren zwei Spieler als Zuspieler und vier Spieler als Universalisten/Angreifer. In Anlehnung an das 3:0:3-Spielsystem wird das 2:0:4-Spielsystem zunächst nur mit kurzen Positionswechseln unter vornehmlicher Berücksichtigung des Angriffsaufbaus aus Annahme und Abwehr vermittelt. Die Positionswechsel zur Verstärkung der Abwehr unter besonderer Berücksichtigung der speziellen Fähigkeiten der Spieler führt zu verändertem Wechselverhalten in Annahme- und Abwehrsituation. Hierbei werden z.T. lange Wechsel mit 2 oder 3 Spielern über zwei Positionen notwendig. Der lange Wechsel kann auch in zwei aufeinanderfolgenden kurzen Wechseln durchgeführt werden (sog. Etappenwechsel), d.h., daß z.B. der Zuspieler von Pos. IV zunächst nach dem gegnerischem Aufschlag auf Pos.III wechselt und nach Zuspiel und Sicherung bei Netzüberquerung des Balles weiter auf die Pos.II wechselt.

Die Positionswechsel bei eigenem Aufschlag dienen primär der Stärkung der Abwehr und sekundär der des Aufbaus aus der Abwehr, die Positionswechsel bei gegnerischem Aufschlag dagegen in 1. Linie der Stärkung des Angriffsaufbaus aus der Annahme und in 2. Linie der der Abwehr.
Hierbei gilt grundsätzlich, daß Wechsel zur Stärkung des Angriffsaufbaus und des Angriffs gewisse Nachteile für die Abwehr bringen und Wechsel zur Stärkung der Abwehr gewisse Nachteile für den Angriffsaufbau bedingen. Deshalb sollen bei eigenem Aufschlag bzw. gegnerischem Ballbesitz vorrangig Positionswechsel zur Steigerung der Effektivität in der Abwehr und bei gegnerischem Aufschlag bzw. eigenem Ballbesitz Positionswechsel zur Steigerung der Effektivität des Angriffs durchgeführt werden.

Handlungsablauf des 2:0:4-Spielsystems

Im 2:0:4-Spielsystem agieren zwei Zuspieler und vier Universalisten/Angreifer. Die Zuspieler stehen in der Grundaufstellung diagonal zueinander, so daß gewährleistet ist, daß immer ein Zuspieler am Netz ist (Abb. 361a). In Anlehnung an das 3:0:3-Spielsystem erfolgt die Einführung des 2:0:4-Spielsystems zunächst mit kurzen Positionswechseln. Hierbei wird aus der Annahme im 5er-Riegel über Zuspieler auf Pos.III aufgebaut und mit ***vorgezogener Pos.VI*** abgewehrt (***Stellerachse III/VI***). Diese erste Variation des 2:0:4-Spielsystems nutzt folgende Vorteile aus:

1. Die Zuspielposition liegt zentral, so daß ein relativ gleich langer 1. Paß zum Steller von allen Positionen möglich ist.
2. Der Zuspieler braucht nur Pässe über mittlere Distanz (2-4 m) auszuführen.
3. Der Zuspieler kann leicht ungenaue erste Pässe günstig ausgleichen.
4. Der zweite Zuspieler auf Pos.VI kann aufgrund seiner zentralen Position im Mittelfeld ungenauere erste Pässe weiter- bzw. zuspielen.

Nachteile dieser Variation ergeben sich nur in der Blocksituation, wenn der Zuspieler im Vergleich zu seinen Nebenspielern blockschwächer ist, aber trotzdem die wichtigste Blockposition III einnimmt. Diese mögliche Schwäche wird unter Berücksichtigung der o.g. Vorteile aber bewußt in diesem Ausbildungsstadium in Kauf genommen.

Ausgehend von den Zuspielpositionen ergeben sich folgende Formationen in der Annahme und Abwehr unter Berücksichtigung der Positionswechsel auf Pos.III und VI:

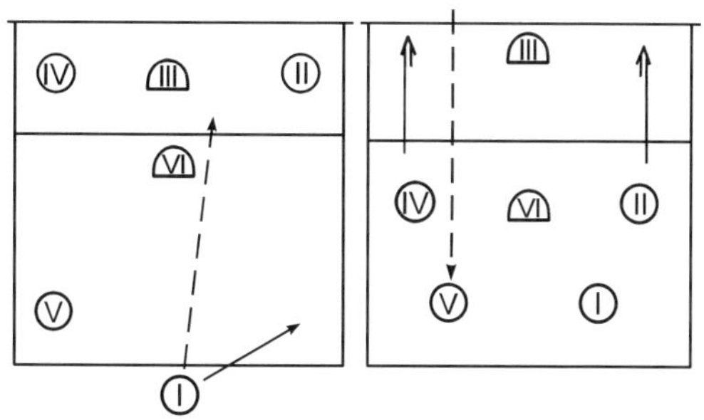

Abb. 361 a/b

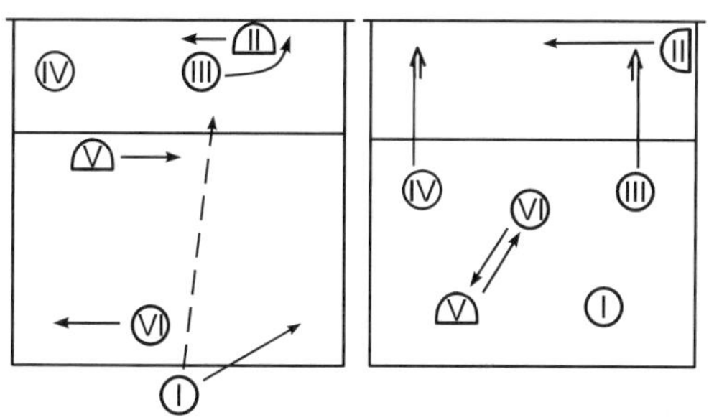

Abb. 362 a/b

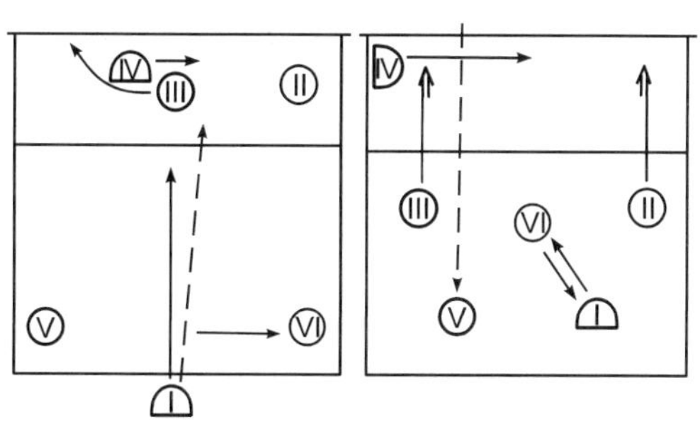

Abb. 363 a/b

Befinden sich die Zuspieler auf Pos.III/VI (Abb. 361 a/b), entfallen jegliche Wechsel bei eigenem und gegnerischem Aufschlag.

Befinden sich die Zuspieler auf Pos. II und V (Abb. 362 a/b), so ergeben sich folgende Aufstellungen und Positionswechsel:

Befinden sich die Zuspieler auf Pos.IV und I (Abb. 363 a/b), so ergeben sich folgende Aufstellungen und Positionswechsel:

Aus den Abbildungen 362 und 363 geht deutlich hervor, daß vor allem bei eigenem Aufschlag die Laufwege der Wechselspieler möglichst kurz und gleich gehalten werden. Alle Wechsel bei eigenem Aufschlag erfolgen unmittelbar nach Ausführung des Aufschlags. Die Wechsel bei gegnerischem Aufschlag dagegen erfolgen zu unterschiedlichen Zeitpunkten: Der vordere Zuspieler wechselt ebenso direkt nach Ausführung des Aufschlags (auch als sog. "Seitenläufer" bezeichnet). Der hintere Zuspieler kann mit oder nach Annahme, spätestens aber nach der Angriffssicherung wechseln. Durch die diagonale Zuordnung der Zuspieler wird erreicht, daß bei den nächsten drei Rotationen identische Aufstellungsformationen und Wechsel entstehen bzw. sich wiederholen.

Bei der Vermittlung dieses Spielsystems sind folgende Grundsätze zu beachten:

1. Der Spieler auf Pos.VI agiert in der Annahmesituation stets in der Mitte der ersten Annahmereihe.
2. Befindet sich der Zuspieler auf den Außenpositionen II oder IV, so übernimmt sein direkter Nebenspieler III dessen Position in der Annahme, und damit auch seine Angriffsposition. Hierdurch wird erreicht, daß der Annahme- und Angriffsspieler III seinen Wechsel bereits vor Ausführung des Aufschlags vollzogen hat und somit ohne Schwierigkeiten sich für erste und dritte Ballberührung einsetzen kann.
   Da der Zuspieler grundsätzlich erst für die 2. Ballberührung zuständig ist und somit viel Zeit hat, führt er bei längerem Laufweg alleine nach Ausführung des Aufschlags den Wechsel durch.
3. Bei allen Positionswechseln ist auf die Einhaltung der Rotationsregel zu achten. Dies gilt besonders für die Wechsel bei gegnerischem Aufschlag:
   Zuspieler II oder IV muß bei Ausführung der Aufgabe rechts bzw. links von Angreifer III stehen und Hinterspieler VI hinter Vorderspieler III postiert sein (Abb. 362-364).

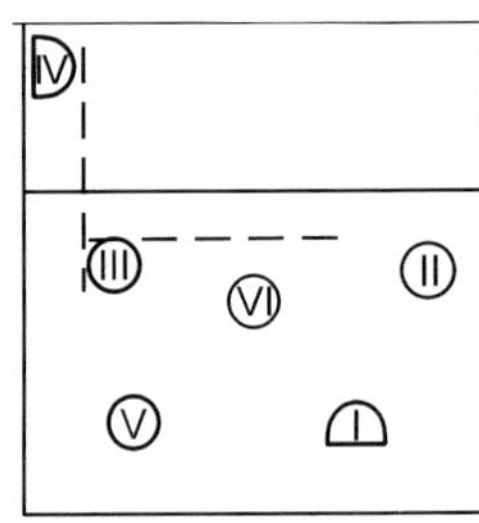

Abb. 364

Für die Vermeidung von Aufstellungsfehlern gilt folgendes Prinzip: Hinterspieler VI ist für Aufstellungsfehler mit Pos.III verantwortlich, Vorderspieler III für Fehler mit Zuspieler II oder IV. Der Zuspieler selbst darf nicht außerhalb des Feldes stehen bzw. vor Ausführung des Aufschlags zur Stellposition laufen.

Die Auswahl dieser Variation des 2:0:4-Spielsystems ist auch darin begründet, daß im Rahmen der sechs Aufstellungen in zwei Situationen Positionswechsel entfallen. Wird dagegen mit ***zurückgezogener Pos.VI*** in der Abwehr gespielt, so ergeben sich in jeder Spielsituation Wechsel zur ***Stellerachse III/I*** bei eigenem (Abb. 365a-c) und gegnerischem Aufschlag (Abb. 366a-c).

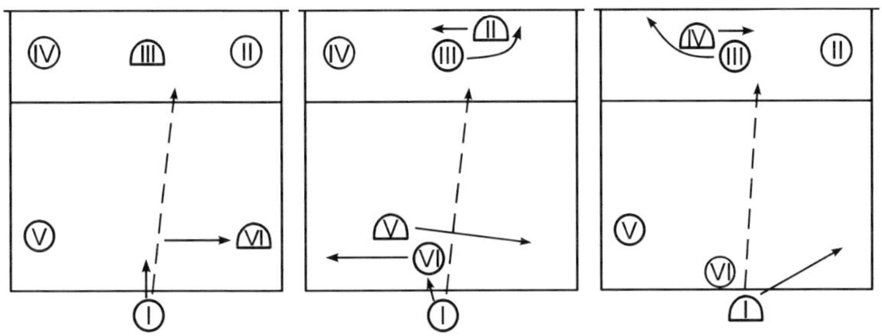

Abb. 365 a-c

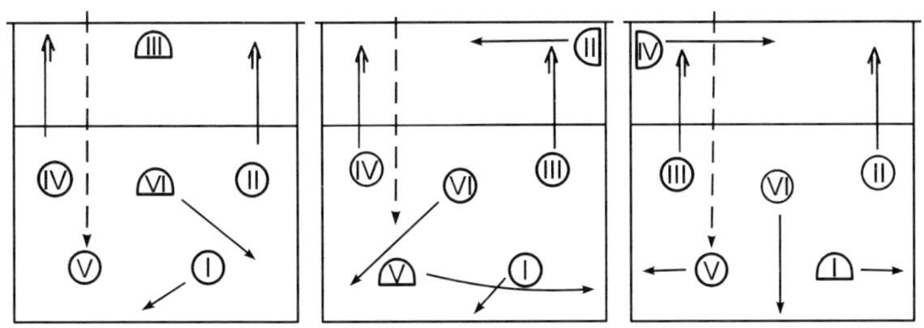

Abb. 366 a-c

Die o.g. Skizzen verdeutlichen, daß nicht nur die Wechsel zahlreicher geworden sind, sondern sich auch schwieriger gestalten, da z.T. 4 bis 5 Spieler an den Wechseln beteiligt sind und lange Laufwege entstehen. Für die Positionswechsel in der Hinterzone bei gegnerischem Aufschlag sollten deshalb die Wechsel erst nach der Angriffssicherung erfolgen.

Ausgehend von der Möglichkeit, daß der oder die Zuspieler Block-Schwächen aufweisen, ist es sinnvoll, diese von der Pos. III auf die Pos. II oder auch IV wechseln zu lassen, um einen besseren Blockspieler auf Pos.III agieren zu lassen. Dies kann in drei Lernschritten erfolgen, hier am Beispiel Block- und Feldabwehr mit vorgezogener Pos.VI dargestellt:

1. Positionswechsel des vorderen Zuspielers auf Pos.II bei eigenem Aufschlag unter Beibehaltung des bisherigen Angriffsaufbaus aus der Annahme (Abb. 367 a-c).
2. Positionswechsel des vorderen Zuspielers auf Pos.II sowohl bei eigenem Aufschlag als auch bei gegnerischem Aufschlag, allerdings erst nach Angriffsaufbau und Angriffssicherung aus der Annahme (Etappenwechsel bzw. Nachwechsel) (Abb. 360 a-c und 368 a-c).
3. Positionswechsel des vorderen Zuspielers auf Pos.II sowohl bei eigenem als auch gegnerischem Aufschlag zur Stellerachse II/VI bzw. II/I (Abb. 367 a-c und 369 a-c).

Zu 1:
Bezüglich der Laufwege der am Netz wechselnden Spieler ist weiterhin zu beachten, daß eine klare Abstimmung über die netznahen bzw. -fernen Laufwege besteht. Prinzipiell sollte der auf die Pos.III wechselnde Spieler netznah wechseln und gegebenenfalls auch den kürzeren Laufweg haben. Bei langem Wechsel sollte der Spieler, der über zwei Positionen wechselt, netzfern agieren.

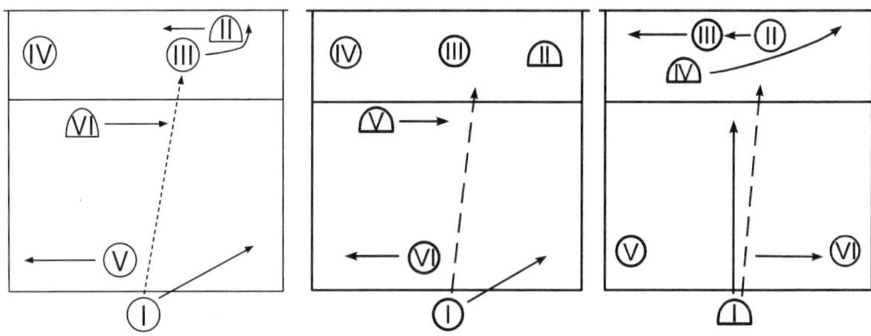

Abb. 367 a-c

Zu 2:
Die Positionswechsel bei eigenem Aufschlag erfolgen entsprechend dem in Abbildung 367 a-c abgebildeten Ablauf. Die Positionswechsel bei gegnerischem Aufschlag entsprechen den Abb. 362b und 363b. Der Wechsel auf Pos. II erfolgt in dieser Variation nach der Angriffssicherung, hier exemplarisch dargestellt für den Seitenläufer Pos. IV (Abb. 368 a-d).

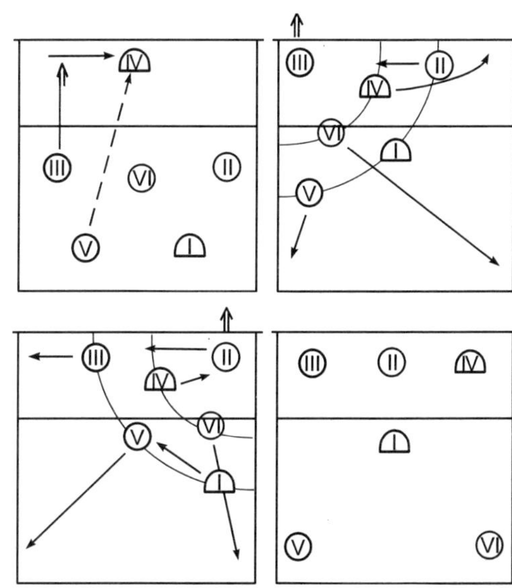

Abb. 368 a-d

Diese Variation wird schon dadurch schwieriger, daß bei gegnerischem Aufschlag zunächst über die Zuspielposition III aus der Annahme aufgebaut wird und in allen weiteren Situatinen aus der Abwehr über Pos. II. Der Positionswechsel des vorderen Zuspielers auf

Pos.IV verläuft analog dem Wechsel auf Pos.II und empfiehlt sich unter bestimmten Voraussetzungen (z.B. bei linkshändigen Angreifern).

Zu 3:
Der Angriffsaufbau über den Zuspieler auf Pos.II sowohl aus der Annahme als auch Abwehr erfordert höhere technische und taktische Voraussetzungen der Spieler. Im technischen Bereich müssen u.a. die Annahmespieler den 1. Paß und der Zuspieler insbesondere den 2. Paß auch über längere Distanz (7-10 m) zielgenau spielen können.
Im taktischen Bereich ergeben sich viele neue mannschaftstaktische Formationen in der Annahme, die ein hohes Maß an Spielverständnis im Zusammenwirken der Spieler verlangen (Abb. 367a-c/369 a-c).

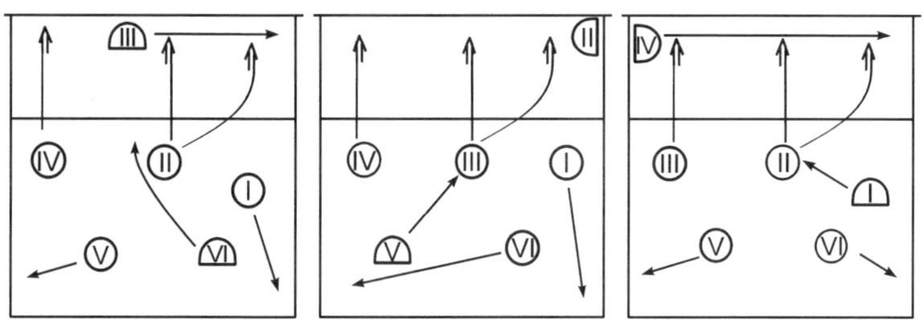

Abb. 369 a-c

Der ***Einsatz des Läuferspiels*** im Rahmen des 2:0:4-Spielsystems ist nur dann angezeigt, wenn erstens die zu 3) genannten Voraussetzungen erfüllt sind und vor allem, wenn einer oder beide Zuspieler vollwertige Angreifer sind.
Hierdurch können durch Einsatz aller Vorderspieler im Angriff, am Beispiel Läufer I dargestellt (Abb. 370 a), die Vorteile des Aufbaus über Hinterspieler voll ausgenutzt werden.

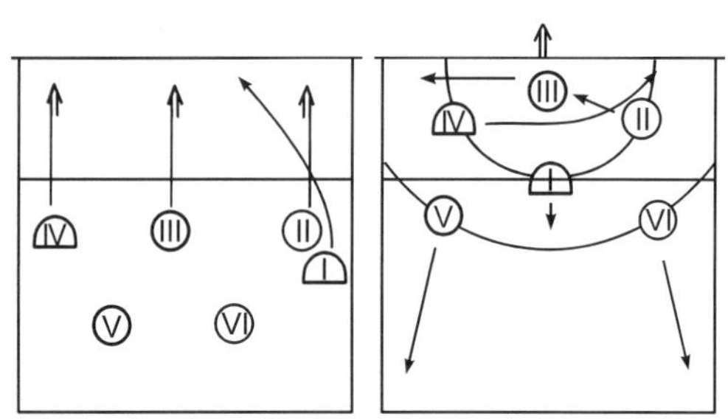

Abb. 370 a/b

Die Positionswechsel zur Stellerachse II/VI (II/I) erfolgen auch hier nach der Angriffssicherung (Abb. 370 b /371 a-c).

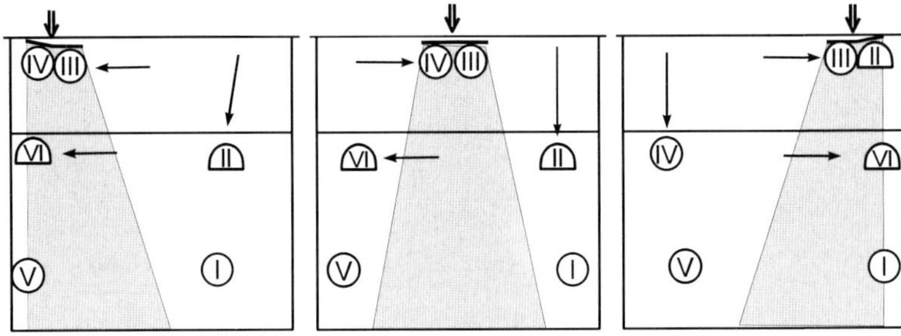

Abb. 371 a-c

Ein Spielsystem muß sich aus den technisch-taktischen Voraussetzungen der Spieler bzw. der Mannschaft entwickeln und nicht umgekehrt. D.h., daß es falsch ist, Spieler in ein vorgegebenes Spielsystem hineinzupressen. Die besondere Fähigkeit des Lehrers/Trainers besteht darin, Stärken und Schwächen seiner Spieler zu erkennen und diese im Spielsystem so zu berücksichtigen, daß die Stärken besonders genutzt und die Schwächen möglichst vermieden bzw. unerkannt bleiben. So kann es durchaus sinnvoll sein, mit dem einen Zuspieler (guter Blockspieler) sowohl in Annahme- als auch Abwehrsituation auf Pos.III zu agieren und mit dem anderen Zuspieler (schwächerer Blockspieler) im Aufbau über Pos.II. Aus diesem Grund kann es, um ein optimales Spielsystem zu finden, zu einer Erprobung der o.g. Variationen und infolge zu einer Mischung dieser kommen. Die folgende Skizzenübersicht, hier am Beispiel der ***Annahme aus dem 5er-Riegel*** und der ***Abwehr mit zurückgezogener Pos.VI*** (Stellerachse II/I) aufgezeigt, soll einen Vergleich der Handlungsmöglichkeiten ermöglichen und eine Hilfestellung zur Entscheidungsfindung darstellen:

1. Positionswechsel bei eigenem Aufschlag (Abb. 372 a-c):

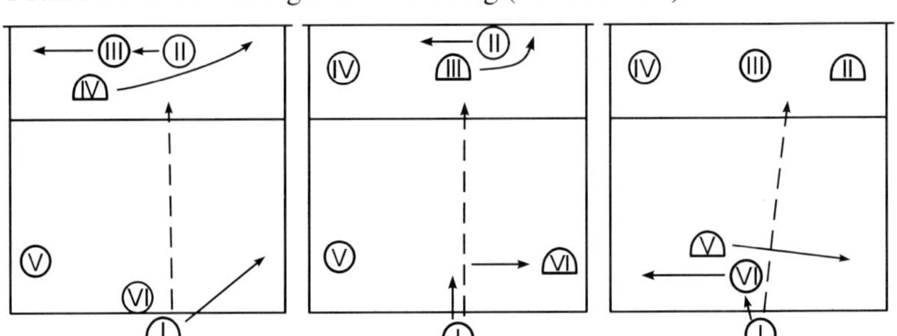

Abb. 372 a-c

2. Block- und Feldabwehr (Abb. 373 a-c):

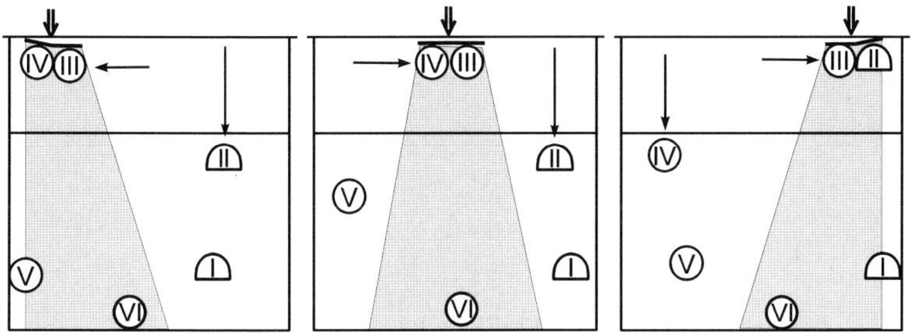

Abb. 373 a- c

3. Annahmeformationen, Angriffsaufbau (Abb. 374-376):

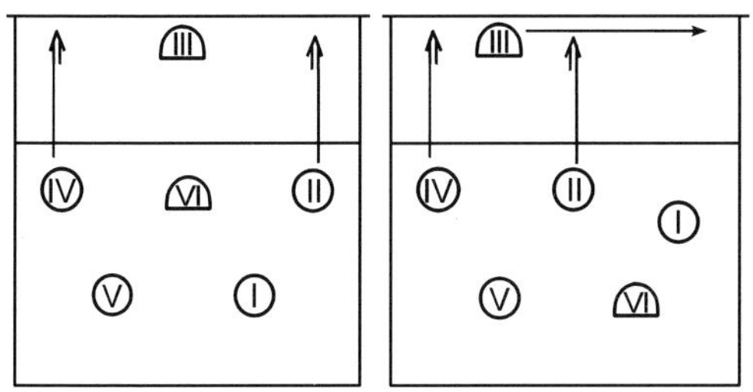

Abb. 374 a/b

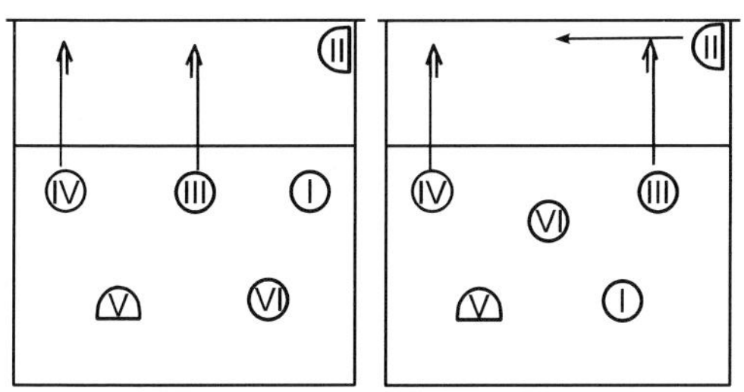

Abb. 375 a/b

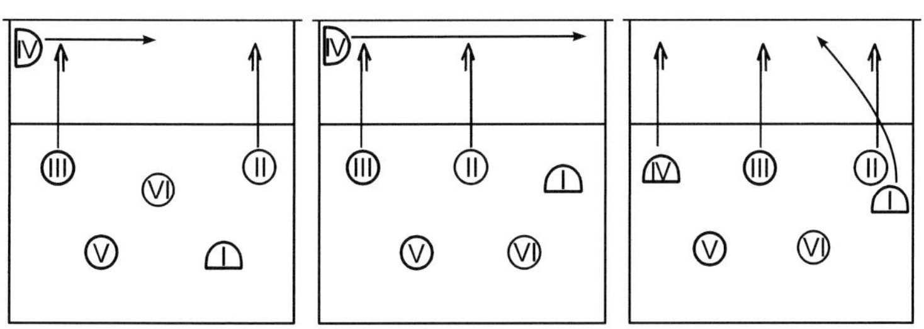

Abb. 376 a-c

4. Angriffssicherung, Positionswechsel zur Block- und Feldabwehr am Beispiel der Handlungsabläufe der Abb. 376 a-c.

Bei den Abb. 377 a-c ist zu beachten, daß die in Abb. 376 a-c gegebenen Positionsbezeichnungen der Spieler auch nach Wechsel beibehalten worden sind.

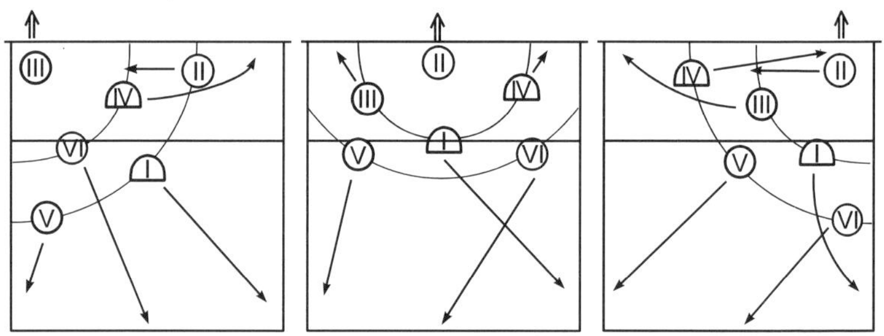

Abb. 377 a- c

Eine weitere Variation des 2:0:4-Spielsystems stellt der Angriffsaufbau aus dem 6er-Riegel im Sinne des situationsgebundenen Angriffsaufbaus dar. Hier erfolgt in Abhängigkeit zur Richtung des Aufschlags der Angriffsaufbau entweder über Vorder- oder Hinterspieler (Abb. 378-380).

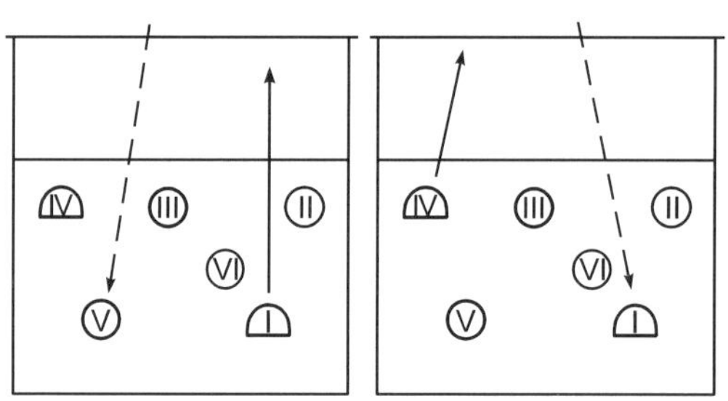

Abb. 378 a/b

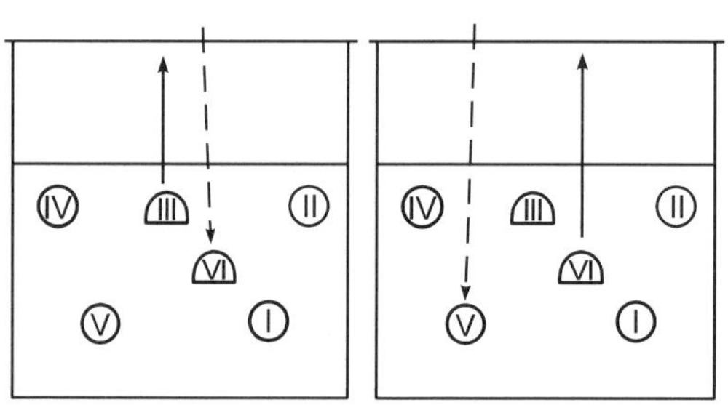

Abb. 379 a/b

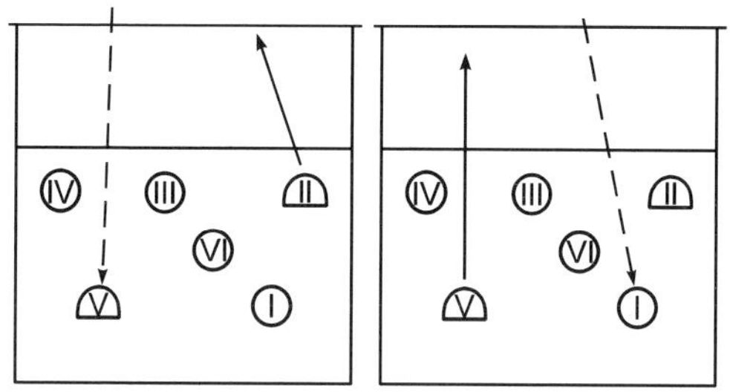

Abb. 380 a/b

Didaktisch-methodische Überlegungen zur Einführung und Weiterführung eines Spielsystems

Bei der Erarbeitung eines Spielsystems bereiten vor allem die Positionswechsel den Spielern die größten Schwierigkeiten. Deshalb ist es zunächst sinnvoll, Positionswechsel bei eigenem Aufschlag einzuführen, da diese relativ leicht zu erlernen und durchzuführen sind: visuelle Hilfsmittel wie Skizzen, Tafelbilder, Arbeitsstreifen sowie Markierungen o.ä. sollen den Handlungsablauf der Wechsel und deren Durchführungsprinzipien verdeutlichen. Danach sollten die Wechsel einer vollständigen Mannschaft zunächst ohne Aufschlag auf akustisches oder optisches Zeichen hin durchgeführt werden, später mit Aufschlag und Gegenspielern (2-6 Spieler). Hierbei sollte zunächst im Sinne des "Miteinander-Spielens" agiert werden, später im Sinne des "Gegeneinander-Spielens".

Lernschritte zur Einführung der Positionswechsel bei gegnerischem Aufschlag im Rahmen des 2:0:4-Spielsystems:

1) Erläuterung und Begründung der Positionswechsel und Handlungsanweisungen zu den Laufwegen und zu den Zeitpunkten der Wechsel.
2) Erprobung der Handlungsabläufe der Positionswechsel zunächst ohne Ball, dann mit Zuwerfen und Fangen des Balles.
3) Durchführung der Positionswechsel nach gegnerischem Aufschlag. Zunächst Aufschlag auf vorher festgelegte Positionen/Spieler und Angriff über bestimmte Positionen. Anschließend mit variierenden Aufschlägen und Angriffen als Spiele 1 mit 6.
4) wie 3), aber als Spiel 3 mit 6, d.h. mit 2 Vorderspielern und dem Aufschläger. Die Vorderspieler stellen einen Doppelblock, so daß die annehmende Mannschaft auch den Angriffsaufbau aus der Angriffssicherung nach vorangegangenem/n Wechsel(n) ausführen kann.
5) wie 4), aber als Spiel 4 mit 6, d.h. mit 3 Vorderspielern und dem Aufschläger. Hierbei können die geplanten Positionswechsel bei eigenem Aufschlag in der Vorderzone mitgeübt werden.

6) Spiel 6 mit 6 unter Einbeziehung aller Positionswechsel, d.h. sowohl bei eigener wie gegnerischem Aufschlag.
7) wie 6), aber als Spiel mit/gegeneinander, d.h., daß die ersten zwei Netzüberquerungen wie vorher als Sprungpaß/Drive im Sinne des Miteinander-Spielens erfolgen und die folgenden Handlungen im Sinne des Gegeneinander-Spielens, also mit Angriffsschlag, Finte usw. erfolgen.
Das Spielen miteinander ermöglicht längere Spielzüge, so daß das gesamte Wechselverhalten sowohl bei eigener als auch bei gegnerischem Aufschlag mit den veränderten Aufbausituationen aus der Abwehr geschult und kontrolliert werden kann.
8) Die Spielformen 4 bis 7 als Spiele gegeneinander durchführen. Besonders bei den Spielen gegeneinander sollte mit mehreren Bällen pro Aufschlag-/Annahmesituation agiert werden, um längere Spielsequenzen zu erzwingen, d.h., daß bei Spielunterbrechung sofort ein Ball vom Trainer ins Spiel geworfen wird, um somit den agierenden Spielern alle Wechsel in den jeweiligen Grundsituationen zu vermitteln.

Durchführungshinweise

- Die o.g. Spielformen werden als sog. "einseitiges Spiel" ausgeführt, d.h., daß eine Mannschaft zunächst nur Aufschlag-/Abwehrfunktion hat oder nur Annahme-/Angriffsfunktion und anschließend Übergang zur Abwehr hat. Die andere Gruppe/Mannschaft hat dagegen mehr Hilfsfunktion. Die Rotation der Mannschaften/Gruppen erfolgt entweder nach Zeit (2,5,10 min) oder nach Serie (10,15,20 Wiederholungen) oder nach Lernfortschritt.
- Um Verständnis für die neuen Rollen der Mitspieler und deren Schwierigkeiten in der neuen Funktion zu wecken, ist es sinnvoll, in dieser Lernphase alle Spieler in allen Situationen bzw. Rollen agieren zu lassen. Dieser Rollentausch kann auch in Kleinfeldspielen erprobt werden.

9) Übungs-/Trainings- und Wettspiele 6 gegen 6.
Diese dienen in erster Linie der Erprobung und der Überprüfung der Effektivität des eingeführten Spielsystems unter besonderer Berücksichtigung der Positionswechsel.
Bzgl. der vertieften Erarbeitung eines Spielsystems wird auf die Lerneinheit des 0:0:6-Spielsystems (LZ 15) verwiesen. Hierfür können alle Ausführungen zu den Spielformen, Beobachtungshilfen, Handlungsanweisungen sowie Fehleranalyse/ - korrektur angewendet werden.

STUNDENBEISPIEL: EINHÄNDIGES UNTERES ZUSPIEL IM FALLEN SEITWÄRTS

1. Einordnung des Stundenbeispiels in das Vermittlungskonzept

Die Sachanalyse und die didaktischen Vorüberlegungen für diese Stunde sind ausführlich im Lernziel 11 und im Kapitel "Begründung des Bandes", insbesondere in den Erörterungen zu den Lernzielen und dem Vermittlungsmodell dargestellt worden.
VORAUSGESETZT wird die Beherrschung des beidhändigen oberen und unteren Zuspiels im Fallen rückwärts (rw) und seitwärts (sw) mit den beiden möglichen Aufstehtechniken des Rück- und Überrollens.

2. Thema und Ziel der Stunde

Das Thema der Stunde ist das *ERLERNEN DES EINHANDBAGGERS IM FALLEN SEITWÄRTS MIT ANSCHLIEßENDEM ÜBERROLLEN IN DEN STAND* (Japanrolle).
Hierbei soll der Einhandbagger als geeignete Handlung erfahren werden, seitlich flach und weit entfernt vom Spieler anfliegende Bälle abzuwehren. Grundsätzlich sollen die Schüler/Spieler lernen, das einhändige Zuspiel nur dann anzuwenden, wenn eine Abwehr/Annahme im beidhändigen unteren Zuspiel nicht mehr möglich ist.

3. Planung und Durchführung

Geräte und Hilfsmittel:

- Arbeitsstreifen Nr. 8 oder Bildreihe (siehe Medien)
- wenigstens ein Ball für zwei Spieler
- Netzkreuz bzw. 2 Netze (Schnur), die längs der Hallenmitte gespannt werden kann
- Zielringe bzw. Basketballkörbe

Ablauf der Lerneinheit

- Vorbereitung, insbesondere bzgl. des Medieneinsatzes
- Unterrichtsgespräch zur Ausführung und Anwendung des Einhandbaggers unter Einbeziehung der Vorerfahrung zum beidhändigen unteren Zuspiel im Fallen seitwärts (Medieneinsatz)

- Themenspezifische Aufwärmung (vor allem Dehnung unterer und oberer Extremitäten; Wiederholung der Fallbewegungen rw, sw und des Überrollens
- Wiederholung des beidhändigen oberen und unteren Zuspiels im Fallen seitwärts
- Spielreihe zum einhändigen unteren Zuspiel im Fallen seitwärts
- Unterrichtsgespräch zum Stundenverlauf (evtl. Lernkontrolle)

Die Stunde läßt sich in vier ***Planungsebenen*** gliedern:

a) ***Spielformen***: Die Spielformen ergeben eine methodische Spielreihe. Der 1. Spielform kommt eine besondere Bedeutung zu, da sie eine Kontrollfunktion für das Gelingen der Spielreihe darstellt. Ergeben sich bei der Durchführung der 1. Spielform große Schwierigkeiten oder treten elementare Mängel der Bewegungs- bzw. Handlungsausführung auf, so muß auf den dafür vorgesehenen Abschnitt der Fehleranalyse/-korrektur zurückgegriffen werden, um die erforderlichen Lernvoraussetzungen für die 1. Spielform zu schaffen. Grundsätzlich aber haben alle Spielformen der Spielreihe diese Kontrollfunktion.

b) ***Zielsetzung***: Die Zielsetzung nennt bzw. beschreibt das Handlungsziel einschließlich der Zielproblematik der jeweiligen Spielform.

c) ***Handlungshinweise***: Die Handlungsanweisungen sind konkrete Hinweise zur Vermittlung und Umsetzung der Bewegungs- und Handlungsvorstellung. Jede Handlungsanweisung bezieht sich auf einen wichtigen Aspekt, der für die Durchführung der jeweiligen Spielform und der folgenden von Bedeutung ist.

d) ***Beobachtungshilfen***: Die Beobachtungshilfen dienen sowohl der Selbst- als auch der Fremdbeobachtung. Hierdurch sollen Hilfen gegeben werden, einerseits Fehlerursachen in den Bewegungs- bzw. Handlungsabläufen zu erkennen und andererseits zu kontrollieren, inwieweit die zeitliche Einordnung und Durchführung der Spielform bzw. des Lernziels sinnvoll und richtig ist. Weiterhin geben sie unter Hinweis auf Fehleranalyse/-korrektur zielgerichtet Hilfen zur Schaffung der fehlenden Lernvoraussetzungen bzw. zur Behebung von Mängeln. Aufgrund dieser Kontrollfunktion stehen sie in engem Zusammenhang zu den Handlungsanweisungen und stellen das *BINDEGLIED* zwischen Spielform und Erfahrungen, Problemen und ihrer Bewältigung dar (vgl. "Vermittlungsmodell" auf Seite 15).

4. Stundenaufbau

SPIELFORM

1. Partnerwettkampf; Spielfeld: 3 x 4,5 m.

Spieler A steht am Netz oder unterhalb einer Leine und führt mit einem Ausfallschritt zur Angriffslinie (5 x mit rechts/5 x mit links) die Seitfallbewegung des Einhandbaggers durch. Hierbei wird der gehaltene Ball über das Netz/die Leine in die gegenüberliegende Vorderzone geworfen, so daß der Spieler B den Ball fangen kann (1 Punkt).

(1) Die Spielform, jedoch wird der vom Partner B flach zugeworfene Ball im Fallen sw gespielt.

(2) Die Variation von (1), jedoch wird der selbst angeworfene Ball im Fallen sw gespielt.

Zielsetzung

- Kennenlernen des Bewegungsablaufes des Einhandbaggers.
- Kennenlernen der Bewegungsverwandtschaft von einhändigem und beidhändigem unteren Zuspiel im Fallen seitwärts wie beidhändigem oberen Zuspiel im Fallen seitwärts.
- Erfahren des Abspielzeitpunktes im Zusammenhang mit der Fall- und Überrollbewegung.
- Anwenden des Einhandbaggers mit zeitlich-räumlicher Anpassung an den anfliegenden Ball.

Handlungshinweise

- Führe einen weiten Ausfallschritt mit dem ballnahen Bein aus!
- Bringe vor Beginn des Abrollens das Gesäß an die Ferse und führe eine Körperdrehung in die Abspielrichtung durch!
- Wirf/Spiele den Ball vor Bodenberührung des Gesäßes nach oben ab.
- Spiele den Ball möglichst mit dem Handteller von unten hinten und setze das Handgelenk ein!
- Rolle beim Ausfallschritt nach rechts über die linke Schulter ab und umgekehrt!

Beobachtungshilfen

- Muß auf die 1. LE des LZ 11 (unteres Zuspiel im Fallen) zurückgegriffen werden, weil elementare Mängel in der Fallbewegung seitwärts auftreten?
- Beachte, daß der Einhandbagger bei weiter entfernt und flacher anfliegenden Bällen Anwendung findet!
- Treten bei der Ausführung des Einhandbaggers Fehler auf, weil der Partner falsch zuwirft, indem er z.B. zu dicht an den Körper oder zu hoch wirft?
- Ist die Lernübertragung von beidhändigem zu einhändigem unteren Zuspiel im Fallen seitwärts erkennbar?

2. Spiel 1 gegen 1; Spielfeld: 4,5 x 4,5 m.

Spieler A greift 10x mit Sprungabspiel, später mit beidhändigem Sprungwurf an. Spieler B wehrt ab. Ein Punkt wird für jeden erfolgreichen Angriff bzw. jede erfolgreiche Abwehr (Hochspielen des Balles) gegeben.

(1) Die Spielform 2, jedoch erhält Spieler B nur einen Punkt, wenn der abgewehrte Ball ins eigene Feld fällt.

(2) Die Variation (1), jedoch erhält Spieler B nur einen Punkt, wenn der ins Feld abgewehrte Ball nach einmaligem Aufprellen von ihm gefangen werden kann.

Zielsetzung

- Anwendung des Einhandbaggers aus der Bewegung
- Kennenlernen des Einhandbaggers im Fallen sw als günstige Technik, Bälle außerhalb der Reichweite entgegen der Fallrichtung hochzuspielen.
- Situationsgerechte Anwendung des Einhandbaggers unter Berücksichtigung der anderen Annahme- und Abwehrtechniken im Fallen.
- Erfahren und Verbessern der Überrollbewegung (Japanrolle) zur Erlangung einer schnellen Spielbereitschaft.

Handlungshinweise

- Beobachte den Angreifer bereits vor Ballberührung, um die Abspielrichtung frühzeitig zu erkennen!
- Wende in Abhängigkeit zum Ballflug und deiner Stellung zum Ball die entsprechende Abwehr-/Annahmetechnik an!
- Nimm hoch und nah anfliegende Bälle im oberen Zuspiel, flach und nah anfliegende Bälle im unteren Zuspiel beidhändig an!

- Wende den Einhandbagger nur dann an, wenn ein beidhändiges Spielen des Balles nicht mehr möglich ist!
- Beachte, daß der letzte Schritt zum Ball mit dem ballnahen Bein erfolgen muß!

Beobachtungshilfen

- Muß die Netzhöhe oder die Feldgröße verändert werden, damit der Angriff den Einhandbagger häufiger und situationsgerechter zur Anwendung kommen läßt bzw. erzwingt?
- Ist erkennbar, daß der beidhändigen Abwehr der Vorrang vor der einhändigen Abwehr und dem Spielen aus dem Stand den Vorrang vor dem Spielen aus dem Fallen gegeben wird?
- Muß die Überrollbewegung gesondert geschult werden, weil der Übergang zur Spielbereitschaft zu langsam erfolgt oder weil die Spieler Angst vor Verletzungen beim Überrollen haben?
- Muß aus hallen- bzw. organisationstechnischen Gründen auf die Spielreihe zugunsten einer Übungsreihe verzichtet werden?

3. Spiel 1 gegen 2; Spielfeld: 6 x 4,5 m.

Spieler A greift 10x mit Sprungabspiel bzw. Angriffsfinte an, Spieler B und C wehren ab. Ein Punkt wird für jeden erfolgreichen Angriff bzw. jede erfolgreiche Abwehr (Hochspielen des Balles mit Auffangen durch den Mitspieler) gegeben.

(1) Die Spielform 3: Spieler B und C erhalten nur dann einen Punkt, wenn der abgewehrte Ball zurückgespielt werden kann; zunächst mit wenigstens 2 Ballberührungen, später mit 3 Ballberührungen.

(2) Spiel 2 gegen 2
Die Spielform 3 und die Variation (1): Der Angriff erfolgt nach Zuspiel durch den Mitspieler.

(3) Spiel 2 gegen 2
Spielregeln mit Sonderregeln:
a) statt durch einen Aufschlag wird der Ball mit Angriff ins Spiel gebracht
b) für jede erfolgreiche Abwehr im Fallen wird ein Zusatzpunkt gegeben.

Zielsetzung

- Anwendung des Einhandbaggers in Abhängigkeit zur Spielsituation und zum Mitspieler.

- Erproben und Erlernen der zielgerichteten Abwehr/Annahme im Einhandbagger zur Einleitung eines planmäßigen Angriffsaufbaus.
- Verbesserung des Zusammenspiels der Abwehrspieler.
- Erkennen der Notwendigkeit der Einnahme einer schnellen Spielbereitschaft nach der Fallbewegung.
- Spielgerechtes Anwenden des Einhandbaggers im Kleinfeldspiel unter Wettkampfbedingungen.

Handlungshinweise

- Wähle deine Ausgangsposition so, daß der größere Abwehrraum zu deiner stärkeren Spielseite liegt!
- Wähle deine Ausgangsposition so, daß du mehr vor als zurück und mehr von außen nach innen als von innen nach außen verteidigen mußt!
- Spiele hoch und zur Feldmitte anstatt flach und in Richtung Netz bzw. Gegenfeld!
- Beobachte rechtzeitig Stellung und Aktion des abwehrenden Spielers im Fallen, um Hinweise für die Richtung und Geschwindigkeit des Balles zu erhalten!
- Sei auch nach der Abwehr im Fallen bereit, die 3. Ballberührung, möglichst als Angriff durchzuführen!
- Verständige dich durch Zuruf mit deinem Mitspieler, insbesondere bei Bällen in Überschneidungsbereiche!

Beobachtungshilfen

- Muß das Netz/die Leine höher gespannt werden, weil der Angreifer zu erfolgreich ist und keine Abwehrmöglichkeit besteht?
- Müssen die Verteidigungsmöglichkeiten der Abwehrspieler gesondert geschult werden?
- Ist den Spielern bewußt, daß ein einhändiges Spielen des Balles im Fallen ungenauer ist als ein beidhändiges?
- Ist den Spielern bewußt geworden, daß sie durch den Einsatz des Einhandbaggers ihren Abwehrbereich vergrößern können?
- Muß der Spieler im Fallen abwehren,
  (a) weil er eine schlechte Spielbereitschaftsstellung einnimmt,
  (b) er ein schlechtes Stellungsspiel hat,
  (c) er Mängel in der Bewegungsschnelligkeit bzw. der Reaktions- und Antizipationsfähigkeit hat?

Anhang

Die Auswirkungen der neuen Regeln auf die Ein- und Weiterführung des Spiels

Es ist sinnvoll, eine positive Einstellung zu den Regeländerungen zu bekommen und zu vermitteln. Nur so können wir sie gewinnbringend im Trainings- und Spielprozeß umsetzen. Das gilt insbesondere für die neue Zählweise, das Rally-Point-System. Da sind Spieler, vor allem jedoch die Lehrer, Übungsleiter und Trainer gefordert.

Die neue Zählweise, wie aus den folgenden Ausführungen ersichtlich wird, wirkt sich noch positiver auf die Einführung des Spiels aus. Die innere Struktur des Spiels ändert sich durch das Rally-Point-System nicht, nur die äußere Struktur. Die Satzzeiten werden zwar in Zukunft kürzer werden, aber an der Struktur des Spiels wird sich fast nichts ändern. Die Individual-, Gruppen- und Mannschaftstaktik in Angriff und in der Abwehr, die Punktballsituation, die Aufschlag-Annahme-Situation, die Technik und die Athletik des Spiels bleiben weitestgehend unverändert. Das Spiel ist in allen Spielsituationen allerdings intensiver geworden, und darauf gilt es sich einzustellen.

Die äußere Struktur des Spiels hat sich offensichtlich verändert, was man an den kürzeren Spiel- bzw. Satzzeiten im oberen Leistungsbereich gut erkennen kann. Jetzt dauert ein Satz durchschnittlich 19 Minuten bei ca. 44 gespielten Punkten. Früher war die Dauer ca. 30 Minuten. Bei ungleicher Stärke der Mannschaften ist die Satzdauer jetzt nur etwa 15 Minuten, bei gleichstarken Mannschaften ca. 22 Minuten. Früher gab es pro Satz 4-4,5 Rotationen, nun sind es 2,3-3,5 Rotationen bei ca. 50 gespielten Punkten.
Im unteren Leistungsbereich sind die Spiel- und Satzzeiten geringfügig kürzer, weil mehr auf Sicherheit und Fehlervermeidung geachtet wird.
Die neuen Regeln zu den taktischen Auszeiten und den zehnminütigen Pausen nach dem zweiten und vierten Satz haben im unteren Leistungsbereich keinen Einfluß und wirken sich im oberen nationalen und internationalen Leistungsbereich eher negativ aus.
Die Motivation der Schüler/Anfänger wird durch die neue Zählweise höher. Im oberen Leistungsbereich gibt es spieltaktisch fast keine Veränderung, da die K1-Situation (Angriffsaufbau aus der Annahme) und die K2-Situation (Angriffsaufbau aus der Block- und Feldabwehr) unverändert bleiben. K2 be-

deutete bisher Punkt, ab jetzt wird von einem Minibreak, wie im Tennis, gesprochen. Für die Annahmespieler ändert sich überhaupt nichts, da auch schon früher ein Fehler zu einem Punkt führte.
Auf Grund der anfangs höheren psychischen Belastung werden die Aufschläge risikoärmer, um wieder schnell zu den risikoreicheren Aufschlägen überzugehen. Nur am Anfang werden die Punktballspieler gesucht, später, wenn die Spielweise zu eindeutig und zu einfach für den Gegner lesbar wird, werden die Schnellangreifer wieder rasch ihre Spielanteile wie bisher erhalten. Ebenso wird vermutlich anfangs in der K2-Situation mit weniger Risiko angegriffen, da jeder Fehler nun sofort zu einem Punkt für den Gegner führt. Früher führte ein Fehler „nur" zu einem Aufschlagwechsel.
Man sollte mit der stärksten Formation starten, denn eine Führung am Anfang kann uneinholbar sein, d.h. bei der Grundaufstellung sollen die eigenen Stärken mehr berücksichtigt werden als bisher. Die spielentscheidende Phase beginnt nicht mit dem 10. Punkt wie früher, sondern bereits von Beginn des Satzes an, d.h. eine Mannschaft kann nicht mehr wie vorher nach einem 0:14-Rückstand noch gewinnen.

Auf die Ein- und Weiterführung des Spiels wird sich die neue Zählweise sehr positiv auswirken, denn durch die Bemühungen, Fehler zu vermeiden, werden längere Ballwechsel mit mehr Netzüberquerungen zustande kommen, was stets durch didaktisch-methodische Maßnahmen erzielt werden sollte. Im Schul- und Anfängerunterricht wurde bereits lange vor der Einführung der neuen Zählweise aus Vereinfachungsgründen nach dem Rally-Point-System gezählt.
Die individualtaktische Schulung wird eine noch größere Bedeutung einnehmen, weil in Zukunft jede Handlung auf dem Spielfeld einer Punktballhandlung entspricht. In Zukunft gibt es fast zwölf Punktballspieler auf dem Feld. Ergaben sich früher Punktballsituationen aus dem abgewehrten Angriff und waren für deren Verwertung meist ein oder zwei Hauptangreifer zuständig, so führen jetzt auch Aktionen aus der Annahme heraus zum Punktgewinn. Die Schulung der Individualtaktik und -technik ist daher jetzt noch viel wichtiger, weil jeder Spieler mehr Verantwortung übernehmen muß. Die Schnellangreifer müssen ebenso in Punktballsituationen ausgebildet werden, denn es reicht nun nicht mehr, nur Side-out-Spieler und Lockvogel zu sein.
Es ist wichtig, noch mehr den Aufschlag und die Annahme zu trainieren, um im K1 konstant zu sein und das Spiel offenhalten zu können. Ohne stabile K1-Situationen konnte und kann man nicht gewinnen. Die Sprungaufschläge müssen zunehmen, insbesondere die taktischen weg vom Libero, auf den annehmenden Vorderspieler, um ihm den Übergang aus der Annahme zum Angriff zu erschweren.

Die Psyche gewinnt mit der neuen Zählweise an Bedeutung. Es geht jetzt noch stärker als früher um Fehlervermeidung, allerdings bei druckvollem Spiel auf hohem Niveau. Wer nicht mehr druckvoll aufschlägt, weil er Angst vor Fehlern hat, hat fast keine Möglichkeit, den Angriff aus der Annahme heraus abzuwehren und mit einem Gegenangriff zu punkten bzw. ein Minibreak zu erzielen. Es werden genau die gleichen Erfahrungen gemacht, die schon vor zehn Jahren bei der Einführung des Tie-Breaks gemacht wurden.
Die psychische Belastung wird für alle Beteiligten erst einmal sehr hoch sein, aber man wird sich daran schnell gewöhnen. Letztlich wird das Pendel wieder zurückschwingen und wieder Normalität einkehren. Es ist allerdings damit zu rechnen, daß zumindest im Spitzenbereich ein höheres psychisches Niveau erreicht und beibehalten wird.
Das Training muß den neuen Gegebenheiten angepaßt werden und ein psychologisch geführtes Streßtraining sein, da die psychische Stabilität verbessert werden muß. Bis jetzt führten Tie-Break-Spiele dazu, die psychische Belastung im Training zu steigern. Ab jetzt eignen sich noch mehr komplexe Übungen mit konkreten Vorgaben, z.B. muß eine Aufschlag- oder Annahmehandlung fünfmal hintereinander erfolgreich ausgeführt werden, sonst muß der Spieler wieder bei null anfangen. Man muß die Trainingsformen so gestalten, um die Fehlervermeidung unter Streß, aber auf hohem technisch-taktischem Niveau zu trainieren. Das Training muß letztlich an die zu erwartende höhere psychische Belastung während des Spiels angepaßt werden.
Jetzt sollten noch mehr die Trainingsprinzipien, die zu psychischen Belastungen führen, eingesetzt werden, d.h., möglichst alle Spieler sollten zu Punktballspielern entwickelt bzw. ausgebildet werden. Verfügte eine Mannschaft bisher über einen oder zwei Punktballspieler, so soll sie jetzt mindestens drei oder mehr Punktballspieler haben.
In Zukunft muß das Aufwärmen vor dem Spiel und die Betreuung in den Pausen während des Spiels so gut sein, daß die Spieler sofort mit vollem Einsatz in das Spiel starten. Auf die neuen Gegebenheiten muß man sich schon im Training einstellen, d.h. von der ersten Minute an mit voller Konzentration trainieren. Innerhalb einer Trainingseinheit müssen die Trainingsabschnitte kürzer, dafür aber qualitativ anspruchsvoller gestaltet werden.

Der Libero wird im unteren und mittleren Leistungsbereich keine sehr große Rolle spielen, insofern die Ausbildung bzw. Weiterbildung der Spieler zu Universalspielern die vorrangige Zielsetzung ist.
Der Liberospieler als Spezialist soll genau wie alle anderen Spezialisten nicht zu früh auf seine Funktion geschult bzw. trainiert werden.

Insbesondere bei der Ein- und Weiterführung des Spiels soll der Libero, genauso wie der Schnellangreifer, keine Beachtung finden. Allerdings ist es aus pädagogischen und Ausbildungsgründen sinnvoll, Anfänger mit groben Schwächen in der Annahme und Abwehr, aber als Netzspieler mit Stärken in Angriff und Block, im Sinne der Universalausbildung von Zeit zu Zeit als Libero einzusetzen.
In den unterschiedlichen Leistungsbereichen hat sich der Einsatz des Liberos bereits durchgesetzt und zur Steigerung der K1-Situation geführt. Je nach Zusammensetzung der Mannschaften wird der Libero als Annahme- und Abwehrspieler fungieren. Nur als Abwehrspieler dagegen wird er selten zum Einsatz kommen.

Die neue Regel, daß der Coach an der Seitenlinie agieren kann, ist ebenso positiv zu bewerten, da sie der Trainings- und Unterrichtswirklichkeit entspricht.

Die derzeit erlaubte Netzberührung des Balles beim Aufschlag, die momentan erprobt und höchstwahrscheinlich verabschiedet wird, wird sich auch insgesamt positiv auf den Spielfluß auswirken. Im oberen Leistungsbereich, in dem v.g. Netzberührungen des Balles auch vom Schiedsrichter oft schwer feststellbar und für die Zuschauer erst recht nicht nachvollziehbar waren, wird diese Regeländerung zu einer Weiterentwicklung des Spiels führen.
Im unteren und mittleren Leistungsbereich wird sich diese neue Regel nicht so stark auswirken.
Bezüglich der Ein- und Weiterführung des Spiels wird sich diese Neuerung ebenso wie das einmalige Anwerfen des Balles beim Aufschlag eher als vorteilhaft erweisen.

Zusammenfassend kann davon ausgegangen werden, daß sich die neuesten Regeländerungen auf den Anfänger-Volleyballunterricht nur gering auswirken und daher als positiv zu bewerten sind.

REGISTER

Literatur

BACHMANN, E. u M.: 1005 Spiel- und Übungsformen im Volleyball. Schorndorf 1994.

CHRISTMANN, E./FAGO, K./DVV (Hrsg.): Volleyball-Handbuch. Rowolth 1989.

DIETRICH, K./DÜRRWÄCHTER, G./ SCHALLER, H.-J.: Die großen Spiele. Wuppertal 1994.

DÜRRWÄCHTER, G.: Volleyball-Kartothek 2, Aufschlag und Annahme. Münster: Phillippka Sportverlag 1986.

EICHINGER/GASSE/NIEMCZYK/ZIEGLER: Volleyball-Kartothek 4, Zuspiel. Münster: Phillippka Sportverlag 1989.

EISENBERGER, K./SAAK, B./WOHLER, M.: Methodische Hilfsmittel im Volleyballtraining. In: Volleyball '96: Facetten des Spiels/Red.: Fritz Dannemann. Hamburg: Czwalina 1997.

FISCHER, U./ZOGLOWEK, H.: Volleyball im Schulsport. In: Volleyball erforschen, 14. Symposium des Deutschen Volleyballverbandes. Hamburg: Czwalina 1989.

FRÖHNER, B./RADDE, K./DÖRING, F.: Volleyball. Sportverlag: Berlin 1982.

FRÖHNER, B.: Spiele für das Volleyballtraining. Berlin 1985.

GÖTSCH, W./ PAPAGEORGIOU, A./ TIEGEL, G.: Mini-Volleyball. Berlin 1980.

HERGENHAHN, K.-H./NEISEL, G.: Volleyball – Spielen – Üben – Trainieren. Aachen 1989.

KORTMANN, O./RÖHRS, U./WESTPHAL, G.: Volleyball-Kartothek 5, Angriff – Block. Münster: Phillippka Sportverlag 1991.

LAMSCHIK, H.: Volleyball – ein Kinderspiel! Vorstellung eines integrativen Vermittlungskonzepts. In: Volleyball '97: Analysen und Training/Fritz Dannemann (Red.). Hamburg: Czwalina 1998.

MARTIN, D.: Training im Kindes- und Jugendalter. Schorndorf 1988.

MEDLER, M.: Hinführung zum Volleyballspiel im 5./6. Schuljahr. Neumünster 1977.

MEDLER, M.: Volleyball Teil 1. Hinführung durch Kleinfeldspiele. Neumünster 1994.

MEDLER, M.: Volleyball Teil 2. Vom Kleinfeldspiel zum Großfeldspiel. Neumünster 1994.

MEIER, M./NUSSBAUM, P.: Volleyball für Kinder. Stans 1994.

NAUL, R./VOIGT, H.-F.: Volleyballspiel. Sport – Sekundarstufe II. Düsseldorf 1979.

NIEDER, H.-T./MERTES, G.: Prolleyball – eine Zwischenstation auf dem Weg zum Volleyball-Spiel. In: Sportpraxis 39/1998.

STIEHELER, G./KONZAG, J./DÖBLER, H.: Sportspiele. Berlin 1988.

TIMM, K./ZOGLOWEK, H.: Technische Leitbilder – Hilfen bei der Vermittlung von Fertigkeiten?. In: Volleyball ´95: das Spiel im Jubiläumsjahr. Red.: Fritz Dannemann. Hamburg: Czwalina 1996.

VOIGT, H.-F./RICHTER, E.: betreuen, fördern, fordern: Volleyballtraining im Kindes- und Jugendalter. Münster 1991.

VOIGT, H.-F./WESTPHAL, G.: Volleyball-Kartothek 6, Wahrnehmungsschulung. Münster: Phillippka Sportverlag 1995.

WESTPHAL, G./GASSE, M./RICHTERING, G.: Entscheiden und Handeln im Sportspiel. Münster 1987.

WESTPHAL, G.: Die Volleyballausbildung im teilspezialisierten Grundlagentraining. In: Training und Methodik des Volleyballspiels, 13. Symposium des Deutschen Volleyballverbandes. Hamburg: Czwalina 1988.

WESTPHAL, G.: Volleyball-Kartothek 1, Ausdauerschulung mit Ball. Münster: Phillippka Sportverlag 1985.

WESTPHAL, G.: Volleyball-Kartothek 3, Aktionsschnelligkeit optimieren. Münster: Phillippka Sportverlag 1987.

WURSTER, H.: Volley(ball)-spielen ohne Volleybälle. In: Volleyball ´97: Analysen und Training/Fritz Dannemann (Red.). Hamburg: Czwalina 1998.

Medien

DANNEMANN, F./SONNENBICHLER, R.: Kinder lernen Volleyball. Heidelberg 1988. Video, VHS E-60, Begleitheft.

DANNEMANN, F./SONNENBICHLER, R.: Techniken des Volleyballspiels; Teil 1 – 6. Heidelberg 1997. Video.

GÖTSCH, W./PAPAGEORGIOU, A./SPITZLEY, W.: Technik und Taktik des Sportspiels Volleyball; Teil I und II. Institut für Film und Bild (Hrsg. u. Auslieferung), Grünwald 1987. Videokassetten, VHS in Farbe.